영도零度의 글쓰기

영도零度의 글쓰기

허상문 수필평론집

인간과문학사

책머리에

　최근 들어 문학의 여러 장르 중에서도 수필 문학만큼 많은 발전을 이룬 분야도 없을 것이다. 이것은 단순히 수필 인구가 증가하고 수필가가 양적으로 많아졌다는 사실을 의미하는 것은 아니다. 수필 문학이 여타 다른 문학 장르에 비해 내용과 형식의 측면에서 괄목할 만한 문학적 성과를 거두었기 때문이라고 할 수 있다.
　수필 문학이 더 높은 문학적 성취를 이루기 위해서는 낡은 내용과 형식으로부터 탈피해서 인간과 세상에 대한 보다 나은 형상화를 이루는 작품이 생산되어야 할 것임이 분명하다. 이제 우리 수필은 인생과 세상을 제대로 보여주는 새로운 모색을 통하여 더 나은 단계로 진화할 수 있어야 한다.
　이 책의 제목을 '영도零度의 글쓰기'라고 정한 것도 이 때문이다. 글쓰기에서 '영도'는 어떤 의미를 지니는가. 흔히 우리는 어떤 온도나 각도를 측정할 때 그 도수를 재는 기준점이 되는 자리를 '영도'라고 표현한다. 말하자면 측정하는 기분이나 감정에 따라 주관적 가치 판단이 개입되지 않은 상태의 분명한 '기준'이나

'중심'을 뜻하는 것이라고 할 수 있다.

'글쓰기의 영도'란 프랑스의 문학평론가 롤랑 바르트가 그의 저서 『글쓰기의 영도』에서 처음으로 사용한 말이다. 바르트에게 글쓰기란 언어체langue로서의 언어가 운용되는 규칙을 하나의 형태적 현실로 규정함으로써 이루어지게 된다. 언어체는 한 시대의 작가들에게 공통적인 규정과 습관들의 조직체이다. 그런 만큼 바르트에 의하면, 작가에게 '글쓰기의 영도'란 언어의 한계와 모순을 넘어서는 새로운 꿈의 지평이며, 작가가 당면한 상황으로부터의 탈출구라는 의미를 지닌다.

바르트의 이런 관점은 우리의 글쓰기에도 많은 시사를 준다. 실제 글쓰기에서 가치중립적 글쓰기, 그야말로 공평무사한 마음으로서의 '글씨기 영도'와 '영도의 글쓰기'가 얼마나 가능한 것일까. 영도의 글쓰기란 기준점이자 시작점이 되면서 어느 쪽에도 기울어지지 않은 균형 잡힌 시각에서 존재와 세상을 올바른 관점에서 바라보는 것이라 할 수 있다. 오늘날 이 세상에서는 수많은 글이 나타나고 있으나, 모든 글의 영도가 될 만한 기준 잡히고 중심 있는 글은 보기가 쉽지 않다. 중심이 없는 자아가 올바른 주체가 아닌 것처럼 중심이 없는 글쓰기란 올바른 글이라 할 수 없다.

한 작가가 자신이 쓴 글이 다른 사람의 글에 비해 얼마나 신선한 소재와 주제를 지니고 있는지, 이야기의 구성은 어떠한지, 여기저기에 어떤 결함이 있는지를 살피는 것은 당연한 일이다. 작가는 자신의 글은 언제나 규범적 가치를 지니고 중립적이고 중심 잡힌 영도에 있기를 바라고 또한 그렇다고 생각한다. 그러나 모든 글과 사물은 떼어놓고 보면 저마다의 다른 영도에 있다. 다른 글과 사물의 비교를 통해서만 자신의 글이 얼마나 기울어져 있는지, 얼마나 높고 낮은 온도에 있는지 알 수 있게 된다. 영도의 글쓰기 기준은 나의 바른 글쓰기로부터 비롯되기 때문이다.

그렇지만 이를 위해서 무엇보다 중요한 문제는, 당연한 이야기이지만 글 속에 인생과 세상에 대한 나의 사상과 관점이 얼마나 남다르게 깊이 있게 담겨 있고, 이들에 대한 모습이 얼마나 아름답고 진실하게 구현되어 있느냐 하는 것이다. 이 사실은 글쓰기가 단순한 의미의 전달 도구이거나 언어의 유희가 아니라, 한 인간이 희망할 수 있는 행위와 사상의 깊이까지를 포괄하는 실천이게 한다. 그럼으로써 글쓰기는 인간과 삶의 양식, 한 시대와 사회의 이데올로기, 그리고 이를 바라보는 작가의 주체성과 세계관의 문제로 이어지게 된다.

이 책에 실린 작품과 평문은 지난 몇 년 동안 『수필과비평』의 '이달의 문제작' 란에 실린 글들이다. 일정한 주제에 따라 선정된 글들이라 다소간에 주관적 평가에 기울어진 작품들이 포함되었지만, 나름대로의 내용과 형식에 어울리는 문학성을 지닌 작품이라는 점에서 '문제작'으로 선정되어 무리가 없을 것으로 보인다. 중요한 것은 이들이 '영도의 글쓰기'를 위하여 많은 노력을 기울인 작품이라는 사실이다. 우리 시대의 수필가들이 인생과 세상을 보여주는 더 나은 글쓰기를 위해 나아갈 때 우리 수필 문학도 더욱 높은 단계로 도약할 것이 분명하다.

2023. 가을
허상문

차례

| 책머리에 | • 4

제1부

나무에 대한 속죄 − 묵시록적 세상을 보는 시선 ▶15
   김미화의「목줄」• 31
   전미란의「그만 죽이고 싶다」• 35
   함무성의「엉겅퀴」• 38

글쓰기의 영도零度, 영도零度의 글쓰기 ▶43
   김정태의「풍장風葬」• 61
   배혜경의「적敵」• 65
   박수경의「비와 눈물 중 어느 것이 이길까?」● 70

사물과 꿈꾸기, 분기奮起하는 수필들 ▶74
   김지희의「식리植履」• 91
   이정자의「이불의 숨결」• 96
   황진숙의「스치듯 겹쳐지면서」• 100

제2부

거울과 램프 – 세상과 존재를 읽는 방식들 ▶105
    박보라의 「불편한 노래」• 122
    조윤수의 「하늘을 품은 그릇」• 126
    최영주의 「환한 햇살 잔치처럼 내려앉던 날」• 130

기약 없는 이별을 위한 애도의 방식들 ▶136
    김재희의 「길」• 154
    최운숙의 「돌밭의 하얀 꽃」• 157
    한판암의 「세월이 간다」• 161

이야기꾼으로서의 수필가 ▶165
    이에스더의 「집이 말을 걸어오다」• 182
    김정읍의 「황혼에 반하다」• 186
    김정태의 「그해 여름의 칸나」• 189

제3부

보이는 것과 말하는 것 ▶197
　전창우의「돌을 보다」• 215
　현임종의「각종 패牌를 땅속에 묻고」• 219
　한시영의「누가 살았을까」• 223

지역성의 극복과 수필 문학의 새로운 가능성 ▶227
　강서의「돗제 하는 날」• 245
　박용수의「무하정無夏亭 연가」• 249
　이치운의「어부의 유택」• 253

시인은 숲으로 가야 한다 ― 생명의 글쓰기를 위한 모색 ▶257
　려원의「숲의 시간이 흐른다」• 274
　박주희의「흐르는 강물처럼」• 279
　차하린의「철새는 날아가고」• 283

제4부

여성의 삶, 여성의 글쓰기 ▶291
    고유진의「주인공」• 307
    배공순의「어머님의 색종이 상자」• 311
    강향숙의「허물이 허물을」• 315

떠나는 것들을 위한 별사別辭 ▶319
    김이경의「불시개화不時開花」• 335
    고대관의「무자위 독백」• 339
    박종희의「소반小盤」• 343

삶으로서의 대화, 대화로서의 수필 ▶348
    김지희의「용뉴」• 364
    윤석희의「물에 눕다」• 367
    이철수의「방의 감옥」• 370

제5부

슬픔 — 또 다른 실존의 범주 ▶377
  정하정의 「낡은 배 두 척」・394
  오금자의 「겨울나무 곁에서」・397
  조향미의 「노트르담의 촛불」・401

아버지 부재 시대의 아버지 찾기 ▶405
  진해자의 「아버지의 연장통」・422
  류정희의 「아버지와 호랑이」・426
  이미경의 「여름방학이 싫다」・430

거미학hyphologie — 해석의 여백 ▶434
  이형숙의 「대숲을 거닐며」・452
  황진숙의 「소금」・456
  제은숙의 「석종 소리 깨어나다」・460

제1부

나무에 대한 속죄 — 묵시록적 세상을 보는 시선

들어가며

인터넷을 뒤적이다가 충격적인 외국기사를 보게 되었다. 코로나19의 혼란 속에 아마존 지역에서 '삼림 벌채'가 엄청나게 증가하게 되었으며, 그로 인해 아마존 정글 깊은 곳에서 문명을 피해 살아가던 야생 부족들에까지 코로나가 감염되었다는 것이다. 브라질은 전세계에서 코로나19 환자가 가장 많은 지역 중의 한 곳으로 꼽히지만, 이제는 아마존 숲 깊은 곳에서마저 위기를 맞게 되었다.

"코로나19 틈탄 '삼림 벌채' 대폭 증가, '아마존의 위기'"라는 제목 아래 기사는 아마존의 위기 상황을 상세하게 기술하고 있다. 기사에 따르면, 아마존은 올해 777㎢의 숲을 잃었다. 작년보다 55%나 증가한 수치다. 이런 상황에 브라질 정부는 코로나19와 함께 환경보호 노력을 강화하겠다고 발표했지만, 구호에 그치고 있어서 환경보호 단체의 반발을 사고 있다. 아마존에 대한 무차별한 벌채가 계속된다면 열대우림이 훼손될 시간이 급속하게 다가오게 되고 그로 인해 산림 파괴와 원주민 삶의 환경 파손은 불을 보듯 뻔하다. 이에 그치지 않고 지구의 허파라는 아마존의 파괴는 전 세계의 환경 위기에 기름을 붓는 역할을 할 것으로 우려된다.

코로나19가 아직 끝나지도 않았는데, 벌써 '포스트 코로나' 운운하는 기사와 글들이 나돌고 있다. 그러나 포스트 코로나 어쩌고 하는 이야기는 코로나 19의 원인에 대한 올바른 분석과 진정한 반성도 없이 빨리 이 상황을 끝내고 또 다른 질주를 하고 싶은 인간의 욕망을 고스란히 드러내고 있는 것이다. 지구를 전대미문의 죽음의 현장으로 만들어 버리고 장례식도 없이 수많은 사람을 죽음으로 이끈 원인이 무엇인가에 대한 반성은 전혀 없다. 인간과 자연에 대한 공존적 공생적 삶을 영위하기 위한 걱정보다는 오직 다시 인간만이 앞으로 더욱 잘 살아가겠다는 이기심의 발동이 앞서가고 있는 것이다.

대체 인간의 탐욕과 이기심의 끝은 어디일까. 어찌 인간은 눈앞의 자기 삶에만 빠져 타자의 아픔과 불행은 안중에도 없는 것인가. 코로나19의 원인은 궁극적으로 인간이 자연과 동물에 대한 착취와 이기심에 의한 것이 아닌가. 참으로 인간은 후안무치한 존재이다. 나만 잘살고 잘 먹고 잘 지내면 그것이 사람이든 동물이든 나무든 아무런 상관이 없다. 아무리 생각해도, 인간들은 지금 삶에서 진정으로 중요한 것이 무엇인지를 반성하면서 자신들이 몽매의 세계를 벗어나야 한다는 생각을 못 하고 있다. 눈앞의 작은 이익과 피상적인 것들에 연연해 진실로 이 세상과 인간의 행복과 진리를 못 보고 있는 듯하다. 짧고 덧없는 자신들의 삶을 살 만한 것으로 만들기 위해 고립된 자신을 벗어나 타자를 위해서 공감하고 온기를 발견하는 능력을 상실하고 있다. 진정으로 인간이 해야 할 일이 무엇이며, 어떻게 살아가야 할 것인가를 망각한 채 살아간다. 그야말로 지금 삶과 세계에 종말이 다가오고 있으며, 조만간 삶의 터전을 송두리째 잃어버릴 것이라는 사실을 생각지 못하고 있다.

　자본과 기술의 지배가 강화되고 온갖 자연재해와 질병이 창궐하는 이 묵시록적 삶의 상황 속에서 우리에게는 희망이 없어져 간다. 이런 상황에서 우리가 찾아낼 수 있는 희망은 무엇일까. 어떠한 과학적 철학적 논리와 문학적 상상력을 동원해도, 여전히 우리가 기댈 수 있는 것은 '인간'에 대한 애정과 신뢰뿐이 아닐까 싶다. 저 땅 위에 서서 푸르고 굳건하게 뻗어가고 있는 '나무'처럼, 메마른 땅을 외롭게 지키고 있는 저 생명에게 깊은 연민과 사랑을 보낼 수밖에 없다.

　오늘날 사람들 사이의 관계는 상품 논리에 매몰된 채로 이루어지고 있고, 인간과 자연의 관계는 이용가치가 지배하고 있는 상황이다. 이런 상황에서일수록 진정한 인간관계란 오직 사랑과 공감을 통해서만 얻을 수 있으며 성장할 수 있을 것이다. 지금의 삶과 문화에 대한 반성은 자본주의적 물신 구조와 과학기술에 대한 근본적 비판과 근본적 성찰로 이어져야 한다. 이는 나무와 숲의 조화로운 공존에서 보듯이, 우리의 이기심과 욕망에 바탕한 삶의 태도를 진정으로 반성하면서 자연을 오직 이용가치의 관점에서 생산의 요소로 규정하는 현대 문명의 폭력성을 근원적으로 되돌아보는 것을 의미한다. 이러한 근본적 성찰의 밑바닥에 가로놓여 있는 것은 인간과 자연 사이의 관계와 연대에 대한 옹호이다. 이것은 단순한 구원의 손길이 아니라 손을 맞잡은 연대 속에서 인간과 자연이 조화로운 세상을 만드는 방식이다.

묵시록적 삶의 위기를 조금이라도 회복할 수 있는 방법은 무엇보다 근본적으로 우리들의 마음을 개량하는 것이라 할 것인데, 이를테면 우리는 '속죄'의 마음을 가지는 것이 중요하다. 자연에 대하여, 다른 생물에 대하여, 나무에 대하여. 이 세상의 모든 다른 생명이 인간의 생명만큼 소중하다는 사실을 인정하고, 그동안 우리의 이기심과 탐욕의 마음을 조금이라도 정화하겠다는 마음으로 우리가 지은 죄에 대하여 그 대가를 치르고 속량贖良받겠다는 마음을 가지는 일이 중요하다. 종교적 이념에 치우치지 않더라도 하느님의 뜻에 순종하지 않은 인간의 죄를 대신하여 예수가 십자가에서 피 흘려 죽음으로써 인류의 죄를 대신 씻어 구원했듯이 우리는 대속代贖하여야 한다. 이는 곧 죄인인 인간이 죄를 회개하고 죄로 인한 영원한 죽음을 면하게 되는 은총을 의미하는 것이기도 하다. 그러나 인간은 자신을 반성하지도, 참회하지도, 속죄하지도 않는다.

오늘날 많은 작가의 작품에는 삶의 현실에 대한 몰락과 허무와 비애의 파토스가 짙게 담겨있다. 현재진행형으로 이루어지는 파국의 재난을 바라보면서 태풍에 밀려 떠내려가는 자신의 모습을 바라보면서 비극적 세계인식이 짙게 드리울 수밖에 없을 것이다. 그들의 작품에는 어떠한 문학적 상징과 완곡어법으로 감추고자 해도 위장될 수 없는 삶의 현실에 대한 슬픔이 자리 잡고 있다. 이는 현대적 삶의 조건이 그 자체로 비극적이기도 하거니와 우리 시대 삶의 상황이 묵시록적 풍경이라는 전제 아래 밀도 높은 몰락과 허무와 비애의 정조를 보여주는 것이라고 할 수 있다.

이달에는 유독 나무를 모티프로 한 작품이 많다. 김미화의 「목줄」, 전미란의 「그만 죽이고 싶다」, 함무성의 「엉겅퀴」는 작가들의 의도와 관계없이 삶의 현실에 대한, 인간과 자연의 모습에 대한 허무와 비애의 마음을 잘 반영해 주는 작품들이 아닌가 한다.

김미화의 「목줄」

김미화의 「목줄」은 나무를 통한 존재와 생명의 의미에 대하여 많은 것을 시사해 주는 작품이다. 우리는 때로 '목줄'에 단단히 포박된 채 현존감을 잃어버리고 자신이 무화되어버리는 듯한 압박을 느끼면서 살아간다. 무언가에 꽁꽁 묶인 채 일순간에 모든 자유를 상실해버리고 질곡의 삶을 살아야 하는 존재가 되어 있다. 작품의 화자는 길거리의 가로수에 단단하게 묶인 흰 노끈을 보면서 이런 내적 체험을 한다. 신호등이 있는 건널목 양 끝의 가로수는 오늘따라 침묵의 목격자가 되기로 작정한 듯 눈치만 살핀다.

나무들은 서로 은밀히 수군거리며 눈치를 살핀다. 밤이라고 생명 붙어 있는 것의 숨이 잦아드는 것도 아닌데 저렇게 단단히 매어 놓고 무심하게 가버리다니, 이 시간에도 나무는 수맥을 끌어올려 가지의 부피를 조금씩 넓히고 있건만 어쩌자고 생각

없이 일을 저질러 놓았는지 모르겠다. 금방이라도 노끈이 가지의 살을 파고들 것만 같다. 조바심이 난다. 나무는 아픈 티를 내지 않으려고 잔뜩 웅크린 짐승처럼 저 혼자 앓는다.

작품에서 화자는 한 그루 나무를 바라보면서 한 생명을 바라본다. 나무는 생명을 이루기 위해 햇빛을 받고 바람을 맞으며 서 있다. 나무가 수맥을 끌어올려 가지의 부피를 넓히고 있듯이, 노끈에 묶인 나무를 보면서 화자는 자신의 몸이 옥죄여 오는 것을 느낀다. 나무의 삶은 곧 우리의 삶이다. 나무가 바람에 흔들릴 때마다 우리도 흔들리고, 나무의 나이테가 그들이 살아온 세월을 알려주듯이 우리 얼굴의 주름도 삶의 연륜을 알려준다. 그리하여 한 생명이 싹으로 태어나서 햇살과 대기 속에서 무성해지다가 마침내 싸늘한 찬바람 속에 앙상한 가지로 남는 과정을 바라보면서 우리의 생로병사를 떠올리기도 한다. 화자는 노끈에 묶인 나무를 깊은 연민과 공감의 마음으로 바라본다. 작가의 상상력은 이어진다.

노끈이 나무에서 삭아져 떨어질 날은 기약 없이 멀기만 하다. 나무는 생명 없이 그냥 우리들 주변에 서 있는 듯하지만, 조금씩 보이지 않게 키가 자라고 잎을 틔워 키우고 때가 되면 스스로 물들기까지 하는 나무는 생명 그 자체이다. 그러면서도 침묵하고 서 있는 나무만큼 자기 할 일을 알아서 잘하는 이도 드물다. 그에게도 생명이 있기 때문이다. 이 세상에 살아있는 것이 인간뿐인가. 나무도 살아있고, 길가의 돌멩이도 하나의 생명이다. 그런 마음으로 바라보면 이 세상 귀하지 않은 것이 없다. 그렇지만 인간은 자신의 생명만 귀중한 것으로 생각한다. 유기견의 개와 고양이의 목에는 여지없이 그들의 목을 옭아매고 있는 목줄이 감겨있다. 길거리를 떠돈 지 수년이 된 그들의 목에는 버려질 때 감아놓은 목줄이 그대로 있었다.

　노끈에 묶인 것은 나무와 다른 동물들은 물론 바로 인간의 모습이며 세상의 모습이다. 「목줄」은 노끈에 묶인 나무와 동물의 모습을 보여주고 있지만, 노끈에 묶인 우리들의 억압되고 마비된 삶의 실상을 보여준다. 인간다운 삶의 가치가 급속히 사라져 가는 과학과 물질에만 의존해서 살아가는 고통받는 사람들에게 희망은 포박당해 있다. 지구촌 어디에서도 좋은 삶의 증표나 전망을 발견할 수 없는 지금 여기의 디스토피아적 세계 속에서 인간존재의 허무뿐만 아니라 삶에 대한 절망적 인식을 바라보는 것은 어려운 일이 아니다. 이렇게 생명을 가볍게 여기고 인간과 자연의 관계를 욕망의 그것으로만 인식하는 삶의 상황에서 묵시록적 파국의 환상이 일어나는 것은 당연한 일이다. 「목줄」에 나타나는 작가의 상상력은 이런 인식을 바탕으로 하고 있다.

　「목줄」에서 작가의 상상력을 주목하게 되는 이유는 이 작품이 생명에 대한 깊은 연민, 말하자면 작가의 인본주의적 정신을 볼 수 있기 때문이다. 지금 우리가 당면하고 있는 묵시록적 삶의 현실을 극복할 수 있는 길은 무엇일까. 인간은 물론 모든 세상의 생명 있는 존재를 사랑하고 공감하는 정신인 생명주의에서 출발해야 한다는 사실이다. 「목줄」의 바탕에는 일종의 생명주의에 대한 깊은 인식과 반생명주의에 대한 비판 의식이 자리하고 있다. 물론 작가의 생명주의가 화려한 물질주의 문명을 비판하면서 삶의 근원적인 생명력으로서의 자연을 존중해야 한다는 단계에까지 충분히 성숙된 것은 아니지만, 최소한 인간의 생명은 물론 타자를 신뢰하고 사랑하는 것이 이 세상을 더욱 인간다운 것으로 만들 수 있다는 인식은 충분하다.

사람 사이 부딪치는 일들에 감당이 안 될 때면 더 그렇다. 보이지 않는 목줄들을 다 끊어내고 맨 목이고 싶다. 아무것도 아닌 것이 자유다. 목줄로도 부족해 족쇄까지 차고앉은 모양새가 보기에도 헛웃음이 난다. 아내라는 자리, 엄마라는 자리, 딸이라는 자리 그리고 사회에서 만든 자리들에 나는 얼마나 맞춤하며 살고 있는지 나무의 목줄이 내게 묻고 있다.

우리에게 드리워진 목줄을 걷어내고 자연 상태를 따른다는 것은 가장 자유롭고 선한 인간 상태를 의미하는 것이다. 이는 바로 자연의 순리를 거스르는 생명의 질서에 맞서고자 하는 태도에 다름 아니다. 중요한 것은 작가가 나무와 나가 하나가 되는 세계, 말하자면 나무와 함께 전체의 세계를 느끼고 숨쉬며 더불어 살아가는 일을 생각한다는 것이다. 이 공동의 느낌이야말로 세상과 어떤 유대를 의미하는 공존적 참여가 아닐 수 없다.

그렇지만 오늘날 인간은 스스로 자유를 버리고 억압되는 구속의 삶을 살아가고 있다. 모두 '목줄'을 감고 인간과 인간에 대한 억압, 인간의 자연에 대한 착취가 세상을 갈수록 험악하고 살아가기 힘든 것으로 이끌어 간다. 「목줄」은 이러한 상황에서 벗어나지 못한다면 인간의 삶에 구원은 이루어질 수 없음을 잘 보여주고 있다.

전미란의 「그만 죽이고 싶다」

전미란의 「그만 죽이고 싶다」는 집안에서 키우던 화초인 남천이 생기를 잃어가는 모습을 바라보면서 시작된다. 새잎을 틔워야 할 계절이 되었음에도 생기를 잃어가고 있는 나무는 할말이 많다는 듯 주인을 바라본다. 직사광선을 받도록 해주고 물을 열심히 주니 화초의 여린 이파리에도 생명력은 강렬하게 피어났다. 그러나 한때 제법 튼실하고 빼곡하게 잎을 피운 남천은 늦가을부터 온몸이 빨갛게 변하면서 생명력을 잃어가기 시작한다.

이제 나무는 주어진 자리에서 견디는 것 말고는 할 수 있는 게 별로 없어 보인다. 블라인드 그늘에서 이파리를 떨구고 서 있는 시간이 그에게 고된 삶이 아닐까. 사라지는 데에도 시간이 필요해 보였다. 한 번에 사라지는 것이 아니라 시들고 말라비틀어지고 떨어지는 과정이 더디게 흘러갔다. 눈길이 닿지 않는 나무는 시름시름 앓으며 공허한 기운을 내뿜었다.

시들어가는 화초의 모습을 바라보다가 화자는 처음엔 안타까운 마음이 들다가 나중엔 성가시다. 차라리 그만 죽었으면 하는 마음을 가지게 된다. 돌보기에는 귀찮고 내버려 두기에는 마음에 짐이 되어서 그를 피하며 숨이 끊어질 때까지 방치한다. 이 과정에서 화자는 죽음에 이르는 화초의 모습을 보면서 나무 한 그루도 올바르게 사랑하지 못하는 인간의 폭력성에 대한 깊은 반성의 마음을 가지게 된다.

　오늘날의 현대적 삶의 상황은 갈수록 폭력적이고 적대적이다. 인간과 인간 사이에는 살육이 벌어지고, 인간과 자연 사이에는 착취가 벌어지면서 인간은 모든 타자를 자신의 적으로 만들고 있다. 스스로 어떻게도 할 수 없는 현실이 세상에서 일어나고 있으며 거기에 더욱 가속을 붙이는 것이 인간의 폭력성과 이기주의적 욕망 때문이라 할 수 있다. 아담과 이브 이래로 아득한 과거로부터 지금에 이르기까지 지구상 어디에도 평화로운 인간사회가 존재했다는 증거는 찾아볼 수 없다. 인간의 대타자에 대한 폭력성과 적대감은 인류 전체의 보편적이고도 항구적인 특성으로 존재하고 있다.

　흔히 공격적인 육식 동물들도 인간의 폭력성과는 다른 면모를 보여준다고 한다. 동물들의 다툼은 어느 정도 일정한 룰을 가지고 진행되는 데 반해 인간의 폭력성에는 끝이 없다. 어느 사회에서나 살인과 강도, 폭행과 절도 같은 사회적 범죄가 거침없이 이어지고 있다. 비폭력을 실천하면 내면에서 평화롭고 창조적인 에너지가 저절로 뿜어 나온다고 하지만, 인간의 폭력과 욕망은 중단되지 않는다. 「그만 죽이고 싶다」에서 화자의 '나의 폭력성'에 대한 깊은 반성도 이런 차원에서 나오는 것인지 모른다.

　　그동안 나는 이런 식으로 손에 피 한 방울 안 묻히고 여러 차례 화분을 죽여 왔다. 나의 폭력성은 무엇으로부터 비롯된 것일까. 말이 좋아 식물을 기른다고 하지만 사실 기른 것이 아니라 서서히 죽음으로 내몰았다. 그때그때 기분에 따라 화분을 사들이고 죽이고 후회하고 또다시 사들였다. 얼마나 냉소적인 사람인가.

　살아있는 것들은 관심을 먹고 자란다. 식물을 들여오기 전 내가 어떤 사람인지 잘 알았어야 했다. 햇빛처럼 밝은 사람인지, 그늘처럼 쌀쌀한 사람인지, 게으른 사람인지. 아무리 햇빛 잘 들고 바람이 잘 통하는 집에 살더라도 애정을 쏟지 않는다면 또 죽어나갈 수밖에 없다.

　작가의 말대로 인간에 대한, 그리고 자연에 대한 사람들의 사랑이라는 것이 얼마나 허위에 찬 것인가. 기실 인간은 자연을 사랑한다는 말을 수없이 한다. 그렇지만 우리가 얼마나 자연을 사랑하는가. 이 경우에도 인간의 '허위의식'은 예외가 아니다. 자연에 대한 인간의 사랑에는 언제나 인간중심주의가 깊게 개입해 있다. 인간중심주의는 인간에 의한 자연의 무제한 개발과 도구화, 즉 자연의 정복에 철학적 정당성을 부여한다. 과학 정신에 의한 자연의 정복이 가장 효율적으로 성취되고, 인간의식과 이데올로기에 의해 자연과 인간의 관계가 성립되었다는 것은 전혀 우연이 아니다. 자연에 대한 인간의 특권적 지위를 지나치게 절대화하고 인간은 자연 위에서 군림하면서 이루어지는 인간중심적 기술 문명으로 인해 결국은 인간의 생존 자체를 위협하는 결과를 초래하게 된 것이다.

　작품에서 화자는 관상용 식물에도 사랑이 필요하다는 생각으로, 화분을 외롭게 방치하지 않았다면 건강하게 뿌리를 내리고 색을 발하며 피어날 수 있었을 것이라는 뒤늦은 후회를 한다. 그것은 결국 작은 식물에 대한 사랑, 즉 "사랑이라고 하는 것이 그렇게 쉽지만은 않다는 것을 한 그루의 나무가 내게 말해주고 떠났다."
는 깨달음을 가져오게 된다.

작가의 '그만 죽이고 싶다'는 언명은 우리들 삶의 현실에 대한 일종의 역설逆說이다. 오죽하면 작가는 나무를 죽이고 싶다고 할까. 지금 우리 사회를 포함한 인류는 기후변화, 환경위기, 질병 등 각종 재앙적 상황에서 전대미문의 복합적 위기에 봉착해 있다. 이런 위기 상황은 지구상에서 무한한 진보를 추구하는 맹목적인 성장 논리가 생명 경시의 풍조를 초래한 필연적 결과이다. 자연을 위시한 지상의 약자를 끊임없이 파괴하고 희생시키는 가운데는 인류의 미래에는 희망이 없다. 현대 문명과 인간의식의 본질을 변화시키지 않은 가운데 우리에게 가장 절박한 과제는 조금도 해결될 수 없다. 그러한 과제가 해결될 때에야 더 인간적이고 인간다운 삶의 공동체는 만들어질 수 있다. 「그만 죽이고 싶다」에서 작가는 작은 화초의 생명을 통하여 이런 깊은 인식을 이루고자 한다는 점에서 이 작품의 의의가 있다.

함무성의 「엉겅퀴」

작가는 엉겅퀴를 통해 자연 현상과 인간 삶의 진리를 읽어내고자 한다. 너럭바위 아래 바짝 붙어 자라는 엉겅퀴는 화려했던 꽃들이 시들어가고 꽃송이 속에 머리를 박고 있다. 또한 꿀을 모으던 벌들도 꽃받침 아래에 한두 마리씩 죽어 있는 것이 보인다. 이곳저곳에 흩어져서 피고 있는 엉겅퀴꽃에서 죽은 벌들은 마치 순교자의 모습같이 경건해 보인다.

이런 면밀한 묘사를 통하여 작가는 자연 현상에서 엄밀히 이루어지는 생명의 존엄함을 읽는다. 모든 생명은 제자리에서 자신들의 생명체로서의 존엄을 지니고 있다. 이들의 생명을 빼앗는 것은 죄악임에 틀림없다. "지상의 생명체들은 햇빛을 받으려 안간힘을 쓰고, 지하의 생명체들은 어둠을 안식처로 삼는다."는 작가의 인식은 예사롭지 않다. 엉겅퀴의 씨앗은 작지만 다 자란 엉겅퀴는 마치 창과 방패로 무장한 장군 같은 모습이다. 하늘을 향해 펼친 잎끝마다 가시를 달고 '누구든 나를 건들면 무사하지 못하리라.'를 외치면서 척박한 땅에서도 잘 자라고 퍼져나가는 속도도 빠르다. 고독하지만 엄격하고 독립적이라는 꽃말이 잘 어울린다고 작가는 말한다.

　　여러 그루의 엉겅퀴 중에서도 너럭바위 틈에 자리 잡고 거세게 자라는 왕 엉겅퀴가 나는 좋다. 튼실한 꽃대와 누구도 접근하지 못하도록 잎 끝에 날카로운 가시를 달았다. 엉겅퀴의 꽃말이 엄격, 고독한 사람, 독립이라는 뜻을 지녔다하니 더욱 호감이 간다. 매사를 줏대 없이 망설이고 끈기조차 부족해서 무슨 일이든 시작만 그럴듯한 나는 엉겅퀴의 그 어엿한 위세와 끈질기게 확장해 나가는 열정이 부럽다. 오늘 나는 엉겅퀴의 삶에서 만다라 수행의 의미를 찾는다.

　작가는 엉겅퀴의 삶에서 만다라 수행의 의미를 찾는다. 작품에서 보조관념으로 원용하는 만다라는 우주 법계法界의 온갖 덕을 망라한 진수를 그림으로 나타낸 불화佛畵의 하나이다.

만다라Mandala에서 만다Manda는 '진수 또는 본질'이라는 뜻이며, 라la는 '변한다'는 뜻이다. 따라서 만다라의 본래 의미는 본질이 여러 가지 조건에 의해서 변하게 된다는 것이며, 이 같은 의미를 지니는 불화를 뜻한다. 따라서 만다라는 다양하게 전개된 각종 신앙과 정신의 원리와 형태를 통일하는 의미를 지닌다. 「엉겅퀴」의 화자는 엉겅퀴의 삶에서 만다라 수행을 본다.

> 꽃과 벌의 공생이 절정이었을 때 꿀벌들은 머리를 엉겅퀴 꽃 속에 들이밀고 엉덩이를 하늘로 치켜 든 채 꿀을 모았었다. 뒷다리에는 노란 꽃가루를 한 덩이씩 달고 일벌의 사명을 다하고 있었는데 시들어가는 꽃송이아래 벌들이 죽어 매달린 사건의 실마리가 풀렸다. 벌들은 불꽃같은 삶을 완성했고 이제 조용히 해체되는 중이었다.

그곳에는 생성되고 번성한 후 평온하게 한 생을 해체시켜 무無로 돌아가는 우주의 섭리가 있다. 모든 만물은 만다라의 정신인 '공空'을 실천하면서 최선을 다해서 살다 간다. 이런 정신에 의하면 인간의 삶도 더욱 비우고 겸손해야 할 것을 요구한다. 모든 탐욕과 이기주의에서 벗어나 남을 위해서 희생하고 이타적 정신을 가진다면, 이 세상은 더욱 평화롭고 아름다운 삶의 공간이 될 것이다.

「엉겅퀴」는 우리의 삶에서 공감과 공생의 가치가 얼마나 중요한 것인지 그를 통하여 새로운 윤리적 삶의 의미를 강조하고 있다. 이것은 오늘날 우리들의 삶이 지향해야 할 보편적인 가치의 문제이기도 하다. 오직 이 문제를 해결할 수 있는 것은 서로에 대한 사랑이며, 그 사랑을 살려내는 것만이 우리가 할 수 있는 유일한 선택이다. 그러한 목소리는 만다라의 정신과 같이 모두가 함께 살아야 한다는 공존의 목소리로 확산되어야 한다. 「엉겅퀴」의 의의도 이런 공생의 삶의 가치를 실현하고자 하는 정신에 있다고 하겠다.

나오며

지금 우리의 삶에서 가장 절박한 과제는, 자연과 사회적 약자를 끊임없이 파괴하고 희생시키는 비인간적인 마음을 생태적으로 바꾸어야 한다는 사실이다. 이것은 우리의 삶을 어떻게 조금이라도 더 인간다운 사회로 만들어낼 것인가를 고민하는 일이다. 이 암울한 시대를 비관적 심정으로 살아가고 있는 사람들에게 무엇보다 필요한 것은 공존과 공감, 그리고 공생의 삶을 희망하는 교감의 공동체일 것이다.

앞서 논의한 작가들의 작품이 이런 교감의 마음을 얼마나 공유하고 있는가와는 별개로, 이들은 적어도 인간과 자연과 관계, 자연 속에서 살아가는 나무에 대한 사랑의 마음이 복원되어야 인간의 살길이 있다는 점을 강조하고 있는 것은 분명하다. 이제 정말 "더 커지고, 더 빨라지고, 더 많아지는" 것을 목표로 살아가는 삶의 태도는 바뀌어야 한다. 그럴수록 이 지구는 사람이 살아갈 수 없는 묵시록적 삶의 공간으로 변해간다. 산업혁명이 인간 삶의 환경을 전면적으로 바꾸었듯이, 후기자본주의는 무차별적인 소비와 욕망을 요구한다. 코로나19라는 질병이 전 세계를 휩쓸며 죽음의 도시로 만들고, 그 죽음의 그림자가 아직도 지구상에 가시지 않았지만, 사람들은 벌써 또 다른 질주의 욕망을 불태우고 있다. 환경이 파괴되어 지구 생태계에는 엄청난 교란이 일어나고 있지만, 개발지상주의자들은 전혀 개의치 않고 장밋빛 미래만을 그리면서 지구를 파헤친다. 우리들이 살아가는 이 삶의 공간을 인간다운 곳으로 만들자는 것은 현재의 우리들을 위한 것이기도 하지만 우리의 후손을 위한 것이다.

우리가 미처 이루지 못한 해결책과 유산을 다음 세대가 찾아내어 이용할 것이라고 믿고, 삶의 속도를 늦추면서 인간과 자연의 공존적 삶의 태도를 가진다면 모두는 동시에 행복해질 것이다. 우리는 지금 앞서가지만 후손들이 신비롭게 열 수 있는 문을 소중히 닫아 두어야 한다. 한 그루의 나무를 경외의 마음으로 바라보고 그들에게 대속(代贖)하는 겸손한 마음을 가질 때, 이 세상은 더욱 평화롭고 아름다운 삶의 공간이 될 수 있을 것이다.

▌작품론 – 『수필과비평』 229호

| 작품 |

목줄

김미화

    누가 남겨 놓았을까. 원기둥에서 브이 자로 갈라지는 오른쪽 나뭇가지에 흰 노끈이 두 바퀴쯤 휘감겨 있다. 야무지게 매듭까지 지어 놓았다. 불법 현수막을 떼어내면서 끈을 회수하지 않았나 보다. 끝자락이 매끈한 걸 보니 날카로운 도구로 급하게 걷었던가 싶다. 신호등이 있는 건널목 양끝의 가로수는 오늘따라 침묵의 목격자가 되기로 작정한 모양이다. 나무들은 서로 은밀히 수군거리며 눈치를 살핀다.

    밤이라고 생명 붙어 있는 것의 숨이 잦아드는 것도 아닌데 저렇게 단단히 매어 놓고 무심하게 가버리다니, 이 시간에도 나무는 수맥을 끌어올려 가지의 부피를 조금씩 넓히고 있건만 어쩌자고 생각 없이 일을 저질러 놓았는지 모르겠다. 금방이라도 노끈이 가지의 살을 파고들 것만 같다. 조바심이 난다. 나무는 아픈 티를 내지 않으려고 잔뜩 웅크린 짐승처럼 저 혼자 앓는다.

    애매하게 어중간한 높이다. 사다리 없이는 저 끈을 풀어 줄 수 없다. 신호가 바뀌기를 기다리는 와중에도 시선은 자꾸 단단한 매듭에 가서 머문다. 눈빛으로라도 끊어내고 싶다. 나무가 자유로워지게 뚝 떼어내고 싶다. 내일은 노끈이 사라져 있을까. 삭아져 떨어질 날은 기약 없이 멀기만 하다.

길가의 돌멩이 하나에도 생명이 있다고, 그런 마음으로 바라보면 이 세상 귀하지 않은 것이 없다고 한다. 무생물인 돌멩이조차도 사랑스럽다 하거늘, 조금씩 보이지 않게 키가 자라고 잎을 틔워 키우고 때가 되면 스스로 물들기까지 하는 나무는 생명 그 자체이다. 종일 가만히 서 있는 것처럼 보여도 사실 나무만큼 자기 할 일을 알아서 잘하는 이도 드물다. 살아 있어서다.

유기된 개와 고양이를 구조하는 방송을 접할 때마다 제일 못 견디겠는 건 그들의 목을 옭아매고 있는 목줄들이었다. 길거리를 떠돈 지 수년이 된 그들의 목에는 버려질 때 감아놓은 목줄이 있었다. 나이가 들어가면서 점점 더 조여지고 조여지다 결국 살을 파고 들어가는 지경에 이른다. 심지어 목 주변으로 피가 흥건한 채 사람을 피해 절뚝이며 달아나는 모습을 보면 너무 화가 나고 속상하고 미안하다. 마침내 구조에 성공해 마취된 상태로 수술대 위에 누운 길 위의 개 혹은 고양이들. 그 연약한 생명을 움켜쥐고 있던 목줄이 떨어져 나올 때면 함께 울고 웃는다. 다행이다, 참 다행이다. 구조의 손길이 붕대가 되어 그나마 치료라도 받았으니 정말 운이 좋은 셈이다. 영문도 모른 채 목줄에 옥죄여 살아온 시간을, 남은 날들의 무탈함으로 보상받기를 바라지만 마음은 무겁다. 끝내 목줄을 풀어내지 못하고 짧은 생을 접어야 했던 그들은 또 얼마나 부지기수일까.

나뭇가지 하나를 휘감은 노끈의 흰색이 이를 드러내고 웃는 불길한 무엇처럼 느껴져 자꾸 마음이 급해진다. 횡단보도를 건너면서 연신 뒤돌아본다. 가로등 빛을 받아 유독 하얀 끈이 바람에 이리저리 흔들린다. 살아있는 기생식물 같다. 구조를 기다리는 순한 동물의 눈빛이 저 목줄 위로 겹쳐진다. 나무의 목줄은 사위스럽다. 스스로는 절대 벗을 수 없는 목줄의 소식은 가로수들 사이에 이미 번져 나갔을 것이다. 어쩌면 그들만의 언어로 조용히 웅성거리며 도움의 손길을 애타게 기다리는 건 아닐까. 귀 밝은 누군가가 들어주길 고대하면서 말이다.

 우리는 훤하게 드러내놓은 목줄도 못 보고 지나친다. 사람들의 시야각은 좁아졌고 귀는 이미 두꺼워진 후다. 보고도 무엇인지 모르고 들어도 무슨 말인지 모른다. 길을 건너와 돌아보니 목줄이 매인 나뭇가지는 짙어진 어둠에 묻혀 얼핏 보였다 안 보였다 한다. 뒤꿈치 뒤로 길게 늘어지는 내 그림자가 무겁다. 투명한 목줄 하나가 그림자 어디쯤에 슬쩍 덩굴손으로 감겨든 모양이다. 사람마다 자기 몫의 목줄을 차고 태어나 변하는 덩치에 따라 바꾸어가며 사는 게 삶인지도 모르겠다. 미처 목줄을 교체하지 못한 이는 체념하듯 운명이라고 받아들였을까.

 누울 자리를 보고 다리를 뻗으라는데, 거절 못하는 타고난 천성 때문에 나는 가끔 내 손으로 목줄을 채운다. 헐거운 크기여서 불편함을 모르고 지내다가 갑자기 숨이 턱 막히는 날이 있다. 이 자리에 맞는 사람인가 하고 되돌아보면 숨쉬기가 힘들어진다. 사람 사이 부딪치는 일들에 감당이 안 될 때면 더 그렇다. 보이지 않는 목줄들을 다 끊어내고 맨 목이고 싶다. 아무것도 아닌 것이 자유다. 목줄로도 부족해 족쇄까지 차고앉은 모양새가 보기에도 헛웃음이 난다. 아내라는 자리, 엄마라는 자리, 딸이라는 자리 그리고 사회에서 만든 자리들에 나는 얼마나 맞춤하며 살고 있는지 나무의 목줄이 내게 묻고 있다.

목줄이 감긴 생명 하나를 길 위에 버려두고 나는 집으로 간다. 승강기 올라가는 속도보다 마음이 먼저 현관문 고리를 잡는다. 얼른 베란다 창을 열고 아래를 내려다본다. 가로등의 둥근 원들과 나무의 뾰족한 가마만 보인다. 내일, 날이 밝으면 그 나무를 다시 찾아가야겠다. 유기된 여린 동물을 구조하듯 내 손으로 도와줘야겠다. 나무들은 수런대며 밤을 보낼 채비를 한다. 저들의 술렁임이 이렇듯 와 닿은 적이 또 있었던가.

▎작품 – 『수필과비평』 229호

| 작품 |

그만 죽이고 싶다

전미란

  얼마 전, 토분에 있는 남천을 보고 깜짝 놀랐다. 처음 우리 집에 왔을 때 보여주었던 생명력은 사라지고 칙칙한 잎들을 떨구고 있었다. 볕이 들어오는 곳이라곤 블라인드 틈이 전부인 곳에서 잘 견디는가 싶었는데 그에게 시련과도 같았을까. 새 잎을 틔워야 할 계절에 생기를 잃어가고 있는 나무는 할 말이 많다는 얼굴로 나를 바라봤다. 여러 날 물 주는 것을 깜빡 잊은 나는 한밤중에 잠들어 있는 녀석에게 물을 끼얹곤 했다. 그의 잠자리가 더부룩하리라고 생각 못했다. 키만 멀대같이 큰 녀석이 더 살기를 포기한 것 같았다.
  일주일에 두 번 물을 주고 햇볕을 쬐면 무조건 산다고 했다. 베란다 가장 빛이 잘 드는 곳에 놓고 물을 콸콸 부어주었다. 화분 밑구멍으로 귀여운 소리를 내며 물이 빠져나왔다. 작고 길쭉한 이파리를 바라보며 멍하니 앉아 있는 순간이 좋았다. 흡족하게 물을 마시게 한 다음 물끄러미 바라볼 때면 여린 이파리의 생명력에 마음이 닿는 것 같았다. 직사광선을 받도록 해주고 물을 열심히 주었다. 가장 예뻤을 때를 기억해 두기 위해 휴대폰으로 찍어 저장했다. 그것이 영정 사진이 되고 말았다.

한때 제법 튼실하고 빼곡하게 잎을 피운 남천은 늦가을부터 온몸이 빨갛게 변하기 시작했다. 가지마다 각자의 속도와 사정이 있는 것처럼 제각각 물들어갔다. 어쩌면 저렇게 잎이 꽃잎 같을 수 있는지. 꽃을 피우지 못하지만 충분히 사랑 받을 자격을 가진 식물을 보며 사람도 마찬가지 아닐까 하는 생각이 들었다. 제아무리 화려한 꽃을 피우는 장미라도 꽃은 한철이지만 잎은 사철이어서 좋았다. 나는 바쁘게 집을 나서면서도 햇살이 잘 드는 곳에 옮겨 두는 일을 잊지 않았었다.

이제 나무는 주어진 자리에서 견디는 것 말고는 할 수 있는 게 별로 없어 보인다. 블라인드 그늘에서 이파리를 떨구고 서 있는 시간이 그에게 고된 삶이 아닐까. 사라지는 데에도 시간이 필요해 보였다. 한 번에 사라지는 것이 아니라 시들고 말라비틀어지고 떨어지는 과정이 더디게 흘러갔다. 눈길이 닿지 않는 나무는 시름시름 앓으며 공허한 기운을 내뿜었다. 그 모습이 처음엔 안타깝다가 나중엔 성가셨다. 차라리 그만 죽었으면 했다. 몹시 갈증을 느끼고 있는 것 같았지만 돌보기에는 귀찮고 내버려 두기에는 마음에 짐이 되었다. 그래서 피해버렸다. 숨이 끊어질 때까지 방치했다.

그동안 나는 이런 식으로 손에 피 한 방울 안 묻히고 여러 차례 화분을 죽여 왔다. 나의 폭력성은 무엇으로부터 비롯된 것일까. 말이 좋아 식물을 기른다고 하지만 사실 기른 것이 아니라 서서히 죽음으로 내몰았다. 그때그때 기분에 따라 화분을 사들이고 죽이고 후회하고 또다시 사들였다. 얼마나 냉소적인 사람인가.

살아있는 것들은 관심을 먹고 자란다. 식물을 들여오기 전 내가 어떤 사람인지 잘 알았어야 했다. 햇빛처럼 밝은 사람인지, 그늘처럼 쌀쌀한 사람인지, 게으른 사람인지. 아무리 햇빛 잘 들고 바람이 잘 통하는 집에 살더라도 애정을 쏟지 않는다면 또 죽어나갈 수밖에 없다.

　사랑도 관상용 식물 같다는 생각이 든다. 화분의 모든 잎이 햇살을 골고루 머금을 수 있도록 자리를 옮겨주고 과습으로 숨막히게 하지 말아야 할 일이다. 더더욱 무관심으로 외롭게 방치하지 않았다면 건강하게 뿌리를 내리고 색을 발하며 피어날 수 있을 텐데. 사랑이라고 하는 것이 그렇게 쉽지만은 않다는 것을 한 그루의 나무가 내게 말해주고 떠났다.

▌작품 – 『수필과비평』 229호

| 작품 |

엉겅퀴

함무성

뜨락에 아침 이슬이 채 마르지 않았다. 평소에는 아침잠이 많았는데 지난밤에 꿈자리가 뒤숭숭하여 새벽잠을 설쳤다. 잔디마당 가장자리의 만다라에 갔다. 어른 예닐곱은 둘러앉을 만한 흰색 너럭바위와 그보다 작은 검은 바위, 또 그보다 조금 더 작은 검은 바위가 삼각형을 이루며 놓여있는 곳을 나의 만다라로 정했다.

만다라 주변에는 단풍나무와 소나무들이 자라고 사피소나무 아래 쌓아놓은 모래 더미에는 집고양이 '루키'가 제 화장실도 만들어 놓았다. 바위 옆 소나무에는 가끔 손가락으로 튕겨 버리고 싶은 송충이도 눈에 띄지만 그곳의 모든 생명체가 만다라의 구성원이라서 그냥 지켜보기로 했다. 땅의 극히 작은 부분이지만 오롯한 나만의 비밀공간으로 정해 놓으니 마음이 뿌듯하다. 무심하게 바위 위에 올라 앉아 명상하기에도 좋다.

오래전 중국여행 때 만다라를 제작하는 스님들을 본 적이 있다. 불법을 깨닫기 위한 수행의 과정으로 가느다란 대롱에 색

고운 모래를 넣고 숨죽여가며 그림으로 만들고 있었다. 여러 명의 수행자들이 둘러앉아 정신적으로 만다라에 들어가 진리와 우주를 형상화하는 고도의 훈련을 하는 중이었다. 집중력과 심오한 진리를 탐구하며 몇날 며칠에 걸쳐 모래그림을 완성시키면 큰스님은 설법 후 한순간에 허물어 버린다. 그렇게 허망한 일이 있다니. 큰스님은 최선을 다해 쌓아올리되 최후의 완성은 모든 것이 공(空)하고 공(空)하다는 걸 말해준다. 살아가면서 혼신을 다하는 우리는 이미 저마다 만다라를 제작하는 수행자가 아닌가.

두어 평 남짓한 나의 만다라에서 생각한다. 무수한 생명체들은 탄생하고 번식하여 영화를 누리다가 마침내 해체된다. 바위 아래 앉아 가만히 둘러본다. 검은 바위 옆의 해묵은 철쭉, 바닥에 깔린 키 작은 말발도리, 엉겅퀴들, 망초들이 터를 잡았다. 바위 밑 청색 돌을 들춰보니 굵은 지렁이가 흙 한 점 묻히지 않고 윤기를 내며 빛을 피해 서서히 구멍으로 숨는다. 올해 유난히 극성을 부리는 황주까막노래기들도 습한 곳에서 고물거리고 달팽이도 더듬이를 좌우로 흔들며 느릿하게 움직이고 있다. 지상의 생명체들은 햇빛을 받으려 안간힘을 쓰고, 지하의 생명체들은 어둠을 안식처로 삼는다.

요즘은 엉겅퀴를 세세하게 살피고 있다. 너럭바위 아래 바짝 붙어 자라는 엉겅퀴는 이제 화려했던 꽃들이 시들어가고 있다. 보랏빛 꽃이 활짝 피었을 때 꽃송이 속에 머리를 박고 꿀을 모으던 벌들도 뜸해졌는데 자세히 보니 꽃받침 아래에 한두 마리씩 죽어서 매달린 벌들이 보인다. 가시에 찔렸나. 엉겅퀴에 독이 있었을까. 이곳저곳에 흩어져서 피고 있는 엉겅퀴 꽃들마다 죽은 벌들이 매달려 있다. 마치 순교자의 모습같이 경건한 벌들의 시체는 어찌된 일인가.

몇 해 전 야산에서 옮겨온 엉겅퀴 한 그루가 해를 거듭하여 번지더니 이제는 뜰 이곳저곳에 퍼졌다. 털과 가시가 달린 잎을 사방으로 활짝 펴고 있어 정원을 돌아보려면 조심조심 피해 다녀야 한다. 약초로서도 으뜸이라지만 그 맑은 보랏빛 꽃 색깔은 어느 꽃과도 견줄 수 없이 고와서 마구 퍼져도 그냥 내버려 두었었다.

여러 포기의 엉겅퀴 중에서도 너럭바위 틈에 자리 잡고 거세게 자라는 왕엉겅퀴가 나는 좋다. 튼실한 꽃대와 누구도 접근하지 못하도록 잎 끝에 날카로운 가시를 달았다. 엉겅퀴의 꽃말이 엄격, 고독한 사람, 독립이라는 뜻을 지녔다 하니 더욱 호감이 간다. 매사를 줏대 없이 망설이고 끈기조차 부족해서 무슨 일이든 시작만 그럴듯한 나는 엉겅퀴의 그 어엿한 위세와 끈질기게 확장해 나가는 열정이 부럽다. 오늘 나는 엉겅퀴의 삶에서 만다라 수행의 의미를 찾는다.

> 만다라는 말한다.
> 여기 아무것도 없습니다.
> 이제부터 만다라를 만듭니다.
> 그리고 해체합니다.
> 지금 아무것도 없습니다.

엉겅퀴의 씨앗은 아주 작다. 그러나 다 자란 엉겅퀴는 마치 창과 방패로 무장한 장군 같은 모습이다. 하늘을 향해 펼친 잎

끝마다 가시를 달고 '네모 메 임퓨네 라세시트(누구든 나를 건들면 무사하지 못하리라).'를 외치고 있다. 척박한 땅에서도 잘 자라고 퍼져나가는 속도도 빠르다. 고독하지만 엄격하고 독립적이라는 꽃말이 잘 어울린다.

　꽃과 벌의 공생이 절정이었을 때 꿀벌들은 머리를 엉겅퀴 꽃 속에 들이밀고 엉덩이를 하늘로 치켜 든 채 꿀을 모았었다. 뒷다리에는 노란 꽃가루를 한 덩이씩 달고 일벌의 사명을 다하고 있었는데 시들어가는 꽃송이 아래 벌들이 죽어 매달린 사건의 실마리가 풀렸다. 벌들은 불꽃같은 삶을 완성했고 이제 조용히 해체되는 중이었다.

　일벌들이 육각형의 방 하나에 꿀을 가득 채우려면 팔천 송이의 꽃이 필요하다는데 삼십여 일 남짓 부여받은 생애 동안 그 많은 꿀을 모으려니 엄청난 노동량이 짐작이 간다. 그들은 지쳤다. 여왕벌의 군사로서 사명을 다하고 기력이 쇠하여 꿀을 머금은 채 집까지 돌아가지 못하고 생을 마친 것이다. 엉겅퀴의 결실을 돕고 꿀을 받아 임무를 완성하고 떠나는 것이 한 달 살이 꿀벌의 운명이라니. 꽃 아래 매어달린 벌들이 바람결에 건들거리고 있다.

　엉겅퀴는 이제 서서히 성을 허물며 최후의 완성을 향해 가고 있다. 솜털을 낙하산 삼아 바람을 타고 떠난다. 중력을 떠나 유영하듯 날아간다. 가벼울수록, 바람이 셀수록 멀리 갈 수 있다고 말한다.

　'이제 아무것도 없습니다.'

　엉겅퀴의 삶에서 만다라수행을 본다. 생성되고 번성한 후 평온하게 한 생을 해체시켜 무無로 돌아가는 우주의 섭리가 그곳에도 있었다. 긴장했던 숨을 내쉬며 나의 만다라를 둘러본다.

운동화 신은 발 옆으로 지렁이 한 마리가 기어간다.

▌작품 -『수필과비평』229호

글쓰기의 영도零度, 영도零度의 글쓰기

들어가며

　글쓰기에서 '영도零度'는 어떤 의미를 지니는가. '글쓰기의 영도' 혹은 '영도의 글쓰기'가 가능할 수 있다면 그것은 어떻게 구현될 수 있을 것인가. 흔히 우리는 어떤 온도나 각도를 측정할 때 그 도수를 재는 기준점이 되는 자리를 '영도'라고 표현한다. 말하자면 측정하는 기분이나 감정에 따라 주관적 가치 판단이 개입되지 않은 상태의 분명한 '기준'이나 '중심'을 뜻하는 것이라고 할 수 있다.
　'글쓰기의 영도'란 프랑스의 문학평론가 롤랑 바르트가 그의 저서 『글쓰기의 영도』에서 처음으로 사용한 말이다. 바르트에게 글쓰기Ecriture란 언어체langue와 문체style 사이에 있는 언어가

운용되는 규칙을 하나의 형태적 현실로 규정함으로써 이루어지게 된다. 언어체는 한 시대의 작가들에게 공통적인 규정과 습관들의 조직체이다. 이것이 의미하는 바는 언어체가 전적으로 작가의 파롤 parole을 관통하는 하나의 고유한 자연과 같은 것이다. 파롤이라는 용어는 프랑스의 언어학자인 소쉬르가 사용한 용어이다. 소쉬르는 랑그와 파롤을 구분하여 언어의 기호학적 성질을 해명하면서, 랑그는 구체적 발화 행위인 파롤을 가능하게 해주는 것으로서 언어 집단의 사회적·관습적 약호들로 이루어진 기호 체계이다. 반면 파롤은 수평적 구조를 지니고 있어서 그것이 사용된 낱말들과 동일한 선상에 놓여 있는 것이다.

그렇다고 랑그라는 언어체가 작가의 파롤에 반드시 어떤 형태를 주는 것은 아니며 자양을 주는 것도 아니다. 그것은 진실들의 추상적인 원과 같은 것이며, 이 원을 벗어날 때 비로소 밀도 있는 언어가 쌓이기 시작하게 된다. 비교컨대 하늘과 땅과 이들의 결합이 인간에게 친숙한 주거 환경을 그려내듯이, 언어체는 모든 문화적 창조를 이룬다. 그것은 재료의 저장이라기보다는 하나의 지평, 다시 말해 어떤 한계이며 정거장과 같은 것이다. 그런 만큼 작가에게 언어체는 어떤 친근함을 장착시키는 문학적 지평과 같은 것이다. 따라서 바르트에 의하면 '글쓰기의 영도'란 언어의 한계와 모순을 넘어서는 새로운 꿈의 지평이며, 작가가 당면한 상황으로부터의 탈출구라는 의미를 지닌다.

이런 의미에서 바르트가 보여주는 '중립적 글쓰기'는 일정한 카테고리나 고정적 태도를 거부하는 글쓰기다. 삶의 언어, 감각적 언어, 비개념적 언어를 중요시한 바르트는 개념적 표현언어보다는 일상언어를 바탕으로 하는 글쓰기, 날것의 살아있는 언어를 사용하라는 것이 바르트의 가르침이다. 바르트의 글쓰기는 다분히 고전주의 문학관을 탈피하고 낭만주의 문학관에 가까운 것으로 보이지만, 어쨌든 바르트는 카뮈에게서 이같은 글쓰기의 전범을 찾으며 그에게서 '영도의 글쓰기'를 본다. 카뮈 글쓰기의 언어체는 한편으로 자신의 방식이 지닌 안정적 의미에서 벗어나 자신의 사회성을 나타내는 특별한 의미를 지닌 것으로 여겨진다.

카뮈의 글쓰기는 언제나 삶에 대한 본질적인 문제를 묻는다. 예컨대 『시지프 신화』에서 카뮈가 관심을 기울이는 것은 삶과 죽음이라는 존재의 본질적 문제이다. 그래서 그는 작품의 서두부터 삶의 근원에 대한 의문을 묻기 위해 자살의 문제를 제기한다. 카뮈는 자살의 문제를 제기함으로써 삶을 위한 유의미한 이유들을 거부하고 배척하면서 세상에서 소외되고 이방인이 된다. 이처럼 세상으로부터 격리되었다는 느낌을 카뮈는 '부조리absurdity'라고 부르고 있지만, 인생의 본질과 의미를 묻는 길목에서 죽음을 생각하는 카뮈의 사유에 바로 그의 글쓰기의 본질이 있다. 그럼으로써 우리는 그의 글을 읽으면서 삶을 통하여 죽음을 읽고, 빛과 밝음 속에서 어둠과 부조리를 본다. 이렇게 바르트에게 문학작품이란 완벽하게 하나의 완결체로 창조되는 것이 아니라 그에 대한 다양한 의미의 조립체에 불과한 것이다. 이런 점에서 작가란 엄밀히 말해 저자가 아닌 '필사자scripteur'라고 주장한다. 다시 말해 저자와 독자는 일방적인 생산자와 소비자가 아니라 텍스트 속에서 서로를 찾아 만나고 텍스트를 즐겨야 할 관계로 바뀌어야 한다는 것이다 (위에서 논의한 롤랑 바르트의 글쓰기에 대해서는 롤랑 바르트, 『글쓰기의

영도』, 김웅권 역, 동문선, 2007 및 롤랑 바르트, 『텍스트의 즐거움』, 김희영 역, 동
문선, 2002 참조).

    바르트의 이런 관점은 우리의 글쓰기에도 많은 시사를 준다. 실제 우리들의 글쓰기에서 가치중립적 글쓰기, 그야말로 공평무사한 마음으로서의 '영도의 글쓰기'가 얼마나 가능한 것일까. 위에서 이야기한 대로 '영도'는 말 그대로 온도를 측정하는 데 있어 영상과 영하를 가르는 기점이다. 또한 각도로 따지면, 왼쪽이든 오른쪽이든 위든 아래든 기울어지지 않은 가장 균형 잡힌 상태이다. 마찬가지로 영도의 글쓰기란 기준점이자 시작점이 되면서 어느 쪽에도 기울어지지 않은 균형 잡힌 시각에서 존재와 세상을 올바른 관점에서 바라보는 것이라 할 수 있다. 오늘날 이 세상에서는 수많은 글이 나타나고 있으나, 모든 글의 영도가 될 만한 글은 보기가 쉽지 않다. 중심이 없는 자아가 없는 것처럼 중심이 없는 글쓰기란 없으며 이런 글이란 올바른 글이라 할 수 없다.

    구조주의자들의 생각에 기댄다면 좋은 글을 쓴다는 것은 기본적으로 훌륭한 문장과 낱말들과 유희를 하는 것인지 모른다. 왜냐하면 문장이나 낱말과 유희를 한다는 것은 유효한 의미의 탄생을 위해 노력하고 그에 대립하는 구도와 맞서는 것을 의미하는 것이기 때문이다. 한 작가가 자신이 쓴 글이 다른 사람의 글에 비해 얼마나 신선한 소재와 주제를 지니고 있는지, 이야기의 구성은 어떠한지, 여기저기에 어떤 결함이 있는지를 살피는 것은 당연한 일이다. 작가는 자신의 글은 언제나 규범적 가치를 지니고 중립적이고 중심 잡힌 영도에 있기를 바라고 또한 그렇다고 생각한다. 그러나

모든 글과 사물은 떼어놓고 보면 저마다의 다른 영도에 있다. 그래서 다른 글과 사물의 비교를 통해서만 자신이 얼마나 기울어져 있는지, 얼마나 높고 낮은 온도에 있는지 알 수 있게 된다. 영도의 글쓰기의 기준은 바로 나의 글쓰기로부터 비롯되기 때문이다. 그렇지만 이를 위해서 무엇보다 중요한 문제는, 당연한 이야기이지만 글 속에 인생과 세상에 대한 나의 사상과 관점이 얼마나 남다르게 깊이 있게 담겨 있고, 이들에 대한 모습이 얼마나 아름답고 진실하게 구현되어 있느냐 하는 것이다. 이 사실은 글쓰기가 단순한 의미의 전달 도구이거나 언어의 유희가 아니라, 한 인간이 희망할 수 있는 행위와 사상의 깊이까지를 포괄하는 실천이게 한다. 그럼으로써 글쓰기는 인간과 삶의 양식, 한 시대와 사회의 이데올로기, 그리고 이를 바라보는 작가의 주체성과 세계관의 문제로 이어지게 된다.

실로 우리는 글쓰기를 매개로 자신이 발견한 세상을 현실 그 자체보다 더욱 현실적으로 표현해 낼 수 있다. 그렇기에 작가에게 중요하게 요구되는 것은 사물의 본질에 앞서는 존재에 대한 인식이다. 세상이 부여한 모든 것을 걷어낸 날것 그대로의 흙, 꽃, 나무, 구름 그리고 마침내 거기서 인간과 세상을 바라볼 수 있어야 한다. 이때 작가에게는 관념이 현실보다 훨씬 앞선 것이 된다. 왜냐하면 우리에게 사물은 먼저 다가오지만, 그것은 우리의 관념을 통하여 현현되기 때문이다. 말하자면 우리는 사물에 관념을 덧붙이게 됨으로써 세계를 만나고 글쓰기를 한다. 그것은 사색되고 명상되고 동화되면서 무질서 속에서 질서를 얻게 되고 부조리 속에서 조화의 흐름을 이루게 된다. 그 과정에서 우리의 관념이 현실과 사물을 압도하게 된다. 진정한 글을 쓰면서 작가는 새로운 자신의 세계를 찾게 된다. 물론 이 세계도 언어를 통해 새로운 모습으로 구현되지만, 작가는 '글쓰기'라는 존재증명을 이루면서 그 정당성을 찾아간다. 우리에게 주어진 삶과 문학의 진정한 '자유'는 자신의 가치를 새롭게 창출해 나가는 과정을 통해 이루어지게 되는 것이다.

이런 의미에서 이달에는 김정태의 「풍장風葬」, 배혜경의 「적敵」, 박수경의 「비와 눈물 중 어느 것이 이길까?」를 읽어본다.

김정태의 「풍장風葬」

풍장이란 시신을 비바람에 자연스레 없어지게 하는 장사법을 말한다. 풍장은 사체를 지상이나 나무, 바위와 같은 자연 상태와 함께 비바람을 맞아 자연적으로 소멸시킨다는 데 특징이 있다. 김정태의 「풍장風葬」은 봄 꽃잎들을 데려가는 바람과 함께 그들이 흙과 하나가 되는 모습을 그려내면서 시작된다. 꽃잎은 삶의 끝을 바람에 맡길 때 생의 절정을 맞는다. 바람에 꽃잎이 지는 생애의 끝이 절정이라는 것은 역설이지만, 찬란한 꽃잎의 죽음의식이 바로 풍장이다. 작품에서 '풍장'의 의미는 무엇일까. 작가는 풍장을 통하여 우리의 현대적 삶의 세속적 타락에서 벗어나 자연과 합일하려는 자연순환적 사고를 보여준다. 반면에 바람은 피와 살을 말리고 모든 것을 사라지게 하는 소멸의 존재로서의 의미를 지닌다. 작가는 풍장을 맞이하는 꽃들의 모습을 다음과 같이 묘사한다.

매화나 벚꽃은 생의 끝을 바람에 맡긴다. 가지에 붙어 있다가 자신의 몸에 남은 마지막 온기를 바람에 실려 흙으로 돌아가는 것이다. 낙엽도 때가 되면 흙으로 돌아가지만 꽃잎의 처연한 느낌과는 사뭇 다르다. 꽃잎 곁을 스치는 요란스럽지 않은 바람 소리는 차라리 처연한 만가輓歌로 들린다. 이때 꽃잎은 데려가 줄 바람을 순하게 맞이한다. 순간의 이런 풍경의 끝은 여리고 애달프다. 이화梨花도 그러하고 연분홍 도화桃花가 그러하다. 꽃잎 한 개 한 개가 개별적으로 바람에 실려 산화散華한다. 이파리도 없는 가지에 잠시 붙어 있다가, 바람에 실려 공중에서 사선을 긋는 동안이 매화나 벚꽃처럼 개별적 죽음을 맞는 꽃잎의 절정이다. 그래서 그들의 끝은 애달프나 순결하다.

　한 편의 글 속에는 작가의 사상과 정신의 내면이 고스란히 반영되고 있는지라 우리는 그들을 통해 작가의 깊은 사유를 살필 수 있게 된다. 동시에 이런 과정에서 우리는 글쓴이의 삶에 대한 태도와 방식을 들여다보는 기쁨을 누리게 된다. 글쓰기의 방법론이나 기술은 기실 삶을 바라보는 작가의 관점의 다른 표현이라 할 수 있다. 이럴 경우 작가의 글쓰기는 넓은 광야 혹은 바다로 거친 모험을 떠나는 과정과 다르지 않다. 「풍장風葬」에서 작가는 꽃들이 맞이하는 풍장을 통하여 삶에 덧붙여지는 죽음의 의미를 거부하면서 죽음 그 자체에 대해서 일견 냉철하고 객관적인 태도를 취하고 있다. 오히려 "바람에 실려 공중에서 사선을 긋는 동안이 매화나 벚꽃처럼 개별적 죽음을 맞는 꽃잎의 절정이다."라고까지 말한다. 이 때문에 일견 이 작품은 엄숙하지도 않고 비장하지도 않게 그저 담담하고 객관적인 진술로 죽음을 맞이하고 있다. 심지어는 꽃잎은 데려가 줄 바람을 순하게 맞이한다고 말할 정도로 꽃들의 주검이 바람 속에서 풍화되어 가는 과정마저도 '바람'과 노는 것이라고 냉소적으로 진술하고 있다. 이러한 진술은 풍장을 통해 존재의 본질로 돌아갈 수 있다는 긍정적이고 낙관적인 믿음의 소산이라고 할 수 있다. 그러면서도 작품에서 화자는 풍장을 통하여 삶과 죽음의 의미를 동시에 읽어낸다.

우리의 삶이 아름다운 것은 그 끝에 죽음이 있기 때문은 아닐는지 생각해 보곤 한다. 문득 지는 것은 아쉽고, 추레한 모습으로 오래 버티는 것은 추하다. 꽃이 늘 나뭇가지에 매달려 있다면 우리는 굳이 꽃을 보러 나들이를 하거나, 아름다움에 감탄하지 않을 것이다. 더구나 말라가는 목련의 꽃잎처럼 끝이 너절함으로 남아 있다면. 매화나 벚꽃의 꽃잎이든, 또 동백이나 목련의 꽃잎이든, 그것들이 나고 죽는 흐름은 인생의 그것이나 별반 다름은 없으리라. 매화나 벚꽃과는 서로 다른 모습으로 생애의 끝을 맞이하는 동백이나 목련도 그와 닮은 인생이 왜 없으랴. 한때의 영화榮華도 때가 되면 스러지게 마련이다. 여느 나라든 그랬고 앞선 모든 인생들의 삶이 그러했다.

화자에게 죽음은 "한때의 영화榮華도 때가 되면 스러지게 마련"인 그저 담담하게 맞이해야 할 "나고 죽는 흐름" 그 자체이다. 그렇지만 '꽃'과 '바람'과 '죽음'의 이미지를 결합하여 삶의 고달픔과 질곡을 벗어나고자 하고 더 나아가 정신의 가벼움과 투명함을 성취하고자 한다. 이런 의미에서 작가는 죽음을 긍정적이고 낙관적으로 인식하고 있다. 또한 '풍장'이라는 이미지를 통하여 우리의 영원한 이상 세계인 무한한 자연으로 귀환하려는 의지를 드러낸다. 작가의 자작시에서도 표현되고 있듯이 "바람이 꽃잎 되고 꽃잎이 바람이었단 걸" 우리 인간들이 인식하기를 바라는 것이다. 작가에게 죽음은 상식으로는 파악할 수 없는 초연한 세계이다. 이 같은 죽음관은 우리가 현실적인 죽음에 당면하게 될 때 쉽게 가지기 힘든 것이지만, 작가의 이런 인식은 삶에 대한 세속적인 편견을 극복하고 그 본질을 파악하고자 하는 진지한 노력의 소산이라고 할 수 있다. 그리하여 작가는 "잡고 있던 가지를 놓으며, 바람이 데려갈 때를 아는 가루 같은 저 꽃잎들이 순하게 풍장에 순응함을 바라보는 봄날의 하루가 간다. 내 삶의 끝이 순장을 맞는 꽃잎처럼 가지런하고 순하게 날렸으면 좋겠다."고 진술한다.

    글쓰기는 작가의 삶에 대한 인식을 담아내는 것이며, 이를 통해 자신을 재발견하여 '새로운 나'로 다시 태어날 수 있게 한다. 이런 의미에서 글쓰기는 자신의 삶을 새로운 방식으로 재배치하는 일이며 이를 통해 자신의 내면을 재구성하고 세상을 만나는 작업이다. 요컨대 작가가 글을 쓴다는 것은 자신의 삶을 다시 바라보면서 새롭게 산다는 의미라고 할 수 있다. 또한 삶과 일상의 크고 작은 경험에서 글감을 발견하고 글을 쓴다는 것은 자신만의 삶을 누군가에게 보여주는 것이다. 김정태의 「풍장風葬」은 글쓰기가 곧 인생을 사랑하는 일이고, 나를 찾아가는 행복한 여정임을 잘 보여주는 수필이다.

배혜경의 「적敵」

글쓰기의 주체는 자신이 되고 싶은 인물을 재생산함으로써 생산되기 시작한다고 롤랑 바르트는 말했다. 작가는 모든 이야기에서 스스로 글 속의 주인공이 되기를 바라면서 글쓰기를 한다. 그래서인지 바르트는 자신의 글 속에서 다각적인 시점들을 활용한다. 자신을 '나', '너', '그' 혹은 'R. B.'라고 지칭하면서 다양한 시점을 활용하여 자신에 대한 거리감을 확보하거나 자신을 타자로 객체화하기도 한다(롤랑 바르트, 『텍스트의 즐거움』).

배혜경의 「적敵」에서 작가는 김훈의 소설 『칼의 노래』 속으로 뛰어들어 주체와 객체, 안과 밖, 적과 나에 대한 성찰을 이루고자 한다.

소설 『칼의 노래』는 우리 삶의 무수한 적敵에 대한 담론이다. 온갖 냄새가 창궐하는 전장戰場에서 죽음을 맞는 법에 대한 고찰이다. 적은 실체를 드러내지 않고, 전체적으로 밀려온다. 개별적으로 닥쳐올 때마저도 그것은 하나의 전체로서 압박한다. 어쩌면 한 척 몽유夢遊의 적선敵船에 솥과 도마를 걸고 사는 우리. 격랑에 난파한 오욕칠정을 부여잡고 표류하듯 적들도 '나'가 대적할 대상이 애초에 아닌지도 모른다. 나를 경멸하고 조롱하는 적, 나에게 불친절하고 나를 오역하는 세상의 모든 적, 나의 총체적 적군에게 취할 수 있는 자세는 무엇일까.

『칼의 노래』는 삶에서의 무수한 적敵에 대한 담론이라는 전제 아래 온갖 냄새가 창궐하는 전장戰場에서 죽음을 맞는 법에 대한 고찰을 이룬다. 삶에서나 문학에서나 적은 실체를 드러내지 않고 우원하게 우리에게 밀려온다. 개별적으로 닥쳐올 때마저도 그것은 하나의 전체로서 우리를 압박한다. 삶이 여유로우면 누구나 고상하게 향유하려는 마음을 지니게 되어 창조나 생산이 아닌 단순한 소비적 흐름의 글쓰기로 빠지는 경향이 있다. 「적敵」에서 '적'은 절망의 상황 속에서 살아남기 위해 몸부림치는 작가 자신의 모습을 말한다. 적은 잠시도 방심할 수 없이 나를 공격하여 위기에 빠뜨리는 존재이다. 적은 자아와 존재를 무너뜨리고자 하고 나는 그에 목숨을 걸고 맞서는 실존적 존재가 되어야 한다.

작가는 적의 공격에 항상 불안정한 상태에서 동요에 빠지는 존재이다. 아름다운 글쓰기를 방해하거나 자신을 배신하는 적은 도처에서 분기한다. 그것은 세간에 유행하는 글쓰기의 방식과는 정반대가 되어 우리를 괴롭힌다. 독자가 텍스트 자체와 훌륭한 만남을 이루려면 남다른 독해를 해야 하는 거와 같이, 작가가 남다른 글쓰기를 하기 위해서는 인생과 세상에 대한 다른 시선을 지녀야 한다. 앞서 말한 대로 바르트의 '중립적 글쓰기'란 고정된 사회적·정치적 관점에 고착되는 것을 거부하는 글쓰기다. 이는 곧 어떤 고정된 언어와 문법에 얽매이지 않고 살아있는 날것의 언어를 사용할 때 진정한 글쓰기가 이루어진다는 의미이다. 마찬가지로 배혜경의 「적敵」은 눈앞의 적을 통해 '내 속의 적'을 보면서 일상적 경계를 넘어서고자 한다.

'칼의 울음'으로 시작하여 '들리지 않는 사랑노래'로 맺는 긴 서사는 전장의 끝에서 발하는 처절한 희망으로 우리를 치닫게 한다. 적과 함께 너울거리다 칼로 베어지지 않는 적을 온몸으로 안아 자연사를 꿈꾸는 소설 속 고독한 성웅은 적을 가장 사랑한 사람, 치욕스러운 결박의 삶을 누구보다 사랑한 사람이 아니었을까. 두렵지 않았을 리 만무하다.

나는 지금 나의 전쟁터에 제대로 속해 있는가. 내 마음의 전립투를 가만히 짚어 본다. 적 속에 내가 속해 있다.

「적敵」에서 작가는 이 세상과 인간에 대해 사랑과 희망을 이야기하는 인본주의적 모습을 보인다. 작가는 적을 통하여 사랑을 읽어내고 전장의 끝에서 절망이 아니라 희망을 찾는다. 『칼의 노래』의 작가가 그랬듯이, 역사와 세계를 향해 체득한 사랑이란 가까이 있는 사람들에 대한 사랑에서부터 성장한다. 「적敵」에서 작가의 나에 대한 사랑이란 적에 대한 사랑으로부터 확장되어 간 것임을 알 수 있다. 로마의 연금술사 파라켈수스의 명언대로 "아무것도 모르는 자는 아무것도 사랑하지 못한다. 아무 일도 할 수 없는 자는 아무것도 이해하지 못한다." 사랑이란 증오 혹은 혐오를 동반한다는 점에서 증오와 사랑은 동전의 양면과 같다. "적 속에 내가 속해 있다."는 표현에서도 잘 드러나듯이, 작품에서는 자아와 타자로 이중화된 자신의 모습, 증오의 대상과 애정의 대상으로서의 모습을 모두 '적'으로 표현하고 있다.

작품에서는 오히려 가장 치열하고 강렬한 사랑의 그림자 뒤에서 적의 그림자가 더욱 강하게 느껴지기도 한다. 이는 곧 적은 바로 우리 내부에 있으며, 우리들 자신이기도 하다는 것을 말해 주는 것이다. "고독한 성웅은 적을 가장 사랑한 사람, 치욕스러운 결박의 삶을 누구보다 사랑한 사람"이었듯이, 적은 우리가 사랑하는 가족이고 우리들 곁의 누구인지도 모른다. 적과의 전선도 눈에 보이지 않지만, 가정과 직장과 모임이 모두 전선이기도 하다. 그래서 우리는 지금 나의 전쟁터에 제대로 속해 있는가하고 내 마음의 전투를 되짚어보지 않을 수 없다.

글쓰기는 그 자체가 작가가 자신을 뛰어넘고자 하는 하나의 모험이다. 이 모험은 위험을 감수하며 오지를 탐험하겠다는 의미의 모험이 아니다. 작가로서의 내 안의 세계를 스스로 확장하는 모험이며, 아직 도달하지 못한 새로운 글쓰기를 위한 미답의 영역으로 나아가는 모험이다. 그러므로 이러한 글쓰기의 모험을 통해 작가는 존재와 세상에 대한 새로운 체험을 이루게 된다. 이는 특별한 재능을 가진 작가만이 경험하는 세계가 아니라, 글쓰기를 사랑하는 사람이라면 누구라도 누릴 수 있는 황홀한 체험이 되는 것이다. 「적敵」에서 작가는 『칼의 노래』을 빌어 자아를 재구성하고, 그 재구성의 글쓰기는 종결을 거부한 채 끝없이 열려 있는 존재의 문이다.

박수경의 「비와 눈물 중 어느 것이 이길까?」

작가란 자신의 실존 조건으로 세계가 지닌 모순 및 비극적 현실을 글로 나타내고자 하는 사람이다. 따라서 작가는 스스로 창조자가 되어 글쓰기를 하고 존재론적 의미를 찾거나 자신을 구원하게 된다. 이때의 글쓰기는 작가가 주체가 되는 경험이며,

독자는 작품을 읽으면서 객체적 경험을 통하여 주체를 이해하게 된다. 말하자면 한편의 텍스트는 작가와 독자의 결합된 노력에 의해 삶과 세상에 대한 새로운 인식을 가능하게 한다. 작품에 대한 독자의 읽기란 그 자체로 창조 행위다. 따라서 작가는 독자를 대상화 혹은 소비자로 대하기보다는 진정한 주체로 받아들여야 하고, 독자는 작가의 작품을 통하여 삶과 존재에 대한 새로운 인식을 이루게 된다.

박수경의 「비와 눈물 중 어느 것이 이길까?」는 "비와 눈물 중 어느 것이 더 슬플까. 비와 눈물 중 어느 것이 더 감정의 농도가 짙을까. 비와 눈물 중 어느 것이 더 주책이 없을까. 비와 눈물 중 어느 것이 더 슬픔을 담아내는 데 적극적일까."라는 의문과 함께 시작한다.

왜 우는지조차 모를 때가 있다. 이전보다 묽어진 감정 탓에 이유를 알 수 없는 눈물도 생기나 보다. 어쩌면 해결하지 못한 찌꺼기가 불쑥 솟아오르는 것일 수도 있겠다. 비 오는 날의 어떤 아픈 기억이 완전히 지워지지 못한 건 아닐까. 무의식 속에 감춰진 상처를 저도 모르게 떠올리는 걸까. 마주한 그림자를 눈물로 지우는 행위일 수도 있겠다. 울어야 할 순간에 억누르며 울지 못한 살풀이를 지금에서야 하나 보다.

세상의 모든 것은 상대적 실재를 가진다. 사물도 그렇고 인간도 그렇다. 우리가 바라보는 사물의 상대적 실재는 분할될 수 있으나 반드시 분할되어 있지 않다. 그렇기 때문에 인간의 감각에 의해서 지각된 것은 연속적인 특징을 갖는다. 상대적 실재란 분할되어 있지 않은 원자적 형태로 동시적인 현실적 존재들을 의미하는 것이다. 빗속에서 화자는 눈물을 흘린다. 비를 쫓던 눈이 젖고 눈물과 함께 흘러내린다. 화자는 서로를 품은 눈물과 비를 손으로 닦아낸다. 빗방울은 서로 얽히고설키기를 반복하며 낙하하고 눈물은 얼굴에서 흘러내린다. 눈물과 빗물, 우리는 이 동질성과 차별성을 어떻게 기술할 것인가. 이들은 각각의 내연과 외연을 가지고 나름의 모습을 가진다. 그렇지만 이들은 무엇보다도 나름대로의 실체를 가진 대상으로서 존재한다. 「비와 눈물 중 어느 것이 이길까?」에서 작가는 눈물과 빗물에 대한 의미를 규명하고자 하기보다는 이들을 해체하고자 한다.

데리다는 '해체'나 '탈구축' 같은 용어를 통해 우리의 텍스트가 새로운 텍스트로 거듭나는 방법을 가르친다. 좋은 글쓰기란 텍스트 안에 감추어진 모순과 균열과 어긋남을 드러내는 것이다. 글을 쓰는 것은 작가가 한 걸음 물러나 대상을 해체하는 것이며, 그럴 때야 어떤 작품은 작가만의 고유한 창작물이 될 수 있다. 작품은 오직 작가의 분신이 아니며, 작가는 작품에 의문을 던져주는 손님일 뿐이다. 작가가 텍스트의 주인이 아니라면 영원히 주인은 흔적만 남길 뿐 존재하지 않고 손님만 있는 셈이다. 다시 데리다에 의하면, 글쓰기는 일종의 '유령'을 출현시키는 작업이다. 현전하는 기이하고도 생생한 힘인 유령은 존재의 다른 이름이며, 텍스트는 원본이 아닌 유령일 뿐이다. 작가는 나름의 사상과 형식과 규범을 제시하고자 하지만 이를 벗어나 손님이 되어 유령이 활동하는 현상을 바라보는 것, 이것이 바로 진정한 글쓰기다. 「비와 눈물 중 어느 것이 이길까?」에서 작가는 비와 눈물을 해체함으로써 그 속에서 새로운 의미를 찾고자 한다.

　　문득 살면서 눈물이 나는 건 아플 때만이 아니란 사실이 떠오른다. 감동해서, 기뻐서, 행복해서도 흐른다. 쉬이 드러내지 못하는 희로애락을 대신해 준다. 몸 곳곳을 순환하다 필요할 때 나서준다. 그래, 그렇구나. 반갑고 고맙다.
　　창밖엔 여전히 비가 내린다. 어둠에 잠긴 구름을 찾아볼 양으로 빗줄기를 따라 시선을 위로 올린다. 테두리를 따라 희미하게 빛이 차오르는 달이 보인다. 그 주위도 비가 맴돌겠지. 세상이 비에 덮인다.

앞서 이야기한 대로 모름지기 작가의 작품은 대립과 갈등을 넘어 해체되고 종합된다. 이때 해체의 의미는 단순한 분해 또는 풀어헤침과 같은 파괴를 지칭하는 부정적 이미지를 뛰어넘어 긍정적 이미지를 지니고 있음은 물론이다. 이는 곧 기존하는 질서의 기초에 있는 것을 비판하고 사물과 언어, 존재와 표상, 중심과 주변의 이원론을 부정하고 해체해야 한다는 의미를 지닌다. 실제 이런 단계에 이를 때에야 우리의 텍스트는 그 너머의 콘텍스트의 단계에 이를 수 있다. 삶에서의 다양한 체험은 아무리 사소한 기억이나 경험이라도 좋은 글의 소재가 된다. 그러나 그러한 작은 체험들도 '온몸'의 작업으로 이루어지는 '삶 쓰기'가 될 때, 삶과 글쓰기는 종합되는 것이다. 문학은 삶의 배치물이어서 늘 새롭게 배치되어야 하고, 작가는 텍스트에서 화자나 사물이 되는 변용을 이루게 된다.

「비와 눈물 중 어느 것이 이길까?」에는 견딜 수 있는 것 이상을 견뎌내야 하는 아픔 같은 것이 담겨있다. 그것이 비든 눈물이든, 우리에게 어찌 "쉬이 드러내지 못하는 희로애락"이 없을까. 작가의 글쓰기에는 희로애락의 심연을 언어로 건너야 하는 사람의 고뇌가 담겨 있다. 우리에게는 분열 속에서 화해를 찾고자 하는 희망, 절망 속에서도 이 세상에서 존재해야 하는 데 대한 슬픔, 꿈결에서조차 남아 있는 후회와 자책이 존재한다. 이런 상처의 기억 속에서 작가는 나의 아픔을 타인의 아픔으로 전화하고 있다. 그리하여 작품에서 아픔의 흔적은 "세상이 비에 덮"히듯이 사라지게 된다.

나오며

여태 우리는 롤랑 바르트의 '글쓰기의 영도'라는 주장에 기대어 '영도의 글쓰기'란 어떠해야 할 것인가를 이야기해 왔다. 앞서 살핀 대로 바르트는 글쓰기의 영도는 언어가 고정된 문법을 주장하지 않고 언어 그 자체로 순수한 상태일 때 가장 이상적일 수 있다고 주장한다. 그렇다면 실제로 한 편의 좋은 글을 창작하기 위해 오늘도 밤을 지새우고 있는 우리에게 영도의 글쓰기란 어떻게 가능할 수 있는 것일까. 무엇보다 우리에게 영도의 글쓰기를 위해 필요한 일차적인 노력은 어떠한 이론적인 논구보다도 실천의 글쓰기라 할 수 있다. 여기서 글쓰기를 위한 '다독多讀', '다작多作', '다상량多商量'(구양수)이라는 고전적 명제를 다시 한번 상기할 필요성이 있다. 많이 읽고, 많이 쓰고, 많이 헤아리라는 이야기는 너무 당연한 이야기이며 이것이야말로 좋은 글의 창작을 위한 일차적인 세속적 요건이다.

　그러나 문제는 내가 창작한 한 편의 글이 남이 쓴 글과 얼마나 차별화될 수 있느냐 하는 점이다. 글 속에 나의 생각과 태도가 얼마나 잘 표현되어 있으며 이것이 남의 글과 얼마나 차별화될 수 있느냐 하는 것이다. 다시 말해 중요한 것은 우리의 글은 글쓰기 자체에 있는 것이 아니라, 글 속에 어떠한 기준과 관점으로 나다운 모습을 담고 있는가, 글 속에 인생과 세상에 대한 생각을 얼마나 넓고 깊게 담아낼 수 있느냐 하는 것이다. 이는 한 곡의 음악을 누가 연주하고 지휘하느냐에 따라 그 곡에 대한 해석이 달라질 수 있는 것과 같은 이치이다. 작곡가의 손을 벗어나 연주자나 지휘자에 의해 재해석되면서 그 곡은 이 세상에 새로운 모습으로 탄생하게 되는 것이다.

　언어 없는 글쓰기가 존재하지 않듯이 자아 없는 글쓰기도 존재할 수 없다. 어떻게 쓰느냐 하는 것도 중요하지만 더욱 중요한 것은 글 속에 무엇을 담느냐 하는 것이다. 이것은 단순히 문학에서의 '내용'과 '형식'에 대한 해묵은 논쟁을 반복하자는 것이 아니라, 자아 없는 언어만 남은 글쓰기란 죽은 글쓰기라는 사실을 강조하기 위함이다. 글쓰기에서 우리는 언어에 대해 거듭 새로운 질문을 던져야 하는 것과 마찬가지로 자아와 세상에 대한 끊임없는 질문을 던지는 것이 영도의 글쓰기에 이르는 길이다. 언어 없는 글쓰기가 존재할 수 없듯이 자아 없는 글쓰기도 존재할 수 없다.

▌작품론 – 『수필과비평』 237호

| 작품 |

풍장風葬

김정태

　바람이 봄 꽃잎들을 데려가 흙에 재운다. 더러는 바람을 기다리지 않고 스스로 흙과 포개지기도 한다. 꽃잎이 그들 삶의 끝을 바람에 맡길 때, 꽃잎은 생의 절정을 맞는다. 장엄하되 소란스럽지 않고 기시감既視感이 들되 늘 새롭다. 바람에 꽃잎이 지는, 생애의 끝이 절정이라니 무슨 역설인가. 찬란한 꽃잎의 죽음 의식, 풍장風葬이다.
　매화나 벚꽃은 생의 끝을 바람에 맡긴다. 가지에 붙어 있다가 자신의 몸에 남은 마지막 온기를 바람에 실려 흙으로 돌아가는 것이다. 낙엽도 때가 되면 흙으로 돌아가지만 꽃잎의 처연한 느낌과는 사뭇 다르다. 꽃잎 곁을 스치는 요란스럽지 않은 바람 소리는 차라리 처연한 만가輓歌로 들린다. 이때 꽃잎은 데려가 줄 바람을 순하게 맞이한다. 순간의 이런 풍경의 끝은 여리고 애달프다. 이화梨花도 그러하고 연분홍 도화桃花가 그러하다. 꽃잎 한 개 한 개가 개별적으로 바람에 실려 산화散華한다. 이파리도 없는 가지에 잠시 붙어 있다가, 바람에 실려 공중에서 사선을 긋는 동안이 매화나 벚꽃처럼 개별적 죽음을 맞는 꽃잎의 절정이다. 그래서 그들의 끝은 애달프나 순결하다.

꽃잎은 잘게 쪼개져서 분산된다. 쪼개진 꽃잎은 절정의 아름다움으로 잠시 날아가지만 소란스럽지 않고, 같이 피어난 누구를 부르려고 까불대지 않는다. 다만 바람에 감기어 흙에 포개진다. 흙에 눕기 전에 잠깐 흙을 쓰다듬는다.

이렇게 꽃잎이 질 때, 나는 누군가를 불러내고 싶은 충동을 느낄 때가 있다. 하지만 이럴 땐 차라리 혼자서 외로움을 즐기는 것이 좋을 듯하다. 살아있는 모든 삶의 끝은 외롭다. 그렇다고 슬픈 외로움만은 아니다. 끄적인 졸시 「꽃잎 질 때」에서 나는 이렇게 노래했다.

가끔 저 지는 꽃잎을 보며/ 누구와 함께 봤으면 좋겠다 싶을 때가 있다//가끔은 바람에 떨어져 날리는 꽃잎 땜에/ 손끝이 떨려 누굴 불러내고 싶을 때가 있다// 중략// 바람이 꽃잎 되고 꽃잎이 바람이었단 걸/ 맨 살이 알아버렸을 때/ 불러낸 누굴 돌려보낸 것이 참 잘한 일이라고/ 생각할 때가 있다//

바람에 지는 꽃잎과 나만이 홀로일 때, 그런 홀로임이 깊은 황홀감에 빠질 때를 한 시인은 자신의 사전에만 기록된 '홀로움'이란 말을 썼다지만 그 시인과 나의 느낌이 같은 것인지 나는 아직 모른다.

봄의 꽃잎들이 모두 바람을 기다려 마지막을 준비하는 것은 아니다. 동백이 그러하고 목련이 그렇다.

동백은 가늘게 불어오는 봄바람을 개의치 않는다. 자신의 무게만을 의식한 채 기다릴 뿐이다. 한 송이 한 송이가 지극히 개별적이어서, 개별적으로 피어나고 개별적으로 땅에 누울 시간을 정한다. 마지막임을 알릴 때도 그들은 혼자여서 옆의 것과 두런거리지 않고 주접스런 몸짓 따위는 보여주지 않는다. 그냥 있다가 문득 진다.

운 좋게도 처가가 이 땅의 남도에 자리하고 있어, 이른 봄날이면 눈치 볼 일 없이 남도를 여행하며 이런 풍경을 만날 수 있다. 여행길에서 온통 붉게 멍든 동백을 마주한다. 홀로 피어 있는 동백도 아름답지만, 동백은 역시 군락을 이룬 무리가 절경이다. 모두가 '기다림에 지쳐서 빨갛게 멍든' 자국들인가.

바람도 없는 날, 동백의 무수한 무리 앞에 서본다. 벼랑으로 떨어지듯, 느닷없이 아래로 향한다. 길을 잃고 두려움에 울지도 못하던 아이가, 저만치서 달려오는 엄마를 문득 발견하고 후드득 흘리는 눈물처럼 뚝 떨어져 버린다. 문득 있었던 것이 순간 문득 없어진다. 이 땅의 남도에 자리하고 있다가 명멸한 백제의 마지막처럼, 벼랑으로 떨어지듯 하는 것이다. 어느 핸가 제주도의 해안가에서 만난 동백의 무리 앞에서, 뜬금없이 제주도에서 있었던 옛 사건이 떠오른 것도 동백꽃이 지는 이미지와 무관하지 않을 것이다. 그해 사월에도 까닭 없이 스러져간 덧없는 민초들의 죽음처럼 동백은 지고 있었을까. 동백꽃의 짐은 차마 소리 낼 수 없는 고통이고 비애에 가깝다.

목련의 꽃잎이 떨어짐은 동백의 그것과 같은 듯 다르다. 꽃잎이 존재의 중량감은 같을지 모르나 그들의 끝은 전혀 다르다. 목련은 동백처럼 문득 떨어지지 않는다. 백목련의 꽃잎이 시들어갈 때면, 마치 궁색한 집안 대주의 무명 저고리를 닮아 있다. 누렇게

글쓰기의 영도零度,영도零度의 글쓰기　　　　　　　　　　　63

변색되어도 나뭇가지에서 떨어지지 않는다. 웬만한 바람에도 지지 않고 제 몸의 무게만으로 지기를 고집한다. 그들은 풍장을 거부한다. 자목련의 끝은 더 추레하다. 꽃잎의 겉과 속이 다른 색깔인지라, 시들어가며 처진 꽃잎은, 손님 발길 뜸해진 늙은 무당 집 앞의 색바랜 깃발처럼 펄럭이며 냉큼 떨어지지 않는다. 든적스런 몸짓이다. 참으로 느리고 무거운 죽음이다.

우리의 삶이 아름다운 것은 그 끝에 죽음이 있기 때문은 아닐는지 생각해 보곤 한다. 문득 지는 것은 아쉽고, 추레한 모습으로 오래 버티는 것은 추하다. 꽃이 늘 나뭇가지에 매달려 있다면 우리는 굳이 꽃을 보러 나들이를 하거나, 아름다움에 감탄하지 않을 것이다. 더구나 말라가는 목련의 꽃잎처럼 끝이 너절함으로 남아 있다면.

매화나 벚꽃의 꽃잎이든, 또 동백이나 목련의 꽃잎이든, 그것들이 나고 죽는 흐름은 인생의 그것이나 별반 다름은 없으리라. 매화나 벚꽃과는 서로 다른 모습으로 생애의 끝을 맞이하는 동백이나 목련도 그와 닮은 인생이 왜 없으랴. 한때의 영화榮華도 때가 되면 스러지게 마련이다. 어느 나라든 그랬고 앞선 모든 인생들의 삶이 그러했다.

잡고 있던 가지를 놓으며, 바람이 데려갈 때를 아는 가루 같은 저 꽃잎들이 순하게 풍장에 순응함을 바라보는 봄날의 하루가 간다.

내 삶의 끝이 순장을 맞는 꽃잎처럼 가지런하고 순하게 날렸으면 좋겠다.

▎작품 – 『수필과비평』 237호

| 작품 |

적敵

배혜경

　반가운 얼굴이 화면 가득하다. 『정조지』에 푹 빠져 있다고 한다. 『정조지鼎俎志』는 실학자 풍석 서유구가 쓴 음식요리 백과사전이다. 총 7권 4책, 12만 자가 넘는 책으로 '정조鼎俎'는 솥과 도마를 뜻한다. 어릴 때부터 서유구는 어머니에게 손수 감저죽을 쑤어 드렸다고 한다. 활시위를 팽팽히 당긴 듯한 눈초리로 쌓아둔 자료를 읽는 작가 김훈. 『연필로 쓰기』 이후의 작품이 기대된다.
　재료 고유의 맛을 살린 다양한 음식 중 '전립투氈笠套'가 인상적이다. 당시 집집마다 있었다는 전립투는 요리도구이자 음식 이름이다. 조선 시대 군복에 쓴 전립이라는 벙거지 모양을 본떠 무쇠나 곱돌로 만든 전골 요리용 커다란 식기로 양편에 고리 모양의 손잡이를 달아 들기에 편하게 만들어졌다. 먹고사는 생활의 엄중함에 자연스레 속해 있는 전투모가 오래전 읽은 그의 소설을 불러준다.
　"버려진 섬마다 꽃이 피었다." 주격 조사를 두고 오래 고심했다는 첫 문장이다. 생경한 문체로 벼린 날 선 의식이 비장하게 읽히다

책장을 덮는 순간 전체를 관통하는 유장한 이미지로 서늘한 풍경을 그려주었다. 감추지 못하는 낭만주의자의 밑얼굴을 흠모하며 먹먹해지도록 비정한 문장을 붙들고 앞뒤로 왔다 갔다 머뭇거렸다. 칼로 긋듯 단문으로 내리치며 나아가는 문장을 헤집고 나는 흡사 울돌목의 거센 소용돌이를 더디게 빠져나와야 했다. 추상적 단어와 관념 속 어떤 이미지들이 명치를 치고 들어왔다 치고 나가길 반복하는 과정에서 이순신이라는 실제 인물보다 전쟁터에 속한 한 인간이 격전의 한바다에 실존으로 서는 환영을 본 듯했다.

전쟁터는 임진왜란과 정유재란의 역사적 배경을 초월하여 시공을 넘나드는 우리 삶의 보편적 공허함 속에 건재한다. 그 공허함이 부정적인 것일까. 의문을 제기하는 순간 그것은 시비를 가릴 수 없는 저 너머에 서서 미성숙한 독자를 그윽하게 바라보며 미소짓는다. 너무 긍정적이어서 섬뜩한 진실의 칼날에 베이는 것이다. 전능자의 눈길이 그와 비슷할지 모른다. 묻지 말고 입어야 할 숙명의 갑옷과도 같은, 연명한 목숨의 권리에 대한 부채가 아닐까 생각하게 된다. 그것은 생포되어 견뎌야 할 생의 그렇게나 대단한 폭염이거나 입가리개를 하고 싸워야 하는 정체불명의 바이러스와도 같다. 무더위가 육신을 누르고 정신마저 지치게 하는 즈음, 그렇다면 이것이 생에 마지막 폭염이라 생각하고 살라는 누군가의 명철한 말을 떠올리는 순간이기도 하다.

소설 『칼의 노래』는 우리 삶의 무수한 적敵에 대한 담론이다. 온갖 냄새가 창궐하는 전장戰場에서 죽음을 맞는 법에 대한 고찰이다. 적은 실체를 드러내지 않고, 전체적으로 밀려온다. 개별적으로 닥쳐올 때마저도 그것은 하나의 전체로서 압박한다.

어쩌면 한 척 몽유夢遊의 적선敵船에 솥과 도마를 걸고 사는 우리. 격랑에 난파한 오욕칠정을 부여잡고 표류하듯 적들도 '나'가 대적할 대상이 애초에 아닌지도 모른다. 나를 경멸하고 조롱하는 적, 나에게 불친절하고 나를 오역하는 세상의 모든 적, 나의 총체적 적군에게 취할 수 있는 자세는 무엇일까.

계곡물 소리 들리는 늦여름 평상에 앉아 죽음을 이야기한 적이 있다. 아무도 경험해 보지 못한 일을 설왕설래하다니, 부질없었다. 곧 죽음을 겪을 수매미가 그악스레 울어댔다. 그리 울어대면 장렬한 전사戰死가 되려나. 그래 봤자 흙이 될 주검이다. 그즈음 지리산에서 홀로 생의 종지부를 찍었다는 여인의 이야기가 흘러나왔다. 치료를 거부하여 온몸에 퍼진 암세포가 그의 드러난 적이었다. 혼신을 다해 살다 죽음의 방식을 일부 선택한 그이가 어떤 인물과 겹쳤다. 소설 속 이순신은 전쟁터에서 적의 화살에 죽는 것이 자연사라고 확신했다. 그런 의미에서 세상의 죽음은 모두 자연사일 거라는 생각이 들었고, 그이들이 '얼마나 외로웠을까.'를 웅얼거렸다.

죽음을 맞이하는 때 속해 있을 공간도 이야기했다. 죽음을 맞는 방식은 공간과 밀접할 것 같다고 여겼다. 저녁이면 아스라이 작은 불빛이 명멸하는 포구마을이거나 폭풍우 치면 배가 묶일 남쪽 섬을 꿈꾸지만, 뭐가 됐든 지리멸렬한 전세戰勢의 끄트머리에서 서성대는 사랑, 그러니까 적의 품 정도가 될 것이다. 사랑의 실체도 모호하다는 생각이 그제야 들었다. 신기루에 불과하거나 제멋대로 탈바꿈하며 원정遠征하는 구름 떼일지 모른다. 전승은 요원하고 기껏해야 쇠잔한 패잔병으로 퇴각할 것이다. 사랑은 그런 게 아니다, 아니어야 한다는 말을 어깨를 움츠리며 삼켰다.

살아온 만큼의 세월을 더 살아야 할지도 모르는 시대가 끔찍하다는 말이 급기야 튀어나왔다. 긍정적으로 생각하면 새로운 걸 시작해도 늦지 않다는 말이다. 죽음을 맞는 방식이 생을 맞는 방식일 것이다. 적과 부대끼다 자연사하고, 장기는 기증할 것이다. 그 정도면 족하다. 술잔이 몇 순배 돌고 그 힘을 빌려 대책 없이 주절대었지 싶다.

작가는 소설의 서문에서 "사랑은 불가능에 대한 사랑일 뿐"이라며 절박한 오류를 안고 홀로 살겠다고 선포했다. 살기등등하게 눈보라 휘날리며 달려드는 적 앞에서 "고착은 곧 죽음"이라고 장군의 입을 빌려 엄포했다.

적은 우리가 희망을 거는 것들이 복면을 벗고 고개를 쳐드는 복병인지도 모른다. 잠시나마 비상하던 꿈을 깨워 천 길 낭떠러지로 추락하게 한다. 비루한 우리는 어제도 오늘도 꿈을 꾸었고 또 깨어났다. 내일은 내일의 꿈을 꿀 수 있겠지만 장담할 수 있는 건 한 가지도 없다는 사실을 기억해야 한다. 절망마저 사랑해야 한다.

"사랑이여, 아득한 적이여. 너의 모든 생명의 함대는 바람 불고 물결 높은 날, 내 마지막 바다 노량으로 오라. 오라, 내 거기서 한줄기 일자진으로 적을 맞으리."

'칼의 울음'으로 시작하여 '들리지 않는 사랑노래'로 맺는 긴 서사는 전장의 끝에서 발하는 처절한 희망으로 우리를 치닫게 한다. 적과 함께 너울거리다 칼로 베어지지 않는 적을 온몸으로 안아 자연사를 꿈꾸는 소설 속 고독한 성웅은 적을 가장 사랑한 사람, 치욕스러운 결박의 삶을 누구보다 사랑한 사람이 아니었을까. 두렵지 않았을 리 만무하다.

나는 지금 나의 전쟁터에 제대로 속해 있는가. 내 마음의 전립투를 가만히 짚어 본다. 적 속에 내가 속해 있다.

▌작품 - 『수필과비평』237호

| 작품 |

비와 눈물 중 어느 것이 이길까?

박수경

　비와 눈물 중 어느 것이 더 슬플까. 비와 눈물 중 어느 것이 더 감정의 농도가 짙을까. 비와 눈물 중 어느 것이 더 주책이 없을까. 비와 눈물 중 어느 것이 더 슬픔을 담아내는 데 적극적일까.
　눈물이 난다. 이젠 마를 만도 한데. 코끝에서 느껴지는 신호를 애써 무시해도 콧등으로 오른다. 일부러 베란다 창에 비친 정면의 자신을 응시하며 아무 일 없는 듯 꾸며 보지만, 결국 맺힌다. 유리를 타고 내리는 비로 마주한 창이 젖는다. 멈출까. 아니, 멈추긴 할까.
　무작정 빗속으로 뛰어들고 싶다. 무게를 견디지 못해 제 몸뚱이를 떨구어내는 구름에 닿고 싶다. 바람에 이리저리 흔들리는 비에 나를 맡기련다. 빗방울의 속도에 맞춰 걸으면 더할 나위 없겠다. 손을 주머니에 끼우고 어깨를 앞뒤로 저으며 거리를 거닐고 싶다. 그 끝엔 뭐가 기다리고 있을까.
　유리가 잠식당했다. 창에 비친 그림자마저 거세지는 빗줄기에 지워진다. 불이 꺼진 등 뒤로 진한 어둠이 덮친다. 손을 뻗어 흐릿해지는 나를 붙잡으려 해보지만 차가운 기운만이 손끝에 전해질 뿐이다. 그 감촉이 싫어 창을 연다. 혼자란 생각에 몸서리 쳐진다.

그냥 '비'로만 불리기엔 억울했을까. 지상에 발을 붙이기 전부터 자신을 드러낸다. 어둠을 가른다. 그것만으론 성에 차지 않는지 가로등 불빛에 은색 줄기를 뻗는다. 가장 낮은 곳조차 은빛으로 물들인다. 비를 쫓던 눈이 또다시 젖는다. 눈물과 함께 흘러내린다. 서로를 품은 눈물과 비를 손으로 닦아낸다.

"억수."

비의 이름을 괜스레 불러본다. 비도 종류에 따라 이름을 달리한다. 아니, 붙여졌다는 게 더 정확할 터이다. 상공에서 떨어질 땐 무명이었기에. 1~2mm의 빗방울은 서로 얽히고설키기를 반복하며 낙하하기에도 바쁘다. 덩치를 불리기가 무섭게 쪼개진다. 바람에 휩쓸려 정처 없이 맴돌기도 여러 번이다. 안간힘을 쓰며 땅을 붙잡을 테다. 이름을 불리는 것에 신경을 쓸 여유가 없다. 정작 저 자신은 원치 않는 낙인일 수도 있겠다. 비가 실체에 부딪히는 소리가 들린다. 의지와 관계없이 산산조각 부서지며 비명을 내지른다. 어둠의 정적은 들리지 않던 소리를 항변해준다. 잘린 빗방울의 눈물이 사방에 튄다. 귀를 파고든다.

어릴 때는 지지리도 많이 울었다. 우는 이유의 무게에 따라 눈물의 크기와 흘리는 시간도 달랐다. 악을 쓰고 난 후 잠이라도 들라치면 온몸에 기운이 없었다. 입속으로 들어오는 짠맛이 짠한 내 처지인 것만 같았다. 바싹 마른 입천장을 눈물로 축여도 턱 막히는 갈증에 숨이 막힌다. 물기가 사라진 입안을 소금이 가득 메우나 보다. 삼키고 삼켜도 짜다. 눈물의 농도를 낮추기 위해 온몸을 비틀며 또 울어댄다. 고백하건대, 삼십대 초반까지도 가지가

지로 울었다. 겁이 나고, 억울하고, 짜증나고, 화가 나서 스스로가 불쌍했나 보다. 감정에 충실해서 솔직하게 드러내었던 것일까? 내 아픔에서 허우적거렸다는 것이 더 옳겠지.

　비도 지지리도 많이 울었겠지 싶다. 이곳저곳 돌아다니며 좋은 꼴 나쁜 꼴 아니 천태만상의 꼴을 들여다보고 겪었겠지. 억겁의 시간 동안 얼마나 많은 것들이 범벅되어 가슴에 쌓여 있을꼬. 소리내어 울고 싶을 때가 한두 번이 아니었을 터. 그 감정이 사라지지 못하고 결국 공중에 맺힌다. 진하고 진해져 더이상 참을 수 없을 때 원껏 쏟아낸다. 아니, 그럴까. 그럴 수 있을까. 절단할 수 없는 업을 악을 쓴다고 털어낼 수 있을까.

　비도 눈물도 결국 흘러내린다. 한번 터지기 시작하면 혼자선 그만두기가 여간 쉽지 않다. 줏대도 주관도 없이 휘둘린다. 내리는 방향도 양도 무엇 하나 스스로 결정하지 못한다. 그렇다고 뒤처리가 깨끗하지도 않다. 흥건히 적시다 보면 꾸중물만 한가득이다. 그런데도 불구하고 여전히 진행 중이다.

　이젠 더이상 울고 싶지 않다. 그래서일까. 어느 순간부터 내 눈물엔 소리가 없다. 중력에 따라 볼을 타고 내릴 뿐이다. 찰나 스쳐 지나간다. 중년의 계집에게 눈물은 무얼까!

　왜 우는지조차 모를 때가 있다. 이전보다 묽어진 감정 탓에 이유를 알 수 없는 눈물도 생기나 보다. 어쩌면 해결하지 못한 찌꺼기가 불쑥 솟아오르는 것일 수도 있겠다. 비 오는 날의 어떤 아픈 기억이 완전히 지워지지 못한 건 아닐까. 무의식 속에 감춰진 상처를 저도 모르게 떠올리는 걸까. 마주한 그림자를 눈물로 지우는 행위일 수도 있겠다. 울어야 할 순간에 억누르며 울지 못한 살풀이를 지금에서야 하나 보다. 그 푸닥거리엔 이름이 없다. 선명하지 못한 감정은 혼란을 야기한다. 무녀가 되어 이러저러한 이유를 늘어놓으며 작명이라도 해서 도려낼까 싶기도 하다. 부적을 써서 눈물점을 봉인해 버리는 것도 방법이겠다. 하지만 침하된 것들을 억지로 끄집어내는 것이 마땅할까. 땅에 안착하는 비처럼 묵은 감정 역시 몸을 타고 종내 땅속으로 스며들었으면 싶다. 온몸의 구멍이 재빨리 토해내 버렸으면 좋겠다.

문득 살면서 눈물이 나는 건 아플 때만이 아니란 사실이 떠오른다. 감동해서, 기뻐서, 행복해서도 흐른다. 쉬이 드러내지 못하는 희로애락을 대신해 준다. 몸 곳곳을 순환하다 필요할 때 나서준다. 그래, 그렇구나. 반갑고 고맙다.

창밖엔 여전히 비가 내린다. 어둠에 잠긴 구름을 찾아볼 양으로 빗줄기를 따라 시선을 위로 올린다. 테두리를 따라 희미하게 빛이 차오르는 달이 보인다. 그 주위도 비가 맴돌겠지. 세상이 비에 덮인다.

땅으로 스며든 비가 다시 하늘로 올라가 지구에 존재하는 물이 일정하게 유지되듯, 삶에서 흘려야 할 눈물의 양이 정해져 있어서 멈추지 않는 것일 수도 있겠다. 어리석은 답을 내본다. '비'일 뿐이고, '눈물'일 뿐이다.

▍ 작품 – 『수필과비평』 237호

사물과 꿈꾸기, 분기奮起하는 수필들

들어가며

세상에 존재하는 대상과 사물에 대한 체험은 사람마다 다르다. 이는 예술 창조와 향유의 경험에서도 마찬가지다. 예술의 여러 분야 중에서도 문학에서만큼 다양한 상상력의 체험을 제공하는 양식은 없다. 우리가 문학에서 중요한 인식 능력으로서의 상상력에 주목하는 것은, 문학에서의 상상력은 눈앞에 보이는 현재의 지각을 통해 사물이나 현상을 새로운 모습으로 그려내고 있기 때문이다. 문학적 상상력은 일차적으로 사물이나 대상으로부터 일정한 이미지를 끌어낼 수 있는 심적 기능이다. 이를 통하여 작가는 자신이 바라본 사물과 대상에 정서적 체험을 부여하고 특별한 의미를 생성해냄으로써 한 편의 작품을 만든다. 따라서 한 편의 문학작품은 사물의 실재성에 인간 정신의 내면으로부터 발휘된 상상력이 결합된 결과라고 할 수 있다. 발터 벤야민의 말대로 이런 과정을 거치면서 사물은 모호성을 벗어나 확실성으로 대체된다. 작가들의 작품은 사물에 대한 의식적·무의식적 결과물로 자리 잡고 있는 정신적 심층구조와 함께 사물은 구체적인 확실성을 지니게 되는 것이다.

 인류는 오래전부터 세상에 존재하는 만물의 근본이 되는 사물에 대하여 많은 관심을 가져왔다. 동서양을 막론하고 만물의 근원적 물질이 무엇인가를 규명하고, 그를 통해 세상을 해석하고자 했던 것은 인간의 공통된 소망이었다. 전통적으로 서양인들은 물, 불, 공기, 흙이라는 네 종류의 원소로 만물의 기본이 이루어져 있다는 생각을 가져왔다. 사원소는 자연계에서 일어나는 모든 현상의 궁극적인 힘이자 보이지 않는 질서로 인식되었다. 사원소론을 문학적으로 해석한 G. 바슐라르는 그 물질성에 주목하면서, 인간의 상상력은 근본적으로 이 물질성에서 비롯되는 것이라고 생각했다. 바슐라르는 상상력을 형식적 상상력, 물질적 상상력, 창조적 상상력으로 분류하면서, 물질적 상상력은 형식적 상상력에 반대되는 개념으로 대상이 지닌 사물의 성질에 주목하는 개념이라 여겼다. 더 구체적으로 말하면, 형식적 상상력이 하나의 패턴으로 굳어 있는 정태적인 상상력이라고 한다면, 물질적 상상력은 유동적인 상태로 남아 있으면서 끊임없이 새로운 형식을 부여하려는 노력을 수반하는 동적인 상상력이라 할 수 있다. 이는 인간 정신에 새로운 감흥을 일으켜 대상에 대한 고정된 관념을 해체하는 것이다. 바슐라르는 물질적 상상력이 인간을 감동시키는 '울림'

으로 가는 가장 획기적인 방법이라고 하면서, 이 울림은 '나'와 '세상'을 변형시키는 중요한 상상력이 된다. 더 나아가 이는 문학 작품이 독자의 내면에 울림을 일으키는 감동을 주는 기능을 한다.

오늘날 우리는 물질 만능 시대의 많은 사물에서 눈에 보이는 의미만을 소중하게 생각하지만, 눈에 보이지 않는 것들에도 가치 있는 의미는 너무나 많다. 정신보다는 물질, 실재보다는 현상을 강조하는 세상에서 우리는 살아가고 있다. 그러나 보이는 것에서 보이지 않는 것을 찾아내고, 보이지 않는 것에서 보이는 것을 읽어내고자 하는 노력은 삶과 문학에서 무엇보다 중요한 일이다. J. 사르트르의 표현을 빌리면, 대자對自는 무로서 존재한다. 대자는 결핍 존재이면서, 동시에 결핍 존재는 즉자卽自를 지배하는 인과적 결정으로부터 자유롭다. 현재적 삶에서 생기는 모든 소외와 불안으로부터의 궁극적인 자유로움은 대자라는 실존 조건에 의해서 실현될 수 있다. 현상의 존재는 의식의 지향적 대상이지 의식에 대항해 작용하는 것은 아니다. 존재는 자기를 문제로 하는 것임과 동시에 자기와 마주선 대상으로부터 자유롭게 인식하고 사유할 때 동일하게 성립될 수 있는 것이다. 마찬가지로 우리가 문학작품의 미적 대상으로 그것을 그냥 바라보는 것만으로는 완전한 동일성에 이르렀다고 할 수는 없다. 미적 인식이란 일차적으로 어떤 사물이나 대상과 주체가 서로 대면함으로써 출발하는 것이지만, 대상과 그것을 바라보는 주체 사이에서 더 높은 단계의 통찰과 사유를 이룸으로써 비로소 진정한 삶과 세상에 대한 새로운 단계의 동일성에 이르게 될 수 있다.

세상의 모든 사물은 꿈꾸며 잠들어 있다. 그러한 사물을 깨워 함께 꿈꾸며 대화를 나누는 것은 작가의 몫이다. 우리가 일상에서 흔히 마주치는 사물들을 단순히 기능적이고 실용적 의미에서 만나는 것이 아니라 인간과 세상이라는 상호관계의 차원에서 만날 때 사물은 다시 태어나게 된다. 직관과 상상력을 동원하여 다른 관점에서 일상의 사물을 볼 때, 세상과 삶에 대한 새로운 관점이 생겨나고 그 의미도 변할 수 있기 때문이다. 작가에 의해서 그렇게 새로운 모습으로 등장하게 되는 사물의 모습은 독자의 삶에도 크게 영향을 미치게 된다.

이런 관점에서 이달에는 김지희의 「식리植履」, 이정자의 「이불의 숨결」, 황진숙의 「스치듯 겹쳐지면서」를 읽어본다.

김지희의 「식리植履」

우리는 사물에 둘러싸여 살아가고 있지만, 그 사물의 진정한 의미와 존재 의의가 무엇인가에 대해서 깊이 있게 생각하지는 않는다. 그렇지만 왜 주변의 사물을 달리 보고 달리 생각해야 하는가에 대한 이유는 명확하다. 일상의 사물을 다르게 볼 때 그 존재 의미가 달라지고 세상에 대한 관점이 바뀌는 것은 물론, 그럴 때 비로소 삶의 의미도 바뀔 수 있기 때문이다.

「식리植履」는 작중 화자인 아버지의 유품 '식리'에 대한 에피소드를 작품화하고 있다. 우리에게 익숙지 않은 용어인 '식리'를 작가는 다음과 같이 설명한다.

   식리植履는 장례에 쓰는 장식용 신발이다. 삼국시대 고분인 왕릉에서 주로 출토된다. 경주 대릉원 천마총은 신라시대 왕릉으로 추정되는 돌무지덧널무덤으로 금관, 금제관모, 금제과대 등 국보급 유물이 발굴되었다. 석담을 돌려 시신을 안치한 목관과 상면 공간에 부장품인 껴묻거리가 진열되어 있다. 생전에 쓰던 물건을 고인의 시신과 함께 수장했는데 그중에는 금동판에 정교하게 무늬가 새겨진 식리가 있다. 살아 있던 동안 누렸던 지위를 사후에도 누리기를 바라고 시신과 함께 부장품으로 묻은 것이다.

우리에게 신발의 의미는 무엇인가. 신발은 한 존재의 삶의 기록이며 이력이다. 우리가 살아온 삶의 기록을 한 장의 종이에 남길 때 그것을 이력서라고 말하거니와, 이때의 이력履歷이란 바로 신발의 역사를 말하는 것이다. 이처럼 삶에서 신발이란 사람에 따라 다양한 의미를 지니면서 한 사람의 삶의 모습을 직간접적으로 표현하거나 시대적 상황을 반영하기도 한다. 미국의 작가 로리 롤러는 『신발의 역사』라는 책에서 "세상에는 무수히 많은 신발이 있다. 신발은 삶의 방식, 노동의 형태, 여가 생활에 대해 다른 어떤 개인 소유물보다 더 많은 이야기를 들려준다."라고 한 적이 있다. 실제 화가 반 고흐가 그린 낡은 신발 한 켤레에 M. 하이데거를 비롯한 철학자들은 왜 그렇게 많은 의미 부여를 해 왔던가. 신발을 포함한 어떤 사물은 무엇을 위해 누군가를 위해 만들어졌는가가 아니라 그것을 통하여 삶과 세상의 의미를 이해할 수 있기 때문이다. 마찬가지로 한 사람의 신발을 보면 그 사람의 인생은 물론 공감적 연민과 비극적인 아름다움이 묻어난다.

「식리植履」에서도 아버지의 신발은 그의 삶의 흔적이다. 아버지는 자식 넷을 키우느라 자신을 위해서는 새 구두 하나를 장만할 엄두를 두지 못했다. 직업상 제복과 함께 나왔던 투박한 경찰단화를 신고 다녔고, 그나마도 새 신발이 나오면 막내삼촌이며 사촌오빠들에게 주곤 했다. 정작 당신은 발에 익어 편하다며 후줄근해진 헌 구두를 고집했다. 화자는 아버지의 움츠러진 어깨는 굽이 닳은 신발을 신고 다닌 탓이라고 생각한다. 작품에서 작가가 주목하고 있는 것은 신발의 기능적 쓰임새가 아니라 사물과 아버지의 관계적 차원에서의 의미이다. 작가는 일상에서 흔히 마주하는 신발을 실용적 차원이 아니라 신발이 주체와 맺는 상호관계의 차원에서 사유하고 있다. 이를테면 아버지의 신발은 한때 땅을 딛고 서거나 걸을 때 신는 사물에 불과했지만, 이것은 "당신들의 자식까지 짊어져야 했던 등짐의 무게"를 감당해야 하는 삶의 이력을 보여주는 의미를 지닌다.

아버지의 유품인 구두를 소환하면서 화자는 깊은 회한을 동시에 불러낸다. 누구에게나 삶이란 아쉬움과 회한의 연속이지만, 특히 부모님의 유품을 마주할 때 그러한 감정은 더욱 짙다.

아버지의 구두는 점차 풀기가 죽었고 안방이 더없이 민망했던지 급기야 무덤 같은 다락으로 옮겨져 박제품이 되었다. 봄꽃놀이를 꿈꾸던 당신은 종내, 엄마와 그토록 아끼던 신발은 남겨두고 버선을 종아리 아래까지 동여매고 먼 길을 떠났다.

신발장이 비좁다. 굽이 높은 신발, 목이 긴 부츠, 복슬복슬한 털신, 사다 놓고 한 번도 신지 않은 운동화 등 어림잡아도 열 켤레가 넘는다. 하다못해 아버지 신발을 두세 켤레만 사드렸더라면, 한 켤레 구두를 삼십 년 넘게 아끼느라 장식만 하지는 않았을 것이다. 아마도 작은딸의 선물이 처음이자 마지막이 될 것이라 이미 짐작했던 것일까. 구닥다리 물건을 버리지 않는다고 투덜거리기만 했지, 정작 그 마음은 헤아리지 못했던 것이 새삼 후회가 된다.

우리가 지니고 있는 사물을 통해 세계와 소통할 수 있는 수단은 다양해졌지만, 오히려 소통의 질과 깊이에 있어서 연대감은 갈수록 상실되어 가고 있다. 또한 사람 사이의 관계망 단절에 의해서 사물이 나와 세계를 연결하고 있다는 느낌은 사라져 간다. 사람들은 타자의 개입 없이 개인의 독자성은 확립했을지 모르지만, 이와 동시에 우리는 단절과 고립에 놓인 자신의 모습을 보지 못하고 있는 것이다. 이는 우리가 물질적으로는 풍요로운 삶을 누리고 있지만, 정신적 공감과 연대는 빈약하기 이를 데 없음을 말해 주는 것이다.

「식리植履」는 사물에 대한 깊은 사색과 통찰을 통하여 인간과 세상을 새롭게 살필 수 있도록 우리를 이끌어 간다. 아버지의 신발이라는 사물을 다르게 사유함으로써 나와 타자와의 접점을 다시 만드는 일을 가능하게 한다. 어쩌면 우리는 사물을 새로운 시각으로 바라보며 연대할 힘을 빼앗겼기 때문에 세계와 소통하는 능력을 상실한 것인지 모른다. 「식리植履」는 아직도 우리에게 살아있는 존재로 남아 있는 사물을 해체하고 생성시키면서 새로운 사물로 재탄생시키고 있다. 이 과정에서 독자들도 여태와는 다른 시선으로 사물을 읽을 수 있게 된다.

이정자의 「이불의 숨결」

모든 사물은 그 자체로서의 존재 의미를 지니고 있다는 점에서 독립적이며 자율적이다. 그러나 존재하는 물적 현상으로서의 사물은 작가의 눈길이 닿으면서 새로운 언어의 이미지를 구현한다. 사물을 바라보는 작가의 상상력과 정서가 담긴 시선에 의해 사물은 단순한 객관적 묘사의 대상이나 인과적 관계 질서에서 벗어나 또 다른 철학적·문학적 현상으로 재현되는 것이다.

「이불의 숨결」에서 작가가 채택한 화소話素는 '이불'이다, 어린 시절부터 이불은 화자의 요람이었다. 화자는 이불의 추억을 다음과 같이 소환한다.

아득한 날, 나의 요람은 헌 이불이었다. 어머니는 푹신한 이불을 마주하면 "네가 태어나던 순간이 떠오른다."라고 하며 애잔한 눈빛이다. 할머니는 태아의 탯줄을 자르고 이불로 핏덩이를 감싸서 밀쳐 두었다. 아버지는 외동아들인데 내리 딸이 태어나 푸대접을 받은 것은 아닐까 하는 서운함이 웅크리고 있다. 하지만 파란만장한 엄마의 일생을 들춰보면 가슴 먹먹한 일들이 스르르 풀린다.

어린 시절, 해맑은 날이면 어머니는 올레 어귀 담에 이불을 펼쳐 널었다. 밤이면 좁은 방에서 형제들은 이마를 맞대고 이불자락을 당기며 장난을 쳤다. 가끔 누군가는 잠꼬대하며 멋진 지도를 그려놓아 딴전을 피웠지만 모르는 척 눈을 감았다. 어머니는 투덜거리다 이불 홑청을 벗겨내고 이부자리를 손질하였다. 잘 마른 이불이 방안을 차지하면 제비 새끼들처럼 재잘거리며 뒹군다. 자매는 잠자리에서 소곤소곤 이야기 나누며 파랑새를 좇아 꿈나라로 갔다.

긴 인용문에서 잘 보여주듯이, 이불은 어머니와 할머니가 가족들을 위해 불어넣어 준 '숨결'이었다. 이불의 숨결을 받은 가족들은 "파랑새를 좇아 꿈나라"로 달려가며 삶의 어려움을 극복하는 힘을 기르고 사랑과 희망의 마음을 가진다. 「이불의 숨결」에서 이불의 사물성에 우리가 주목하게 되는 것은 작가가 이불이라는 사물에 은유적이고 정서적인 인식을 잘 담겨 있기 때문이다. 작가의 시선에 포착되는 이불이라는 사물은 세상과 삶을 위해 필요한 인간의 꿈과 사랑이다. 말의 진정한 의미에서 작가들의 언어는 세상의 사물과 함께 꿈꾸며 욕망하는 구조와 체계로 변용한다. 말을 바꾸면, 작품의 주체인 작가는 사물을 바라보면서 꿈꾸고 소망하는 관념과 은유를 만들어낸다. J. 라캉의 어법을 빌리면, 작가의 언어는 인간의 꿈과 욕망이 반영되는 가장 중요한 도구이자 수단이다. 「이불의 숨결」에서 작가는 은유적인 언어체계를 이용하면서 자신이 바라보는 사물과 삶을 동일화하는 효과를 이루고 있다. 이를테면 작가는 이불이라는 사물을 은유적으로 제시하면서 그를 통하여 세상과 삶의 의미를 새롭게 표현해 내고 있는 것이다.

"어려운 시절 형제들과 미운 정, 고운 정이 쌓여갈 때 흉허물을 감싸준 것은 이불의 포근함이다. 같이 지내는 동안 큰 파도가 밀려와도 이불 속에서 흐느끼며 해결하고 원만한 생활을 함께하였다. 지난한 세월에 이불은 거의 교체하고 한 채만 소중히 남아있어 추억을 회상한다."라고 표현되고 있듯이, 이불은 우리의 잠든 모습과 살아가는 모습을 지켜보고 있다. 이불이라는 일상적 사물이 품고 있는 의미에 대한 작가의 다양한 사색은 우리가 경험하지 못했던 은밀한 곳으로 우리를 안내해서 새로운 삶의 모습을 펼쳐 보인다. 작가는 이불이라는 일상적 사물에 대한 은밀한 성찰을 통하여 누구에게도 함부로 이야기하거나 보일 수 없었던 은폐된 삶의 아픔과 눈물의 의미를 다시 꺼내어 살핀다.

그리하여 작가는 이불이라는 사물을 통하여 우리의 삶에서 진정으로 필요한 것은 바로 사랑과 희망이라는 사실을 일깨워준다. 물론 이런 사랑과 희망의 메시지는 근본적으로 작가의 밝고 건강한 삶의 태도에서 우러나오는 것일 터이지만, 중요한 것은 이런 마음이 바로 이 세상과 인간을 밝힐 수 있는 따듯하고 아름다운 삶의 태도라는 작가의 인식이다. 이런 의미에서 작가 이정자에게 '이불은 사랑의 다른 이름이다. 이불에 담긴 사랑의 의미는 화자의 며느리 혼수 예단에서도 이어진다.

몇 년 전 며느리의 혼수 예단 이불을 받았다. 새로운 가족의 희망과 사랑이 포근히 포장된 것이라 흐뭇하다. 이부자리 색감이 화려하고 포근하여 흡족한 마음으로 펼쳤다. 어떠한 순간에도 며느리와 좋은 관계를 유지하며 안온히 감싸주리라 다짐한 순간 무지개가 떠오른다. 흔히 예단 이불은 "고부간의 갈등을 풀어주고 집안의 액운과 흉허물을 막아준다."라고 한다. 천생연분 인연의 끈을 보금자리에 펼쳐 놓으니 무한한 사랑이 피어났다.

흔히 예단 이불의 의미는 고부간의 갈등을 없애고 가족 간의 화목을 기원하는 의미를 지닌다고 하지만, 「이불의 숨결」에서 우리는 이불을 통한 작가의 깊은 사랑의 마음을 읽을 수 있다. 그래서 작품에서 화자는 며느리의 예단 이불이 천생연분 인연의 끈을 보금자리에 펼쳐 놓는 무한한 사랑이라고까지 표현한다. 그렇지만 작가의 이불을 바라보는 시선이 단순히 개인적인 차원에 머물고 있지 않다는 사실을 주목할 필요가 있다. 작가에 의해 소환되는 이불은 가족에 대해서는 물론 이 세상에서 필요한 사랑과 공감의 마음으로 확산된다. 작가는 이 암울한 세상에서도 이불과 같은 사랑과 공감의 마음이 가득하기를 소망한다. 그래서 서울역 지하도의 거리 노숙자들에게도 포근한 잠자리가 필요하다고 느끼거나, 코로나19 전염병이 자욱한 안개 속에서 "온 세상을 포근한 이불로 감싸고 덮으면 어떠할까. 액운을 막아주는 이불의 안온함으로 새로운 희망이 움트기를 소망"해 본다.

「이불의 숨결」에서 이불이라는 사물성에 우리가 주목하게 되는 것은 사물에 대한 작가의 새로운 인식과 그들과의 꿈꾸기에 있다. 작가는 사물을 통해 세계와 삶에 대한 다른 인식을 보여주면서 우리가 쉽게 발견할 수 없는 사물에 대한 새로운 해석과 의미를 부여한다. 작가는 이불과 꿈꾸기를 하며 사랑과 희망을 통하여 이 어두운 삶이 밝고 아름다운 세상으로 바뀌기를 소망한다. 그럼으로써 「이불의 숨결」에서 사물의 개별적인 의미가 더욱 거시적 의미로 연쇄되어 가고, 이러한 의미의 연쇄는 사물의 총체적 의미를 작동시키는 데로까지 확산한다. 이것은 작가가 자신이 바라보는 사물과 동등한 위치에 선다는 것, 달리 말하면 주체와 사물이 깊고 소중한 관계를 맺음으로써 주체가 사물이 되고 사물이 주체가 된다는 것을 의미한다. 이는 바로 작가가 어떤 사물과 긴밀한 소통을 이루며 '사물과 꿈꾸기'를 통하여 가능한 것이다.

사람은 잠들어도 이불은 잠들지 못한 채 깨어서 세상과 삶을 바라본다. 작가란 잠들지 못하는 사물과 대화를 나누어야 하는 사람이다. 작가 이정자는 오늘도 잠들지 못하는 이불과 함께 숨결을 나누며 잃어버린 시간과 더 나은 미래의 삶을 꿈꾸고 있다.

황진숙의 「스치듯 겹쳐지면서」

현대라는 시간과 더불어 출현한 도시는 전통적인 농경사회와는 다른 풍경을 만들어내었다. 풍경은 객관적인 투명한 물상이 아니라 인간과 환경이 상호복합적으로 만들어 내는 심리적 심상이다. 거리의 사람과 건물들의 모습은 작가의 감성을 예민하게 자극하며 종래와는 다른 문학적 상상과 정서를 만들어낸다. 그것은 어떤 도시의 거리와 사람과 사물들을 부각하면서 그들이 지닌 내밀한 상처를 환기시킨다. 상처의 풍경은 내밀한 것이어서 저마다의 상처는 가슴속 깊이 스며 있는 경우도 있고, 거리의 또 다른 풍경으로 나타나기도 한다. 따라서 도시의 거리가 보여주고 있는 것은 풍경의 상처이면서 동시에 상처의 풍경이기도 하다.

「스치듯 겹쳐지면서」에서 작가의 눈에 들어오는 풍경은 자본이 지배하는 상실의 거리이다. 해가 스러지자 어스름이 바통을 이어받고, 도시의 얼굴마담인 전광판은 쉴 새 없이 자막을 흘려보낸다. 도로를 건너는 사람들에게 신호등은 경보음을 울리며 채근한다. 길거리에는 개업을 알리며 날리는 전단지, 오가는 사람들의 발걸음 소리, 호객을 위한 상인의 목청소리, 상점에서 흘러나오는 음악소리가 뒤섞여 소란하게 들끓는다. 도시의 소리와 사람이 만들어내는 이런 풍경이 죽음의 것인지 생명의 것인지는 알 수 없는 일이다. 이때 작가의 눈에 들어오는 것은 길거리 한 모퉁이에 자리한 할머니의 좌판이다. 오가는 행인들 사이로 스티로폼 상자 앞에 덩그러니 앉아 있는 할머니의 모습이 눈에 들어온다. 길가 한구석에 플라스틱 바가지 네댓 개를 펼쳐놓은 채, 강마른 손으로 마늘을 까고 있는 모습이 생경하다. 한 평의 공간도 어수룩하게 비워두지 않는 번화가에 할머니의 좌판은 빈틈없이 들어선 도시 문명과 도무지 어울리지 않는다. 작가의 묘사는 계속된다.

  순간 오가는 사람들의 속도가 느려진다. 군중의 움직임이 슬로모션으로 바뀌고 화면에는 할머니가 클로즈업된다. 진즉에 소리는 멈췄다. 무음 속에서 초점은 할머니에게 맞춰진다. 타인에게 관심이 없는 도시의 육법전서는 냉정하다. 다들 무심히 지나친다. 누구 하나 들여다보는 눈길도 없다. 거리의 정물처럼 할머니는 그 자리에 붙박이로 존재할 뿐이다.
  그럴듯한 포장이나 진열대도 없다. 바가지 위에 올라앉은 냉이와 달래, 쑥은 기다림에 지쳤는지 한껏 늘어졌다. 신문지에 둘둘 말린 대파 한 단이 풋성귀의 자존심을 내세우며 흙내를 내뿜는다. 가짓수가 몇 개 안 되는 옹색한 살림에 몇 줌 안 되는 콩이 비닐봉지 속에서 구색을 갖추느라 안간힘이다.

도시의 거리 풍경과 그곳에서 좌판을 하고 앉은 할머니에 대한 작가의 묘사는 예사롭지 않다. 이런 거리의 풍경은 '도시의 산책자'라고 불리는 프랑스 시인 보들레르가 어느 시에서 묘사했듯이, 대도시의 저녁 어스름에 이기적이고 야만적으로 되어 허둥대는 군중들의 모습과 다르지 않다. 그 속에서 할머니의 좌판이 클로즈업 되어온다. 「스치듯 겹쳐지면서」에서 이루어지는 도시의 군중들과 그로부터 고립된 할머니에 대한 묘사는 흡사 우리에게 하이퍼리얼리즘의 수법을 연상케 한다. 전통적인 현실 묘사의 리얼리즘을 넘어선 하이퍼 리얼리즘은 현대적 삶의 상황을 묘사할 수 있는 적절한 방법을 상실한 현대예술과 삶의 무기력을 반영하는 방식이다. 거대자본과 기술이 지배하는 삶의 상황 속에서 우리 인간 존재는 백화점과 아케이드 속에 자리한 상품같이 무기력하고 비인간화된 존재이다. 이는 곧 도시 길거리 좌판에 앉은 할머니의 모습과도 같다. 현대적 삶의 모습은 아무리 리얼하게 묘사하려 해도 그것을 올바르게 묘사한다는 것은 불가능한 일인지 모른다. 「스치듯 겹쳐지면서」에서도 작가는 도시의 풍경과 그 속에 앉은 할머니의 모습을 거의 소격 효과에 가까운 기법으로 묘사하고 있다. 그러나 도시의 거리 한복판에 앉은 할머니에겐들 어찌 사연이 없겠는가. 작가는 할머니의 아픔을 이렇게 묘사하고 있다.

세상의 끈을 놓고 싶지 않아 목숨줄처럼 좌판을 붙들고

있는지 모른다. 어쩌면 당신은 생애에 주인공이었던 적이 없었는지도 모르겠다. 시부모를 봉양하고 자식들을 키워 대처로 보내느라 수많은 시간을 들러리로 보냈을 것이다. 도망가고 싶은 마음을 번번이 주저앉힌 건 당신의 이름이 아닌, 아무개 며느리, 아무개 엄마였다. 아무리 애를 써도 아무개에서 벗어날 수 없는 비애로 평생을 보냈다. 돌고 돌아 자유로워졌는데 아무도 찾아주는 이 없어 쓸쓸하다.

하나 무명인이면 어떤가. 당신은 지금, 화면 속 주연으로 열연 중이다. 구석 자리의 좌판은 배경으로 분하고 지나던 나는 관람객이 되어 몰입한다. 그저 구경꾼에 불과하지만, 노동의 이력으로 굽은 당신의 등을 읽어내리고 살갗에 새겨진 반점의 세월을 헤아린다. 당신의 몸짓 하나에 울읍한 속내까지 그려내며 연민에 젖는다.

할머니의 모습과 삶의 풍경을 바라보면서 작가는 "스치듯 겹쳐지면서"라고 느낀다. 작가가 도시의 풍경과 할머니의 좌판을 바라보면서 느끼는 "스치듯 겹쳐지면서"라는 감정은 어떻게 해석되어야 할까. 여기서 '스치듯'은 자본주의 삶의 양상을 어쩔 수 없이 스쳐 지나가지 않을 수 없는 우리의 운명을 보여준다. 자본주의적 삶의 양태는 아무리 삭막하고 치열한 것이지만 우리의 힘으로 어떻게 할 수 없는 것이다. 반면 그 속에서 작가는 자신의 삶이 오버랩되어 '겹쳐지'는 모습을 본다. 스치는 것은 한번 지나가 버리는 일과성을 지니는 것이지만, 겹치는 것은 전생의 삶과 현생의 삶이 포개져 생긴 겹이고, 그의 몸과 나의 몸이 포개져 생긴 겹이다. "몸이 축나도록 뛰어보지만 삶이란 무대는 녹록지 않다. 줄행랑치거나 잠수해 버리고 싶은 날이 부지기수였다. 한 발짝 나갔다 싶으면 두 발짝 후퇴요, 건너뛰었다 싶으면 나동그라지기 일쑤였다."는 진술은 우리의 현대적 삶이 모두 서로 스치듯 겹쳐 지나가는 맥락 없음과 혼선투성이의 미몽迷夢이라는 사실을 잘 말해 준다.

어둠과 함께 할머니의 좌판은 거두어지고 화자도 자신의 갈 길을 가야 한다고 느낀다. 그리고 "저기까지 거리를 남겨둔 채, 군중에 뒤섞인다. 나 역시 허우룩한 누군가의 화면 속 주인공으로 남겨지겠지. 삶의 흔적은 그렇게 또 다른 이의 망막 속으로 자리바꿈하며 흘러간다. 스치듯 겹쳐지면서." 작품에서 화자는 할머니의 얼굴을 통해 나의 얼굴을 읽는다. E. 레비나스와 같이 작가는 타인의 얼굴을 통해 나의 얼굴을 본다. 주체는 단순한 존재자가 아니라 자기 자신을 소유하는 존재자이다. 여기에 타인이 나처럼 다가온다. 타인은 주체의 자기 동일성 바깥에서 존재한다. 레비나스의 말대로 타인의 얼굴은 나의 얼굴이 아니다. 그렇지만 타인은 곧 나이다. 내게 속한 익숙한 세계에서 타인의 낯선 경험을 하게 된다. 익명적인 존재 사건으로부터 나와 타인이라는 존재자는 동시에 출현된다. 「스치듯 겹쳐지면서」에서는 타자를 통한 나의 모습을, 나를 통한 타자의 모습을 알고자 하는 의미 있는 노력이 이루어지고 있다.

나오며

앞서 살펴본 김지희의 「식리植履」, 이정자의 「이불의 숨결」,

황진숙의 「스치듯 겹쳐지면서」에 나타나는 사물성에 대한 물음은 우리 수필이 지향해야 할 새로움을 위한 물음과 다르지 않다. 사물에 대한 새로운 인식과 사색으로서의 문학적 생성은 우리 수필의 내용과 형식에 관련된 기존의 통념과 규칙에 대한 일종의 거부를 의미하는 것이다. 우리가 읽은 수필에서의 사물은 주관적 관념을 넘어서 사물의 실제를 표현하고자 하며, 이를 통해 사물에 담긴 진정한 의미를 극대화한다. 이런 사물성의 제시는 사물에 담긴 진실과 아름다움을 제시하고자 하는 작가의 미적 태도에 기인한 것이다.

여태 많은 수필가의 시선이 사물을 위한 '수동적 변용'의 노력에 주어진 것이었다고 한다면, 「식리植履」, 「이불의 숨결」, 「스치듯 겹쳐지면서」에서 나타나는 사물에 대한 시선은 '능동적 변용'을 위한 것이라 할 수 있다. 모름지기 작가는 사물의 재생과 변신이 이루어져야 할 시간과 공간을 바라보는 주체가 되어야 한다. 사물의 어떤 고정된 형상이 아니라 그 사물의 변용을 텍스트로 구축해야 하는 것이 작가의 임무이기 때문이다. 더 나아가 작가란 사물을 통한 글쓰기 자체의 의미에 대하여 끊임없이 관조하고 사색하는 예술적 주체이어야 한다. 이런 주체의 역할에 충실할 때에야 그 문학적 노력은 우리 수필 미학을 새로운 단계로 끌어올릴 수 있을 것이다.

■ 작품론 － 『수필과비평』 239호

| 작품 |

식리植履

김지희

뒤축 닳은 시간들이 가지런하다. 오십 년은 족히 되었을 신발들이 늙은 병사들처럼 사열해 있다. 발목이 긴 군화도 있고 경찰단화도 여러 켤레다. 그중에서도 신문지를 푸지게 먹고 배가 볼록한 검정구두가 제일 상석이다. 마지막 외출이 언제 적이었던가. 먼지에 거미줄까지 잔뜩 뒤집어쓰고 식리처럼 다락에 박제되어 있다.

식리植履는 장례에 쓰는 장식용 신발이다. 삼국시대 고분인 왕릉에서 주로 출토된다. 경주 대릉원 천마총은 신라시대 왕릉으로 추정되는 돌무지덧널무덤으로 금관, 금제관모, 금제과대 등 국보급 유물이 발굴되었다. 석담을 돌려 시신을 안치한 목관과 상면공간에 부장품인 껴묻거리가 진열되어 있다. 생전에 쓰던 물건을 고인의 시신과 함께 수장했는데 그중에는 금동판에 정교하게 무늬가 새겨진 식리가 있다. 살아 있던 동안 누렸던 지위를 사후에도 누리기를 바라고 시신과 함께 부장품으로 묻은 것이다.

아버지는 물건을 버리지 못했다. 어떤 물품이든지 정하게 쓰는 것은 물론이고 고장이 나서 쓰지 못하게 된 것도 몇 해 동안 더

묵혔다가 온갖 잔소리를 듣고서야 겨우 내놓았다. 그렇다 보니 작은방은 물론이고 안방이며 거실까지 오래된 물건들로 복작거렸다. 두꺼워 혼자서는 들기조차 힘든 베개만 한 책이며 오래되어 색바랜 편지들, 여기저기서 구해다 놓은 토기뿐만 아니라 모임의 인명부까지 버리지 않고 보관했다.

지난해 아버지가 세상을 떠나고 유품을 정리했다. 한평생 애지중지하던 물건이라 형제들은 누구 먼저 선뜻 나서려 하지 않았다. 할 수 없이 언니와 둘이서 하기로 했다. 장롱과 문갑에는 올케들이 철마다 때마다 사다 준 아버지의 옷들이 상표가 붙은 채 걸려 있었고 상자도 뜯지 않은 수십 켤레의 양말이며 속옷, 우산들이 빈틈없이 빼곡하게 쟁여 있었다. 그것들을 방바닥 가득 늘어놓았을 때 당신이 있는 동안은 그대로 두었으면 하는 어머니의 간곡한 말에 따로 보관하게 되었다.

서늘한 복도 끝 작은 문을 열면 가파른 계단이 부동자세로 서 있다. 화장실 천장과 지붕 사이에 반 평 남짓한 다락은 무릎을 꿇든지 허리를 수그려야만 들어가는 걸 허락한다. 가족들의 해묵은 기억과 함께 골동품들의 무덤이다. 곰팡내가 퀴퀴하다. 손바닥만 한 천창으로 게으른 동지햇살이 슬며시 머무른다. 한나절이 넘도록 술래처럼 들추어 찾아냈지만 잡살뱅이들은 오래전 추억을 껴안고 곳곳에 돌레돌레 숨어있다.

먼지를 더께더께 뒤집어쓴 구두 한 켤레가 캥거루 그려진 검정구두약과 함께 동그맣게 놓여 있었다. 아끼느라 몇 번 신지도 못하고 한결같이 닦아서 방에 들여놓던 앞이 뾰족한 아버지의 검정 구두였다. 엄마는 신을 방에 둔다며 살몃살몃 면박을 주기는 했지만 그다지 나무라지는 않았다. 어쩌다 외출이라도 할라치면 제일 먼저 현관 앞에 놓았다. 신을 땐 행여 뒤축이 구겨질까 구두 숟가락이 거들었고 걸을 때에도 조심하는 품이 역력했다. 외출에서 돌아오자마자 아버지는 검지와 중지 두 손가락에 천을 감고 입김을 불어가며 닦아서 원래 자리에 올려두었다.

아버지는 자식 넷을 건사하느라 정작 당신을 위해서 새 구두 하나를 장만할 형편이 못 되었다. 늘 제복과 함께 나왔던 투박한 경찰단화를 신고 다녔다. 그나마도 새 것이 나오면 챙겨 두었다가 막내삼촌이며 사촌오빠들에게 주곤 했다. 정작 당신은 발에 익어 편하다며 후줄근해진 헌 구두를 고집했다. 아버지의 움츠러진 어깨는 굽이 닳아서 기운 신발 탓이었으리라.

첫 월급을 타서 당시 최신식이던 앞코가 날렵한 검정구두를 아버지께 사다 드렸다. 온 식구들이 말렸지만 한사코 머리맡 문갑 위에 올려두었다. 한창일 때 구두는 대통령을 만나러 청와대를 다녀왔고, 참봉 자격으로 신라임금의 제사에도 참석했다. 그리고 반질반질하게 때 빼고 제자리인 양 안방을 차지하고 있던 아버지의 뾰족코 구두. 유행이 한참이나 지나고 나서 콧대만 높았던 내 하이힐과 발맞추어 결혼식 행진도 했다.

신발 뒤축이 한쪽으로 삐뚤어져 있다. 한편만 닳은 굽은 안짱걸음으로 조심성스레 살아온 고단했던 삶 때문이었을 것이다. 아버지는 뒷배가 되어주었던 할머니가 일찍 돌아가시고 자린고비도 울고 갈 돈고지기 할아버지 때문에 학업을 포기하고 전투경찰이 되어야 했다. 청상과수가 된 큰어머니와 작은어머니, 당신들의 자식까지 짊어져야 했던 등짐의 무게는 서른을 갓 넘긴 아버지가

사물과 꿈꾸기, 분기奮起하는 수필들

감당하기엔 버거웠으리라. 일생을 돌아보며 사느라 아버지의 구두 굽이 유별스럽게 닳았던 건 아니었을까.

　아버지가 정년퇴직을 한 다음 해부터 엄마는 병명도 알 수 없는 여러 증상들 때문에 제대로 된 생활을 할 수 없었다. 그러다 보니 엄마 간병에 살림까지 도맡아하느라 당신의 삶도 갈피를 잡을 수 없게 헝클어졌다. 바깥출입은 고사하고 응급실과 여기저기 병원을 쫓아다니기 바빴다. 아버지의 구두는 점차 풀기가 죽었고 안방이 더없이 민망했던지 급기야 무덤 같은 다락으로 옮겨져 박제품이 되었다. 봄꽃놀이를 꿈꾸던 당신은 종내, 엄마와 그토록 아끼던 신발은 남겨두고 버선을 종아리 아래까지 동여매고 먼 길을 떠났다.

　신발장이 비좁다. 굽이 높은 신발, 목이 긴 부츠, 복슬복슬한 털신, 사다 놓고 한 번도 신지 않은 운동화 등 어림잡아도 열 켤레가 넘는다. 하다못해 아버지 신발을 두세 켤레만 사드렸더라면, 한 켤레 구두를 삼십 년 넘게 아끼느라 장식만 하지는 않았을 것이다. 아마도 작은딸의 선물이 처음이자 마지막이 될 것이라 이미 짐작했던 것일까. 구닥다리 물건을 버리지 않는다고 투덜거리기만 했지, 정작 그 마음은 헤아리지 못했던 것이 새삼 후회가 된다.

　구두의 먼지를 털어냈다. 당신이 했던 것처럼 손가락에 천을 감고 구두약을 발라 입김을 더해 닦았다. 원래 주인의 솜씨만큼은 아니지만 제법 윤기가 생겼다. 생전 아버지의 소리 없이 웃는 모습이 떠올라 가슴이 먹먹해져왔다. 구두 속에 잉크 냄새 가시지 않은 신문을 눈물 버무려 꾸역꾸역 채워 넣고 상자에 도로 담았다.

　천창 넘어 보름달이 떴다. 오슬오슬 한기가 든다. 아버지가 건너간 세월만큼의 먼지를 털어내고 노병들이 사라진 다락은 허기진 거미줄이 얼기설기하다. 구두상자를 머리에 받쳐 이고 사다리 같은 계단을 가재처럼 뒷걸음질로 내려선다.

　복고 열풍을 타고 앞이 날렵한 구두가 다시 유행이라고 한다. 내일은 선산에 있는 아버지 산집에 잘 닦은 신발을 가져다 놓아야겠다. 하얀 복건, 명주바지저고리에 도포자락 휘날리며 생전에 좋아했던 구두 신고 그곳에서 봄나들이 갈 수 있도록.

　　　　　　　　　　▌작품 –『수필과비평』239호

| 작품 |

이불의 숨결

이정자

　해맑은 날씨에 눈이 부시다. 봄물이 번져가는 벚나무 둥지에 꽃망울이 브로치처럼 앙증맞다. 간절기 이불을 빨래하고 의류건조기 안에 넣으려다 꺼낸다. 이불을 베란다 창틀에 툭 걸쳐 놓고 하늘을 바라보니 나비구름이 흘러가며 유혹한다. '이불은 햇살 좋은 날, 마당 어귀 담에 널어서 말리는 게 최고야.' 하는 누군가의 음성이 들려오는 듯하다.
　아득한 날, 나의 요람은 헌 이불이었다. 어머니는 푹신한 이불을 마주하면 "네가 태어나던 순간이 떠오른다."라고 하며 애잔한 눈빛이다. 할머니는 태아의 탯줄을 자르고 이불로 핏덩이를 감싸서 밀쳐 두었다. 아버지는 외동아들인데 내리 딸이 태어나 푸대접을 받은 것은 아닐까 하는 서운함이 웅크리고 있다. 하지만 파란만장한 엄마의 일생을 들춰보면 가슴 먹먹한 일들이 스르르 풀린다.
　어린 시절, 해맑은 날이면 어머니는 올레 어귀 담에 이불을 펼쳐 널었다. 밤이면 좁은 방에서 형제들은 이마를 맞대고 이불자락을 당기며 장난을 쳤다. 가끔 누군가는 잠꼬대하며 멋진 지도를 그려 놓아 딴전을 피웠지만 모르는 척 눈을 감았다. 어머니는 투덜거리다 이불 홑청을 벗겨내고 이부자리를 손질하였다. 잘 마른 이불이 방안을 차지하면 제비 새끼들처럼 재잘거리며 뒹군다. 자매는 잠자리에서 소곤소곤 이야기 나누며 파랑새를 쫓아 꿈나라로 갔다.

연로하신 할머니는 풀 먹인 옥양목 이불을 햇살 좋은 날 손질하였다. 그 이불은 누군가를 맞이하기 위한 보물처럼 단정하게 벽장 위에 올려놓았다. 손녀들은 고운 이불을 덮고 싶었지만 허락하지 않았다. 이불과 하얀 고무신은 저승길에 가져갈 유품이었을까. 할머니는 하얀 수건을 동여매고 마당에서 뛰어노는 손자를 바라보며 웃으셨다. 때로는 이승보다 저승을 더 생각하는 회한의 눈빛으로 중얼거리며 창문을 닫았다.

중학교 입학을 앞두고 친구와 손뜨개를 배우며 몰려다녔다. 서툰 솜씨지만 하얀 털실로 할머니의 푹신한 털모자를 완성하고 하얀 머리에 곱게 씌워 드렸다. 할머니는 매우 기뻐하며 이불 속에 감춰 놓은 돈을 손에 쥐여 주면서 흐뭇해하셨다. 벽장 위 이불 속은 요술램프처럼 소중한 물건이 자꾸 나왔다.

추운 겨울, 눈 내리는 초저녁에 할머니는 애지중지하는 모든 것을 놔두고 저승길로 홀연히 떠나셨다. 할머니의 유품을 정리하는 동안 나는 관 속에 털모자도 넣어 달라고 애원하였다. 상주들이 곡소리 내며 이별의 손수건을 관 속에 넣을 때, 매우 떨리는 손으로 모자를 깊숙이 넣었다. 할머님의 장례를 치르고 유품을 소각하는 불길은 이어도에 날아갔을까. 석양으로 날아가는 연기는 하얀 머릿결처럼 힘없이 사라졌다.

　오랜만에 이불장을 정리하며 두툼한 목화솜 이불을 만지작거린다. 사십 년 전 어려운 형편이지만 혼수품으로 마련해 준 다섯 채의 이불에 한없는 모정이 담겨 있다. 어머니는 늦가을 잔치를 앞두고 목화솜을 직접 사들여 좋은 날을 선택하고 마당에 멍석을 펼쳤다. 친지들과 솜뭉치를 층층이 펼쳐놓으며 이부자리를 곱게 만든다. "목화솜 이불은 오랫동안 푹신할 거야. 눅눅해지면 다시 솜을 태워 사용할 수 있다."라고 하며 평온한 삶을 응원하였다. 맏며느리가 된 딸에게 어떠한 고난이 닥쳐도 이부자리만 넉넉하면 막을 수 있다는 덕담도 잊지 않았다. 시댁과 친정은 농촌 마을이라 사회와 상급 학교에 첫발을 내딛는 동생은 함께 지냈다. 어려운 시절 형제들과 미운 정, 고운 정이 쌓여갈 때 흉허물을 감싸준 것은 이불의 포근함이다. 같이 지내는 동안 큰 파도가 밀려와도 이불 속에서 흐느끼며 해결하고 원만한 생활을 함께하였다. 지난한 세월에 이불은 거의 교체하고 한 채만 소중히 남아있어 추억을 회상한다.

　몇 년 전 며느리의 혼수 예단 이불을 받았다. 새로운 가족의 희망과 사랑이 포근히 포장된 것이라 흐뭇하다. 이부자리 색감이 화려하고 포근하여 흡족한 마음으로 펼쳤다. 어떠한 순간에도 며느리와 좋은 관계를 유지하며 안온히 감싸주리라 다짐한 순간 무지개가 떠오른다. 흔히 예단 이불은 "고부간의 갈등을 풀어주고 집안의 액운과 흉허물을 막아준다."라고 한다. 천생연분 인연의 끈을 보금자리에 펼쳐 놓으니 무한한 사랑이 피어났다.

　어느 날, 서울역 지하도에서 지인을 만나기로 하였다. 시간에 맞춰 약속 장소에 갔는데, 친구는 갑작스러운 일로 늦어진다는 것이다. 지하도를 천천히 구경하며 걷다 보니 건너편 구석진 곳에 종이상자를 펴고 신문을 덮어 누워 있는 거리 노숙자가 계셨다. 한때는 사회와 가정의 주역이었던 저분들도 포근한 잠자리가 그리울 것이다. 찬찬히 주변을 둘러보며 사회의 큰 문제로 대두되는 현실을 걱정하며, 보금자리를 다시 찾을 수 있으면 하는 소망이다.

사방은 어느새 연녹색 물결로 넘실거리며 계절을 노래한다. 들녘에는 유채꽃 물결과 찔레꽃 향기가 나비와 벌을 유혹하며 평화롭다. 코로나19 전염병은 자욱한 안개 속에서 희망을 움켜쥐고 있는 나날이다. 사회적 거리 두기 안전 수칙이 예방책이지만 일상의 변화는 모두의 불안한 현실이다. 온 세상을 포근한 이불로 감싸고 덮으면 어떠할까. 액운을 막아주는 이불의 안온함으로 새로운 희망이 움트기를 소망하며 이부자리를 편다.

▌작품 – 『수필과비평』 239호

| 작품 |

스치듯 겹쳐지면서

황진숙

　해가 스러지자 어스름이 바통을 이어받는다. 도시의 얼굴마담인 전광판은 허공으로 쉴 새 없이 자막을 흘려보낸다. 뒤늦게 도로를 건너는 이들에게 신호등은 경보음을 울리며 야멸차게 채근한다. 바닥은 개업을 알리는 전단지로 포장되어 낯빛을 알아볼 수 없다. 거리에는 오가는 사람들의 발걸음 소리, 호객을 위한 상인의 목청 소리, 상점에서 흘러나오는 음악 소리가 뒤섞여 소란하게 들끓는다.
　네온사인에 하나둘 불이 들어오자 터미널을 찾아가는 내 발걸음이 분주하다. 얼마나 걸었을까. 저만치 오가는 행인들 사이로 스티로폼 상자 앞에 덩그러니 앉아 있는 할머니가 눈에 들어온다. 길가 한구석에 플라스틱 바가지 네댓 개를 펼쳐놓은 채, 강마른 손으로 마늘을 까고 있는 모습이 생경하다. 한 평의 공간도 어수룩하게 비워두지 않는 번화가에 좌판이라니. 빈틈없이 들어선 도시 문명과 아귀가 맞지 않았다. 시골 장마당에서나 볼 법한 장면을 오려다가 도심지의 귀퉁이에 붙여놓은 꼴이었다.
　순간 오가는 사람들의 속도가 느려진다. 군중의 움직임이 슬로모션으로 바뀌고 화면에는 할머니가 클로즈업된다. 진즉에 소리는 멈췄다. 무음 속에서 초점은 할머니에게 맞춰진다. 타인에게 관심이 없는 도시의 육법전서는 냉정하다. 다들 무심히 지나친다. 누구 하나 들여다보는 눈길도 없다. 거리의 정물처럼 할머니는 그 자리에 붙박이로 존재할 뿐이다.

그럴듯한 포장이나 진열대도 없다. 바가지 위에 올라앉은 냉이와 달래, 쑥은 기다림에 지쳤는지 한껏 늘어졌다. 신문지에 둘둘 말린 대파 한 단이 푸성귀의 자존심을 내세우며 흙내를 내뿜는다. 가짓수가 몇 개 안 되는 옹색한 살림에 몇 줌 안 되는 콩이 비닐봉지 속에서 구색을 갖추느라 안간힘이다.

사위는 점점 어둠에 잠긴다. 더 있어 봤자 팔릴 기미가 없다. 땅을 향해 수그리고 있던 머리를 든 할머니는 잠시 허공을 응시한다. 병석에 누운 식솔을 위해 닳고 닳은 무릎을 끌고 나온 걸까. 낮아진 몸을 어딘가에 기대고 싶지 않아 맨바닥에 좌판을 차린 걸까. 노년의 당신은 침침한 눈과 어두운 귀로 홀로 보내는 시간이 많아졌다. 세상의 끈을 놓고 싶지 않아 목숨줄처럼 좌판을 붙들고 있는지 모른다. 어쩌면 당신은 생애에 주인공이었던 적이 없었는지도 모르겠다. 시부모를 봉양하고 자식들을 키워 대처로 보내느라 수많은 시간을 들러리로 보냈을 것이다. 도망가고 싶은 마음을 번번이 주저앉힌 건 당신의 이름이 아닌, 아무개 며느리, 아무개 엄마였다. 아무리 애를 써도 아무개에서 벗어날 수 없는 비애로 평생을 보냈다. 돌고 돌아 자유로워졌는데 아무도 찾아주는 이 없어 쓸쓸하다.

하나 무명인이면 어떤가. 당신은 지금, 화면 속 주연으로 열연 중이다. 구석 자리의 좌판은 배경으로 분하고 지나던 나는 관람객이 되어 몰입한다. 그저 구경꾼에 불과하지만, 노동의 이력으로 굽은 당신의 등을 읽어내리고 살갗에 새겨진 반점의 세월을 헤아린다. 당신의 몸짓 하나에 울읍한 속내까지 그려내며 연민에 젖는다.

몸이 축나도록 뛰어보지만 삶이란 무대는 녹록지 않다. 줄행랑치거나 잠수해 버리고 싶은 날이 부지기수였다. 한 발짝 나갔다 싶으면 두 발짝 후퇴요, 건너뛰었다 싶으면 나동그라지기 일쑤였다. 어미의 치맛자락 잡고 늘어지듯 무대 귀퉁이에서 허우적거리던 내가 치열한 도시의 모퉁이에 붙박인 당신을 알아본 건, 같은 처지여서일지 모른다. 밤낮없이 동동거렸을 당신과 일상의 시름으로 그늘진 내가 덤덤하게 살아야 할 하루가 고팠기 때문이다. 제자리를 맴돌지언정 살아내야 하는, 젖은 울음을 삼키면 살아지기도 하는 시간이 아득하기만 하다.

더는 기다릴 수 없었는지 할머니가 좌판을 접기 시작한다. 가까이 다가가려던 나는 별수 없이 머뭇거린다. 살까 말까 망설이던 봄나물은 이미 꾸려지고 있었다. 여전히 사람들은 분주히 오가고 있고 차도에는 줄을 선 차량이 클랙슨을 울린다. 시계를 보니 버스 출발시간이 가까워진다.

하릴없이 갈 길을 가기로 한다. 여기에서 저기까지 거리를 남겨둔 채, 군중에 뒤섞인다. 나 역시 허우룩한 누군가의 화면 속 주인공으로 남겨지겠지. 삶의 흔적은 그렇게 또 다른 이의 망막 속으로 자리바꿈하며 흘러간다. 스치듯 겹쳐지면서.

▎작품 - 『수필과비평』 239호

제2부

거울과 램프 — 세상과 존재를 읽는 방식들

들어가며

　인간에게 현상現象과 실재實在는 어떤 의미를 지니는 것인가? 우리의 마음이나 생각과 독립하여 어떤 현상과 실재란 존재할 수 있는가? 세상과 존재에 대한 인식을 규정짓는 이런 결코 가볍지 않은 질문은 삶에 대한 사유의 중심 개념일 수 있다. 철학적 의미에서 현상은 기본적으로 인식의 객관적 타당성을 주장할 수 있는 대상이라고 한다면, 지각작용에 나타나는 현상과는 달리 경험이나 사유의 내용을 존재케 하는 질서를 실재라고 표현한다.
　우리에게 나무나 바위 같은 대상은 자기 생각과 무관하게 '저기 밖에' 있는 하나의 현상일 뿐이라고 믿는다. 그러나 다른 한편으로, 우리는 어떤 대상을 대할 때 경험하고 있는 것이 과연 그 대상의 실제 모습이냐고 묻는다. 왜냐하면 지금 나에게 보이는 나무의 모습과 다른 사람에게 보이는 나무의 모습이 반드시 같을 수 없기 때문이다. 실제 사람에 따라서 바라보는 모든 대상이 반드시 같을 수는 없다. 심리 상태에 따라 시간과 장소에 따라 나무의 모습이 다르게 나타날 수도 있다. 따라서 지금 나에게 보이는 저 나무의 모습이 실제 나무의 모습인가라는 의문은 얼마든지 가능한 물음이다. 그러나 이 물음에 대해 명확하게 답하기란 또한 그리 쉬운 일이 아니다. 좀더 확대해서 말하면, 자신이 경험하고 있는 세계가 세계의 전부라고 자신 있게 말할 수 있는 사람은 드물 것이다.

헤겔의 어법에 기대면, '우리에게 드러난 세계의 모습'이 곧 '세계의 본래 모습'이라고 생각할 수는 없다. 즉 사람들은 자신이 현재 가지고 있는 지적 능력에 의지해서 경험하는 이 세계의 모습 너머에 알려지지 않은 또 다른 세계의 실상이 있다고 믿는다. 저마다의 이성과 심성을 가진 인간이 이러한 믿음을 갖는 것은 자연스러운 일이다. 따라서 자신의 믿음의 근거와 의미를 자꾸 캐묻기 시작할 때, 세상과 삶에 대하여 지금까지 가지지 못하고 경험하지 못한 긴장과 호기심을 느끼게 된다. 세계가 우리에게 드러내는 모습 이외의 다른 모습을 독립적으로 가지고 있다면 그것은 과연 어떤 것일까? 문학을 포함한 예술은 이런 문제를 논구하고 그것을 어떻게 표현할 것인가를 위한 노고에 다름 아니다.

그렇다면 작가들의 세상을 위한 표현 방식은 어떻게 나타날 수 있는 것인가. 흔히 우리는 문학적 경향을 그 정신에 따라서 고전주의와 낭만주의, 리얼리즘과 모더니즘으로 분류하고 있거니와,

이런 분류는 엄밀히 말해서 그들의 세계를 묘사하는 방식에 따른 구분이라 할 수 있다. 좀더 구체적으로 말해 그들에게 세계와 삶을 어떻게 묘사하느냐 하는 것은 문학의 본질에 대한 해명만큼이나 중요한 방식이다. 예컨대 리얼리즘 문학 전통에서 서술narration과 묘사description는 항상 대립적인 문제였다. 사건이나 행동의 양상을 강조하는 리얼리즘 문학에서 서술의 중요성에 비해 묘사는 하위적인 지위밖에 허락받지 못해 왔다.

문학 작품에서, 특히 수필 문학에서도 서술과 묘사는 엄밀하게 다른 의미와 기능을 지닌다. 일반적으로 서술 행위는 이야기의 시간적인 연속 안에서 행위 또는 사건들과 연결되어 있으며, 묘사는 이야기의 흐름을 원활히 하기 위해서 대상이나 현상을 또 다른 언어로 진술하는 것을 말한다. 멈추게 해놓고 서술을 공간 속에다 펼쳐놓는 것으로 이해된다. 말하자면 전자는 이야기 중심의 서사 방식이고 후자는 은유나 직유 등의 수사법을 사용해 설명하는 방식이다. 이렇게 서술과 묘사를 대립적으로 보는 것은 다소간에 낡은 문학 이해일 수 있고, 실제로 오늘날 문학 텍스트에서 서술적 언어와 묘사적 언어의 경계는 뚜렷하지 않기도 하다. 그렇다고 해도 '서술'과 '묘사'의 괄호 속에 두고 문학적 표현의 모든 형태를 서술이라고 통칭하는 것이 과연 문학 텍스트의 현실을 분석하는 데 얼마나 효과적인 도움이 될지는 의문이다.

문학 언어 텍스트에서 서술적 언어와 묘사적 언어의 상반된 모습은 흡사 거울과 램프에 비친 다른 세상을 그려내는 표현 방식에 비유될 수 있을 것이다. 이는 곧 거울에 비친 세상과 존재의 모습과 램프에 비친 그것을 상반되게 그려내는 일과 같은 것이다.

실제 서구 문학상에서 사실주의와 낭만주의 혹은 리얼리즘과 모더니즘이 서로 다른 관점으로 세상과 인생을 이해하고자 했던 것도 이 때문이다. 거울에 비친 세상의 모습은 있는 그대로의 세상을 반영하고자 하는 태도이지만, 램프에 비친 세상의 모습은 굴절되고 흔들리는 세상의 모습을 이해하고자 하는 태도이다.

'거울과 램프'는 M. H. 에이브럼즈의 현대문학 이론서 『거울과 램프』(The Mirror and the Lamp, Oxford University Press, 1971)의 제목이다. 동일한 세상과 사물을 바라볼 때도 그것을 어떻게 바라보고 해석하느냐에 따라서 작품의 세계는 달라지고 그것을 이해하는 비평의 방법도 달라진다는 것이 에이브럼즈의 주장이다. 그에 의하면 서구 문학은 거울을 통하여 모방을 이루던 고전주의 문학이 은유와 묘사를 이루는 낭만주의 문학정신에 의해 대상을 비추는 램프로 전환되었다고 주장한다. 물론 이런 이해가 세계와 존재 이해의 기계적 표현일 수는 없지만, 이런 다른 관점이 세상과 삶을 읽는 다양한 관점이 될 수 있는 것임은 분명하다.

나의 세상과 존재를 읽는 방식은 어떠한가. 거울을 통해서인가. 램프를 통해서인가. '거울과 램프'는 현상과 실재의 다른 모습을 밝혀주고 서로에게 영향을 끼치면서 이 세상과 삶에 대한 작가의 관점을 보여준다.

박보라의 「불편한 노래」

「불편한 노래」의 서사는 미국 코네티컷 윈저 지역의 창고 건축 현장에서 발견된 여러 개의 올가미로부터 시작된다. 올가미는 19

세기 말에서 20세기 초에 사법 절차 없이 흑인들을 목매달았을 때와 같은 형태의 고리형 밧줄이란 이유에서 공사는 중단된다. 플로이드 사건과 더불어 코로나19 사태로 인한 아시안 혐오 범죄가 이어지면서 최근 미국 사회에서는 인종차별과 혐오는 갈수록 심화되어지는 느낌이다.

인간의 폭력과 증오는 끝이 없다. 그로 인해 지구 곳곳에서는 종족과 종족, 국가와 국가 사이에서 끝없는 갈등과 분쟁이 이어진다. 최근 아프가니스탄에서 일어나고 있는 탈레반의 무자비한 폭력은 이런 정황을 잘 보여준다. 비단 이런 현상이 후진국에서만 일어나는 일이 아니다. 세계 최고의 선진국이라는 미국에서도 오늘날까지 흑백의 인종차별이 끊임없이 일어나고 있다.

인간에게 미와 추, 인간다움과 비인간화는 무엇인가. 원래 인간은 아름다운 모습을 보면 감탄하는 착한 존재였다. 어떤 대상을 볼 때, 마음속에 감성적으로 떠오르는 아름다움에 대해 좋은 느낌을 받는 것은 당연한 일이다. 비인간화와 추악함이 판치고 있는 이 세상에서 우리는 꽃 한 송이와 꽃잎을 통하여도 아름다움을 느낀다. 「불편한 노래」에서 화자는 동네 어귀에 피어있는 목련의 모습에서 아름다움을 본다. "동네를 걷다가 달콤한 향에 고개를 들었다. 목련이었다. 하얗다 못해 고귀해 보이는 꽃의 얼굴"을 통하여 보는 아름다움은 악과 추함이 없는 진정한 인간다움에 대한 작가의 염원에 다름 아닐 것이다. 그렇지만 이런 아름답고 향기로운 목련의 이면에는 추악하고 비인간적인 모습이 자리하고 있다.

아리스토텔레스는 "인간은 동물 이상이든가 동물 이하다."라고 말했거니와 백인들은 자신이 전자라 생각했고, 흑인들을 후자라 생각했다. 이렇듯 저급한 우월주의는 아리스토텔레스 시대에도 있었고, 오늘날에도 여전히 인간의 속성 안에 존재하고 있다. 흑백논리는 모든 문제를 이분법적으로 구분하려 하는 편중된 사고방식을 뜻한다. 모든 것을 흑과 백, 선과 악, 아군과 적군으로 나누어 놓고, 이것이 아니면 저것이라고 경계를 지우는 방식이다. 흑백논리는 양극단 이외의 중간 지점을 허용하지 않으며, 중립이나 중용을 용납하지 않는다. 따라서 흑백논리를 가진 사람은 자신의 견해에 동조하지 않는 사람이나 집단을 적으로 간주하여 극단적 선택에 이르게 된다. 아직도 미국 역사에서는 흑백의 문제는 미해결의 역사로 남아 있다. 「불편한 노래」에서 작가가 내리는 진단도 이에 다르지 않다.

단지 미국에 오욕을 남긴 현대 역사가 아니다. 인류 문명이지지 않는 한, 우리는 어쩌면 인간성에 대한 질문을 끊임없이 던져야 할지도 모른다. 인간이 동물보다 나은 이유를 찾는 것, 경계境界를 경계警戒하는 것, 진짜 봐야 할 것을 보고 들어야 할 것을 듣는 것. 그래서 인간다워지는 것. 그것이야말로 인류가 풀어야 할 마지막 숙제가 아닐까. 듣고 싶지 않은가, 외면하고 싶은가, 여전히 속이 뒤집힐 정도로 불편한가. 하지만 불편한 이야기는 불편하게 들어야 한다. 반드시 그래야만 한다.

언제나 적과 나, 이편과 저편으로 경계를 지우는 잘못된 관념이 인종차별과 인종혐오의 출발이다. 흑백 문제에 대한 작가의 심각한

우려는 프란츠 파농을 연상시킨다. 프란츠 파농은 프랑스령領 마르티니크 태생의 평론가·정신분석학자·사회철학자로서 알제리의 독립운동에 헌신했다. 그의 『검은 피부 하얀 가면』은 아프리카와 서인도 제도의 흑인들 모습을 고통스럽게 투사한 자화상이다. 작가는 이 작품에서 노예로 전락한 흑인들의 모습을 예리하게 관찰하고 형상화한다. 노예해방전쟁이 있은 이래로 현재까지 흑인은 인간다운 대접을 받기 위해 백인과 동일한 지위를 얻어야 한다고 생각한다. 백인들과 달리 흑인들은 오직 '검은 피부'를 가지고 있다는 이유로 박해당하고, 백인들은 '하얀 가면'을 쓰고 이를 바라보고 있다. 백인의 눈에는 흑인을 위시한 유색인종이 모두 편견과 멸시의 대상일 것이 아닌가.

그리하여 폭력과 착취를 당할수록 민중들은 자기보다 약한 자들에게 또 다른 폭력을 행사한다. 파농은 "인간에게는 강자로부터 수직폭력을 당할수록 자기보다 약한 사람에게 폭력을 행사하려는 수평폭력 심리가 있다."라는 독특한 폭력론을 내세웠다. 그리하여 인간의 폭력은 세계 도처에서 반복되고 있는 것인지 모른다. 작품에서 작가가 주장하듯이, 흑백 문제의 진정한 해결은 오직 인간성 회복을 통해서만이 가능할 것이다.

인간성(humanity, humanitas)이란 단어가 '매장하다(huma nda)'에서 나온 건 우연이 아니다. 혹 옛사람들은 문명의 원리를 장례에서 찾은 건 아니었을까. 코로나19 사태가 터졌을 때 미국인들이 화장지부터 허겁지겁 사들인 원인이 인간다움, 즉 인간성에서 나왔다고 했을 때 과연 그런가, 하고 피식 웃었다. 그러나 이 어처구니없어 보이는 주장엔 일면의 일리가 있다. 동물은 배변 후 닦는 행위를 하지 않기에 인간성을 한낱 화장지에서 찾는 것도 전혀 이상하지 않은 일이다. 이것이 모든 사람의 보편적 동감이라는 인간성의 뜻과 만나는 지점이다.

인간성이 변화되지 않는 한, 이 세상에서 전쟁과 폭력과 인종차별은 끝나지 않을 것이다. 인간성에 올가미를 씌우지 말고 인간성을 회복할 때에야 이 세상은 인간다운 삶의 터전이 될 것이다. "그렇지 않으면 향기로워야 할 당신의 인간성은 메케한 냄새를 풍기며 더운 바람에 천천히 흔들리다가 따뜻한 햇볕에 서서히 썩어갈 것"이다. 전쟁과 인종차별 같은 이 지구상의 모든 갈등은 결국 인간성의 상실에 의한 것이라 할 수 있다. 아무리 인류의 역사가 전쟁의 역사라고 하지만, 인간과 집단이 서로를 존중하고 사랑한다면 어찌 오늘날같이 비인간적인 폭력과 전쟁이 끝없이 반복될 것인가. 지금 우리에게 무엇보다 필요한 것은 인간의 존엄성을 최고의 가치로 여기며 인종과 민족, 국가와 종교의 차이를 초월하는 인간주의의 정신이다.

「불편한 노래」는 이런 사실을 간과하지 않고 있다. 이 작품이 돋보이는 것도 우리 시대의 인종차별 문제라는 결코 가볍지 않은 주제를 표현하는 서사 방식에 있다. 「불편한 노래」는 미와 추, 인간성과 비인간성이라는 문제에 대하여 서술적 언어로 표현하는 데 그치는 것이 아니라 묘사적 언어로 표현해내고 있다는 점에서 더욱 돋보이는 작품이다.

조윤수의 「하늘을 품은 그릇」

태초에 신은 인간을 흙으로 빚어서 영혼을 불어넣었다고 한다. 마찬가지로 인간은 흙을 빚어서 그릇을 만들었다. 흙으로 오브제를 만드는 예술을 도예라고 하고, 사람들은 손으로 모양을 빚고 가마에서 굳혀서 그릇을 만들어 낸다. 신이 흙을 빚어 인간을 만들며 그 속에 영혼을 불어넣었듯이, 사람이 만들어낸 그릇은 단순한 사물이 아니라 그 속에는 영혼과 역사가 담겨 있다. 「하늘을 품은 그릇」에서 작가는 묻는다. 그렇다면 "내 영혼이 담길 애초의 그릇은 어떤 모양이었다고 할 수 있을까. 무한한 가능성을 안고 태어난 그릇은 어떤 변화를 거쳐 왔던가." 그러면서 새롭게 만난 그릇들과 정신적 친교를 이룬다.

새롭게 만난 찻사발 하나. 저 은은한 빛, 그 색을 일러 비췻빛이라 이르는가. 여인이 간결하고 매끄러운 옷을 걸쳐 입은 듯, 유약을 입고 혹독한 불기운을 견뎌낸 청자 그릇. 하늘을 담은 그릇 안에 그려진 물가 풍경에서 노니는 오리와 사람. 아담한 청자 사발에 가루차를 넣고 저어서 거품을 내면 하늘 가득 설록 꽃이 피어난다. 두 손으로 그 빛의 온기를 감싸 들고 서정이 흐르는 물가에서 그들과 노닐고 싶다.

작품에서 화자가 만나는 그릇은 단순한 사물과의 관계가 아니라 선험적이고 형이상학적 모델로 존재한다. 그릇에서 화자는 '사물'을 보는 것이 아니라 선험적인 개념을 보고 있다. 여기서 선험적이란 그릇을 통하여 느끼는 일종의 초월적 경험이다. 그릇의 모습을 보면서 작가는 단순히 그릇이라는 모습을 그려내는 것이 아니라 그 속에 담긴 의미를 동시에 그리는 것이다. 그러므로 그릇에 대한 이런 작가의 문학적 체험은 사물을 거울 앞에서 선사실적 모습으로 보며 그려내는 것이 아니라 그 의미를 '묘사' 해내고자 하는 것이다. 묘사란 단순히 외부 세계를 그리는 일과는 다른 것이다. 외면적으로 나타난 사물의 내부에 담긴 진정한 모습을 발견해 내는 것을 말한다.

그리하여 작가는 그릇을 통하여 흙과 인간 존재의 모습을 읽는다. 태초에 인간이 흙에 의해 만들어졌듯이 흙은 땅과 하늘을 품게 된다. 흙은 하늘 아래와 땅 위의 만물의 본질이기 때문이다. 흙과 땅은 그 존재와 구성을 규정짓고 인도하는 상호 관계를 맺게 된다.

> 인간이 본래 흙에서 왔다는 것이 경이롭다. 조상 대대로 흙에서 나와 흙으로 돌아간, 헤아릴 수 없는 시공간에 걸쳐 쌓였던 흙이었다. 얼마나 많은 생명의 결정체들이 모여서 쌓이고 걸러져서 저렇게 빛나는 흙이 되었던가. 하늘을 품지 않을 수 없는 흙이었다. 흙과 하늘도 본디 하나였다. 흙이 하늘을 품었고, 하늘이 땅을 품었다. 하늘 아래 땅 위 만물의 본질은 하나였기에, 흙으로 빚은 그릇 앞에 나도 몰래 끌려들어가는 까닭인가.

인간이 흙을 통해서 아름다운 그릇을 빚는 것은 자신의 존재를 아름답고 진실하게 만들기 위해 한 편의 좋을 글을 쓰는 과정과 다르지 않다. 그래서 어느 수필가는 수필이 청자연적이라고 했고, 어느 수필가는 수필의 얼굴은 민무늬 토기나 조선의 분청사기 같다고 했다. 그야말로 수필은 곧 그의 인생을 빚는 일과 같다. 그러나 그동안 수필을 써왔지만, 청자는커녕 백자같이 맑지도 못하고 분청사기 같은 예술적인 멋을 내지도 못하는 것이 작가들의 아픔이고 한계이다. 작품에서 화자도 자신의 수필이 상감기법의 청자나 분청사기 같은 수필이 되기를 소망한다. 상감象嵌이란 금속이나 도자기 등의 표면에 여러 가지 무늬를 파서 그 속에 금은이나 바탕흙을 넣어 채우는 기법을 말한다. 자신의 수필도 상처 난 부분이나 마음에 들지 않는 부분을 긁어내고 좋은 재질을 넣어 색을 입힐 수 있다면 좋을 텐데 그렇지 못하여 안타깝다.

 기실 도예와 수필 창작을 위시한 모든 훌륭한 예술의 창작이란 일차적으로 뛰어난 제작 주체에 의해 구성되는 기술이다. 이는 어디까지나 재현적 구성이기 때문에 대상 그 자체일 수는 없는 것이며, 주체가 대상을 인식하여 포섭함으로써 성립하는 주체와 대상의 상징적 종합이다. 마찬가지로 수필도 대상에서 언어를 이끌어내고, 그 언어로 대상에 접근하고 장악하는 인식론적 완성을 이루게 된다. 「하늘을 품은 그릇」에서 주체는 단지 '보는 것'을 넘어 '볼 수 있는 것'을 갈망하는 훌륭한 창작의 주체이다. 한 점의 도자기 제작은 여러 힘든 과정, 즉 원료 채취 과정과 흙을 거르는 수비에서부터 가마에서 불의 온도에 따른 구이에 이르기까지의 과정을 통해 도자기의 빛깔과 견고함은 완성된다.

 그렇지만 오늘날 많은 분야에서 이런 인식과 실제의 종합

과정을 제대로 거치지 않고 겉모양만 추구하고 있다. 심지어 사람들의 외모에서도 외형적 현상만을 추구한다. 도자기에 정신과 영혼이 없으면 그것이 진정한 예술이 될 수 없듯이, 삶에서도 마찬가지다. "도자기가 그토록 뜨거운 불의 연단으로 태어나듯 그만한 값의 연단이 필요하다. 살면서 넘어왔던 인생의 고난이 그런 연단이었다." 정신이나 마음의 상태에 따라서 겉모양도 변하는 것이 또한 사람이다. 그리하여 작가는 나이 40이 넘으면 자기 자신의 얼굴에 책임을 져야 한다는 말도 있지만, 인생 끝까지 청자상감을 빚듯이 정신을 상감하는 영광스러운 그릇이 되도록 애쓸 것이라고 다짐해 본다.

「하늘을 품은 그릇」은 그릇을 통한 서술보다는 묘사를 통하여 존재의 의미를 사색하는 수필이다. 이 수필은 『도덕경』에 나오는 "흙을 빚어 그릇을 만들지만, 그릇을 쓸모 있게 만드는 것은 그릇 속의 빈 공간이다."라는 구절을 연상시킨다. 삶에서든 문학에서든 우리가 놓치지 않아야 할 것은 보이지 않는 숨은 것을 보는 안목이다.

최영주의 「환한 햇살 잔치처럼 내려앉던 날」

인간을 포함한 모든 동물의 표현과 동작은 대부분 선천적이거나 본능적이라고 한다. 그런 의미에서 인간과 동물의 감정은 동일한 것이며, 그들에게서는 공통적인 표정이나 표현이 나타난다. 이를테면 슬픔과 기쁨 같은 감정의 표현은 동물과 인간이 다르지 않다. 그렇다면 인간과 동물과의 교감은 어느 정도까지 가능하며, 그것은 문학적으로 어떻게 표현될 수 있을까. 「환한 햇살 잔치처럼 내려앉던 날」은 감성적 언어와 감정을 통하여 소와 화자의 존재 의미를 표현하고자 한다. 어린 시절부터 방학 때마다 시골집에 가서 할아버지의 일을 거드는 소의 모습을 바라보면서 공감을 이루게 된다. 어느 날 소의 눈을 바라보면서 소가 간직한 삶의 의미를 생각해보게 된다.

> 소 눈을 보는 순간 내가 잘못 생각하고 있었음을 죽비로 얻어맞듯 깨달았다. 맥없이 먼 데로 보낸 눈길은 더더욱 아니었다. 소는 제 삶을 갈등 없이 오붓이 받아들이고 있었다. 불행해하지 않고 의연한 표정이었다. 자유로이 뻗어나간 창공을 불러들여 제 안에 담았던가. 눈빛은 깨끗하고 청명한 하늘색으로 순수가 갈등을 눌러 잘 건사한 빛깔이었다. 홀로 터득한 삶의 비밀을 고요히 속으로 갈무리한 신비스러운 눈이었다.

화자는 소의 눈을 통하여 "제 삶을 갈등 없이 오붓이 받아들이고 있었다. 불행해하지 않고 의연한 표정"을 본다. 소의 눈빛은 깨끗하고 청명한 하늘색으로 순수가 갈등을 눌러 잘 건사한 빛깔이었다. 그뿐만 아니라 스스로 터득한 삶의 비밀을 고요히 속으로 갈무리한 신비스러운 눈을 지니고 있었다. 실제 소의 눈은 단지 짐승의 눈일 뿐이지만 조금만 눈여겨보면 소의 눈에도 인간처럼 희로애락의 표정이 담겨 있음을 알 수 있다.

찰스 다윈은 1872년에 출간한 저서 『인간과 동물의 감정 표현』

에서 진화론의 관점에서 인간과 동물의 감정 표현을 설명하였다. 그에 따르면, 인간과 동물이 표현하는 감정은 학습된 것이 아니라 선천적이고 유전된 것이라고 한다. 감정은 신경이 근육을 자극하여 표정으로 표현되는데, 인간을 포함한 동물은 행복과 슬픔, 분노와 혐오감 등의 보편적 감정을 가지고 있으며, 이는 표정과 몸짓을 통해 동일하게 나타난다고 한다. 또한 다윈은 동물에서 나타나는 감정 표현 방식과 인간의 감정 표현 방식을 비교하여 종간種間의 생물학적 유사성을 주장하기도 하였다. 「환한 햇살 잔치처럼 내려앉던 날」에서 소에 대한 작가의 관점이 다윈의 견해를 따르는 것인지는 확인키 힘들지만, 어쨌든 소와 인간의 공통적 감정 표현을 지니고 있다는 사실에 공감하고 있는 것은 분명한듯 하다. 그런데 이 작품에서 이보다 더욱 중요한 것은 인간과 동물, 인간과 자연의 공생 의식에 대한 작가의 관점이다.

　　식구도 없는 덩그러니 시골집에서 한밤중에도 나는 눈이 떠지곤 했다. 찬바람 부는 겨울날 할아버지는 뚝 떨어진 사랑채에 계시고 나는 할머니와 안채의 안방에 누웠노라면 막막하고 적적했다. 이슥한 밤의 적막 속으로 외양간의 소 워낭 소리가 들려오면 마음이 깨어나듯 든든하고 반가웠다. 외딴집의 겨울밤 공허를 간간히 울리는 워낭 소리가 풍경 소리처럼 맑게 채웠다.

　이슥한 밤의 적막 속에서 들리는 외양간의 워낭 소리는 화자의 마음을 깨워주고 반갑게 맞아준다. 또한, 겨울밤 공허를 가끔

울리는 워낭 소리는 풍경 소리처럼 화자의 마음을 맑게 채워준다. 할머니와 할아버지는 소를 자식처럼 소중히 여겼고, 소도 외로울 때면 할머니와 할아버지를 찾는다. 「환한 햇살 잔치처럼 내려앉던 날」에 등장하는 소는 단순한 동물의 모습이 아니라 인간과 함께 공존하는 존재이다. 작가는 이 세상에서 모든 인간과 동물, 인간과 자연이 서로 공생 공존해야 한다는 의식으로 소를 묘사의 주체로 삼고 있다고 할 것이다.

작품에서 소의 언어와 인간의 언어는 대타자 존재로서 서로 공존한다. 이들은 묘사 불가능성이라는 묘사 주체의 운명을 넘어서서 서로 일치하며 관계를 맺고자 노력한다. 말하자면 이 세상의 모든 존재와 언어는 궁극적으로 대타자의 절대적 사랑에서 연원하는 것이라고 볼 수 있다. 어떠한 금전과 권력보다도 인간과 동물에게 가장 유효한 공통적인 언어는 사랑이라고 할 수 있다. 타자의 사랑을 얻기 위해 내가 강구하는 어떤 수단에도 불구하고 결국 타자에게 다가가기 위한 가장 중요한 힘은 사랑이라 할 수 있는 것이다.

「환한 햇살 잔치처럼 내려앉던 날」에서 소와 인간이라는 타자와 대자의 공존의식이 이루어지고 있는 곳에는 바로 사랑이 자리하고 있다. 모두가 등 돌리고 있는 이 소외되고 고립된 삶의 환경에서 자아와 타자의 의미를 깨닫게 하는 데 작품의 중요한 의의가 있다. 작품에서 작가는 인간과 동물이라는 낯선 타자성의 출현을 통하여 고정화된 존재의 의미를 전복시킨다. 이것은 곧 오늘날 우리가 살아가는 어두운 삶의 풍경 속에서 다시 한 번 밝고 건강한 인간성과 공감의 필요성을 일깨워주는 것이라고 할 수 있다.

나오며

앞서도 이야기했듯이 작가의 언어란 존재론적으로 볼 때 인식적 의미와 감성적 의미를 지닌다고 할 수 있다. 인식의 언어가 현상적이고 구체적이라고 할 때, 감성의 언어는 관념적이고 추상적이라고 할 수 있다. 말하자면 우리는 앞서 거울에 비친 언어와 램프에 비친 언어는 작가마다 다른 표현으로 나타나게 된다는 것을 살펴보았지만, 실제 작가에 따라 세상을 바라보는 눈은 저마다 다르다. 인식적 의미는 지식의 내용을 이루는 것임에 반하여 감성적 의미는 감동의 도수度數를 가리킨다. 전자는 지식을 넓히는 기능을 갖고, 후자는 감동의 도를 깊게 하는 기능을 갖는다. 또한 인식적 의미는 지성에 의해서 파악되고 감성적 의미는 감성에 의해서 체험된다.

문학 작품에 담긴 언어의 이중적 의미, 즉 인식적 의미와 감성적 의미는 반드시 서로 보완적으로 수렴되어야 할 필요가 있다. 작가의 사상과 사유를 담는 인식적 의미와 감정과 서정을 담는 감성적 의미는 같은 것일 수 없지만, 이 둘이 조화되고 종합될 때 한 편의 문학 텍스트는 완성을 향해 나아갈 수 있다. 말하자면 한 편의 작품에서 진정한 풍경의 '발견'은 단지 시각의 문제가 아니라 지각 양태와 인식틀을 바꾸는 것이며, 이를 초월론적 장으로 전복시키는 것이다.

앞서 읽은 박보라의 「불편한 노래」, 조윤수의 「하늘을 품은 그릇」, 최영주의 「환한 햇살 잔치처럼 내려앉던 날」은 인식적 의미와 감성적 의미에 도달하기 위해 노력하고 있는 작품들이다. 당연한 이야기이지만, 말의 진정한 의미에서의 올바른 문학은 어떤 보편적 문제의식과 문제적 상황을 극복하기 위한 주체의 추구가 담겨 있어야 할 것이다. 여기서 보편적 문제의식이란 주체와 그가 직면한 고통의 원인으로서 타자와의 관계를 의미한다. 따라서 좋은 작가는 주변의 인간과 세상을 단지 피상적으로 관찰하는 데 그치는 것이 아니라, 자아와 타자의 내면을 이해하기 위해 고투하고 그로부터 새로운 진실을 창조해내어야 한다.

▌작품론 - 『수필과비평』 241호

| 작품 |

불편한 노래

박보라

코네티컷 윈저 지역의 A사 창고 건축 현장에서 여러 개의 올가미가 발견됐다. 당연히 공사는 중단됐다. 19세기 말에서 20세기 초에 사법 절차 없이 흑인들을 목매달았을 때와 같은 형태의 고리형 밧줄이란 이유에서였다. 플로이드 사건과 더불어 코로나19 사태로 인한 아시안 혐오 범죄가 이어지는 요즘, 사안이 예민해서인지 A사 측은 인종차별과 혐오는 절대 용인하지 않겠다며 강한 어조로 입장을 밝혔다.

동네를 걷다가 달콤한 향에 고개를 들었다. 목련이었다. 하얗다 못해 고귀해 보이는 꽃의 얼굴은 혹여 고개가 땅으로 떨어질까 싶어 하늘을 향해 곧게 쳐올려져 있었다. 미카도 실크를 한장 한장 겹쳐 놓은 듯 꽃잎은 빛을 받아 우아한 광택을 뿜어냈다. 이렇게 아름다운데, 이리도 향기로운데 목련을 보고 있는 내 마음 한구석이 먼 기억 속에서 축축한 감정으로 젖어들었다.

포플러나무에 검은 열매가 달려 있다. 향기로운 매그놀리아

(목련) 향 대신 탄내가 나는 이상하고도 슬픈 열매가 남부의
더운 바람에 천천히 흔들리다가 따뜻한 햇볕에 서서히
썩어간다.

빌리 홀리데이의 노래, 「이상한 열매」 가사 내용이다. 그녀의 호소력 짙은 목소리를 빌려 전해진 인간의 이기와 우월주의가 낳은 참상. 허무하게 거꾸러진 생명이 달린 포플러나무와 나무에 달려 태워진 흑인들 곁에서 기념 사진을 찍고 있는, 피부색이 다른 어떤 인간의 유를 뭐라 부르면 좋을까. 그들은 그날, 자신들의 인간성도 이상한 열매와 함께 나무에 달았다.

아리스토텔레스는 "인간은 동물 이상이든가 동물 이하다."라고 말했다. 백인들은 자신이 전자라 생각했고, 흑인들을 후자라 생각했다. 이렇듯 저급한 우월주의는 아리스토텔레스 시대에도 있었고, 지금 시대에도 여전히 인간의 속성 안에 몰래 숨어 비열하게 기생한다.

인간성(humanity, humanitas)이란 단어가 '매장하다(humanda)'에서 나온 건 우연이 아니다. 혹 옛사람들은 문명의 원리를 장례에서 찾은 건 아니었을까. 코로나19 사태가 터졌을 때 미국인들이 화장지부터 허겁지겁 사들인 원인이 인간다움, 즉 인간성에서 나왔다고 했을 때 과연 그런가, 하고 피식 웃었다. 그러나 이 어처구니없어 보이는 주장엔 일면의 일리가 있다. 동물은 배변 후 닦는 행위를 하지 않기에 인간성을 한낱 화장지에서 찾는 것도 전혀 이상하지 않은 일이다. 이것이 모든 사람의 보편적 동감이라는 인간성의 뜻과 만나는 지점이다.

때론 그 보편적 동감이란 게 오용되기도 한다. 인간의 이기가 작용할 때, 우리는 자기를 유리한 편에 세워 상대적으로 약한 쪽을 향해 불의의 힘을 가하게 된다. 결국 인간성마저도 유리하게 이용하는 것이 인간이란 뜻이다. 그것을 분별하는 선은 피부색, 성별, 국가, 이념 등으로 옷만 바꿔 입을 뿐 오랜 시간 동안 본체는 전혀 바뀌지 않았다. 이쯤 되면 그냥 이걸 포괄적인 인간성으로 받아들여야 하는 건 아닐까 하는 고민마저 든다. 하지만 그러자니 목련 향이 계속 내 속을 메스껍게 한다. 탄내를 풍기기 때문이다. 불편하다.

포플러나무에 달았던 건 검게 변색한 인간성이다. 지나가는 이웃의 티셔츠 문구에 눈길이 간다. 아시안 혐오를 멈추세요. 이 문장을 다른 말로 바꿔 본다. 인간성을 회복하세요. 인간성을 나무에 달지 마세요. 인간성에 올가미를 씌우지 마세요. 그렇지 않으면 향기로워야 할 당신의 인간성은 메케한 냄새를 풍기며 더운 바람에 천천히 흔들리다가 따뜻한 햇볕에 서서히 썩어갈 것입니다.

빌리 홀리데이는 「이상한 열매」를 부를 때만큼은 기도하는 것처럼 오로지 가사와 자신의 감정에만 집중했다. 노래의 파급력은 대단했다. 애초에 루이스 앨런의 시에서 시작된 이 노래는 후에 릴리언 스미스의 소설로도 발표됐고, 지금도 일러스트레이터 수 코우의 목판화와 수많은 사람을 통해 고발 행위가 이어지고 있다. 한국의 유명 설치미술가인 양혜규 작가의 동명 작품 역시 인종차별을 고발한다. 하지만 그녀의 작품 속에서 코일 케이블에 달린 건 검은 몸뚱이가 아닌 화초들이다. 그건 세상에서 가장 슬픈 열매, 소중하고 아름다운 생명에 대한 추모의 표현이 아니었을까.

며칠 후 나간 산책길에서 그 목련을 다시 만났다. 봄바람에 떨어진 하얀 꽃잎들이 누렇게 변색해 지저분하게 널려있었다. 하늘을 향해 쳐들었던 고고한 얼굴이 이젠 땅에 떨어져 사람들 발에 짓밟히는 신세가 됐다. 떨어질 줄 모르고 고개를 쳐들었던 것에 대한 대가는 매우 혹독했다.

이 이야기는 아직도 마침표를 찍지 못하고 우리 주변을 어지럽게 서성인다. 단지 미국에 오욕을 남긴 현대 역사가 아니다. 인류 문명이 지지 않는 한, 우리는 어쩌면 인간성에 대한 질문을 끊임없이 던져야 할지도 모른다. 인간이 동물보다 나은 이유를 찾는 것, 경계境界를 경계警戒하는 것, 진짜 봐야 할 것을 보고 들어야 할 것을 듣는 것. 그래서 인간다워지는 것. 그것이야말로 인류가 풀어야 할 마지막 숙제가 아닐까.

듣고 싶지 않은가, 외면하고 싶은가, 여전히 속이 뒤집힐 정도로 불편한가. 하지만 불편한 이야기는 불편하게 들어야 한다. 반드시 그래야만 한다.

▎작품 – 『수필과비평』 241호

| 작품 |

하늘을 품은 그릇

조윤수

　오랜만의 만남이다. 저토록 흠잡을 데가 없는 빛깔과 형을 가진 꽃병이라니! 볼 때마다 마음의 울림이 있다. 정작 그 꽃병에 한 송이 꽃을 생각으로만 꽂아볼 수밖에 없는, '민무늬과형청자병'. 중앙박물관에 가야만 볼 수 있는 내가 찜한 나만의 짝사랑 국보, 유리 상자 안에 박제된 하늘이다. 마음이 고요해진다.
　새롭게 만난 찻사발 하나. 저 은은한 빛, 그 색을 일러 비췻빛이라 이르는가. 여인이 간결하고 매끄러운 옷을 걸쳐 입은 듯, 유약을 입고 혹독한 불기운을 견뎌낸 청자 그릇. 하늘을 담은 그릇 안에 그려진 물가 풍경에서 노니는 오리와 사람. 아담한 청자 사발에 가루차를 넣고 저어서 거품을 내면 하늘 가득 설록 꽃이 피어난다. 두 손으로 그 빛의 온기를 감싸 들고 서정이 흐르는 물가에서 그들과 노닐고 싶다.
　태초에 신이 인간을 흙으로 빚어서 영혼을 불어넣었다고 했던가. 그래서 인류가 처음 만든 그릇이 빗살무늬토기나 민무늬토기 같은 그릇이었을까. 내 영혼이 담길 애초의 그릇은 어떤 모양이었다고 할 수 있을까. 무한한 가능성을 안고 태어난 그릇은 어떤 변화를 거쳐 왔던가.

인간이 본래 흙에서 왔다는 것이 경이롭다. 조상 대대로 흙에서 나와 흙으로 돌아간, 헤아릴 수 없는 시공간에 걸쳐 쌓였던 흙이었다. 얼마나 많은 생명의 결정체들이 모여서 쌓이고 걸러져서 저렇게 빛나는 흙이 되었던가. 하늘을 품지 않을 수 없는 흙이었다. 흙과 하늘도 본디 하나였다. 흙이 하늘을 품었고, 하늘이 땅을 품었다. 하늘 아래 땅 위 만물의 본질은 하나였기에, 흙으로 빚은 그릇 앞에 나도 몰래 끌려들어가는 까닭인가.

청자는 밖의 표면에 푸른 유약을 칠해 나오는 단지 푸른빛만은 아닌 비췻빛이다. 백자 그릇도 백자이면서 새하얗지만 않고 안에서 퍼져 나오는 맑은 우윳빛 은은함이 있다. 물레로 그릇을 돌리듯 삶을 돌리는 동안 백자도 청자도 아닌 질그릇 같은 인생이 되었는가 싶다. 이도 저도 아닌 나의 그릇이 마음에 들지 않을 때는 이미 늦은 시기였음을 알아챘다. 스스로 의식하여 좋은 용기容器가 되리란 생각이 들 때는 이미 균형도 어긋나고 구석구석 상처를 안고 있다는 것도 알았다.

수필은 청자연적이라고 말한 수필가도 있고, 수필의 얼굴은 민무늬 토기나 조선의 분청사기 같다고 말한 수필가도 있다. 수필이 곧 그의 인생을 빚는 일이기 때문이다. 그동안 수필을 써왔지만, 성에 차는 것은 어느 것도 없는 것 같다. 청자는커녕 백자같이 맑지도 못하고 분청사기 같은 예술적인 멋을 내지도 못한 탓이다. 문학은 작가의 인격이 반영된다고 한다. 문학적인 좋은 수필이 되지 못했지만, 수필은 작가의 인생이 담기는 것만은 사실이다. 그러하니 내 수필집에도 내 모습이 투영된 어떤 형상이 담겨 있을지도 모른다. 그동안 썼던 수필을 다시 써서 차라리 상감기법의 청자나 분청사기 같은 수필로 만들면 좋을 텐데….

상감象嵌이란 뜻을 보면, 금속이나 도자기 등의 표면에 여러 가지 무늬를 파서 그 속에 금은 등, 바탕흙을 넣어 채우는 기법을 말한다. 우리나라의 청자 상감은 중국의 청자 기술을 받아들여 와서 발달한 우리 고유의 상감 도자기로 세계 유일한 기술이다. 상감하는 수필 기법을 익혀야 했던 것을…. 상처 난 부분이나 마음에 들지 않는 부분을 긁어내고 다른 좋은 재질을 넣어 색을 입힐 수 있다면 좋을 텐데 말이다.

도자기 제작은 처음 태토胎土를 가지고 그릇의 형태를 잘 만들었다 치더라도 가마에서 불의 온도에 따라 영향을 받는다. 도자기라면 천 도가 넘는 온도에서 구워내야 한다. 그것도 불가마의 환경에 따라서 좋은 작품으로 완성되기란 쉽지 않다. 구워낸 도자기들을 무수히 부숴버리고 다시 구우면서 온전한 작품을 건지기가 쉽지 않다고 한다.

청자도 아니고 백자도 아닌 그릇. 차라리 덤벙 유약에 담가버려서 그 위에 조화법이나 박지剝地 기법으로 물고기 문양이나 아름다운 차꽃 문양이라도 그려 넣어 다시 구우면 훌륭한 분청사기 작품이 될지도 모른다. 몸뚱아리를 다시 만들 수는 없다. 현대에는 그야말로 성형이란 상감 비슷한 기법이 있기는 하다. 하지만 인위적으로 고친 외형은 내면과 외형이 맞지 않아 본래의 맛을 지니기 쉽지 않다. 무엇보다 건강의 위험에 처할 수도 있다. 그러나 정신은 도자기가 그토록 뜨거운 불의 연단으로 태어나듯 그만한 값의 연단이 필요하다. 살면서 넘어왔던 인생의 고난이 그런 연단이었다. 지난한 고난의 수련은 분명 어떤 정신의 무늬를 만들었으리라. 정신이나 마음의 상태에 따라서 겉모양도 변하는 것이 또한 사람이다.

드라마에 등장하는 배우들은 그 역할에 따라서 모습이 달라진다. 미인도 악한 역할을 하면 미워진다. 별로 아름답지 않은 배우도 좋은 역할을 하면 모습이 아름다워진다. 사람의 마음이 달라지면 그 얼굴과 모습의 결이 변하는 것을 알 수 있다. 그러하니 도공이 작품을 만들 듯이 사람의 몸에 새 정신과 마음을 빚어 넣을 일이다. 어디까지 해야 완성이 될지도 알 수 없다. 완성이란 있을 수 없는 것이 또한 인생이니 다만 끝까지 노력할 뿐이지 싶다.

인간은 40이 넘으면 자기 자신의 얼굴에 책임을 져야 한다는 말은 그런 뜻이었다. 이제 더 새로이 빚을 수도 없이 와버린 인생이어서 마무리 작업이라도 잘해야 하지 않을까 싶다. 그래도 인생 끝까지 청자 상감을 빚듯이 정신을 상감하는 기술을 높여서 상처가 영광이 되는 그릇이 되도록 애쓸 일이다. 새 정신이 담길 그릇에 빛을 새겨 넣듯이.

▌작품 – 『수필과비평』 241호

| 작품 |

환한 햇살 잔치처럼 내려앉던 날

최영주

솟아오른 아침 햇살에 비치는 소의 눈은 맑고 투명했다. 속눈썹 마저도 소털 색인 긴 속눈썹 밑에 영롱한 물방울이 모여든 듯 어룽어룽한 푸른 눈빛이 아름답고 순했다. 그리고 찬찬했다. 큰 눈동자에 동요가 일렁이지 않았다. 논밭에서 힘든 일을 하거나 무거운 짐을 등에 싣고 먼 길을 가는 소는 제물에 지쳐 있는 눈빛일 줄 알았다. 고단한 삶에도 흔들림 없이 평온하게 빛나고 있었다. 내게 생각지 못한 감동이 온몸을 흔들며 지나갔다. 그날 큰 소는 마당에 나와 서 있고 마을에서 일손 도와주러 온 아저씨는 나락 두 가마니를 소 등에 실었다.

나락 가마니를 안장 위에 올려 몇 번이나 추스른 뒤 자리가 잡히게 했다. 그러는 와중에 소는 힘이 들 텐데도 묵묵히 버티고 서서 힘듦을 감내했다. 할머니는 소코뚜레를 잡고 콧등을 긁어주며 소를 달랬다. 나는 할머니 옆에 서서 난생처음으로 소 눈을 자세히 들여다보았다. 우리나라 누렁소의 색깔은 따뜻하고 세련되었다. 소털색 속의 진한 하늘색 눈동자는 매혹적이었다.

농경사회를 지나오며 농가에서 소는 재산목록의 첫 번째였다. 지금은 대부분 소 대신 기계로 농사를 짓지만 두메산골에선 아직도 소를 데리고 농사일을 한다. 누가 소를 '미련한 소'라고 규정지어 말했나. 어느 누가 어리석고 둔함을 소에 빗대어 '소처럼 일만 한다.'고 했나. 소는 힘이 세고 인내심이 강하며 무엇보다 소가 빛나는 면은 순한 성격과 지혜로움을 갖고 있음이다. 아무리 힘이 들어도 저를 보살펴 주는 주인을 위해 시키는 대로 일을 감당하는 것이다. 관심을 갖고 보면 소는 예민하다. 다만 경솔하게 유난을 떨지 않을 뿐이다.

순둥이 소가 입맛은 한량없이 까다로웠다. 할아버지는 가밋간에서 소죽솥에 불을 땔 때는 한갓지게 고요히 불길을 들였다. 소죽의 여물이 너무 무르거나 설익어도 소는 좋아하지 않기 때문에 불 조절에 신경을 썼다. 소죽은 된장으로 간을 맞춰 주어야 달게 먹었다. 간이 조금만 싱겁거나 짜도 소는 소죽을 맛있게 먹지 않고 남겼다. 할머니는 소가 먹을 된장을 엄청나게 큰 독에 두 마리가 먹을 양을 따로 담갔다. 가마솥에 넘치도록 소죽을 안칠 때 할머니는 다섯 손가락을 편 손으로 된장 한 덩이를 뚝 떠서 넣으면 간이 딱 맞았다. 오랜 세월 소죽을 안쳐 온 할머니의 노하우였다. 소는 비누 냄새 같은 화학 성분 냄새가 아주 조금만 나도 소죽을 먹지 않았다. 배가 몹시 고프면 어쩔 수 없이 먹겠지만 사람이 먹는 밥을 줘도 입에 대지 않았다. 소죽이 식은 것도 좋아하지 않는다. 아침에 끓여서 점심용으로 남겨 둔 소죽을 귀찮다고 데우지 않거나 불을 한 줌만 넣어 미지근하게 해서 주면 안 먹는다. 소는 제가 좋아하는 등겨며 콩깍지와 잘 배합된 여물이 든 소죽을 김이

나고 따끈해야 잘 먹는다.

　불타오르듯 뜨거운 한여름 한낮에도 논에서 일을 하는 소의 점심은 갓 끓여 옹기에 퍼담은 소죽을 지게에 지고 날쎄게 도착시켜야 했다. 소는 그만큼 식지 않은 소죽을 좋아한다. 특히 여름 땡볕에서 일하는 소 점심이 조금만 늦어도 논 한가운데서 할아버지의 불호령이 길길이 떨어졌다. 소가 지친다는 것이었다. 할머니는 식은 소죽을 먹이면 소가 살이 찌지 않고 여윈다고 했다.

　나는 덩치가 커서 무던해 보이는 소가 별스럽게 까탈이 많은 미각을 갖고 있어 마음에 들었다. 자신의 식성을 분명하게 표현하는 것이 외려 친근감이 들고 정이 갔다. 큰 소가 나락을 싣고 할아버지를 따라 방앗간에 가고 난 뒤 나는 외양간을 치우겠다고 나섰다. 그즈음 할아버지는 농사일이 힘에 부쳐 소작을 준 터였다. 집에 상머슴이 없어 마을의 아저씨가 외양간을 치우러 오기로 했다는 할머니의 얘기를 듣고 내가 하겠다고 떼를 썼다. 여고 일 학년 겨울방학 때였다. 나는 일을 해본 적 없었지만 양말을 찾아 신고 코르덴바지 밑단을 양말목에 집어넣어 단단히 채비를 하고 외양간으로 갔다. 소가 말끔한 보금자리에서 잠들게 하고 싶었다. 아름답고 깊은 눈빛으로 세상을 향하는 소가 좋아서 이 일을 꼭 해야겠다고 마음먹었다.

　그날따라 바람 한 점 없이 따스한 겨울 햇볕이 마당에 가득했다. 외양간을 치우는 일은, 바닥에 깔려서 소똥과 함께 소 발길에 다져진 지저분한 짚북데기를 쇠스랑으로 긁어 마당 한켠의 거름더미로 옮기는 것이 핵심이었다. 일 경험이 없는 내 근력으로는 시간이 많이 걸리긴 했지만 열심히 했다. 짚북데기를 다 걷어내고 마당비로

바닥을 깨끗이 쓸었다. 새 짚을 풀어서 바닥에 푹신하게 깔았다. 큰 소가 방아 찧은 쌀을 싣고 할아버지와 돌아왔다. 할아버지가 큰 소와 작은 소를 외양간으로 몰아들였다. 소들이 보송보송한 새 짚 위에 엎드려서 아늑하게 휴식하는 모습을 보니 내 기분이 날아갈 것만 같았다. 할머니가 뜨거운 김이 나는 소죽을 구유에 퍼 담자 소들이 출출했는지 얼른 일어나서 맛있게 감씹어 먹었다. 뭉게뭉게 피어오르는 김 속에서도 소 눈은 말갛게 빛이 났다. 알고 보니 나는 그날 부엌일 돕는 언니한테도 안 시키는, 장골이가 하는 대단히 큰일을 한 것이었다. 할머니와 할아버지는 크게 감동하셨다.

일곱 고모 중의 외동인 아버지에게서 난 우리 형제들은 할아버지와 할머니의 유난한 사랑을 받은 나머지, 학교생활 내내 방학마다 시골집으로 불려 가야 했다. 손주가 끔찍이 보고 싶은 할아버지의 엄명 때문이었다. 1960년대 초반 그 시절엔 시골 친구들은 거의가 초등학교를 졸업하면 언니나 형을 따라 돈벌이를 하러 도시로 떠났다.

사랑하는 할머니를 보는 일은 참 좋았지만, 중학생이 되고부터 친구도 없는 심심한 시골집에 방학마다 빠짐없이 가야 하는 나는 몹시 불만스러웠다. 할아버지가 상머슴을 데리고 농사를 지을 때는 논밭을 갈며 고된 일을 했고 소작을 주어서 농사일이 없는 그때는 무료한 나날을 보내는 소가, 나와 비슷한 심정일 것이라고 지레짐작하고 있었다. 소도 나처럼 그날이 그날 같은 날들을 그럭저럭 보내고 있다고 예단했다.

소 눈을 보는 순간 내가 잘못 생각하고 있었음을 죽비로 얻어맞

듯 깨달았다. 맥없이 먼 데로 보낸 눈길은 더더욱 아니었다. 소는 제 삶을 갈등 없이 오붓이 받아들이고 있었다. 불행해하지 않고 의연한 표정이었다. 자유로이 뻗어나간 창공을 불러들여 제 안에 담았던가. 눈빛은 깨끗하고 청명한 하늘색으로 순수가 갈등을 눌러 잘 건사한 빛깔이었다. 홀로 터득한 삶의 비밀을 고요히 속으로 갈무리한 신비스러운 눈이었다.

소를 제멋대로 생각한 내가 스스로 겸연쩍어졌다. 단아하게 가지런한 긴 속눈썹과 파란 눈동자가 너무 예뻐서 바라보고 있노라니 생각지 못한 안정감이 내게로 건너왔다. 굳건하게 땅을 딛고 선 음전한 소의 자세가 내 손을 잡아 주는 것 같은 편안함을 느꼈다. 할머니, 할아버지가 너를 무척 사랑해서 시골집으로 부르는 것 아니냐고 소가 내게 타이름을 주는 성싶었다. 짐승인 나를 챙겨 주는 두 분을 보면 모르겠느냐고 가만히 말을 걸어오는 것 같았다. 순한 눈빛으로 잠잠히 제 생을 나아가는 소가 앞뒤 없이 좋았다.

오십오 년이 흐른 지금까지 그 담담하고 맑게 빛나던 소의 눈빛을 가슴에 담고 왔다. 한세상 살면서 인내해야 하던 순간들이 오죽 많던가. 때로는 심연 같은 깊이로 캄캄한 가슴을 움켜쥐고 견뎌야 할 때 소를 생각하곤 했다. 바글바글 달려드는 하루살이 떼도 일일이 쫓지 않고 그러려니 하며 되새김질로 긴 하루를 보내던 소는 지루하고 무료해 보였다. 그러고도 예쁜 눈으로 얼마나 조용히 잘 참아 내던가.

소는 아득하게 시대를 건너오며 논밭에서 우리 사람을 먹여 살렸다. 시골이 고향인 사람들은 소한테 기대어 공부를 했다. 영화

「워낭 소리」는 장면마다 가슴을 먹먹하게 한다. 세상에 나온 지 사십 년이나 된 늙은 소는 주인 할배가 점심으로 주는 찬밥덩이를 허겁지겁 게 눈 감추듯 먹었다. 소의 입맛이 얼마나 까탈스러운지 알기에 흐느껴 울었다. 삼십 년을 꼬박 구 남매 자식을 키우게 해준 뼈에 가죽만 붙은 늙은 소를, 잘 먹이지 못하는 할배의 쓰라린 속마음이 짐작되어서 눈물이 쏟아졌다.

식구도 없는 덩그러니 시골집에서 한밤중에도 나는 눈이 떠지곤 했다. 찬바람 부는 겨울날 할아버지는 뚝 떨어진 사랑채에 계시고 나는 할머니와 안채의 안방에 누웠노라면 막막하고 적적했다. 이슥한 밤의 적막 속으로 외양간의 소 워낭 소리가 들려오면 마음이 깨어나듯 든든하고 반가웠다. 외딴집의 겨울밤 공허를 간간히 울리는 워낭 소리가 풍경 소리처럼 맑게 채웠다.

그때까지 한 번도 생각해 보지 못한 느낌 하나 떠올랐다. 할머니와 할아버지는 소를 자식처럼 소중히 여겼다. 연세가 들어 힘에 부치면서도 혼자이면 외로워한다고 커다란 몸집의 소 두 마리를 건사하는 두 분에게 새삼 감사했다. 더불어 할머니와 할아버지가 내게로 쏟는 진한 사랑을 처음 객관적 시선으로 인식했다. 두 분과 나 사이 그 어디쯤에 아름다운 푸른 눈의 소가 서 있었다.

▌작품 - 『수필과비평』 241호

기약 없는 이별을 위한 애도의 방식들

들어가며

　모든 만남은 이별을 예비한다. 생자필멸生者必滅이니 회자정리會者定離라는 말대로, 모든 생명은 반드시 죽게 되어 있고 누군가와의 만남에서 이별은 필연적이다. 인간의 삶은 만남과 헤어짐의 연속으로 구성되며 이것을 우리는 인연이라 부른다. 인연이란 사람들 사이에 맺어지는 관계, 사물과 일에 의해 이어지는 연줄을 의미한다. 일상적 삶에서 우리는 싫든 좋든 누군가를 만났다가 헤어지고 헤어졌다가 다시 만난다. 매일의 순간은 만남과 이별의 연속이라 해도 지나치지 않다. 관계와 맺음의 단절을 의미하는 이별은 고통을 수반한다. 그렇지만 이런 고통스러운 이별을 받아들일 수 있는 것은 우리가 다시 만날 수 있다는 믿음 때문이다.

비록 오늘 헤어지더라도 내일 혹은 언젠가 다시 만날 수 있다는 믿음과 희망이 있기 때문에 우리는 이별을 받아들일 수 있다.

그러나, 이런 일상적이고 평범한 이별과는 달리 영원히 기약 없는 이별도 있다. 다시는 만날 수 없는 이별, 기약할 수 없는 이별, 이런 이별 앞에서 우리는 절망하게 된다. 우리들 눈앞에서 속절없이 지나가는 시간, 누군가의 죽음으로 인하여 영원히 다시 볼 수 없는 이별이 그러하다. 죽음은 불가역의 시간으로 되돌아가 누군가와 재회하는 것을 불가능하게 한다. 죽음은 다시 만날 가능성을 완전히 박탈하고 관계의 끈을 비정하게 차단한다는 점에서 철저하게 무의미하며 부조리하다. 많은 철학자와 작가들이 죽음의 비현실성과 비사회성을 이야기했던 이유도 여기에 있다. 프로이트는 '삶의 본능'의 맞은편에 서 있는 '죽음 본능'을 이야기했고, 하이데거는 '죽음에 대한 인식'을 통하여 현존재의 의미를 찾고자 했고, 카뮈는 삶의 부조리함을 '죽음의 무의미성'에서 탐구하고자 했다.

인간은 삶에서 끊임없이 어떤 의미를 찾기 위해 노력한다. 그러나 우리가 사는 삶은 의미를 찾으려 하면 할수록 우리에게 무심하다. 삶과 세상이 우리에게 던지는 그런 무심함은 죽음이라는 고통에 의해 결론지어진다. 카뮈가 주장하는 삶의 부조리함은 존재의 의미를 찾으려는 인간의 의지와 무의미한 삶의 의미가 빚는 충돌이다. 그렇다면 무의미한 삶에서 탈출할 수 있는 유일한 길인 죽음은 선이며 축복인가, 아니면 악이며 저주인가. 우리는 그에 대한 어떠한 답도 얻을 수 없다. 죽음은 산 자는 절대로 경험할 수 없는 신비로운 미지의 영역이기 때문이다.

기실 삶의 의미라는 무겁고 깊은 명제를 한 꺼풀 벗겨놓고 보면,

그것은 그저 습관적으로 지탱되고 있는 인생의 덧없고 하찮은 성격의 한갓 환상에 불과한 것인지 모른다. 다시 말해서 누군가 한생애를 다한다는 것은 관습의 허무함, 심오한 이유가 없는 삶, 그리고 날마다 그냥 살아가는 의미 없는 생활의 반복과 고통을 참아가며 살아가야 하는 존재론적 회의를 본능적으로 인정하고 있음을 전제로 하는 것이다. 하이데거의 이야기대로 현존재에 대한 의미 규명은 죽음에 대한 올바른 인식을 통하여 이루어지는 것인지 모른다.

그럼에도 불구하고 죽음은 어떤 의미 부여로도 쉬운 해석이 용납되지 않는 완전한 상실이며 멸실이다. 누군가의 죽음으로 인해 자신을 이루고 있던 모든 것을 상실하게 되고 그와 함께 주변의 사람들도 관계의 강도에 따라 육탈의 고통을 느끼게 된다. 상실감의 강도는 둘을 묶었던 끈의 강도에 비례한다. 둘 사이의 관계가 강했을수록 상실의 강도는 크고 서로 간의 존재의 핵심을 이루던 관계망의 단절 의미는 더 크게 다가오게 된다. 그러나 죽음 자체는 기본적으로 이런 의미 부여를 온전히 수용하지 않는다. 죽음에 의한 관계의 상실은 완전한 절연을 의미하는 암흑이며 심연을 말하는 것이기 때문에 여기에는 어떤 의미도 부여될 수 없다.

죽음은 '존재'하는 것이 아니므로 '삶의 현실'이 아니다. 삶의 묘사는 가능하지만 죽음의 의미에 대한 묘사는 불가능하며 불완전하다. 삶은 삶일 뿐이고 죽음은 죽음일 뿐이라는 단절의 테제는 삶과 죽음 사이에 아득한 심연이 자리하고 있음을 의미한다. 살아 있는 것과 죽어 있는 것 사이의 유대와 연결은 원천적으로 불가능하며 삶과 죽음 사이에는 서로 전환과 변용을 가능하게 하는 연속된 유대가 부재한다. 이런 의미에서 죽음은 "삶이 도달한 마지막 끝"이라는 키에르케고르의 말은 유효하다. 흔히 철학자와 작가들이 죽음을 삶의 친근한 타자로 소환하여 죽음을 삶의 벗으로의 사유와 실천으로 삼고자 했지만, 죽음은 영원한 소멸을 의미하는 것일 뿐 그 속에 새로운 생성의 의미를 담기는 힘들다. 마찬가지로 죽음의 포용과 기억의 상상력을 통하여 산 자와 죽은 자의 연대와 일치를 환기하는 종교적 의미에서의 죽음 담론을 복기하는 것이 얼마나 커다란 의미를 지니는 것인지도 회의적이다. 이런 의미에서 성서에서 예수의 뜻에 따라 죽음을 경유하여 삶의 세계로 부활하는 나사로의 존재를 나는 믿을 수 없다.

떠남과 헤어짐, 그 속에는 가긍한 애도의 방식들이 있다. 다시 한번 가장 완벽한 헤어짐과 가장 완전한 상실은 죽음이다. 죽음 앞에서 모든 것은 속수무책이다. 이 비루하고 지루한 일상적 삶의 반복 속에서 살아가는 사람들은 모두 죽음을 향해 나아가는 존재들이다. 그들은 죽음을 기다리며 빛과 어둠 사이에서 이승과 저승 사이에서 춤추는 자들이다. 오늘도 사랑의 상실과 함께 누군가와 이별한 많은 사람은 슬픈 아침을 맞고 있다. 그렇지만 이 시대에는 이별은 많지만 진정한 애도는 없다. 죽음 앞에서는 글쓰기도 의미가 없다는 것인지 이 시대에는 슬픔의 글은 많지만 슬픔과 상실에 대한 진정한 애도의 글쓰기란 없다. 이런 의미에서 우리는 롤랑 바르트의 『애도 일기』를 통하여 애도의 방식을 읽을 수 있다.

알려진 대로 프랑스의 구조주의 철학자이며 비평가인 바르트는 J. P. 사르트르와 함께 제2차 세계대전 후에 프랑스

사상을 주도하였다. 1977년 10월 25일 어머니가 돌아가신 날부터 바르트가 어머니를 그리는 일기를 에세이 형식으로 쓴 책이 『애도 일기』이다. 이 책은 여러 가지 의미에서 중요한 의미를 지닌다. 무엇보다 가장 이성적이고 논리적인 평론가가 어머니의 상실로 인한 인간관계에 대한 깊은 단절의 의미를 지극히 서정적이고 감정적인 슬픔으로 표현하고 있다는 사실이다.

『애도 일기』는 일기 형식을 차용하고 있지만, 통상적인 일기가 내면적 자아가 화자가 되어 글을 쓰는 방식과 달리 이 책의 글들은 내면적 자아가 허물어져 가는 과정과 새로운 자아를 찾아가는 이중의 과정을 담고 있다. 여기 실린 에세이의 문장들은 순간순간 죽음 충동처럼 내습해서 육체에 각인된 채 흔적으로 남은 언어의 스냅 사진들과 같다. 지극히 짧고 단순한 날 것의 문장들은 슬픔에 대한 그 직접적인 감성 때문에 우리를 극단적 애도의 감정으로 이끌어 간다. 사랑하는 사람을 상실한 슬픔, 이 슬픔은 무엇이고 어디서 오는가, 이 슬픔 앞에서 대체 우리는 무엇을 할 수 있는 것인가. 이 슬픔은 생의 어떤 진실과 만나게 되는가 하는 인간 본연의 문제들에 봉착하게 된다. 우리는 『애도 일기』를 통해 바르트의 학구적이고 이성적인 공적 활동의 뒷면에 도사리고 있는 지극히 인간적이고 감성적인 사적 영역을 엿볼 수 있으며, 특히 어머니의 상실로 인한 사랑의 상실이라는 바르트의 절망적 멜랑콜리를 바라볼 수 있다.

바르트 식으로 말하자면, 절대 기호로서의 슬픔은 애도 혹은 멜랑콜리의 이분법을 넘어서는 슬픔이다. 그것은 삶과 죽음 사이를 떠나지 않는 애도, '그 무엇으로도 대체할 수 없는' 슬픔이다. 그렇다면 바르트가 『애도 일기』를 통해 전개했던 '슬픔'이라는 애도 작업'의 끝에서 궁극적으로 도달하고자 했던 상태는 무엇인가? 그것은 지난한 애도의 과정 후에 도달하게 되는 '슬픔의 끝'이다. 이것은 지상의 삶에서의 어떤 지고한 상태로서도 설명 불가능한 상태의 슬픔이다. '슬픔의 언어화'라는 질량이 과연 얼마나 측정 가능한 것인지 알 수 없는 일이지만, 이를 글로 기록해내는 것이 문학이며 진정한 슬픔의 애도란 오직 진정한 글쓰기를 통해서 이루어질 수 있는 것이라 할 수 있다.

　우리는 세상의 많은 것들과 수없는 이별을 하며 살아가고 있지만, 정작 슬픔을 위한 진정한 애도의 방식이 무엇인지 제대로 모른다. 애도는 누군가의 고통과 눈물과 회한의 흔적으로 남을 것이다. 그렇지만 이별과 슬픔의 끝에서 우리가 남겨야 할 진정한 애도의 방식은 무엇일까? 그것은 누군가의 삶과 죽음이 어떻게 시작하고 끝났는가에 대한 기록을 통하여 규명될 수 있다. 애도 작업을 끝낸다는 것은 곧 망자를 위한 무덤을 만들어주는 일이며, 작가에게 그 무덤을 위한 작업은 슬픔의 단어와 문장으로 짓는 글쓰기이다. 시간과의 이별, 사람과의 이별, 이 세상과의 이별, 우리는 이 모든 것과 기약 없는 이별을 해야 하고 그들을 애도해야 한다. 이별과 애도의 글쓰기는 각각 다른 표현 방식으로 나타나지만, 그 속에 담긴 진정한 슬픔의 의미는 다르지 않다.

김재희의 「길」

　우리는 모두 가치 있는 삶을 소망한다. 진정으로 가치 있는 삶이란 무엇인가. 많은 사람이 무엇을 하면서 살 것인가를 고민하지만, 진짜 문제는 죽을 때까지 뭘 해야 행복한지 모르는 데에서 비롯된다. 삶의 연륜을 더해 갈수록 인생의 목적이 분명해지리라 믿지만 오히려 그 반대이다. 살아갈수록 목적은 불분명하고 혼돈스럽기만 하다. 오히려 인생의 목적은 목표나 종착지에 도달하는 것이 아니라 인생 전체를 어떻게 일구어내는가에 달린 것이다. 대체 언제까지 이렇게 목표 없이 헤매고 있는가, 대체 뭘 하고 살았는가는 생각이 들 때가 많다. 하물며 인생의 목적을 잃고 거센 파도가 몰아칠 때면 흔히 가던 길을 잃고 만다.

인생에서 가장 힘든 순간은 목적을 잃은 채 앞으로 나아갈 길을 찾지 못할 때이다. 힘겹고 어지러운 세상에서 어떤 길을 가고 싶은가, 인생의 진정한 목적지는 어디인가를 묻는다. 인생은 끊임없이 새로운 '길'을 찾아가는 일이다. 우리는 길 위에서 나서 길 위에서 죽는다. 길은 만남과 떠남의 공간이다. 「길」에서 작가가 이야기하는 대로 "눈 때문에 자동차 바퀴 지나간 자리가 선명하게 드러나서 길 위에 또 다른 길이 생겼다. 길 위에 또 다른 길이 만들어진 것이다. 만들어진 길은 운전자의 손길에 따라 모양이 조금씩 굽어지기도 한다." 이렇게 인생길에서는 하나의 길이 지나면 또 다른 길이 생기고, 이것은 만남의 길이기도 하지만 떠남의 길이기도 하다.

길 위에 만들어진 길을 보면서 내 생의 좌표를 들추어본다. 반듯한 곳에 서 있을 때도 있지만 살짝 굽어진 곳에서 방향을 바꿔야만 했던 때도 있었다. 병마와 싸우느라 학업을 포기할 수밖에 없었던 마음의 고통은 육체의 고통보다도 더 깊은 상처였다. 그것은 세상을 보는 눈에 어둠을 드리운 길이 되었다. 표면장력 상태가 되어버린 감정. 행여 그 위에 물 한 방울이라도 얹어지는 경우엔 무너져 내릴 것 같아 안으로만 움켜쥐었던 숱한 날들. 나는 그렇게 환지통을 앓고 있었다. 아무리 버리려고 애를 써도 결코 사라지지 않는 상처의 흔적들로 인한 환지통들. 그것들은 긴 세월이 지난 지금도 때때로 내 내면의 깊숙한 곳에서 소용돌이를 친다.

  길 위에서는 "아무리 버리려고 애를 써도 결코 사라지지 않는 상처의 흔적들"이 남는다. 이럴 때 화자는 무조건 먼 길을 나선다고 한다. 고개를 들어 먼 곳으로 눈을 돌리면 아스라한 길 위로 지나온 세월이 묻어난다. 우리의 인생이란 빛과 어둠 사이를 넘나들면서 행복과 불행을 맛보게 된다. 누구나 일생 동안 빛 속을 걸을 수도 없고 누구나 일생을 어둠 속을 걷지는 않는다. 어쩌면 그런 어려움이 있었기에 알차고 값진 삶도 있게 된다.
  살다 보면 어찌 만족으로만 이어진 삶이 될 수 있을까. 아쉬움과 후회가 가득한 가운데 세상은 언제나 만만치 않다. 그리하여 "어느 때는 내 힘으론 어찌할 수 없다며 운명론자가 되어버린 때"도 있다. 가치 있는 인생을 살기 위해 삶의 가치는 자신이 만드는 것임이 분명하다. 인생이 자작이듯 인간의 가치 또한 자작이다. 인생의 가치란 반드시 그것이 크고 작거나 많고 적거나 초라하고 화려한 데에만 달린 것은 아니다. 내가 살고 있는 이 시대, 이 사회, 이 가정에서 나를 필요로 하고 요청해 오는 데 진정한 가치가 있다.

이런 의미에서 우리의 삶은 다분히 실존적이다. 실존주의에 따르면 모든 사람은 자기 삶의 본질을 창조한다. 우리의 삶은 초자연적인 신이나 지상의 권위에 의해 결정되는 것이 아니라 삶 그 자체로서 자유롭다. 진정한 삶의 의미는 사람들이 의미를 찾는 그곳에 있다. 마찬가지로 진정한 삶의 의미는 그 자체에서 느끼는 불안과 공포의 감정과 그에 따른 죽음에 대한 자각에 있다. 사르트르가 "실존은 본질에 앞선다."라고 했던 이유도 여기에 있다. 「길」에서 삶을 바라보는 작가의 태도도 이와 다르지 않다.

끝없이 이어진 들판 한가운데 서서, 사방을 둘러보니 더 걸어가야 할 길에 대한 막연함에 발걸음이 터덕거린다. 아직도 자신의 결정에 확고하지 못하고 허둥대는 면이 있다니. 살짝 허탈함이 밀려온다.
하지만 그동안 걸어온 길에 대한 일만은 만족하다 생각하련다. 좋았든, 나빴든 내가 만든 길이다. 비록 아픈 손가락 때문에 남다른 고통을 받기도 했지만 그것 때문에 아프지 않은 손가락에 대한 고마움을 알게 되지 않았던가. 그렇지 않았더라면 지금의 이 삶에도 아쉬움이 가득하리라.
허점이 있기에 온전함의 가치를 알게 되었다는 사실만으로도 지금의 이 삶은 충만하다. 그래서 내가 걸어가고 있는 지금의 이 길에 만족한다.

아픈 손가락 때문에 남다른 고통을 받기도 했지만, 그것 때문에 아프지 않은 손가락에 대한 고마움을 알게 되었다는 화자의 태도는 다분히 현세적이고 실존적이다. 삶은 허점투성이고 후회가 가득하지만 그렇기 때문에 현재의 온전함이 존재한다. 인생에는 어떤 정형화된 모범답안 같은 형식이 있는 줄 알고 우리는 살아간다. 그래서 다른 사람한테는 불행한 일이 일어나도 내겐 그런 고통이 일어나서는 안 된다고 생각한다. 고통을 주는 어떤 절대적 힘이 있다고 생각하지 못하며 끝없이 이어진 들판 한가운데 서서 사방을 둘러보며 길에 대한 막연함에 좌절하기도 한다.

사람은 왜 태어나 어떻게 사는가. 사람은 왜 죽으며 죽으면 어떻게 되는가. 우리는 이러한 질문을 거듭 물으면서 살아간다. 이런 근원적 물음에 대한 답은 우리가 오늘도 걸어가는 '길' 위에 있다. 길 속에는 삶이 있다. 길에서 우리는 다시 묻는다. 지금 여기는 어디이며 나는 어디로 가고 있으며 나는 어떤 존재인가. 이런 근원에 대한 질문을 찾기 위해서 길에 나가 걷기를 사계절, 꽃이 피고, 강물은 흘러가고, 구름은 지나가고 낙엽이 지고 눈이 내린다. 길은 원圓이 아니다. 길은 앞으로만 나아가는 시간과 같다. 길이라는 절대적 공간에는 나와 세상이 담겨 있다. 우리는 오늘도 삶과 죽음, 만남과 떠남의 길을 향해 걷고 있다.

문학 작품에서 살아있는 언어는 비유에 의해 의미를 더하게 된다. 언뜻 무관하게 보이는 사물과 사실의 의미들이 적절한 표현으로 담길 경우 그 언어는 빛나게 된다. 「길」은 '길'이라는 은유를 통하여 삶에서의 시간과 존재의 의미를 담아내는 데 성공하고 있다.

최운숙의 「돌밭의 하얀 꽃」

　흔히 우리의 삶은 사막을 걷는 것과 같다고 비유된다. 때로 인생길은 사막을 걸을 때와 같이 끝은 보이질 않고, 길을 잃기도 하는 신세가 되어 신기루를 좇기도 한다. 사막의 모랫길이 바람에 의해 모양이 바뀌면 지도는 아무 소용이 없어지듯이, 우리의 인생도 변화무쌍하고 분명한 이정표가 보이질 않는다. 사막에서 육봉을 흔들며 살아가는 낙타의 모습은 흡사 가족을 위해 물을 찾는 어미 낙타의 모습에 다름 아니다.
　「돌밭의 하얀 꽃」은 사막 속에서 길을 찾는 어미 낙타의 모습을 기본 모티브로 하고 있다. 작품에서 화자가 엄마와 보낸 시간은 사막을 걷는 어미 낙타의 모습으로 애잔하게 우리에게 다가온다. 작품에서 '돌밭의 하얀 꽃'은 곧 어머니의 형상이다. 작가는 죽음을 통해 삶을 말하고 있으며 텅 빈 사막에서 충만한 빛의 아름다움을 말하고 있다.

　　사막의 배로 살았던 육봉은 이제 흔적만 남고 새끼의 죽은 장소를 기억하기 위해 어미는 돌개바람 속을 더듬고 있다. 사막에서 벗어났으나 아직도 사막을 걷고 있는 어미는 헐렁해진 몸으로 아침, 저녁 기도를 하고 습관적으로 등짐을 찾는다. 닳아진 뼈 사이의 간격은 더 좁아져서 몸을 움직일 때마다 뚝뚝, 무릎이 운다. 일생 사막에서 살다 떠날 때를 알고 물 냄새 나는 강을 향해 가는 낙타처럼, 당신은 흰 벽으로 둘러싸인 사막에서 물기를 버리며 먼 강을 향해 가고 있다.

삶에서 소중한 것이나 아름다운 것이라고 해서 반드시 빛나는 것만은 아니다. 진실로 빛나는 것은 무의미해 보이는 시간 속에서 영원히 간직될 수 있다. 「돌밭의 하얀 꽃」에서 엄마가 일구던 목화밭에서 화자는 자기 삶의 모습을 본다. "탁탁, 철럭철럭, 솜 타는 소리가 길어지면 하염없이 내린 눈으로 눈송이는 점점 커져서 엄마를 눈사람으로 만들었다." 화자는 어머니의 목화밭 노동에서 삶의 꿈과 영원성을 바라본다. "버려진 돌밭에서 꽃이 피고 꽃은 꿈이 되었다. 씨앗을 안고 있는 꿈은 엄마 안에서 발아하여 내 안의 땅에 내려와 둥지를 틀었다."

프로이트는 삶에서 정말 중요한 것은 사물의 '소멸성'이라고 했다. 우리가 삶을 사랑한다는 것은 삶의 한계를 사랑한다는 것이며, 그것은 곧 우리에게서 사라져 가고 소멸되어 가는 것을 사랑하는 것이라고 한다. 그럼으로써 우리는 사물의 생명과 죽음을 동시에 껴안을 수 있어야 한다고 주장했다. 「돌밭의 하얀 꽃」에서도 화자는 하얀 눈사람이었던 어머니가 가족 식탁에 앉아 이야기를 주고받고 금방 왔다 가신 듯 엄마의 된장국 냄새를 그린다. 그러면서 자신도 모르는 사이 어머니가 피워놓은 수많은 꽃에 기대어 살아가고 그의 길을 향해 걸어가게 된다. 삶의 모든 것은 만남에서 시작해서 이별로 끝난다. 화자는 떠난 어미가 남긴 꽃과 떠나려는 어미의 꽃을 바라본다. 그리하여 떠남과 죽음의 의미를 새롭게 인식하게 된다.

나는 떠난 어미가 남긴 꽃과 떠나려는 어미의 가시可視 사이에서 속수무책으로 바라보고 있다. 생기를 다한 꽃은 먼 곳에서 그리움을 보내오고 물기를 버리고 있는 가시可視는 향기를 거두고 있다. 보송한 하얀 얼굴로 와서 분홍으로 잠시 머물다 돌밭의 하얀 꽃이 된 어미를 딸과 며느리의 이름으로 붙잡고 있다. 저녁노을이 하얀 사막을 붉게 물들인다. 창 너머 하얀 꽃이 젊은 날의 붉은 꿈속으로 젖어 든다. 새끼의 목소리가 어미의 목덜미에 희미하게 내려앉는다.

죽음이라는 최종적인 심급이 없다면, 삶에 대한 사랑은 불완전한 것으로 남아 있을 것이지만 죽음은 언제나 우리에게 삶의 일부로서 남게 된다. 이런 점에서 우리에게 죽음은 삶의 적敵이 아니다. 삶이 아무리 덧없고 고통스럽다고 할지라도 그 덧없음이 가치의 조건이므로 우리는 고통과 슬픔의 진실을 있는 그대로 받아들여야 한다. 또한 그런 삶을 견디어 내는 것이 결국은 모든 살아 있는 존재의 또 다른 의무라고 할 수 있을 것이다. 그런 점에서 우리는 누군가의 죽음을 애도하기 전에 현재의 삶과 그 삶의 기쁨이 소중하다는 것을 항상 되새기기를 요구받는다.

「돌밭의 하얀 꽃」에서 부재하는 어머니를 통해 삶과 죽음이라는 현상을 이렇게 다채롭게 묘사해내는 작가의 사유는 돋보인다. 인간이 죽음에 어떤 가치를 부여하느냐 하는 것은 결국 삶에 어떤 가치를 부여하느냐 하는 역설과 같다. 자신의 삶에 가치를 부여한 자는 타인의 삶과 죽음에도 그만큼의 가치를 둔다. 삶의 여정은 결국 죽음으로 완성되고, 삶의 온전한 평가 역시 죽음을 통해서야 이루어진다. 자신의 삶과 타인의 삶이 어우러져 현재의 삶과 현재의 기쁨을 누릴 때에야, 진정으로 '아름다운 죽음'을 맞이할 수 있는 것이다. 「돌밭의 하얀 꽃」에서 "떠난 어미가 남긴 꽃"의 의미를 새롭게 인식하고자 하는 작가의 태도는 바로 삶과 죽음에 대한 뜻깊은 애도의 방식이라 할 수 있다.

한판암의 「세월이 간다」

시간이 흐르면서 삶의 모습은 시시각각 변해간다. 시간은 세상의 모든 변화가 이루어지는 것을 가능하게 하면서 인간과 외부 세계와의 접점을 새로운 형태로 바꾸어가게 된다. 가령 우리가 현재의 관점에서 외부 세계를 보고 듣고 느낀다는 것은 그것이 과거로 이어지면서 또한 미래로 연결되는 것을 의미한다. 이런 시간의 연결 속에서 우리는 인간과 세상과의 관계를 이루게 된다.

「세월이 간다」도 시간에 대한 이런 인식을 잘 이루고 있다. "또 다른 하루의 시작이다. 어제에 비해 별로 다를 바가 없는 오늘이다. 하지만 하루하루가 시나브로 쌓이면 상황은 달라진다." 어제와 오늘, 그리고 내일은 같으면서도 다른 모습이다. 작품에서 화자는 자신에게 다가왔던 시간의 의미를 이렇게 기억한다.

> 십여 년 전 내 모습은 오늘의 내가 아니고, 오늘의 나는 십여 년 뒤의 내가 아니리라. 같은 이치로 며칠 전의 행동이나 모습은 기억의 곳간에 생생하게 갈무리되었다. 그러나 세월이 한참 지난 옛일은 가물가물하거나 까마득해 도통 기억이 없다. 순간순간이 단절되는 게 아니라 영원히 이어진다. 그렇지만 아무리 현재를 붙들고 지난날을 당겨 되살려 보고파 발버둥

쳐도 오래된 옛 기억은 깜깜할 뿐 쓸데없는 몸부림에 지나지 않는다. 비탈진 개울가에 앉아 도란도란 흘러가는 물은 언제 봐도 어제 봤던 물은 없다. 늘 새로운 물이 흐를 따름이다.

그러나 작가의 말대로 쉼 없이 물이 흐르는 까닭에 옛것과 현재의 것을 구별하는 짓은 부질없는 일인지 모른다. 시간의 흐름 속에서 모든 것은 뒤섞여 앞뒤 것을 가름할 수 없기 때문이다. 모든 흘러가는 시간은 흘러가는 죽음의 시간일 뿐이다. 세월은 유수 같다는 말과 같이 청춘을 바쳤던 직장에서 물러난 지 어저께 같은 데 다시 많은 시간이 흘러갔다. 시간은 바람과 같은 것이어서 어디서 시작하여 어디로 가는지 가늠하기 어렵다는 공통점을 지녔다. 끊임없이 흘러가는 세월이나 쉼 없이 스쳐 지나는 존재가 바람이다. 그렇지만 그 생김새를 눈으로 확인하거나 손으로 만져 실체를 인지할 수 없다는 점에서는 공통점을 지닌다.

그야말로 과거 현재 미래의 순서에 고집하는 시간의 흐름은 일과성으로 스쳐 가는 바람이나 흘러가는 물과 같다. 자연의 흐름과 같이 스쳐 지나가는 시간은 삶의 흐르는 일직선의 흐름 위에 있으며 그럼으로써 이 세계의 변화도 하나의 드라마로서 전개된다. 그것은 자연계에서 일어나는 천체의 운행, 동식물의 삶, 계절의 순환을 이루게 된다. "항상 대하는 바람과 세월이련만 어제의 바람과 시간은 아무리 찾아봐도 흔적조차 찾을 수 없어 오늘도 허둥대면서도 그들과 어깨동무하려고 애를 쓴다." 하지만 그 모습이나 존재는 확인할 수 없는 짝사랑이며 지나간 흔적일 뿐이다.

세월과 구름은 한 치의 오차도 없이 제 길을 간다는 맥락에서 공통분모를 가진 셈이다. 인간 사회에서 발생하기 마련인 질시나 반목, 전쟁과 다툼을 비롯해 천재지변이 발발해도 세월은 오로지 제 길을 묵묵히 갈 따름이다. 한편 하늘을 떠도는 무애도사 같은 멋쟁이 구름 역시 높은 산이나 태풍이 앞을 가로막기도 한다. 그래도 굴하지 않고 자기 길을 가는 비범한 기개 또한 세월과 같은 모양새가 아닐까.

인생길은 쉼 없는 이별 연습이다. 어쩌다 보니 희수喜壽의 강을 건너 일흔여덟에 이르렀고 터무니없는 욕심에 매달려 허송세월하다가 어느결에 백두옹白頭翁에 이르렀다고 작품의 화자는 탄식한다. 세월이나 바람과 구름은 허접한 욕심이나 연緣에 얽매이지 않고 굳세게 제 갈 길을 가고 있지만, 자신은 세상이 구석 저 구석을 기웃거리다 세월만 보낸 채 황혼 녘에 이르게 되었다고 말한다. 흐트러짐이나 빈틈을 보이지 않고 유유히 흘러가는 시간은 불교적인 '무상無常'의 의미를 지니며, 그러면 이 세계의 일체는 '제행무상諸行無常'인지도 모른다. 이 세상의 모든 것은 그냥 있지 않다. 모든 것은 결국 떠나고 죽는다. 그런 의미에서 「세월이 간다」에서 작가는 흘러가고 변화하는 세계를 거역하거나 부정하는 것이 아니라 오히려 변화하는 세계의 흐름과 근원에 대하여 적극적으로 사색하고 있다고 할 수 있다.

나오며

모든 인간은 언젠가 죽는다. 우리 모두 그 사실을 알고 있지만 당장 그 죽음이 나에게 찾아오리라고는 쉽게 생각하지 않는다. 그래서 죽음 그 자체를 인정하지 않거나 눈앞의 죽음을 외면하고자 한다. 모든 사람이 죽지만, 나는 죽지 않을 것이라는 이런 안도를 하이데거는 '죽음에 대한 부단한 안도'라 표현했다. 그는 죽음을 미래의 사건으로 여기고 지금 살아 있다는 사실에 안도하는 사람들을 죽음 앞에서 부단히 도피하는 자들이며 죽음에 대한 불안을 이길 수 있는 용기를 갖지 못한 자들이라고 했다. 그리고 이런 사람들을 '죽음으로 향하는 비본래적인 존재'라고 말했다.

그렇지만 우리가 죽음을 외면할 수 있을 것인가. 소크라테스는 철학의 올바른 실행은 '죽음의 준비'라고 말했다. 우리가 인간답게 산다는 것은 가능한 한 육체와 그 욕망으로부터 해방되어 영혼에 의지해서 이성적으로 사유하며 산다는 것을 의미한다. 따라서 육체와 영혼이 분리되는 것이 죽음이라면, 우리의 진정한 삶이란 죽음을 준비하며 사는 것, 죽음을 가까이하며 사는 것을 의미하는 것이라 할 수 있다.

죽음에 대한 많은 철학적 문학적 해석과 논구에도 불구하고 분명한 사실은 죽음에 대한 우리의 이해가 불가지의 영역이라는 사실이다. 죽음 이후의 세계를 우리는 알 수 없고 그것을 철학적으로 문학적으로 표현한다는 것이 결코 쉽지 않은 일이기 때문이다. 그렇지만 죽음에 관하여 우리가 분명히 기억할 것은 인간에게 이 힘들고 어려운 삶을 견디는 것이 모든 살아있는 존재의 첫 의무이며, 그 속에서 현재의 삶과 삶의 기쁨의 소중함을 깨닫고 죽음을 예비하는 것이 중요하다는 사실이다.

▍작품론 – 『수필과비평』 243호

| 작품 |

길

김재희

    모든 면에 별 부족함이 없는 삶이기에 그리 아쉬운 것도 미련도 없건만 마음은 왠지 뭔가 허한 감정이 도사리고 있다. 그래서일까. 늘 어딘가로 떠나고 싶어진다.
    계화도 들녘을 찾았다. 동네의 작은 정자에 올라서니 넓은 들녘이 한눈에 들어온다. 하얀 바탕에 점점이 그려진 풍경들이 아기자기하다. 잡다한 색이 뒤섞여지지 않은, 그저 단순한 색으로만 그려지는 풍경이라서 어수선한 생각들이 가지런히 정리가 되는 느낌이다.
    눈 때문에 자동차 바퀴 지나간 자리가 선명하게 드러나서 길 위에 또 다른 길이 생겼다. 길 위에 또 다른 길이 만들어진 것이다. 만들어진 길은 운전자의 손길에 따라 모양이 조금씩 굽어지기도 한다.
    길 위에 만들어진 길을 보면서 내 생의 좌표를 들추어 본다. 반듯한 곳에 서 있을 때도 있지만 살짝 굽어진 곳에서 방향을 바꿔야만 했던 때도 있었다. 병마와 싸우느라 학업을 포기할 수밖에 없었던 마음의 고통은 육체의 고통보다도 더 깊은 상처였다. 그것은 세상을 보는 눈에 어둠을 드리운 길이 되었다.

표면장력 상태가 되어버린 감정. 행여 그 위에 물 한 방울이라도 얹어지는 경우엔 무너져 내릴 것 같아 안으로만 움켜쥐었던 숱한 날들. 나는 그렇게 환지통을 앓고 있었다. 아무리 버리려고 애를 써도 결코 사라지지 않는 상처의 흔적들로 인한 환지통들. 그것들은 긴 세월이 지난 지금도 때때로 내 내면의 깊숙한 곳에서 소용돌이를 친다. 그럴 땐 무조건 먼 길을 나선다.

고개를 들어 먼 곳으로 눈을 돌린다. 아스라한 길 위로 지나온 세월이 묻어난다. 내 의지와는 상관없이 걸어가야만 했던 일들 때문에 일찍부터 철이 들었다. 그래서 또래들보다도 훨씬 어른스럽다는 소리 들었고 그런 인상으로 남겨졌다. 어쩌면 맏이가 갖추어야 할 기본적인 모습인지도 모르겠다. 그런데 난 왜 그런 내 모습이 그리 달갑지만은 않은 것일까.

더러는 아무것도 모른 채 철없는 아이처럼 살면서 갖고 싶은 것, 하고 싶은 것을 쟁취하기 위해 어리광도 부리고 싶었던 것이리라. 그러나 그런 것과는 달리 언제나 누군가를 다독여 주고 챙겨줘야 하는 위치에서 어른스럽게 살았다.

어쩌면 그것이 세상을 사는 일에 도움이 됐을지도 모르겠다. 그렇지만 그렇게 살았다 해서 나에게 주어지는 혜택이 그리 좋은 것은 아니었다. 외부로 보이는 면은 좋은 이미지였을지 몰라도 내 내면에선 언제나 손해 보는 듯한 느낌이 드는 경우도 있다. 그러면서도 그 굴레를 벗지 못했던 것은 내게 주어진 운명 같은 것이었으리라. 그러나 그런 운명 때문에 내 생이 억울하거나 서럽지는 않았다. 어쩌면 그런 어려움이 있었기에 작은 행복도 알차고 값진 삶이라고 생각되기도 했다.

  살다 보면 어찌 만족으로만 이어진 삶이 될 수 있을까. 나름대로 아쉬운 부분도 있었고 더러 후회스러운 것도 있었으니 그리 만만한 세상은 아니었던 듯싶다. 하지만 만만한 세상이 아니라는 걸 알았기에 그것에 맞게 살아가는 법을 배우게 되지 않았을까. 어느 때는 내 힘으론 어찌할 수 없다며 운명론자가 되어버린 때도 있다. 그럴 땐 너무 안이하게만 사는 것은 아닐까 싶기도 하다. 그렇지만 어쩌랴! 지금의 이 생활에 만족하고 있으니 그것이 다행이라고 생각할 수밖에…….

  끝없이 이어진 들판 한가운데 서서, 사방을 둘러보니 더 걸어가야 할 길에 대한 막연함에 발걸음이 터덕거린다. 아직도 자신의 결정에 확고하지 못하고 허둥대는 면이 있다니. 살짝 허탈함이 밀려온다.

  하지만 그동안 걸어온 길에 대한 일만은 만족하다 생각하련다. 좋았든, 나빴든 내가 만든 길이다. 비록 아픈 손가락 때문에 남다른 고통을 받기도 했지만 그것 때문에 아프지 않은 손가락에 대한 고마움을 알게 되지 않았던가. 그렇지 않았더라면 지금의 이 삶에도 아쉬움이 가득하리라.

  허점이 있기에 온전함의 가치를 알게 되었다는 사실만으로도 지금의 이 삶은 충만하다. 그래서 내가 걸어가고 있는 지금의 이 길에 만족한다.

▎작품 – 『수필과비평』 243호

| 작품 |

돌밭의 하얀 꽃

최운숙

 낙타가 사막을 걷는다. 무거운 짐받이의 굽은 등 위로 모래바람이 인다. 늙은 낙타가 갇힌 병원의 긴 복도가 모래 늪이 되어 걸어온 길을 하나씩 삼킨다. 사막의 배로 살았던 육봉은 이제 흔적만 남고 새끼의 죽은 장소를 기억하기 위해 어미는 돌개바람 속을 더듬고 있다.
 사막에서 벗어났으나 아직도 사막을 걷고 있는 어미는 헐렁해진 몸으로 아침, 저녁 기도를 하고 습관적으로 등짐을 찾는다. 닳아진 뼈 사이의 간격은 더 좁아져서 몸을 움직일 때마다 뚝뚝, 무릎이 운다. 일생 사막에서 살다 떠날 때를 알고 물 냄새 나는 강을 향해 가는 낙타처럼, 당신은 흰 벽으로 둘러싸인 사막에서 물기를 버리며 먼 강을 향해 가고 있다.
 옷장 정리를 했다. 철 지난 옷은 세탁소에 맡기고 목화이불을 꺼내 베란다 난간에 걸었다. 툭툭 방망이질에 오랫동안 묵혀있던 먼지가 파르르 몸을 떨며 날아갔다. 떨어지는 보드라운 티끌은 오후의 햇살을 받아 작은 별세상을 그리며 땅에 내려앉았다. 그 작은 우주 속에 어린 내가 있다.

언제부터 산비탈에 밭을 일구기 시작했는지 알 수 없지만 집을 둘러싼 대숲을 지나 가파른 산을 향해 한참 올라가면 작은 밭이 있었다. 터줏대감처럼 박혀있는 알돌에 새겨진 손금이 엄마의 밭임을 알려주고 있었다. 사람의 손길을 거부하던 거친 곳은 부지런한 손에 길들기 시작했으나 끝내 기름진 땅은 되지 못했다.

엄마는 이곳에 목화를 심었다. 여러 해 모은 목화는 솜틀집으로 보내졌다. 어느 해는 집에서 솜을 타기도 했다. 하나하나 씨를 발라낸 후, 대나무를 휘어 만든 활로 탁탁 치면 활 끝의 가벼운 떨림과 함께 솜이 뭉게뭉게 부풀어 올랐다. 부풀어 오른 솜은 온 방을 풀풀 날아다니다 하얀 수건을 두른 엄마 머리에 앉았다가 눈썹에 내렸다가 나풀나풀 어깨에 내려앉았다. 탁탁, 철럭철럭, 솜 타는 소리가 길어지면 하염없이 내린 눈으로 눈송이는 점점 커져서 엄마를 눈사람으로 만들었다.

돌밭의 꽃으로 만든 누비이불은 막내딸 혼수가 되었고 가난한 남자와 여자의 가장 큰 재산이 되었다. 버려진 돌밭에서 꽃이 피고 꽃은 꿈이 되었다. 씨앗을 안고 있는 꿈은 엄마 안에서 발아하여 내 안의 땅에 내려와 둥지를 틀었다.

나는 때때로 엄마 흉내를 내며 별 볼일 없는 작은 풀들에 눈 맞추고, 내 옆 남자의 별것을 다 용서하며 살아간다. 기념일을 챙기지 않아도 개의치 않고, 늦은 밤 비틀대며 술 냄새 풍기고 들어와도 가볍게 맞아주며, 과한 운동으로 갈비뼈가 나가도 이만하여 다행이라 생각한다. 하루 두 번 전화하고 된장국과

비릿한 생선으로 밥상을 준비한다. 손맛은 없지만 예쁜 그릇에 담아 구절초 핀 테이블 위에 단정하게 앉혀놓고 그를 기다린다. 하얀 눈사람이었던 엄마는 우리 가족 식탁에 앉아 그와 내가 주고받는 이야기를 듣는다. 식탁에는 금방 왔다 가신 듯 엄마의 된장국 냄새가 난다.

나는 엄마의 사소한 습관을 따라 하며 나도 모르는 사이 당신이 피워놓은 수많은 꽃에 기대고 지탱하며 살아가고 있다. 그렇게 나는 당신의 길을 향해 걸어가는 중이다.

밤을 낮 삼아 사막을 걷는 시어머니께 갔다. 당신 옆의 침대가 비었다며 곧 딸이 여기로 올 거라고 한다. 새끼를 묻은 날이 오늘임을 기억하는지, 떠난 자식이 긴 사막을 걸어 당신에게 왔었는지. 어제 떠난 침상의 주인이 누구였는지 기억하지 않는다.

끝없이 펼쳐진 사막 한가운데 발굽이 되어 준 휠체어가 한발 한발 나아간다. 길은 신기루처럼 가물거리고 어둠을 먹은 천장의 불빛은 주름진 어미의 얼굴에 하나씩 내려앉는다. 어미는 아직도 사막 안에 있지만, 삶의 흔적으로 남아 있는 새끼는 어미의 마지막 안식처가 될 것이다.

나는 떠난 어미가 남긴 꽃과 떠나려는 어미의 가시可視 사이에서 속수무책으로 바라보고 있다. 생기를 다한 꽃은 먼 곳에서 그리움을 보내오고 물기를 버리고 있는 가시可視는 향기를 거두고 있다. 보송한 하얀 얼굴로 와서 분홍으로 잠시 머물다 돌밭의 하얀 꽃이 된 어미를 딸과 며느리의 이름으로 붙잡고 있다.

저녁노을이 하얀 사막을 붉게 물들인다. 창 너머 하얀 꽃이 젊은 날의 붉은 꿈속으로 젖어든다. 새끼의 목소리가 어미의 목덜미에 희미하게 내려앉는다.

▌작품 - 『수필과비평』 243호

| 작품 |

세월이 간다

한판암

 또 다른 하루의 시작이다. 어제에 비해 별로 다를 바가 없는 오늘이다. 하지만 하루하루가 시나브로 쌓이면 상황은 달라진다. 따라서 십여 년 전 내 모습은 오늘의 내가 아니고, 오늘의 나는 십여 년 뒤의 내가 아니리라. 같은 이치로 며칠 전의 행동이나 모습은 기억의 곳간에 생생하게 갈무리되었다. 그러나 세월이 한참 지난 옛일은 가물가물하거나 까마득해 도통 기억이 없다. 순간순간이 단절되는 게 아니라 영원히 이어진다. 그렇지만 아무리 현재를 붙들고 지난날을 당겨 되살려 보고파 발버둥 쳐도 오래된 옛 기억은 깜깜할 뿐 쓸데없는 몸부림에 지나지 않는다.
 비탈진 개울가에 앉아 도란도란 흘러가는 물은 언제 봐도 어제 봤던 물은 없다. 늘 새로운 물이 흐를 따름이다. 쉼 없이 물이 흐르는 까닭에 옛것과 현재의 것을 구별하는 짓은 부질없다. 왜냐하면 흐르며 뒤섞여 앞뒤 것을 가름할 수 없기 때문이다. 인간 사회에서는 편의에 따라 네 편과 내 편으로 나뉘거나 흑묘백묘黑猫白描로 가름할 수 있다. 그렇지만 한번 어우러진 물은 그 시원始

原이나 성분 따위로 일목요연하게 명확히 구분할 방법이 거의 없다. 또한 물은 한데 혼합되면 화학적인 융합이 가능하다. 하지만 사람의 경우는 사상이나 철학이 다른 상태에서 한데 뭉칠 때 외형적으로는 통합의 모습을 보여도 내면적인 융합, 즉 유기적 결합은 거의 불가능하다.

세월은 유수 같다 했던가? 어저께 젊음을 받쳤던 일터에서 물러난 것 같은데 벌써 12년의 고개를 넘보고 있다. 그동안 늘 맘속으로는 하나도 변한 게 없다고 믿어왔다. 역으로 얘기하면 모든 것은 예 그대로라고 객기를 부리고 있었다는 얘기가 성립된다. 인정하기 싫지만 세월을 실감하는 게 하나 있다. 일터에서 내려왔을 무렵에는 매일 오가는 등산길에서 추월당하는 경우가 거의 없었다. 그런데 언제부터인지 뒤에서 따라와 앞지르는 사람이 점점 늘어나고 있다는 서글픈 현실이다. 이는 걷는 속도가 날이 갈수록 점점 느려졌음을 방증하는 징표이다. 어제도 등산길에서 여남은 명을 앞세우고 나서 묘하게 쓸쓸해진 기분을 조곤조곤 곱씹었다.

바람과 세월은 닮은 구석이 있다. 어디서 시작하여 어디로 가는지 가늠하기 어렵다는 데 우선 공통점을 지녔다. 한편 끊임없이 흘러가는 세월이나 쉼 없이 스쳐 지나는 존재가 바람이다. 그렇지만 그 생김새를 눈으로 확인하거나 손으로 만져 실체를 인지할 수 없다는 면에서도 닮은꼴이 틀림없다. 그런가 하면 잔잔하고 부드럽고 따스한 모습의 바람이 있다. 이에 비해서 토네이도tornado나 태풍으로 변해 세상을 휩쓸며 엄청난 피해를 입히는 원흉이 되는 매정한 구석도 엄연히 존재한다. 세월 또한 태평성대의 자상한 모습을 보이다가 엄청난 재해나 전쟁으로 휘몰아 어두운 질곡의 터널로 몰아넣는 잔혹한 면도 있다. 항상 대하는 바람과 세월이련만 어제의 바람과 시간은 아무리 찾아봐도 흔적조차 찾을 수 없어 오늘도 허둥대면서도 그들과 어깨동무하려고 애를 쓴다. 하지만 그 모습이나 존재를 확인할 수 없어 짝사랑일 뿐이다.

세월과 구름은 한 치의 오차도 없이 제 길을 간다는 맥락에서 공통분모를 가진 셈이다. 인간 사회에서 발생하기 마련인 질시나 반목, 전쟁과 다툼을 비롯해 천재지변이 발발해도 세월은 오로지 제 길을 묵묵히 갈 따름이다. 한편 하늘을 떠도는 무애도사 같은 멋쟁이 구름 역시 높은 산이나 태풍이 앞을 가로막기도 한다. 그래도 굴하지 않고 자기 길을 가는 비범한 기개 또한 세월과 같은 모양새가 아닐까. 이들에 비해 세상을 올곧게 살겠다고 다짐했었던 내 삶은 어땠을까. 조금만 어려움이 닥쳐도 좌고우면하며 피할 방법이나 면피의 명분 찾기에 급급했던 남우세스러운 행동이 드러나지 않은 내 진면목일 게다. 그런 연유에서 여태까지 살면서 뚜렷하게 이룬 게 전혀 없는 밋밋한 삶이 그를 증명하는 증좌이지 싶다.

언제 황혼의 언저리까지 왔을까. 어쩌다 보니 이번 달 지나면 희수喜壽의 강을 건너 일흔여덟에 들어선다. 나름, 열심히 살려 했건만 터무니없는 욕심에 매달려 허송세월하다가 어느결에 백두옹白頭翁에 이르렀다. 끝끝내 변변히 건진 게 없어 한편으로는 민망하고 또 다른 측면에서는 허전하기 짝이 없다. 세월이나 바람과 구름은 허접한 욕심이나 연緣에 얽매이지 않고 굳세게 제 갈 길을 가고 있다. 그러나 나는 세상 이 구석 저 구석을 기웃거리다 세월만 보낸 채 지동지서하며 황혼녘에 이른 지금까지 휘청대고 있는 꼴이다. 그럼에도 야속한 세월은 오늘도 여전히 흐트러짐이나 빈틈을 보이지 않고 유유히 흘러가고 있다.

▎작품 - 『수필과비평』 243호

이야기꾼으로서의 수필가

들어가며

　인간 삶의 역사는 이야기를 통하여 이루어져 왔다고 해도 지나치지 않다. 삶에서 경험하는 여러 가지 실제적인 혹은 허구적인 사건은 이야기를 통하여 구성되어 왔기 때문이다. 그래서 어느 시대에나 이야기꾼은 존재해 왔고, 그들은 인간과 세상일에 의미를 부여하고 해석하여 언어를 비롯한 다양한 매체를 통하여 표현해 왔다.
　근대 이후 '이야기꾼storyteller'은 개인주의 이데올로기와 함께 탄생한 불우한 존재들이 되었다. 근대 이래 이야기꾼들에게 세계라는 공간은 그들이 당면해야 하는 삶에 대한 새로운 시선이나 담론을 요구하는 곳이었고, 그러한 담론을 위해서 세계 속에서 부딪치며 자신들의 살아가는 이야기를 글과 말로써 전달해 내지 않을 수 없었다. 마찬가지로 작가들의 작품에는 개인의 연대기적 서술이 세계와의 대립적인 생존의 기록으로 남지 않을 수 없게 되었다.

그러나 현대에 이르러 급격한 생존 여건의 변화와 함께 이야기꾼의 역할이 복잡해지면서 작가들은 더 커다란 딜레마에 빠지게 된다. 현대적 삶의 복잡성과 다양성 속에서 이야기꾼은 삶에 대한 총체적 모습을 보여주어야 하는 난해한 작업에 당면하게 된 것이다. 오늘날의 이야기꾼은 호머의 서사시가 보여준 바와 같은 단순한 삶의 모습이나 근대의 개인주의 이데올로기와 함께 등장한 소설과 수필과 같은 산문 문학과는 전혀 다른 차원의 삶의 모습을 제시해야 하는 위치에 놓이게 되었다. 현대 작가들은 근대적 산문 문법이나 전통적인 이야기 방식에 의해 규정되는 것이 아니라 그러한 영역에서 벗어나 더욱 복잡하고 새로운 서사를 만들어 내어야 했다. 오늘날의 이야기꾼은 독자들에게 고립되고 소외된 인간과 삶의 모습을 전달해야 한다는 당위에 놓이게 되었다. 빛이 밝을수록 그림자가 짙어지듯이, 삶의 양태가 복잡하고 다양할수록 이야기꾼들이 전개해야 하는 서사의 양식은 여태 생각지 못한 차원의 문제를 표현해야 하는 상황에 놓이게 된 것이다.

평론가 발터 벤야민은 「이야기꾼: 니콜라이 레스코프의 저작에 대한 명상」에서 현대적 '이야기꾼'의 역할과 속성에 대해 논하고 있다(Walter Benjamin, "The Storyteller: Reflections on the Works of Nikolai Leskov," in Illumination, Schocken Books, 1969, 83-109쪽 참조). 벤야민은 레스코프를 진정한 '이야기꾼'으로 평가한다. 그러면서 현대에서는 왜 레스코프와 같은 이야기꾼이 나타나지 않는가를 묻는다. 그에 따르면 이야기꾼은 독자로부터 일정한 거리를 유지하면서도, 그 시선은 우리가 거의 매일 경험하는 현실을 향하고 있어야 한다고 주장한다. 그렇게 함으로써 이야기의 과정은 이야기하는 사람과 듣는 사람 사이에서 진지한 '경험'을 교환하게 된다.

현대에 들어와 인간의 삶의 상황은 다양하고 복잡다단하기 이를 데 없는 것이어서 이런 상황이 인간 사이의 경험의 교류를 상실하게 만들었다. 벤야민에 의하면, 이야기의 기술이 상실되면서 오늘날 제대로 된 이야기를 할 줄 아는 사람이 줄어들고 있다고 지적한다. 말하자면 이야기의 밑천이자 바탕인 삶에 대한 올바른 '경험'이 점차 그 가치를 상실하게 되었다. 이를테면 우리는 매일 신문을 보면서 외부 현실 세계와의 진정한 소통의 체험뿐 아니라 내면적 도덕적 가치 기준도 잃어버리게 된다. 이를테면 이러한 변화를 가져온 큰 사건 중의 하나로 당대에 일어난 세계대전을 꼽는다. 벤야민에 따르면, 일차 세계대전은 참전했던 병사들로 하여금 소통 가능한 경험이 오히려 부족해지도록 만들었다. 전쟁소설들이 홍수처럼 쏟아져 나왔지만, 이것들은 입에서 입으로 전해지는 올바른 경험의 소통과는 전혀 다른 것이었다. 사람에 의한 전략적 경험은 전술적 전투에, 경제에 대한 경험은 인플레이션에, 신체의 경험은 기계로 하는 전투에 대한 이야기에 의해 밀려나게 되었다. 사람들의 이야기는 물리적·현상적 묘사와 진술에 의존하면서 가슴을 열고 나눌 수 있는 체험의 이야기를 상실하게 되었다.

이야기 몰락의 전조는 근대 초기 소설의 등장에까지 거슬러 올라가게 된다. 소설과 이야기의 중요한 차이의 하나는 소설은 책에 의존한다는 것이다. 소설은 이야기와 달리 구전으로 전달되지 않는다. 이야기꾼은 그 이야기를 만드는 사람의 경험에 의해 이루어지지만, 소설가와 독자는 서로를 고립시킨다. 구전적 이야기의 경우와 달리 소설을 쓰는 사람은 고독한 개인이며 소설을 읽는 사람도 고독한 개인이었다. 그렇지만 근대정신의 문학적 산물인 소설과 수필은 타인과 공유 불가능한 개인적 가치와 고유한 경험을 공유하면서 중요한 문학 장르로 발전해 왔다. 소설과 수필 같은 문학을 개인주의 이데올로기의 산물로 본 것도 그 때문이다 (이언 와트). 이렇게 진정한 소설과 수필의 이야기는 은폐된 채로 존재해 있던 삶의 가치와 도덕이 되어 중요한 삶의 지침으로 기여하게 되었다.

일반적 의미에서의 '이야기꾼'이라는 용어는 작가에게 부여되는 찬사이면서 동시에 일종의 경멸로까지 여겨지게 된다. 그렇다는 것은 이야기꾼은 일반인들과 비교할 수 없는 삶에 대한 경험과 통찰력으로 독자들에게 집중과 경탄을 자아내는 이야기를 만들어 내는 존재이기 때문이다. 요컨대 이야기꾼은 합리와 비합리, 현실과 비현실의 세계를 모두 아우르는 전체자이자 동시에 삶의 증인이기도 하다. 이야기꾼은 이야기를 함으로써 어떤 장소와 시간에 불문하고 그의 풍부한 경험과 화려한 수사로 독자들 앞에 군림하면서 독자를 이끌어간다. 따라서 말의 올바른 의미에서 이야기꾼은 한 시대의 정치와 경제, 문화와 역사에 대한 거대 담론은 물론 개인적 일상의 소소한 일들까지 모두 종합하여 문화적 토대를 형성한다는 점에서 엄청난 권위를 갖게 된다. 이런 의미에서 이야기꾼은 어느 정치가의 웅변이나 신문 기사보다 더 큰 정치적·사회적 함의를 갖는다.

　문학 텍스트에서도 이야기꾼은 단순한 사건과 일상의 진술이 아니라 세계와 인간의 삶 자체를 제시하고, 그것을 형상화해야 한다. 특히 나를 주체로 하는 수필 문학은 '나'에서 '우리'라는 공동체로, '개인성'에서 '전체성'으로 나아가야 할 것이며, 그래야만 수필 문학은 개인성과 일상성을 벗어난 진보된 문학이 될 수 있다. 이야기꾼이 구현한 주체의 목소리가 수필이 된다는 점에서, 수필에서 이야기꾼인 작가는 세상과 삶에 대한 진실과 아름다움을 보여주는 역할을 수행해야 하는 것은 당연한 일이다.

　이런 의미에서 이달에는 수필가로서의 이야기꾼으로 다양한 서사 전략을 보여주는 이에스더의「집이 말을 걸어오다」, 김정읍의「황혼에 반하다」, 김정태의「그해 여름의 칸나」를 읽어 본다.

이에스더의「집이 말을 걸어오다」

　오늘날 많은 수필에서 일상적 인물이나 사건에 관한 이야기를 다양하게 전개하는 것이 보편화되어 있다. 심지어 이런 서술 태도가 수필의 한 특성으로까지 여겨진다. 그러나 수필 문학이 더 나은 단계로 진화하기 위해서는 일상적 삶이나 사건에 관한 직접적 설명보다는 그들과 관련된 에피소드에 대한 서사의 속도와 거리를 조종하는 방식이 유효하다. 그럼으로써 독자들은 진상이나 사건의 전말을 이해하는데 긴장의 시간을 가지면서 작품을 읽어가게 된다. 의도적이든 아니든 이런 방식을 통해 작가는 실제 이야기와 작품 속에서 묘사되는 사건 사이의 일종의

'착종과 지연'(자크 데리다)이라는 서사적 효과를 거두게 된다.

「집이 말을 걸어오다」는 집수리를 하면서 바라보는 집에 대한 이야기이다. 작가는 수리하는 집을 바라보면서 자신이 살아야 할 집과 마음의 집에 대한 두 가지 의미를 소환한다. 먼저 작가는 자신이 살아가야 할 집의 모습을 바라본다. 깔끔한 지붕에 깊은 초록과 흰색이 어우러진 외벽, 나지막한 하얀 담장과 키다리 시더 담장으로 둘러싸인 집이 멋져 보인다. 외등까지 바꿔 달고 보니 근사한 정장에 멋진 중절모를 쓴 신사가 환히 웃고 있는 것 같다. 그러나 이런 집의 모습을 통하여 화자가 바라보는 것은 단순한 외형적 집의 모습만이 아니다. 한동안 집 마당에서만 찰랑거리던 생각이 내 안으로 밀려오기 시작한다. 지붕에 살짝 마음을 얹었더니 마음의 집이 눈앞에 펼쳐진다.

> 내 마음의 집은 오늘도 공사 중이다. 언제부터 시작되었는지 기억할 수 없는 이 공사는 아직 끝이 보이지 않는다. 그러나 육신의 집이 허물어지는 순간까지 나는 이 집을 계속 지어가려 한다. 미완으로 끝난다 해도 괜찮다. 비바람과 햇빛을 맞으며 나의 미숙함이 조금씩 익어가는 것을 볼 수만 있다면 그 또한 감사한 일 아닌가. 싱글벙글하며 집을 드나드는 것도 며칠뿐, 이번에는 집 안에 있는 것들이 눈을 콕콕 찔러댔다. 손때가 묻어있는 현관 입구와 모서리가 드러난 식탁 의자, 윤기를 잃은 주방 캐비닛 등등 거슬리지 않는 게 없다. 그러나 이젠 그만, 여기까지. 후일을 기약하며 눈을 질끈 감아버렸다.

화자에게 집수리는 마음의 수리로 이어지면서, 육신의 집은 마음의 집으로 변이된다. 이 과정을 지켜보면서 작가가 이야기하고자 하는 중요한 것은 집을 단순한 피사체의 모습으로 묘사하고자 하는 것이 아니라, 말하는 주체의 마음과 인식을 투영하고자 한다는 사실이다. 수필은 작가가 바라보는 피사체를 그냥 묘사하는데 그치는 고정된 이야기가 아니다. 작가는 '나'이든 '그'이든 서술자의 새로운 관점에서 바라보는 사건과 사물의 모습을 읽어야 한다. 그럼으로써 피사체와 나는 하나의 관점을 이루며 새로운 존재와 사건을 경험하게 된다. 피사체와 나가 하나의 관점이 된다는 말은 결국 본래의 작가의 관점에 변화가 생겼다는 말이고, 그것은 분리되어 출발했던 작가와 사물 사이의 거리가 좁혀지게 되었음을 의미하는 것이다. 이런 과정을 거치면서 작가는 자신이 바라본 사물을 통하여 사물과 사건에 대한 인식을 또 다른 단계로 이끌어가게 된다.

「집이 말을 걸어오다」에서 작가는 내가 살아야 할 집을 수리하면서 그를 통하여 마음의 집을 바라보고 그 사이를 넘나든다. 그러면서 "팬데믹으로 답답하고 불안한 일상이 계속 되고 있다. 말로는 괜찮은 척 의연한 척하지만, 흔들리지 않은 순간이 없고 부끄럽지 않은 날이 없다. 올여름에 내가 흰색 옷을 주로 입었던 것은 나약하고 흐트러진 삶의 민낯을 감추고 싶은 마음 때문이 아니었을까."라고 느끼게 된다. 더 나아가 작가는 우리에게 '집'의 의미가 무엇인지를 생각하게 되고 집이 걸어오는 말의 의미는 무엇인지를 생각하게 된다. 작가에게는 '집'이라는 존재에 대한 실체를 규명하는 작업보다 오히려 그곳에 담긴 의미의 실체를 규명하는 작업이 더욱 중요하다.

우리가 살아야 할 집은 항상 실체적이고 현상적 해석의 가능성을 지니는 것이지만, 내 마음의 집은 은폐된 무한한 의미를 지닌 것이라 할 수 있다. 그래서 작가는 수리하는 집을 통하여 내 마음의 집을 읽고자 하는 것이다.

오락가락하는 가을비 속에서 페인트 공사를 하며 많은 생각이 이어졌다. 색 바랜 페인트가, 낡은 담장이, 방치됐던 창고가 수시로 말을 걸어왔다. 강물처럼 깊이 흐르는 무수한 순간들 속에서 나는 자신을 보지 못한 채 그저 시간에 떠밀려 온 건 아닌지. 아직 부화되지 못한 생각들이 쌓여 있는데, 집이 또 말을 건네 온다. 마음의 집은 안녕하세요?

수리하던 집이 화자에게 걸어오는 말, "마음의 집은 안녕하세요?"라는 질문은 이 작품의 서사 전략이 무엇인가를 단적으로 잘 표현해 준다. 구조주의 비평가들이 주장했듯이, 문학 텍스트에서 사물이란 이야기의 목적이 아니라 수단이며, 이는 곧 사물이란 하나의 불안정한 상황임을 보여주는 것이라 하겠다. 그리하여 문학 텍스트 내의 불확정성은 때로 심미적 효과를 만드는 조건이 된다. 말하자면 "문학 텍스트의 빈자리는 우리가 생각하는 것처럼 단순히 부족한 곳이 아니라, 텍스트의 효과를 위한 근본적인 계기가 되고 있다."(볼프강 이저)는 견해처럼, 그 빈 자리를 독자들이 텍스트의 올바른 독해를 통해 점점 채워 나가면서 완성해 나가는 것이 진정한 독서행위이다.

「집이 말을 걸어오다」에서 집은 하나의 상황으로서 존재한다.

여기서 사물은 작품의 플롯에 종속되기보다 오히려 그 자체가 플롯으로 기능하면서 생명 있는 상태로 상황 속에 놓여있다. 집은 죽어있으되 살아있는 상태로 이야기의 중심이고, 그에 대한 해석은 단순한 피동태가 아니라 사건의 주체로서 자리한다. 그리하여 작품에서 집은 우리로 하여금 새로운 삶의 방향과 의미를 찾게 해주는 역할을 하는 중심적 모티브로 작용한다.

김정읍의 「황혼에 반하다」

수필에서 나타나는 주체와 세계의 단절은 시간의 와해와 공간의 상실과 혼란, 그리고 소통의 어려움 등으로 나타난다. 이를테면 시간의 전환에 따른 과거와 현재의 교차, 시간의 연속성이 와해되는 양상에 의해 주체와 세계의 올바른 만남은 이루어지지 못하게 된다. 그러나 작가가 자신을 둘러싼 시간과 공간의 의사소통에 성공함으로써 세계와의 일체감은 이루어질 수 있다.

「황혼에 반하다」에서 작품의 서사는 화자가 강변의 황혼을 산책하면서 시작된다. 흔히 산책은 여유로운 시간, 튼튼한 신체 그리고 무언가를 바라보고자 하는 마음에 의해서 이루어지게 된다. 산책의 미덕은 여기에 그치지 않는다. 길을 걸으며 주변을 살피면 관찰력도 늘어나고 인지력과 감수성도 더불어 생기게 된다. 특히 황혼 녘에 산책을 나가 보면 우리의 삶이 새로이 보이면서 상상력은 마음껏 발동하게 된다. 작품에서 황혼길을 산책하는 화자의 모습은 이렇다.

더위를 피하여 황혼黃昏녘에야 산책을 나간다. 찬송가를 흥얼거리며 걷다가 무심코 쳐다본 하늘. 와! 저절로 감탄사가 터져 나온다. 해는 거의 산 너머로 넘어가는데, 그 후광이 파란 하늘과 흰구름 사이로 비단결처럼 발갛게 아니 홍시감 같은 색상으로 어울려 피어오르는 정경. 그리고 낙동강 물에 그대로 잠기는 모습이라니, 황홀하다. 더군다나 살아있는 물체처럼 색상과 그림의 양상을 조금씩 달리하며 번져나는 풍치에 놀라고 감탄하며 정신없이 셔터를 눌러댄다.

작품에서 '황혼'은 다양한 색채와 정경을 불러온다. 이런 정경은 기다림의 시간과 회상의 시간으로 화자를 데리고 간다. 화자에게 황혼의 의미는 무엇인가. 황혼은 현재적 삶과 추억을 중첩시키면서 속도감 있게 화자에게 다가온다. 황혼은 화자에게 쓸쓸함의 감정으로 덧칠되면서 서사는 구체화된다. 작품에서 묘사와 서사는 긴밀하게 상호작용하게 되면서 텍스트로 구현되는 것이다. 말하자면 묘사는 단순한 목적이 아니라 해석을 요구하는 재현 양상이라는 점에서 서사를 새롭게 한다. 여기서 묘사와 서사의 이분법은 시간적·공간적 요소들과 상호 관련적이고 동반적인 관계를 이루는 것이라는 사실을 보여준다.

더 나아가 작품에서 '황혼'은 중심적인 플롯으로 기여하면서 세상과 화자를 연관 짓는 역할을 한다. 화자는 황혼과 접촉하면서 이야기를 전달하는 새로운 차원을 만들게 되고, 이야기는 현실적 차원에서의 여러 지각과 인식을 보여준다. 다시 말해 작품에서 화자는 자신에게 다가오는 외부의 풍경에 머물면서 다양한 서술 태도와 지각을 보여주게 된다. 그것은 세계 혹은 풍경 안에 자리한 인간의 존재론적 모습을 보여주는 일종의 은유로서 읽힌다. 이런 서술적 태도는 새로운 국면으로의 이동을 방해하는 행위, 즉 현재의 국면에 계속 머물러 있고자 하는 욕망의 발현이기도 하다. 작가가 바라보는 대상에 다양한 변화가 일어나고 있을지라도 그 대상에 자신을 투영하고 있다면 풍경과 작가는 동일성을 가질 수 있다고 인식하는 듯하다. 이는 곧 시간과 풍경의 경과 속에서 변화가 계속 일어나는 것에 대하여 자기동일성을 유지하고자 하는 상태인 '지속(持續; durée)'의 개념(앙리 베르그송)과 같은 것이라고 할 수 있다. 황혼을 통하여 이루어지는 이런 작가의 관점은 다음과 같이 표현된다.

> 무심하게 저물어가는 것 같은 황혼, 날마다 무언가를 계시하는 표정이다. 인생의 노년도 황혼이라 말한다. 황혼이란 단어에는 이별이나 사별이란 언질을 담고 있는 것일까. 사람들은 황혼이라 말하고 쓸쓸함의 감정을 덧입힌다. 사람들의 감정이야 어떻든지 간에 각자의 황혼양상은 다양하게 펼쳐질 것이다. 바라보는 자들은 보여지는 대로 누군가의 황혼에는 경이로움과 찬사를, 또 누군가의 황혼은 눈살을 찌푸리기도 할 것이다.

작가는 황혼이 불러오는 다양한 양상의 모습 속에서 삶의 공허감 혹은 그러한 상황을 마주하고 있는 자의 황량하고 적막한 심리를 그려준다. 그리하여 이 작품은 대상의 지속성이 가져오는 수용의 자세 속에서 삶의 여정에 대한 추억과 회상이 불러오는 중심 서사를 만들게 된다. 작가는 대상에 대한 감정을 완전히 드러내지 않으면서 풍경에 대한 은유적 방식으로 화자의 사유와 감정을 드러내고 있는 것이다. 「황혼에 반하다」에서 이런 서사의 기법은 대상과 사건을 독자적인 세계로 인식하고 활용하면서 화자의 감정을 존재론적 차원의 영역에서 읽을 수 있게 만들어 준다.

김정태의 「그해 여름의 칸나」

「그해 여름의 칸나」에서 볼 수 있는 가장 두드러진 서사 전략은 정지된 시간 혹은 결말 없이 무화無化된 플롯의 기법이다. 이 작품에서는 우리가 여느 수필에서 보는 바와 같은 지속적이거나 순차적인 이야기 형태가 만들어내는 '플롯의 시간성'이라는 개념에서 탈피하고자 한다. 물론 수필이 어느 정도의 형식적 가치와 폭넓은 소재의 수용을 담보해야 하는 문학 양식이기 때문에 그만큼 고유한 서술체계와 형식미학을 준수해야 한다. 그러나 무시간성으로 대표되는 이런 서사 형식에는 전통적 서사 방식에서 보여주는 기승전결의 서술적 관습이 상당히 약화되거나 무시되고 있다. 작가가 바라보는 풍경에 대한 시선에서부터 이런 관점은 잘 드러난다.

잊은 지 오래된 시간도 그 안에 풍경은 살아있다. 말하여질 수 없는 지나간 시간은 풍경으로 기억되는 모양이다. 그해

여름의 칸나가 내게 그러하다. 사람도 그렇지만 개들조차도
혀를 내밀며 기진해 있을 팔월의 태양, 그 아래서 칸나는 꽃을
피웠다. 누구에게나 자신의 삶에 지울 수 없고, 지워지지 않는
자국을 남긴 어느 지점의 풍경은 있게 마련이다. 그 시절
아무런 대본도 없이 자신의 본능이 연출하는 대로 끝나지 않을
것 같은 참담한 이야기를 꾸역꾸역 만들어가고 있었다.

위 인용에서 보듯이, 팔월의 태양에서 꽃 피운 칸나에 대한 묘사를 통하여 작가는 지나간 시간에 대한 추억과 인식을 일깨운다. 그러나 이런 인식이 연대기적 시간 서술을 통하여 이루어지는 것은 아니다. 이 작품에서 서사의 언술들은 시간의 추이에 따라 불연속적으로 이어진 삽화들의 연결로 다양한 심리적 거리와 양태의 변화를 보여준다. 그럼으로써 흡사 소설에서의 '의식의 흐름' 기법과 같이 상이한 목소리와 관념들을 병치시켜 불연속적이면서 동시에 연속적으로 이어지는 효과를 드러낸다. 그래서 이들은 '칸나'라는 화소들로 모아지는 표현 방식으로 재현됨으로써 부연 되고 반복되는 심상을 풍요롭게 만든다. 예컨대 "여름의 칸나" "팔월의 태양" "노을"과 같은 의도적 상징의 나열은 흘러간 시간에의 아쉬운 기억과 비극적 환상, 슬픈 자의식의 모습을 드러낸다. 그리하여 화자가 "삶의 혼돈 속에서 어제나 그제나, 맞닥뜨린 오늘이나 한지에 배어드는 먹물처럼 나의 생활은 예상치 않았던 무늬들만 만들어가고 있었다. 30여 년이 훌쩍 넘어선 세월인데도 그 대책 없던 무늬는 살아 기억의 저편에 풍경으로 남아 오도카니 자리하고 있으니 말이다."라는

언술을 가능케 한다.

　　노을이 힘을 잃어 갈 때쯤 칸나의 붉음은 대상없는 욕정을 발산하고 있는 것만 같았다. 색채의 과학적 논리를 말하자는 것은 아니지만 칸나의 꽃이 진빨강으로 보이는 것은 빨간색의 결핍이다. 우리 눈에 들어오는 색이란 것은 다가오는 빛 중에 반사되는 것이기에 칸나의 꽃은 빨간색을 갖지 못하는 빛의 결핍인 셈이다. 차마 당시의 날뛰는 정서를 그것에 투영하여 이리저리로 찍어 붙이고 싶지는 않다. 나의 결핍은 무엇인가 하고 잠시 스치는 생각에 머물렀을 뿐 바로 놔주었던 기억이다. 산 그림자가 운동장을 덮을 때쯤, 베어진 풀에서 나는 비릿한 냄새가 여름 저녁의 궁색한 바람에 실려 지나갔다.

　　어느 시인은 "현재의 시간과 과거의 시간은 아마 모두 미래의 시간에 존재하고, 미래의 시간은 과거의 시간에 포함된다."(T. S. 엘리어트)라고 한 적 있지만, 「그해 여름의 칸나」에서 작가의 말대로 "미래에서 다가오는 시간 역시 만질 수 없고 먼저 다가서 찍을 수 없다. 당시 맞닥뜨린 시간들은 풀어져 헐겁고 흐릿하다." 시간의 흐름과 함께 우리에게 나타나는 기억들은 느닷없이 나타났다가 시간이 바스러지듯 무참하게 모습을 감춘다.

　　많은 경우 삶에서 시간은 불연속성을 보여준다. 시간은 반드시 변화의 단계를 거치면서 이행하는 것이 아니라, 거기에는 순간과 순간 사이에 단절이 있는 불연속적인 순간의 연속을 통하여 이루어지게 된다. 이를테면 과거는 현재와 인과적인 관계 속에 놓여있지 않기 때문에 현재와 과거의 관계는 불화와 위기로 존재한다.「그해 여름의 칸나」에서 제시된 시간은 모두 단편화되고 단절된 시간이다. 불가역적인 시간을 기다리고 있는 삶 속에서, 이 기다림의 조건과 시간은 비극적이다. 그러므로 화자의 기다림과 흘러간 시간에 대한 추억은 관성의 법칙에 따라 이루어진다고 해도 지나치지 않다. 작품의 서사는 시간의 지속과 단절의 연속을 통하여 이루어지고 있다. 내용적인 측면뿐만 아니라 형식적인 측면을 통해서도 이 작품에 내재되어 있는 서술의 양상과 의미는 서로 단절되고 결합되는 모습으로 상승효과를 거둔다. 그럼으로써 우리는 서사의 뒤엉킨 시간 속에서 진정한 서술적 주체의 모습을 읽게 된다.

흔히 수필을 고백의 문학이니 자아의 문학으로 일컫고 있거니와, 좋은 수필의 공통적인 특성은 작품 속에 기술하는 주체의 서술적 정체성에 깊은 회의와 성찰이 잠재해 있다는 사실이다. 여기서 온전한 의미에서의 서술적 정체성을 담보하는 서사란 증언되는 타자와 증언하는 주체 사이의 교감이 충분히 이루어지고 있다는 말이다. 요컨대「그해 여름의 칸나」가 지니는 중요한 의미는 주체의 사유를 자기 내부로부터의 깊은 인식과 공감을 통하여 추동하고 있다는 점에 있다. 그럼으로써 주체의 안온한 일상을 위협하는 세상이라는 타자의 불온성을 호출하여 자기 존재의 모습을 더욱 솔직하고 분명하게 바라보고자 하는 공감의 서사 구조를 이루고 있다. 작품에서 채택한 서사적 전략은 화자의 과거 회상과 눈앞의 황량한 현실의 풍경들을 칸나를 통하여 연결하고 조화 지우는 일이다. 이런 전략으로 작중의 에피소드와 묘사들은 인과적 계기

없이도 세상과 단절되고 유리되어있는 주체의 실존적 모습을 보게 된다.

「그해 여름의 칸나」를 통하여 우리가 확인하게 되는 이 같은 이야기의 '심미적 구조화'(찰스 모라스)는 문학 서사가 어떤 경우에도 포기할 수 없는 궁극적인 이념의 하나라는 사실이다. 바로 이런 사실 때문에 수필을 포함하는 모든 문학 서사는 비문학적 서사와 구별된다. 이 작품이 우리에게 보여주는 서사 담론의 사례는 우리 수필의 현재와 그 세계 인식의 방법론에 대한 의미 있는 암시를 보여주는 것이라고 할 수 있다.

나오며

오늘날 우리 수필 문학이 극복해야 할 무엇보다 중요한 과제의 하나는 서사의 구성방식과 양상에 있다고 할 수 있다. 수필 텍스트에 등장하는 이야기의 구성방식 중 무엇보다 염두에 두어야 할 것은 서사 전략으로서의 시간성과 플롯의 다양한 전개 방식이다. 이것은 바로 이야기의 새로운 형태를 만들어내고자 하는 노력에 다름아니다. 수필이 그 형식과 내용의 다양함과 풍요로움을 갖춘 문학 양식이 되기 위해서는 새로운 서사 체계와 질서를 만들어 내어야 한다는 것은 당위의 사실임이 분명하다.

마찬가지로 오늘날의 수필가들이 진정한 이야기꾼으로서 존재하기 위해서는 수필 서사의 기법과 그들의 세계인식의 방식에 대한 의미 있는 변화를 이루어내어야 한다. 그동안 우리 수필은 내용과 형식에서의 일상성과 개인성의 동어반복을 되풀이할 뿐 새로운 변화를 이루지 못해 왔다. 변화 없는 시간은 상황을 연기하거나 현상의 지속을 위한 정체일 뿐이다. 수필 문학의 진정한 진화를 위해서는 수필의 서사 방식 자체를 근본적으로 전복하려는 시도에서 이루어질 수 있을 것이다.

　이에스더의 「집이 말을 걸어오다」, 김정읍의 「황혼에 반하다」, 김정태의 「그해 여름의 칸나」에서 보았듯이, 수필에서의 서사 기법은 더 이상 과거의 미학적 관습에 머물 수 없다는 사실을 말해준다. 그동안 우리 수필은 현대적 삶의 방식이나 상상력을 충분히 반영하지 못해 왔다. 단순히 연대기적 일상의 사건을 서사화함으로써 이야기를 만들어 왔고, 그러한 이야기를 매개로 하여 인간과 세계의 모습을 단편적으로 보여주고자 했다. 그리하여 구체적인 사건과 사물의 실재와 체험을 보여주어야 할 문학적 기능이 거의 무시되어 왔다고 해도 과언이 아니다. 이런 기존의 수필 문법의 전복과 새로운 실험을 위한 노력이 이루어질 때에야 진정한 이야기꾼은 탄생할 수 있을 것이다.

▎작품론 – 『수필과비평』 245호

| 작품 |

집이 말을 걸어오다

이에스더

　지붕을 새로 했다. 말끔해진 지붕만큼이나 산뜻한 기분이다. 그런데 좋은 기분 틈새로 언뜻언뜻 비치는 어색한 느낌을 떨칠 수가 없다. 아하, 외벽이 문제였구나. 낡은 양복에 근사한 모자 하나만 덜렁 씌워 놓은 격이었다.
　말쑥해진 지붕 탓인지 색 바랜 외벽과 하얀 칠이 벗겨진 담장이 더 눈에 띄었다. 결국 페인트를 칠하기로 했다. 일하는 사람들이 집을 둘러보더니 뒷마당 창고의 벽에 문제가 있다고 했다. 썩은 부분을 잘라내고 새 판자를 대어 칠을 해야 한단다. 온갖 잡동사니를 넣어두는 곳이라 전혀 신경 쓰지 않았는데 뒤통수를 한 대 맞은 것 같았다. 전문가의 눈에는 썩은 것이 내게는 멀쩡해 보이다니. 여태껏 나의 얕은 감각으로 인지하고 판단해온 것들이 과연 본질과 실체에 얼마나 가까운 것이었을까, 의구심이 들었다.
　외벽의 색깔을 고르는 게 쉽지 않다. 이 집을 처음 보았을 때 깊이와 무게감이 더해진 초록이 마음에 쏙 들었다. 숲의 향기가 느껴지는 집에 들어 그 향기를 읽고 싶었다. 이번엔 다른 색으로

칠할까 하다가 다시 초록 안에 머물기로 했다. 초록이 주는 생명의 에너지를 지우고 싶지 않다. 연두가 자라 초록이 되고 다시 진초록이 되어 색이 깊어지기까지 부단히 이어지는 초록의 강인한 생명력을 간직하고 싶다. 물청소를 마친 시더 담장이 개운해 보인다. 오랜 시간을 품은 나뭇결에 새겨진 바람과 햇살의 손길이 담담하다. 잘 익은 모습이 편안해 보여서 그대로 두려다가 제 색에 가장 가까운 페인트를 칠하기로 했다. 깔끔한 지붕에 깊은 초록과 흰색이 어우러진 외벽, 나지막한 하얀 담장과 키다리 시더 담장으로 둘러싸인 집이 멋져 보인다. 외등까지 바꿔 달았더니 근사한 정장에 멋진 중절모를 쓴 신사가 환히 웃고 있는 것 같다.

한동안 집 마당에서만 찰랑거리던 생각이 내 안으로 밀려오기 시작한다. 지붕에 살짝 마음을 얹었더니 마음의 집이 눈앞에 펼쳐진다. 내 마음의 집은 오늘도 공사 중이다. 언제부터 시작되었는지 기억할 수 없는 이 공사는 아직 끝이 보이지 않는다. 그러나 육신의 집이 허물어지는 순간까지 나는 이 집을 계속 지어가려 한다. 미완으로 끝난다 해도 괜찮다. 비바람과 햇빛을 맞으며 나의 미숙함이 조금씩 익어가는 것을 볼 수만 있다면 그 또한 감사한 일 아닌가.

싱글벙글하며 집을 드나드는 것도 며칠 뿐, 이번에는 집안에 있는 것들이 눈을 콕콕 찔러댔다. 손때가 묻어 있는 현관 입구와 모서리가 드러난 식탁 의자, 윤기를 잃은 주방 캐비닛 등등 거슬리지 않는 게 없다. 그러나 이젠 그만, 여기까지. 후일을 기약하며 눈을 질끈 감아버렸다. 여전히 찜찜한 마음으로 집안에 들어서는데 낯설고도 익숙한 어떤 문구가 내 입에서 툭 튀어나왔다. 회칠한 무덤.

　이천 년 전, 유대 종교 지도자들의 위선과 타락상을 갈파한 예수는 그들의 모습을 회칠한 무덤에 비유했다. 당시 유대인들은 자연 동굴이나 바위를 파서 만든 무덤에 시신을 안치하거나 땅을 파서 묻기도 했다. 그들이 무덤에 하얗게 회칠을 하는 것은 절기 때에 예루살렘으로 몰려드는 순례자들이 무덤이나 시체에 접촉하여 부정해지는 것을 방지하기 위해서였다. 회칠한 무덤을 직접 본 적은 없지만, 예루살렘의 감람산 기슭에 자리한 공동묘지에서 햇빛에 반사되어 빛나던 석관들은 가히 장관이었다. 회칠한 무덤이나 화려하게 치장한 석관이 아무리 멋있게 보인다 해도 그 안에는 부패한 시신과 뼈들이 있을 뿐이다. 예수는 그러한 무덤의 실상을 상기시키며 겉치장만으로 진리의 본질을 왜곡하는 인간들을 경계하였다.
　팬데믹으로 답답하고 불안한 일상이 계속 되고 있다. 말로는 괜찮은 척 의연한 척 하지만, 흔들리지 않은 순간이 없고 부끄럽지 않은 날이 없다. 올여름에 내가 흰색 옷을 주로 입었던 것은 나약하고 흐트러진 삶의 민낯을 감추고 싶은 마음 때문이 아니었을까. 인간의 마음을 꿰뚫어보는 그분의 눈에는 우리 집의 하얀 기둥과 가지런한 흰색 담장이 회칠한 무덤의 입구쯤으로 보일지도 모르겠다.
　오락가락하는 가을비 속에서 페인트 공사를 하며 많은 생각이 이어졌다. 색 바랜 페인트가, 낡은 담장이, 방치됐던 창고가 수시로 말을 걸어왔다. 강물처럼 깊이 흐르는 무수한 순간들 속에서 나는 자신을 보지 못한 채 그저 시간에 떠밀려 온 건 아닌지. 아직 부화되지 못한 생각들이 쌓여 있는데, 집이 또 말을 건네 온다.

마음의 집은 안녕하세요?

▌작품 - 『수필과비평』 245호

| 작품 |

황혼에 반하다

김정읍

　그동안 무슨 일이 있었느냐고, 주치의가 진지하게 묻는다. 어깨를 으쓱 올리며 아무 일도 없었노라고 답한다. 그런데 갑자기 콜레스테롤 수치가 정상보다 높은 이유가 뭐냐고 오히려 되묻는다. 명백한 답은 없다. 나이 탓이려나. 해결방법은 운동, 유산소운동이다. 다행히 인근에 낙동강을 끼고 산책 코스가 많아서 걷기에는 그만이다. 걷기에도 이런저런 요구사항들이 있지만 그저 내 형편과 사정事情에 따라 걷기로 한다.
　지난여름은 유별나게 더웠고 가뭄도 심했다. 겨울 추위에는 벌벌 떨면서도 여름 더위는 잘 견디던 나. 남의 콧잔등에 송송 맺힌 땀방울을, 등허리가 땀으로 후줄근하게 젖은 모습을 내심 부러워하였었다. 그러나 이제는 내 얼굴에도, 머리에도 땀이 줄줄 흐르고, 상의도 후줄근하게 젖는다. 날씨가 너무 더운 탓인지 내가 많이 허약해진 것인지 알 수 없지만, 땀 많이 흘리는 걸 결코 부러워할 게 아니었다. 더위를 피하여 황혼黃昏녘에야 산책을 나간다. 찬송가를 흥얼거리며 걷다가 무심코 쳐다본 하늘. 와!

저절로 감탄사가 터져 나온다.

해는 거의 산 너머로 넘어가는데, 그 후광이 파란 하늘과 흰구름 사이로 비단결처럼 발갛게, 아니 홍시감 같은 색상으로 어울려 피어오르는 정경. 그리고 낙동강 물에 그대로 잠기는 모습이라니, 황홀하다. 더군다나 살아있는 물체처럼 색상과 그림의 양상을 조금씩 달리하며 번져나는 풍치에 놀라고 감탄하며 정신없이 셔터를 눌러댄다. 화면으로 보았던 남극이나 북극의 오로라보다 더 신비스러운 풍광이다. 여름 더위와 가뭄을 사람들은 견디기 힘들어하며 불평을 하는데, 자연은 이렇게 아름다운 모습으로 연출되고 있다. 더구나 우리 동네 산책길, 낙동강 강변에서 이렇게 황홀하고 화려한 광경을 마주할 수 있다니. 이제 오로라 여행을 못 가는 여건을 애달파하지 않기로 한다.

그 후로 산책길에서, 내 시선은 자꾸 해넘이 쪽으로 향한다. 어제의 하늘은 그야말로 천지창조의 첫날이 저런 모습이 아니었을까라고 생각하게 하는 작품이었다. 진한 파랑의 하늘에 솜사탕 흩날리는 것 같은 흰구름, 쪽빛 창공 아래 꿈틀거리는 황금빛 물결로 솟구치는 빛살. "태초에 하나님이 천지를 창조하시니라." 라는 말씀이 떠오른다. "빛이 있으라."는 소리마저 들려오는 듯, 엄숙함이 느껴지는 하늘이다. 한동안 두 손 모은 채로 그저 바라만 본다. 황홀한 감성 속에 빈센트 반 고흐의 작품,「론 강의 별이 빛나는 밤」도 살며시 고개를 내민다. 황혼에 반해 버린다.

날마다 다른 양상으로 그려지는 서쪽하늘. 여름에는 주로 붉은 빛의 노을이더니 가을로 접어들며 그 색상을 달리한다. 어느 날은 은은하고 부드러운 파스텔톤으로, 어떤 날은 묵직한 수묵화 한

편을 펼쳐놓은 것 같고, 또 다른 날에는 금방 불호령이라도 내릴 것 같은 무서운 얼굴로 펼쳐진다. 무심하게 저물어가는 것 같은 황혼, 날마다 무언가를 계시하는 표정이다.

인생의 노년도 황혼이라 말한다. 황혼이란 단어에는 이별이나 사별이란 언질을 담고 있는 것일까. 사람들은 황혼이라 말하고 쓸쓸함의 감정을 덧입힌다. 사람들의 감정이야 어떻든지 간에 각자의 황혼 양상은 다양하게 펼쳐질 것이다. 바라보는 자들은 보여지는 대로 누군가의 황혼에는 경이로움과 찬사를, 또 누군가의 황혼은 눈살을 찌푸리기도 할 것이다. 남의 선악을 보면서 나의 선악을 찾으라는 성리서의 구절처럼, 이 또한 나름대로의 깨달음이 되는 것이리라.

내가 반한 자연의 황혼처럼 내 황혼도 그렇게 아름다운 모습으로 펼쳐질 수 있기를 기대하며, 걷는다.

▎작품 -『수필과비평』245호

| 작품 |

그해 여름의 칸나

김정태

　잊은 지 오래된 시간도 그 안에 풍경은 살아있다. 말하여질 수 없는 지나간 시간은 풍경으로 기억되는 모양이다. 그해 여름의 칸나가 내게 그러하다. 사람도 그렇지만 개들조차도 혀를 내밀며 기진해 있을 팔월의 태양, 그 아래서 칸나는 꽃을 피웠다.
　누구에게나 자신의 삶에 지울 수 없고, 지워지지 않는 자국을 남긴 어느 지점의 풍경은 있게 마련이다. 그 시절 아무런 대본도 없이 자신의 본능이 연출하는 대로 끝나지 않을 것 같은 참담한 이야기를 꾸역꾸역 만들어가고 있었다. 삶의 혼돈 속에서 어제나 그제나, 맞닥뜨린 오늘이나 한지에 배어드는 먹물처럼 나의 생활은 예상치 않았던 무늬들만 만들어 가고 있었다. 30여 년이 훌쩍 넘어선 세월인데도 그 대책 없던 무늬는 살아 기억의 저편에 풍경으로 남아 오도카니 자리하고 있으니 말이다.
　그해 여름은 더웠고 비가 내렸다는 기억은 없다. 여름인데 어찌 빗줄기 한 줄금 없었으랴. 하지만 시원하게 내리는 비의 기억이 없다. 매일 후덥지근하고 계통 없이 날뛰는 상념은 20

대 후반에 접어든 내 정서를 지배했다. 땅을 달구고 살아 있는 모든 것을 말라가게 했던 태양은 저녁이면 낮은 산에 누워있는 묘지를 적시며 눅눅해졌다. 여름 저녁의 공기는 물을 먹지 않고도 축축하고 무거웠다. 눅진해진 저녁은 노을에 물들었다. 노을은 매일매일 색깔과 질감이 전혀 달랐다. 하지만 만질 수 없는 질감은 무질서한 젊음의 가슴에 박히고 더러는 어제의 그것에 포개졌다.

이웃에 위치해 있어 자주 찾는 학교 운동장 가장자리의 벤치 하나는 나의 시간과 당시의 정서가 포개진 곳이다. 많은 시간이 그곳에서 나를 훑으며 지나갔다. 들러붙은 듯 눌려진 시간은 나를 스칠 때 헐거웠다. 그런 시간과 사위의 풍경이 만들어내는 휘어진 정서는 화단에 피어있는 칸나를 바라보고 있었다. 칸나는 한낮의 열기에도 주눅 들지 않고 대궁을 곧추세운 채 발갛게 발기되어 어둑해지는 사위를 다스렸다. 노을이 힘을 잃어 갈 때쯤 칸나의 붉음은 대상없는 욕정을 발산하고 있는 것만 같았다.

색채의 과학적 논리를 말하자는 것은 아니지만 칸나의 꽃이 진빨강으로 보이는 것은 빨간색의 결핍이다. 우리 눈에 들어오는 색이란 것은 다가오는 빛 중에 반사되는 것이기에 칸나의 꽃은 빨간색을 갖지 못하는 빛의 결핍인 셈이다. 차마 당시의 날뛰는 정서를 그것에 투영하여 이리저리로 찍어 붙이고 싶지는 않다. 나의 결핍은 무엇인가 하고 잠시 스치는 생각에 머물렀을 뿐 바로 놔주었던 기억이다.

산그림자가 운동장을 덮을 때쯤, 베어진 풀에서 나는 비릿한 냄새가 여름 저녁의 궁색한 바람에 실려 지나갔다. 소꼴을 지게 소쿠리에 수북이 실은 고단한 한 삶이 어둑한 저만치에서 아내와 자식이 기다리는 집으로 가고 있는 것이 보이곤 했다.

　결정된 그 아무것도 없었기에 놓인 길은 많았다. 길은 책 속에 있지도 않았고 끼적이는 노트 속에 있지도 않았다. 눈이 빨갛도록 비벼대며 새벽녘이 되어서야 간신히 한 장의 종이를 글로 채우고 다시 읽어보면 도무지 뭔 말인지 알 수 없는 그 시절 끼적이던 '시'라는 생물生物, 그것을 써놓고 또 한나절을 눈만 끔뻑이며 앉아 있는 것이다. 다시 읽어보며 마음에 들지 않아 구겨 집어 던진다고 개도 안 물어갈 사물死物. 길은 늘 밖에 있었다. 대학을 졸업하고 대여섯 번의 언론사 시험, 더 많은 횟수의 시 응모, 함께 묻혀 버무려진 시간들이 거기에 눌어붙어 있었다. 안에 있을 거라 생각했던 길들도, 밖에 있는 많은 길들도 아득하기는 마찬가지여서 선뜻 들어설 길은 하나도 보이지 않았다. 어떤 길을 바라봐도 무엇 하나 집중되어 있지를 않았다. 그렇다고 하고 싶은 일이 많아서 이리저리 분산되고 있는 것도 아니었다. 모르기는 하되 지나가고 있는 젊음의 어느 여울목에서 안쓰러움만 키워가고 있었던 거였다. 물론 훗날에 무질서한 내 삶의 한 시대로 정의함은 지나온 계절들의 포개짐이 얇지 않은 까닭이기도 할 것이다.

　길이 많다고는 해도, 길이란 것이 원래 처음부터 임자가 정해진 것은 아니어서, 그나마 보이는 길을 다시 들여다보면 보이던 길은 다시 알 수가 없는 길이었다. 여름날의 농사일처럼 해도 해도 표시는 안 나고 다만 지루하고 힘겨운 시간만을 안고 있었다. 지나간 시간을 지금으로 불러올 수 없다. 미래에서 다가오는 시간 역시 만질 수 없고 먼저 다가가서 찌를 수 없다. 당시 맞닥뜨린 시간들은 풀어져 헐겁고 흐릿하다. 그저 칸나를 바라보던 스물일곱의 대상없는 성욕은 칸나를 여성화시켰지만 느닷없이 나타났다가 시간이 바스러지듯 무참하게 모습을 감췄다. 참으로 뜬금없고 허망한 욕심이다.

어쩌면 당시의 분산되어 명료해질 수 없는 정서는 견딜 수 없는 것들을 꾸역꾸역 밀어내고 있었는지도 모른다. 그 길을 갈 건지 말 건지, 또 걷기로 작정한 그 길이 내가 임자이긴 한 건지, 널뛰듯 하는 망설임의 순간에도 칸나를 바라보는 시간 속에 슬그머니 풀어버리고 있었다. 벤치에 앉아서 붉은 칸나를 대중없이 바라보고 있다고 해서 그 붉음을 가져와 새로운 의지를 불태운 것도 아님은 분명하다. 다만 그해 여름의 칸나를 바라보며 한껏 발기했던 붉음을 잃어 추레해져도 제 몸의 대궁에 붙어 있는 꽃잎을 보았다. 그해 여름에 내가 건진 가장 값진 풍경이다. 그 풍경을 새길 때에도 햇볕은 깊고 힘셌다.

길은 생뚱맞은 곳에도 뻗어 있었다. 어느 날, 손때가 묻은 신학교 편입 원서를 맨 아래 서랍에 넣고 잠갔다. 서울행을 택하고 허리에 매달린 허망을 여름이 가며 풀어 놓았다. 그렇다고 홀가분한 기분은 아니어서 서울로 가는 버스 안은 무겁고 칙칙했다. 그해 여름은 칸나의 피고 짐과 발기와 시듦을 거듭하는 것처럼 지나가고 있었다.

얼마 전 들른 모교인 초등학교 교정은 맑았다. 초가을로 접어든 운동장은 그해 여름의 그것처럼 까불대지 않았다. 밤새 내린 안개가 일찍 걷혔다. 가을로 들어선 풍경은 화단에서 내놓는 순하고 맑은 공기로 공란 없이 채워져 있었다. 잊었던 그곳에 칸나는 피어 있었다. 학생 수가 번성했던 시절의 십분의 일에 지나지 않지만 교사校숨며 화단은 그대로다. 마음속에 따리를 틀고 있던, 붉음의 극한으로 치닫던 색도 그저 붉은색이다. 한 쪽 대궁에는 붉음을, 옆 대궁에는 지는 갈색을 함께 내놓고 있다. 대상없던 젊음의 욕정과도 같았던 붉음은 안으로 삭혀져 차분히 가라앉아 있었다.

긴 세월을 살았다고 할 수는 없겠지만 결코 짧지 않은 세월이다. 돌이켜보면 가지 못한 길은 아깝고, 가지 않은 길은 아쉽다. 그러한 지나온 삶에서 이쪽을 택했든 저쪽을 택했든 어떻게든 내 삶은 이어져 왔을 것이다. 또 그렇게 지나오며 불혹의 나이를 거쳤을 것이고 지금처럼 이순의 나이를 넘었을 것이다. 순간순간 삶의 길이 달라지는 중요한 결정들이 있었겠지만 지나고 나서 보면 당시에 느꼈던 요동치던 정서는 그렇게 겁낼 만한 것은 아니었던 것 같다. 젊은이들이 가야 할 길이 좁고 험하다는 당시의 보편적 상황이 어찌 보면 무위도식으로 벤치에 앉아 칸나 바라보고 앉아있는 나 자신에게는 전혀 위로가 되지 않았다. 요동치는 정서보다는 그 대책 없는 적막이 무섭고 싫었다.

덥고 지루한 올여름도 끝이 보인다. 지난해 늦가을 지인으로부터 얻어온 칸나 구근을 포대에 담아 다용도실에서 겨울을 나게 했다. 올봄 방 앞의 화단에 구근을 심었다. 대궁이 굵어지고 잎이 맘껏 자리를 넓히더니 보름쯤 전부터 붉은 꽃잎이 올라오고 있다. 지난날 여름의 저 붉음은 어지간히도 진했다.

지나간 시간들이다. 돌이켜 부술 수 없다. 또한 다가올 시간도 먼저 가서 찌를 수 없다. 앞에 다가오면 스쳐 보내고 더러 만질 수 있으면 다행이다.

그해 여름의 칸나의 기억은 이제 멀고 흐리다. 다만 학교 앞 문방

구점 구석자리 두더지게임의 두더지 머리처럼 불쑥 튀어나왔다가 한 대 얻어맞고 움츠러든다. 당시 빈곤한 내 정서의 드러남이 두렵던 기억도 지워졌다.

    창문에 새겨 놓은 듯 피어 있는 내 안식처 앞의 붉음 옆에서 퇴색해가는 시간을 더듬어 본다. 퇴색하여 갈색이 됐든 아니면 다른 어떤 색이 됐든, 나를 나이게 하는 구성물 중의 하나로 눌어붙어 있는 지는 칸나 꽃잎을 바라본다.

▎작품 – 『수필과비평』 245호

제3부

보이는 것과 말하는 것

들어가며

글쓰기는 대체로 보이는 것에 대한 작가의 생각과 인식의 표현이다. 대부분 작가는 자신이 관찰한 세계를 독자들에게 보여주는 데 힘을 기울인다. 작가가 바라본 풍경과 대상에 대한 시각적 인상과 그로부터 구현된 언어적 의미가 다양한 문학적 울림을 주는 것도 그러한 이유에서이다. 물론 글은 대상에 대한 인상이나 감상을 그대로 전달하는 것이 아니라 그 속에 담긴 의미의 깊이와 넓이를 마련해 줄 독특한 인식이 담겨 있어야 한다. 대상을 바라보는 시각이 지나치게 평이하거나 단순해서 바라보는 대상에 대한 의미를 제대로 읽어내지 못하고 파장이 미미할 경우에는 좋은 글이 되기 힘들다. 반면에 대상에 지나치게 빠져 자신의 목소리를 잃어버리고 대상과는 무관한 소리를 질러댈 경우도 그 글은 성공하기 힘들다. 대상에 감추어진 의미를 올바르게 구현해 내고 새로운 모습으로 재현해 내는 데에 글의 성패가 달린 것이다.

우리의 생각과 감정은 바다 위의 파도와 같은 것이어서 때로 격랑에 휩싸이기도 하고 고요 속에 잠기기도 한다. 바다를 바라보면서도 파도를 바라보고, 파도를 바라보면서도 바다를 바라보는 지혜를 우리는 쉽게 갖지 못한다. 웅대하게 펼쳐진 풍경 앞에서 흔히 내가 '보고 있는 것'과 내가 '말해야 할 것'을 쉽게 구분하기 힘들다. 보는 것과 말하는 것(쓰는 것) 사이에서 올바른 관점에 도달하기 위해서는 주관적이고 자의적인 관점에서 해방되어야 한다. 일렁이는 파도를 바라보며 해변을 걷거나 별들을 올려다보며 밤하늘을 걸을 때, 그러한 풍경에 대해 제대로 말하기 위해서는 나름의 새로운 언어적 이미지와 표현방식을 찾아야 한다. 나는 너를 바라보고, 너는 나를 바라본다. 우리의 응시와 진술은 엄청나게 자유로울 수 있다. 세상의 모든 것을 만나면서 시선은 내부에서 외부로 나아가 자유롭게 바라보고 새롭게 진술해야 한다. 그럼으로써 내부와 외부 사이의 분별과 경계가 없어지면서 비로소 좋은 글은 탄생하게 된다.

우리의 시선과 생각은 어디까지 나아가야 하는가. 시선과 생각은 너와 나 사이를 넘어서서 세상과 우주를 바라보고 생각하는 데로까지 달려가야 한다. 그때에야 우리는 진정한 아름다움과 진실을 볼 수 있다. 우리가 보는 진실은 무한대로 나아간다. 따라서 모든 예술에서 우리들의 시선이 닿는 곳, 즉 '보는 것의 힘'은 그만큼 중요한 일이다. 이런 점에서 영국의 예술평론가 존 러스킨의 예술론은 많은 시사를 준다. 당연한 이야기지만, 러스킨은 그림을 잘 그리기 위해서는 일차적으로 자연과 대상을 잘 관찰해야 한다고 했다. 잘 관찰하면 대상에 대해 잘 알게 되고, 잘 알게 되면 대상을 사랑하게 되고, 그렇게 되면 더 잘 그리고 표현할 수 있다는 것이다. 그래서 좋은 미술을 위해서는 어떻게 그리느냐가 중요한 것이 아니라 바라보는 대상을 어떻게 사랑하느냐는 것이 중요하다고 여겼다. 하늘을, 나뭇잎을, 구름을, 꽃을 사랑하는 방법을 아는 것이 진실로 좋은 그림을 그리는 지름길이라는 것이다. 변화하고 움직이는 대상을 자세히 관찰하고 진심으로 느끼고 감사하는 마음을 갖게 될 때, 예술뿐만 아니라 예술가 자신도 성장하게 된다.

이렇게 러스킨은 그림을 그리는 것은 세상을 이해하는 또 다른 방법이라고 생각했다. 글을 쓰는 것도 마찬가지다. 세상을 정확하게 관찰하고 그것을 자기 경험과 생각으로 이해할 때, 진정한 작품이 나올 수 있을 것이다. 이럴 때야말로 작가는 자연과 세상을 사랑하는 시선, 대상과 세상을 바라보는 '마음의 눈'을 키울 수 있게 된다. 예술가들에게 무엇보다 필요한 것은 보이는 것을 "잘 보아야 한다."는 것이다. 19세기 산업화 시대의 도래 이래 사람들은 물질과 기술에 의존하면서 빠름의 미학만을 강조하면서 살아왔다. 그러나 러스킨의 말대로 빨리 간다고 해서 더 잘 보는 것은 아니다. 진정으로 귀중한 것은 생각하고 보는 방식이지 속도가 아니다. (위에서 논의한 러스킨의 예술에 대해서는 『존 러스킨의 드로잉』, 전용희 옮김, 다산북스 참조)

중요한 것은 그림과 글을 통해 세상을 이해한다는 사실이다. 세상에는 우리가 볼 수 있는 것보다 더 많은 것이 존재한다.

스쳐 지나가는 수많은 순간, 길거리를 걷다 만나게 되는 돌덩이, 숲에서 보이는 나무와 꽃의 모습 속에서 이 세상과 우주의 의미를 사색하고 명상할 수 있어야 할 것이다. 작가가 보이는 대상을 성실하고 섬세하게 관찰하는 태도, 그를 통해 아름답고 진실한 것을 추구하는 태도는 아무리 강조되어도 지나침이 없다.

여기서 우리는 지나가면서 아리스토텔레스가 설파한 바 있는 가능태可能態와 현실태現實態로서의 사물에 대한 관점을 다시 한 번 상기할 필요성이 있다. 아리스토텔레스는 사물의 생성을 이 양자의 상반된 개념으로 설명하고 사물은 가능적 존재에서 현실적 존재로 발전한다고 생각하였다. 비유컨대, 나무의 씨앗은 나무의 가능적 존재에 불과하지만, 그것은 마침내 현실화하여 나무가 된다. 이 상반된 개념은 또한 그의 질료質料와 형상(形相: 에이도스)이라는 상대적 개념과도 대응한다(아리스토텔레스, 『아리스토텔레스 수사학』, 박문재 역, 현대지성, 2020, 2.). 우리가 바라보는 모든 대상에 대한 질료를 통하여 형상을 이룰 수 있으며 그 형상은 질료를 결정할 수 있다. 분명한 것은 작가가 바라보는 대상에 대한 고정적 시선에서 벗어나면 새로운 생각의 지도가 펼쳐진다는 사실이다.

최근의 작품들을 일별해 보면 유난히 작가들이 무엇을 보고 있는지, 그리고 자신들이 바라보는 대상에 대하여 얼마나 깊이 있는 사고와 인식을 하고 있는지를 주목하게 된다. 이 말은 우리 수필에서 작가들이 바라본 사물과 대상에 대하여 얼마나 큰 관심을 확장하고 있는가를 살필 수 있는 계기를 보여준다. 그런 의미에서 전창우의 「돌을 보다」, 현임종의 「각종 패牌를 땅속에 묻고」, 한시영의 「누가 살았을까」는 의미 있게 읽히는 작품들이다.

전창우의 「돌을 보다」

「돌을 보다」는 수석壽石을 모티브로 한 수필이다. 작가가 바라보는 대상은 돌이다. 수석을 하는 화자에게 자연의 돌은 크기나 생김새나 색깔이 모두 제각각이다. 길가나 강가에 널려있는 게 돌이지만 그 모양과 색채가 같은 것은 없다. 사람이 모두 저마다 다른 얼굴을 하고 다른 지문을 하고 있듯이 돌들도 비슷한 것 같지만 다른 모습을 하고 있다. 그들도 사람처럼 다른 형태만큼 다른 개성을 지닌다. 수석의 모습에 대하여 작가는 다음과 같이 말한다.

> 개성이 뚜렷한 것도 있고 그냥 묻혀 가는 것도 있다. 잘났건 못났건 한 자리씩 생긴 대로 자리 잡고 있다. 아름답고 신비로운 수석을 바라보면 가슴이 찡해진다. 예술작품처럼 사람이 만든 것도, 그린 것도, 조각한 것도 아니지만 볼 때마다 마음이 설렌다. 사람이 아닌 사물에 빠져드는 것이지만 생각은 끝없이 이어진다. 색다른 시각으로 자주 본다는 것은 왕성한 호기심일 것이다. 무생물인 돌멩이가 볼 때마다 달리 보이는 건 돌에도 마음이 있는 것처럼 느껴지기 때문이 아닐까.

돌들조차 저마다 모습과 개성을 지녔다는 것은 독특한 생명성을 지니고 있다는 의미이다. "예술작품처럼 사람이 만든 것도, 그린 것도, 조각한 것도 아니지만 볼 때마다 마음이 설렌다. 사람이 아닌 사물에 빠져드는 것이지만 생각은 끝없이 이어진다."는 작가의 발언은 이런 생각을 말해주는 것이다. 자신이 바라보는 돌 하나에서 사물의 생명성을 읽어낸다는 의미에서 우리는 작가의 생명적 자연관을 보게 된다. 말의 엄밀한 의미에서 자연의 본질은 생명이 있다는 의미에서 출발한다. 그래서 '자연'이라는 용어를 우주상의 사물의 총체 또는 존재 전체라는 관점으로 이해한다면, 이에 해당하는 우주 만물은 생명 활동의 원천으로 이해된다.

그러므로 사물이라고 하는 바의 모든 물건은 저마다 생명을 지닌 존재일 수밖에 없으며, 모든 사물은 개체성을 보유하게 된다. 마찬가지로 「돌을 보다」에서 화자가 색다른 시각으로 무언가를 본다는 것은 왕성한 호기심의 발로이며, 무생물인 돌멩이가 볼 때마다 달리 보이는 건 돌에도 마음이 있는 것처럼 느껴지기 때문이다. 그래서 화자는 자신이 지닌 작은 돌멩이에서 찾아갔던 곳을 생각하며 아름다운 자연을 집안에서도 느낄 수 있게 된다. 자연석 하나에 엄청난 세월의 무게를 부여하고 그에게서 살아 숨 쉬는 모양을 인정하게 되는 것이다. 이렇게 수석에도 세월의 무게와 나름의 삶의 모습이 담겨 있으며 이는 흡사 인간의 모습과 다르지 않다.

작은 자연석 한 개지만 단단하고 변함없고 독특한 모양을 가지고 있어 감동을 느낀다. 수석도 사람을 대하는 것같이 따뜻하게 만지면 봄바람이고 차갑게 바라보면 가을 서리처럼 쌀쌀해진다. 나의 마음 상태가 어떤지에 따라 같은 돌도 달리 보인다. 사물도 기울게 보면 모든 것이 비뚤어져 있는 것같이 보이는 것이다. 마음의 눈을 크게 뜨고 바라보면 바른 길이 보일까. 움직이지 않고 묵언수행하고 있는 돌에 대하여 지금의 나로서는 그 본질을 아직 이해하지 못하고 있는 것 같다.

여기에서 수석은 자연 풍경의 아름다움을 불러일으키는 대상일 뿐만 아니라 그 자체로 하나의 인격을 가진 존재로 비유된다. 물론 인간이 만들어낸 예술은 아니지만, 돌 한 조각이 자연의 창조와 비교 대상이 된다는 점에서 중요한 의미를 지닌다. 수석이라는 매개항을 통하여 「돌을 보다」에서 작가는 실제와 관념 사이의 상관성을 구축하고 있다. 이러한 인식 틀로 보면, 자연을 보고 있는 화자는 한 조각의 돌을 바라보는 관찰자일 뿐만 아니라 미적 창조자가 된다. 다시 말해 작품에서 진술적 주체는 수석을 바라보고 있을 뿐만 아니라 자신이 바라보고 있는 수석을 통하여 산의 형세, 그리고 그 위를 덮고 있는 자연의 풍경을 언어 예술로 말하고 있는 것이다.

「돌을 보다」에서 수석은 상상력이 포함된 미적 대상이다. 작품에서 수석이 이루는 풍경은 이성과 상상력의 조화를 통해 포착되는 미적 대상이다. 대상이 현존하지 않는 경우에도 대상을 직관할 수 있는 상상력은 특히 대상에 관한 미적 판단에서 중추적인 기능을 담당하게 된다. 돌은 물을 만나야 제 색깔이나 질감이나 무늬 등이 뚜렷해지거나 숨겨져 보이지 않던 것이 확연하게 드러난다. 물과 함께 수많은 세월 동안 구르고 패이고 닦여진 모양새는 경이로운 자태를 드러내게 된다. 이는 사람의 경우에도 마찬가지다. 사람도 어떠한 환경 속에서 누구를 만나느냐에 따라 인생의 행로가 결정되는 것과 같다.

이런 인식은 작가가 바라보는 시선에 의해 포착된 자연물이 새로운 상상력에 의해 재구성되기 때문이다. 지극히 주관적이고 개별적인 감각과 감성의 영역이 상상적 공감에 의해 보편성을 얻게 된다. 상이한 자연물들이 비유를 통해 미적 대상으로 정립됨과 동시에 상상적 공감의 대상이 되는 것이다. 사물에 부여된 상상적 공감이라는 가치는 인간과 세상에 대한 인식의 새로운 토대가 되고 있다는 사실을 「돌을 보다」는 잘 보여주고 있다.

현임종의 「각종 패牌를 땅속에 묻고」

우리는 늘 사물에 둘러싸여 그 사물을 바라보거나 이용하며 살아가고 있다. 그러나 그러한 사물에 대한 근본적인 질문인 '사물이란 무엇인가?'라는 질문을 하는 경우는 드물다. 「각종 패牌를 땅속에 묻고」는 작가가 가지고 있던 패牌에 대한 본질적인 질문과 답변을 구하고 있는 작품이다.

젊은 시절부터 각종 사회적 활동으로 인하여 받게 된 패가 집안을 가득 채우게 된다. 로터리클럽 활동 같은 봉사활동에서 보람을 느낄 수 있었고, 그 결과 총재로부터 받는 기념패와 공로패, 감사패는 긍지를 느끼게 해주었다. 또한 졸업한 초등학교와 고등학교의 총동창회장직을 맡고 그 결과 받은 패가 헤아릴 수 없게 많아졌다. 심지어 자식들이 졸업한 학교 육성회에서 받은 공로패도 수북이 쌓여갔다. 젊었을 때 처음으로 한두 개의 패를 받았을 때는 거실 여기저기에 진열하고, 집에 드나드는 손님들이 잘 볼 수 있도록 전시하는 등 은근히 자랑하기도 했다. 날이 갈수록 각종 패의 수가 늘어나면서 진열할 자리가 부족해졌고 급기야 버릴 수도, 안고 있을 수도 없는 짐 덩어리가 되고 말았다.

나이가 들어갈수록 주변을 정리해야 되겠다는 생각이 들었다. 젊은 시절 직장생활에 전념하였고, 중년에 들어서는 각종 사회 활동도 활발하게 했다. 그러는 동안 크고 작은 일로 상패, 기념패, 축하패, 공로패 등을 받았다. 나에게는 자랑거리였고, 보람된 일이었으며, 긍지를 느끼게 해주는 증표들이었는데, 어느덧 이제는 집 안 곳곳에 쌓여 처치 곤란한 짐 덩어리가 되고 말았다. 젊었을 때 직장에서 받은 상패는 자랑스러웠고, 정년퇴직하면서 받은 공로패는 오래오래 간직하고 싶었다.

이 작품에서 일차적으로 작가가 주목하고 있는 것은 사물의 '기능적 쓰임새'이지만, 작가의 시선은 여기에 그치지 않는다. 자신이 지니고 있는 패에 대한 기능적 의미보다는 그 '관계적 쓰임새'라는 차원에서 사물의 의미에 관심을 기울이게 된다. 사물에 대한 관계적 인식이란 일상에서 흔히 마주하는 사물들을 실용적 차원이 아닌 인간적·사회적 상호 관계의 관점에서 바라보고자 하는 것이다. 이를테면 한때 이 패들은 "자랑거리였고, 보람된 일"을 상징하는 긍지의 사물이었으나, 이제 "집 안 곳곳에 쌓여 처치 곤란한 짐 덩어리" 사물로 그 가치가 극단적으로 추락한다.

작가는 여기서 패들이 상징하는 사물로서 유통되는 사회적 억압과 인식론적 허위를 읽는다.

누구나 곁에 두고 소중하게 여기던 사물도 사회적 삶의 상황에 따라서는 얼마든지 비효율적이고 비생산적인 것으로 변환될 수 있다. 하나의 사물을 통하여 이러한 인식을 이룬다는 것은 작가의 인식이 다분히 인문학적 사고에 바탕한 것이라는 것을 느끼게 된다. 사물에 대한 인문학적 사고란 어떤 대상에 대해 다원적으로 생각할 수 있는 능력이다. 한 사물의 이면에서 숨은 의미를 찾고, 그것에 대해 복합적으로 사고하는 것은 오늘날과 같이 단편화되고 획일화된 세상에 사는 우리 모두에게 반드시 필요한 사고의 힘이 아닐까 한다.

각종 패들을 땅속에 묻기 위해 하나하나 깨끗이 닦아내고, 아들과 딸의 제안으로 그들을 사진으로 열심히 찍는다. 사진 작업이 끝난 후, 집 울타리의 매립 장소로 싣고 가 구덩이 안으로 담았다. 중장비가 흙을 운반해 구덩이를 메워 나가는 현장을 지켜보던 화자의 눈이 붉어진다. 인생의 각종 기록이 땅속에 묻히면 영원히 다시 나올 일은 없겠구나 생각하니, 인생도 이제 종착역을 향해 가고 있다는 사실을 실감하게 된다.

영원히 사는 사람은 없다. 젊은 시절 나의 영광이었던 각종 패들이 노년의 나에게 짐이 된 지는 한참 되었다. 그러나 어떻게든 이고, 지고, 메고, 여기까지 끌고 왔다. 내가 떠나고 나면 우리 아이들에게는 더더구나 짐이 될 것이고, 그래도 할 수 없이 폐기해야 할 때가 오면 나에 대한 죄책감을 느끼게 될 것이다. 이렇게 내 손으로 내가 짊어지고 있던 무거운 짐을 훌훌 벗어 버리고 보니 기분이 홀가분해졌다. 몸도 마음도 가뿐해졌다. 그나마 사진으로 기록을 남기게 되었으니, 실물은 땅속에 묻혀도 이제 아쉬움은 없다.

한 사물의 소멸을 통하여 사물에 대한 기존의 정의를 넘어서 삶과 죽음의 경계를 바라보는 시각은 단순히 작가의 직관적 분석에 의지하여 생겨나는 것이 아니다. 이는 인생과 세상을 총체적으로 바라보고자 하는 역사적 맥락에서 이루어지는 사고의 결과이며, 그 기저에는 무엇보다 철학적 인식이 담겨 있다. 이를테면 우리는 「각종 패牌를 땅속에 묻고」에서 장자가 설파한 바 있는 '무용지용無用之用', 즉 '쓸모없음의 쓸모'의 사상을 읽을 수 있다. 『장자莊子』 외물편外物篇에서 유래한 이 말은 쓸모없음이 크게 쓸모 있다. 즉, 언뜻 보아 별 쓸모없는 것으로 생각되는 것이 도리어 크게 쓰인다는 뜻이다. 장자는 말했다. "쓸모가 없는 것을 아는 사람이라야 무엇이 참으로 쓸모가 있는 것인가를 말할 수 있다. 땅이 넓지만 사람이 서 있는 데는 발을 둘 곳만 있으면 된다. 하지만 발을 둘 곳만을 남기고 그 주위를 깊숙이 파 버린다면 사람이 서 있을 수 있겠는가?"

만약 길 밖의 쓸모없는 땅이 없다면 길은 더이상 길이 될 수 없을 것이다. 발 딛는 부분만 있고 나머지는 낭떠러지라고 한다면, 누가 그 길을 편안히 다닐 수 있을까. 그러므로 길 밖의 쓸모없는 부분은 길의 유용성을 결정짓는 중요한 요소가 되는 것이다. 어떤 것이 소용을 만드는 것일까? 때로 비어있는 무용이 소용을 만든 것이며 쓸모 있음과 쓸모없음은 관점이 좌우하는 것일 수도 있다. 「각종 패牌를 땅속에 묻고」에서 작가는 어떤 사물이든 쓸모없다고 규정하는 순간 이미 쓸모없는 것이 되고, 가치를 발견하고자 했을 때 쓸모 있는 것이 될 수 있다는 깨달음을 얻고 있다. 이 세상의 사물들이 진정한 생명을 유지하는 것, 더 나아가 가치 있는 사물이란 바로 장자가 말하는 이런 '무용지용無用之用'의 사상에 있는 것이다. 「각종 패牌를 땅속에 묻고」에서처럼 진정으로 사랑하는 물건은 쓸모 있음을 쓸모없음으로, 혹은 그 반대로 만드는 것에 있는 것인지 모른다.

유용함만을 집착하는 오늘날과 같은 세상에서 「각종 패牌를 땅속에 묻고」는 우리에게 무엇이 유용이고 무엇이 무용인가에 대한 깨달음을 새롭게 일깨워준다.

한시영의 「누가 살았을까」

「누가 살았을까」는 고택에 대한 인식을 새롭게 보여주는 수필이다. 옛집을 바라보는 시선을 통하여 작가는 다양한 의미를 일구어낸다. 산청 단성면 남사 예담촌, 가세를 짐작게 하는 고택의 기와 끝에 봄비가 떨어지고 비에 젖은 기와색이 고색창연하다. 세력가의 집 앞에 심어졌다는 부부회화나무가 옛사람들의 지혜라는 듯 정갈한 대문 입구를 지키고 있다. 또한 툇마루 빛바랜 창호가 그 집에서 오래 살아온 사람들의 이야기를 무언으로 전해주고 있다. 고택에 대한 작가의 묘사는 예사롭지 않다. 작품에서 작가의 시선은 단순히 고택이 어떠한 모습을 지니고 있는가 아니면 고택에 살았던 사람이 누구인가 하는 것이 아니라, 그 집이 지닌 의미와 그 에 담긴 정신이 무엇인가에 대한 사유를 이루고자 한다.

집은 한자로 집 우宇 집 주宙라 쓰고 두 글자를 합쳐 작은 우주라 한다. 집은 단순한 비바람을 막아내고 의식주를 영위하는 기능적 공간만이 아니다. 태어나서부터 천명을 다할 때까지의 깊은 정신이 숨쉬는 원형의 공간이다. 대대손손 무수한 사람이 들고 났어도 가문의 질서가 고스란히 뿌리내리는 사랑 터이다.
버석하게 말랐어도 정씨 고가 사양정사 대청마루를 받치고 있는 기둥이 꼿꼿한 선비의 위용 같다. 몇백 년 세월을 거친 나무에서 재생의 생명을 느낀다. 정신과 마음에 담긴 뜻을 풀어 현판에 새긴 주인의 팽팽한 직심直心이 보인다.

말 그대로 집은 작은 우주이다. 집은 한편으로 그곳에 사는 사람들에게 안정과 보호의 장소이면서 동시에 감금과 억압의 장소이기도 하다. 따라서 집은 인간의 마음을 편안하게 만들고 휴식을 통해 삶에 활력을 주고 행복을 얻을 수 있게 하는 안정의 공간이자 사람들을 지키게 하는 보호의 공간이다. 그뿐만 아니라 집은 가스통 바슐라르의 말대로 외부 공간으로부터 인간의 마음을 가두게 하는 불안의 공간이기도 하고 다른 구성원들과 격리되게 하는 감금의 공간이기도 하다. 중요한 것은 어느 경우이든, 모든 집은 나름의 가풍과 전통을 가지게 되어 그 집과 가족 구성원들의 모습을 반영하게 된다. 집에는 "가통을 이어가는 근본과 가족들의 길흉화복을 비손하는 정성은 위난의 시대일수록 더 간절"하게 된다. 심지어 작품에서 화자가 무서워하던 구렁이조차 조상을 섬기고 영생을 돕는 존재로 성주처럼 집 안팎을 지켜주는 의지의 가신으로 여겨지게 된다.

세월이 흐르면서 사람 사는 모습도 고택의 이모저모도 바뀌었다. 우물은 상수도로 아궁이는 가스로 식솔 떠난 호젓한 집으로 많은 것들이 사라져 간다. 그러나 아직도 바뀌지 않고 변하지 않는 것은 가풍의 명맥을 유지해 가는 고택 그대로를 보존하며 지켜가는 것이다. 그것이 기둥이다. 기둥마다 사람의 곧은 기개와 학풍의 향취가 묻어난다. 급물살 같은 변화의 세파 속에서도 굽이치는 옛길과 욕심보이지 않는 돌담 골목의 폭과 둥구나무의 품은 그대로 마을을 지키고 있다.

문명론적 차원에서 보면 세상의 발전 속도가 너무 빨라지면서 사람과 마찬가지로 집도 세월과 함께 변화하게 된다. 우리가 어떤 곳에서 진정한 의미를 발견하고자 하면 단지 그곳에 오랫동안 머물러야 하는 것만이 중요한 것이 아니라 그곳의 정신과 전통을 발견해내는 것이 중요하다. 또한 사물에 대해서도 마찬가지다. 사물에 담긴 깊이를 알기 위해서는 그 속에 담긴 정신을 오랫동안 사유하는 것이 중요하다. 그러나 오늘날의 현대적 삶은 생각이 머무를 수 있는 사색의 여유를 허용하지 않는다. 이 세상은 과거의 삶의 소중함을 도외시하고 신속한 물질적 현세적 삶에만 빠져든다. 오직 자동화되고 물질화된 현재의 삶이 최고인 것으로 착각하면서 인간의 사고는 앞만 향해 질주하고 있다. 「누가 살았을까」가 지니고 있는 미덕은 여러 가지가 있지만, 우리에게 여유롭고 사색하는 삶의 태도가 필요하다는 사실을 역설하고 있다는 점이다. 이런 삶의 태도는 옛것을 통해 새것을 알아야 한다는 정신과도 일맥상통한다. 이는 바로 과거의 전통과 역사가 바탕이 된 삶의 태도가 중요하다는 온고지신溫故知新의 정신이다. 그러나 이런 삶의 태도는 현대적 삶에서 갈수록 사라져 가고 있다.

「누가 살았을까」에서 작가는 고택이 현현顯現하는 과거의 삶을 통하여 현재의 삶을 새로이 바라보고자 하는 인식을 이루고 있다. 오래된 지리산 천왕봉 아래서 자연에 순응하는 삶은 품위와 겸양의 미덕을 가르친다. 바람이 담을 넘나들고 앞 개울물 흐르는 소리가 대문 안으로 들리고, 대청마루에 앉아 일필휘지 난을 치며 곡차 잔 기울이는 올곧은 선비의 모습을 오늘날에는 보기 힘들다. 작가는 올바른 문학과 삶을 위하여 과거의 삶의 태도와 자연 친화적 삶의 중요성을 거듭 강조하고 있다. 그것은 자신과 삶의 본질을 성찰하고자 하는 태도이며, 인간과 세상의 근원을 탐색하고자 하는 태도에 다름 아니다.

새순 발갛게 물올리는 목단 꽃봉오리, 달빛처럼 벙글어 온 마을 비춘다는 목련나무, 단아한 정원의 이른 봄이 꽃사태 날 그날을 초연히 기다리고 있다. 서로를 배려하고 존중한 집의 간격과 각도, 꽉 채우지 않은 빈 마당, 높지도 낮지도 않은 맞배지붕, 사람의 온기 전하듯 화선지에 한 자 한 자 써 내려간 글귀, 천 년 먹의 흔적이 세도가의 곧은 결기로 집을 지킨다.

산간마을 고즈넉한 고도 따라 걷는 마음 적요하다. 유유자적 느리게 걷다 보니 이 집 저 집 살림살이와 주인의 사연이 궁금하다. 담장 안 백토 다져진 너른 마당, 저 집에는 누가 살았을까.

고택과 자연을 매개로 한 이런 정서의 표현은 우리가 고전 시가에서 흔히 발견하는 물아일체와 주객일치를 떠오르게 한다. 고전 시가에서 자연은 유학적 도를 구현한 대상으로 등장하기도 하지만, 그리움이나 연모와 같은 고결한 인간의 감정을 불러일으키는 대상으로도 자주 사용된다. 현대에 이르러 자연이 인간의 본원적 감정을 불러일으키는 계기가 되지 못한다는 사실은 결국 인간이 자연과 단절되었기 때문이며, 특히 이것은 자연과 인간 감정이 연결되는 사회적 정서적 관계가 부족하기 때문일 것이다.

이런 점에서 「누가 살았을까」에서 고택이라는 대상을 통하여 작가가 우리에게 일깨우고자 하는 것은 과거와 현재의 연속성으로서의 삶의 소중함. 더 나아가 인간과 자연의 조화와 종합을 통하여 새로운 삶의 가치와 정신이 회복되어야 한다는 사실이다. 옛것을 통하여 미래를 바라보는 심미안을 가진 작가들의 눈이야말로 우리 시대의 문학에서 요구되는 가장 중요한 덕목이라 할 수 있다.

나오며

　최근 수필 작품들의 일반적인 경향이라고 하기는 힘들지만, 많은 작품은 작가가 바라보는 대상을 다양하고 새롭게 말하기 위해서 노력하고 있다. 이를테면 많은 수필은 내면의 심리적·감성적 감정 토로보다는 자신들이 바라보는 대상과 풍경에 대하여 새로운 미적 인식의 진술을 하고자 하는 경향을 보이는 것은 분명하다. 이런 경향은 별도의 심도 있는 논의를 해야 할 우리 수필의 주목할 현상의 하나이지만, 작가가 바라보는 대상을 자신의 관점에서 충실하게 묘사하고자 한다는 점에서 주목에 값하는 것이라 할 수 있다. 물론 작가가 바라보는 대상은 일상에 있을 수도 있고 낯선 대상과 풍경에 있을 수도 있다. 그러나 앞서 전창우의 「돌을 보다」, 현임종의 「각종 패牌를 땅속에 묻고」, 한시영의 「누가 살았을까」을 통하여 살폈듯이, 최근의 많은 작품에서는 일상을 벗어난 관찰과 인식을 이루고 있다는 점에서 우리 수필 문학이 새로운 전환과 발전의 단계에 이르고 있는 것임이 틀림없다. 이런 깨달음 자체가 독자들에게는 신선한 자극이나 독서의 흥미를 낳고 있음을 부인키 힘들다.
　그러나 아쉬운 것은 이런 작품들이 보다 현실적 삶이나 세상과 연관된 인식을 가졌으면 하는 점이다. 모든 문학적 지향이 궁극적으로 세계와 보다 넓고 깊은 언어적 교류를 의미하는 것이라면, 그 정서의 방향은 언제나 작가가 가지고 있는 좁은 시야를 벗어나서 이 세계와의 넓고 깊이 있는 의미를 천착하고 확인해야 하는 일이 중요하다. 협소한 작가의 시야를 확장시키고 반성하는 사고, 요컨대 사고의 관점의 깊이와 넓이를 확보하는 일은 꼭 필요한 일이다. 깊고 다양한 관점을 가진다는 것은 작가가 가지고 있는 좁은 관념과 선입견을 초월해서 더 넓고 보편적 눈으로 이 세상과 인간을 이해한다는 것을 의미하는 것이기 때문이다.

▌작품론 – 『수필과비평』 247호

| 작품 |

돌을 보다

전창우

　자연의 돌은 크기나 생김새나 색깔이 모두 제각각이다. 강이나 바다에 널려 있지만 같은 모양은 거의 없다. 얼굴도 지문도 같은 사람이 없듯이 비슷한 것 같지만 모두 다르다. 개성이 뚜렷한 것도 있고 그냥 묻혀 가는 것도 있다. 잘났건 못났건 한 자리씩 생긴 대로 자리 잡고 있다.
　아름답고 신비로운 수석을 바라보면 가슴이 찡해진다. 예술작품처럼 사람이 만든 것도, 그린 것도, 조각한 것도 아니지만 볼 때마다 마음이 설렌다. 사람이 아닌 사물에 빠져드는 것이지만 생각은 끝없이 이어진다. 색다른 시각으로 자주 본다는 것은 왕성한 호기심일 것이다. 무생물인 돌멩이가 볼 때마다 달리 보이는 건 돌에도 마음이 있는 것처럼 느껴지기 때문이 아닐까.
　예전에는 시간이 생기는 대로 달려갔지만 요즘은 가까운 곳에 가끔씩 탐석을 나선다. 수석의 산지는 거의 다녀봤지만 손에 쥐었던 돌은 몇 개일 정도로 적다. 수석 가게에서 구입한 것들과 함께 자리 잡고 있을 뿐이다. 돌 복은 타고나지 못했지 싶다. 어디복이란 것이 쉽게 들어올 수 있는가. 사랑하고 좋아하는 마음으로 찾아 나서지만 맑은 공기만 가슴 가득 채우고 두 어깨는 가볍게 돌아오는 날이 대부분이다.

시간이 지나 다리에 힘이 다 빠지고 강이나 바다나 산으로 가려고 아무리 기를 써도 가지 못하는 때가 올 것이다. 그 시절이 오면 단단한 작은 돌멩이에서 옛날에 갔던 그곳을 생각하며 아름다운 자연을 집안에서 느낄 수 있다는 것이 수석의 매력이지 싶다. 어떻게 자연석 하나에 엄청난 세월의 무게를 아로새겨 독특하게 살아 숨 쉬는 모양을 만들어 놓았을까 생각해 보지만 좋게 평하는 수석도 가치를 완전히 인정받기란 쉽지 않다. 제대로 생김새가 갖추어졌다 해도 어느 부분이든 조금씩 모자람이 있기 마련이다. 어떤 것이든 결점 없이 완전할 수 있겠는가. 사람의 됨됨이도 다르지 않을 것이다.

장년기에 산청 경호강으로 탐석을 나섰다. 오전에 도착해서 서로 좋은 돌 만나라고 빌어주며 물소리 새소리 바람소리만 들리는 강변을 따라 걸었다. 운과 끈기와 육감이 있어야 한다고 말하지만 매번 자연 풍경만 구경하다 한 점도 건지지 못하고 남의 돌만 감상하고 돌아오는 일이 그날도 이어졌다. 돌 욕심도 없고 걷기운동 잘했다고 생각하지만 예상대로 텅 빈 가방을 쳐다보니 마음에 휑하니 바람이 지나갔다. 오는 길에 들른 수석 가게에서 지금도 내 곁에서 서로 마음을 주고받는 돌을 만났다.

보는 순간 가슴이 뛰었다. 긴 세월을 힘들게 견뎌온 자연석이 마치 장인이 조각한 작품처럼 반듯이 수반 안 모래 위에 앉아있는 것이 아닌가. 러시아에서 들여왔다는데 한라산의 백록담같이 산

정상에 호수가 있는 아름다운 대자연을 연상하게 하는 수석이었다. 절경을 뽐내며 기품 있게 존재감을 드러내고 있었다. 산의 능선과 깊은 골짜기, 산봉우리 사이가 움푹 파여 물이 고이면 호수가 되는 모양을 갖췄다.

산이 흐리면 흐린 대로 맑으면 맑은 대로 자연의 모든 걸 받아들이듯, 보고 있으면 변화무쌍함을 느낄 수 있었다. 물 씻김이 잘되어서 물을 머금으면 표면에 기름을 칠한 듯 광택이 나고 깊게 파인 가장자리는 우뚝 솟아있고 색도 검은색과 짙은 청색이 섞여 오묘한 분위기를 품고 있었다. 처음 본 이후 빼어남이 눈앞에 계속 아른거려 몇 번의 시도 끝에 어렵사리 내 곁으로 왔다.

어떤 것이든 너무 흔하면 가치를 잃어버린다지만 수많은 돌 중에 아름다운 수석으로 맺은 인연은 각별하다. 작은 자연석 한 개이지만 단단하고 변함없고 독특한 모양을 가지고 있어 감동을 느낀다. 수석도 사람을 대하는 것같이 따뜻하게 만지면 봄바람이고 차갑게 바라보면 가을 서리처럼 쌀쌀해진다. 나의 마음 상태가 어떤지에 따라 같은 돌도 달리 보인다. 사물도 기울게 보면 모든 것이 비뚤어져 있는 것같이 보이는 것이다. 마음의 눈을 크게 뜨고 바라보면 바른 길이 보일까. 움직이지 않고 묵언수행하고 있는 돌에 대하여 지금의 나로서는 그 본질을 아직 이해하지 못하고 있는 것 같다.

돌은 물을 만나야 제 빛깔을 낸다. 색깔이나 질감이나 무늬 등이 뚜렷해진다. 숨겨져 보이지 않던 것이 확연하게 드러난다. 전혀 다른 모습으로 나타나는 것이다. 비로소 본연의 제 얼굴을 밖으로 내보인다. 물과 함께 수많은 세월 동안 구르고 파이고 닦여진 모양새는 경이로운 자태를 뽐내지만 말랐을 때와 젖었을 때를 비교하면 천지 차이인 것도 있다. 사람도 어떠한 환경 속에서 누구를 만나느냐에 따라 인생의 행로가 결정되어지는 것과 같은 이치일 것이다. 예나 지금이나 책상 위의 돌은 세월의 깊이를 품고 변함없이 앉아 있다. 수석처럼 흔들리지 않고 살아갈 수 있으려면 얼마나 많은 시간을 가다듬어야 할까.

지금 내 몸과 마음속에 들어와 애지중지하는 수석도 나와의 인연이 다하게 되면 다른 곳으로 가게 될 것이다. 자연으로 되돌아갈 수도 있고, 필요한 사람을 찾아 보낼 수도 있고, 길가에 버려져 푸대접 받을 수도 있다. 여느 길바닥에 굴러다니는 하찮은 돌이라도 각자가 보기 나름이다. 보석이라도 발길에 차여 가치를 알지 못하면 그냥 돌멩이일 뿐이다. 어떤 선택이 되든 단단하게 자리 잡은 속내는 변하지 않고 자신을 지키며 영원하리라고 믿는다. 사람도 누구의 탓이든 인연을 다하게 되면 헤어지기 마련 아닌가.

삶의 시간은 오늘도 무심히 흘러가고 있다.

▌작품 – 『수필과비평』 247호

| 작품 |

각종 패牌를 땅속에 묻고

현임종

나이가 들어갈수록 주변을 정리해야 되겠다는 생각이 들었다. 젊은 시절 직장생활에 전념하였고, 중년에 들어서는 각종 사회 활동도 활발하게 했다. 그러는 동안 크고 작은 일로 상패, 기념패, 축하패, 공로패 등을 받았다. 나에게는 자랑거리였고, 보람된 일이었으며, 긍지를 느끼게 해주는 증표들이었는데, 어느덧 이제는 집 안 곳곳에 쌓여 처치 곤란한 짐 덩어리가 되고 말았다. 젊었을 때 직장에서 받은 상패는 자랑스러웠고, 정년퇴직하면서 받은 공로패는 오래오래 간직하고 싶었다. 로터리클럽 활동은 봉사활동에서 보람을 크게 느낄 수 있었고, 그 결과 총재로부터 받는 기념패, 공로패, 감사패는 긍지를 느끼게 해주기에 충분했다.

내가 졸업한 초등학교와 고등학교의 총동창회장직을 맡은 바 있으며, 출신 대학교의 제주지역 총동창회 부회장직도 맡았었다. 특히 고등학교 총동창회에서는 동창회원 명부를 만들고, 연회비 제도를 도입하고, 월간 동창회지를 발간하는 등, 동창회를 발전시킨 사람으로 인정받을 정도로 열심히 일했다. 그 결과 받은 기념패,

감사패, 공로패가 헤아릴 수 없게 많아졌다.

우리 집 아이들 5남매가 졸업한 각 학교 육성회에서 받은 공로패도 수북이 쌓여갔다. 말년에 연동성당 부지(1,700평)를 기증하고 교구장 주교님으로부터 받은 공로패는 가장 자랑스러웠다.

젊었을 때 처음으로 한두 개의 패를 받았을 때는 거실 여기저기에 진열하고, 우리 집에 드나드는 손님들이 잘 볼 수 있도록 전시하는 등 은근히 자랑하기도 했다. 날이 갈수록 각종 패의 수가 늘어나면서 진열할 자리가 부족해졌다. 단독 주택에서 아파트로 이사할 때는 급기야 버릴 수도, 안고 있을 수도 없는 짐 덩어리가 되고 말았다. 이사를 핑계 삼아, 중요한 몇 개만 남기고 나머지는 차곡차곡 정리하여 밀감 과수원 창고에 옮겨다 놓았다.

그런데 이번에 대기업 임원직을 끝낸 큰아들이 고향으로 내려와 밀감 과수원을 경영하겠다고 자청하므로 과수원 창고마저 정리해야 했다. 어떤 분들은 각종 패를 사진책으로 만들어 보내주어 감상하기도 했는데 실물은 어떻게 처리했는지 궁금하기도 했다. 젊었을 때 받을 때에는 기분이 좋았는데, 내 몸이 늙고 보니 과거의 영광조차 이젠 무거운 짐이었다. 엄연히 내 이름이 새겨진 패들을 쓰레기로 보내고 싶지는 않고, 그렇다고 소각할 수도 없는 재질로 제작된 패들이 많아 고민이 되었다.

이렇게 고민만 거듭하고 있는데, 우리 과수원 이웃에 있는 군부대에서 나의 고민을 해결해 주었다. 울타리 정비 사업을 할 터이니 협조해 달라는 요청을 받았다. 이에 동의하고, 길이 200m나 되는 공사 현장을 들락거리며 며칠간 진행 상황을 구경하였다. 우선 울타리 기초 공사를 위해 땅을 3m 정도 깊이 파고 철근

콘크리트를 박아 튼튼하게 기초 작업을 하는 것을 보게 되었다. 새로 쌓게 되는 울타리의 우리 과수원 쪽에 깊게 파인 구덩이를 매립하게 되는 현장을 구경하다가 문득 각종 패를 이곳에다 묻으면 좋겠다는 아이디어가 떠올랐다. 공사 현장 책임자에게 이곳에 각종 패를 묻고 난 다음 그 구덩이를 매립해 달라고 부탁했다. 공사 담당자는 이 울타리가 완공되면 그쪽은 당신네 땅이니 마음대로 묻어 드리겠다며 이곳으로 묻을 물건들을 갖다 놓기만 하라고 흔쾌히 수락해 주었다. 나는 좋은 기회다 생각하고, 가족들에게 각종 패를 이곳에 묻겠다고 말하고, 과수원 창고와 집안 곳곳에 흩어져 보관되어 있던 물건들을 모아서 감귤 컨테이너에 담아 매립할 곳으로 운반할 준비를 하였다. 내 말을 들은 아들과 딸은

"그래도 아버지께서 일생 동안 받은 각종 패들인데, 그냥 묻어 버리면 아쉬움도 많고, 후손들은 알지도 못하게 되니, 사진으로라도 남겨 놓고 묻는 것이 좋겠습니다." 하고 의견을 제시해 주었다. 미처 거기까지는 나도 고려하지 못했었는데, 자식들의 궁퉁이('머리 씀씀이'의 제주방언)가 나보다 낫다고 생각했다. 묶어 놓았던 줄을 풀고 각종 패들을 다시 꺼내어 하나하나 깨끗이 닦아서, 아들과 딸이 나누어 사진으로 열심히 찍었다. 사진 작업이 끝난 후 매립 장소로 싣고 가 구덩이 안으로 담았다. 중장비가 흙을 운반해 구덩이를 메워 나가는 현장을 지켜보던 내 눈이 붉어져 갔다. 내 인생의 각종 기록이 이 땅속에 묻히면 영원히 다시 나올 일은 없겠구나 생각하니, 내 인생도 이제 종착역을 향해 가고 있구나 하고 실감했다.

영원히 사는 사람은 없다. 젊은 시절 나의 영광이었던 각종

패들이 노년의 나에게 짐이 된 지는 한참 되었다. 그러나 어떻게든 이고, 지고, 메고, 여기까지 끌고 왔다. 내가 떠나고 나면 우리 아이들에게는 더더구나 짐이 될 것이고, 그래도 할 수 없이 폐기해야 할 때가 오면 나에 대한 죄책감을 느끼게 될 것이다. 이렇게 내 손으로 내가 짊어지고 있던 무거운 짐을 훌훌 벗어 버리고 보니 기분이 홀가분해졌다. 몸도 마음도 가뿐해졌다. 그나마 사진으로 기록을 남기게 되었으니, 실물은 땅속에 묻혀도 이제 아쉬움은 없다.

▎작품 – 『수필과비평』 247호

| 작품 |

누가 살았을까

한시영

 자박자박 흙길을 걷는다. 또각또각 소리를 내는 아스팔트와 달리 발에 닿는 느낌부터가 부드럽다. 편리성에 익숙한 도시의 포장도로가 아닌 시골길이 비구름에 쌓여 운치를 더한다. 경계를 지으면서도 휘어져 도는 유유한 토석담이 고목을 끼고 마을을 잇는다.
 산청 단성면 남사 예담촌. 가세를 짐작게 하는 고택의 기와 끝에 봄비가 떨어진다. 비에 젖어 더욱 검어진 기와색이 고색창연하다. 세력가의 집 앞에 심어졌다는 부부회화나무가 서로에게 기대어 바람의 성미를 아는 옛사람들의 지혜라는 듯 정갈한 대문 입구를 지키고 있다. 달빛 스며들었을 툇마루 빛바랜 창호가 유구하게 살아온 사람 이야기를 무언으로 전한다.
 집은 한자로 집 우宇 집 주宙라 쓰고 두 글자를 합쳐 작은 우주라 한다. 집은 단순한 비바람을 막아내고 의식주를 영위하는 기능적 공간만이 아니다. 태어나서부터 천명을 다할 때까지의 깊은 정신이 숨 쉬는 원형의 공간이다. 대대손손 무수한 사람이

들고 났어도 가문의 질서가 고스란히 뿌리내리는 사랑 터이다.

　버석하게 말랐어도 정씨 고가 사양정사 대청마루를 받치고 있는 기둥이 꼿꼿한 선비의 위용 같다. 몇 백 년 세월을 거친 나무에서 재생의 생명을 느낀다. 정신과 마음에 담긴 뜻을 풀어 현판에 새긴 주인의 팽팽한 직심直心이 보인다. 제 색 지워진 문살과 낡은 마루를 만져 본다. 쓸어내고 닦아내며 먹고 자고 부대끼며 살 부비고 사는 것은 예나 지금이나 양반이나 평민이나 다를 바가 없으리라. 거칠게 골 파인 주름 같은 마루 틈서리에서 풍상의 세월이 닿는다. 방을 들여다본 것도 아궁이에 불을 지핀 것도 아닌데 노랗게 콩물 먹인, 구들장 달궈진 뜨끈한 아랫목이 눈앞에 그려진다.

　사실 나는 무서운 기억으로 오래된 집 가까이에 가는 걸 꺼렸다. 어릴 적 친구 집 마당에서 놀다 지붕 위에 똬리를 틀고 앉은 세상에서 제일 클 것 같은 흰 구렁이를 봤다. 아이들 아우성에 친구 할머니가 뛰어나왔다. 할머니는 얼른 쌀 한 대접과 물 한 그릇을 떠다 항아리 뚜껑 위에 올려놓고 무언가 주문을 하며 연신 절을 했다. 할머니의 지극한 지성이 통한 것일까. 머리를 빳빳이 곧추세우고 마당 아래를 한참 내려다보던 구렁이는 순간에 똬리를 풀고 어디론가 스르륵 사라졌다. 이후 그 친구 집에 다시는 가지 않았지만 집을 지켜주는 구렁이의 모습은 잊히지 않는다.

　이젠 곳곳에 고택 기행을 다녀도 그런 무서움은 전혀 없다. 샤머니즘의 구전이나 전설 같은 이야기가 아니어도 각 집마다 수호신이 가정을 지켜주고 보호한다는 믿음을 이해했기 때문이다. 가통을 이어가는 근본과 가족들의 길흉화복을 비손하는 정성은 위난의 시대일수록 더 간절했을 것이다. 조상을 섬기고 영생을 돕는 존재로 성주처럼 구렁이는 집 안팎을 지켜주는 의지의 가신으로 여기지 않았을까.

세월이 흐르면서 사람 사는 모습도 고택의 이모저모도 바뀌었다. 우물은 상수도로 아궁이는 가스로 식솔 떠난 호젓한 집으로 많은 것들이 사라져간다. 그러나 아직도 바뀌지 않고 변하지 않는 것은 가풍의 명맥을 유지해 가는 고택 그대로를 보존하며 지켜가는 것이다. 그것이 기둥이다. 기둥마다 사람의 곧은 기개와 학풍의 향취가 묻어난다. 급물살 같은 변화의 세파 속에서도 굽이치는 옛길과 욕심보이지 않는 돌담 골목의 폭과 둥구나무의 품은 그대로 마을을 지키고 있다.

지리산 천왕봉 아래서 자연에 순응하는 품위가 겸양의 미덕을 가르친다. 깔끔한 단순함이다. 바람이 담을 넘나들고 앞 개울물 흐르는 소리가 대문 안으로 들린다. 대청마루에 앉아 일필휘지 난을 치고 곡차 잔 기울이던 올곧은 선비가 보고 싶다. 선비의 한적한 풍류에 화답하듯 쪽문 건너 마른 댓잎 사운댄다.

새순 발갛게 물 올리는 목단 꽃봉오리, 달빛처럼 벙글어 온 마을 비춘다는 목련나무, 단아한 정원의 이른 봄이 꽃사태 날 그날을 초연히 기다리고 있다. 서로를 배려하고 존중한 집의 간격과 각도, 꽉 채우지 않은 빈 마당, 높지도 낮지도 않은 맞배지붕, 사람의 온기 전하듯 화선지에 한 자 한 자 써 내려간 글귀, 천 년 먹의 흔적이 세도가의 곧은 결기로 집을 지킨다.

산간마을 고즈넉한 고도 따라 걷는 마음 적요하다. 유유자적 느리게 걷다 보니 이 집 저 집 살림살이와 주인의 사연이 궁금하다.

담장 안 백토 다져진 너른 마당, 저 집에는 누가 살았을까.

▌작품 – 『수필과비평』247호

지역성의 극복과 수필 문학의 새로운 가능성

들어가며

각 지역의 문학은 나름의 지역적 성격을 지니며, 이것은 지역 문학의 특성을 구성하게 된다. 일반적으로 지역 문학이란 지역의 종합적 이미지·사상·정서를 표현하는 지방 문학을 지칭한다. 따라서 지역 문학에는 특정 지역에 거주하는 사람들에게서 통용되는 감정 공간의 자연적이고 풍습적인 문화가 내재해 있다.

문학사적으로는 산업화가 진행되기 이전부터 지역과 농촌 생활에 바탕을 두고 발전한 문학이 지역문학 혹은 향토문학이라는 이름으로 발전해 왔다. 그 후 지역문학은 '지역성locality'의 이미지가 강조되면서 보수적 성격을 띠기도 했다. 근대 자본주의의 발전과 산업화로 인해 농촌의 봉건적이고 가부장적 질서가 해체되면서 사람들이 도시로의 이동은 활발해졌다. 도시화에 따른 이주민의 형성은 전통적인 시골과 고향의 불안정과 상실감을 고조시켰으며, 이른바 고향에 대한 향수가 중요한 문학의 소재가 되기도 했던 것이다.

그러나 지역 문학은 고향에 대한 단순한 향수 차원을 넘어서는 복잡한 맥락을 형성한다. 근대 산업화 과정이라는 특징과 연관된 지역 문학은 토속어와 토속문화에 대한 향수에 기반을 두면서 감성적 교감을 자극하는 중요한 문학적 성격을 지니게 되었다. 이는 산업화에 따른 개인의 파편화로 인한 정체성의 혼란을 극복하기 위해 자신의 안정성을 찾아가는 현대인의 상상적 감정이 지역성에 바탕한 지역 문학으로 발전하였음을 보여준다. 따라서 문화적 혹은 문학적 의미에서의 '지역주의' 또는 '지역성'은 한편으로는 한 지역의 일반적이고 원초적인 특성을 보여주고 있으며 동시에 집단적인 사회적 존재에게 주어진 보편적 성격을 파악할 수 있게 해준다.

이렇게 '지역성'은 오늘날 유행하는 세계주의의 문화 정치학에서 도시화와 국제화에 반하는 타자성을 강조하는 이슈이자 주제이다. 그렇지만 동시에 지역성을 강조하는 지역주의 문학은 다양하고 이질적인 문화 교류를 동시에 추구하고 수행하는 세계주의의 흐름에 부응해야 하는 과제를 안게 되었다. 우리가 국제화에 대한 반대개념으로 지역성을 바라본다면, 지역성은 단순한 지역적 특성을 넘어 인간 삶의 근본적 의미와 보편적 가치를 지녀야 한다. 말하자면 국제화와 다원화에 의해 획일화되어버린 지역 공간의 저변에는 다양성·장소성·소수성·일상성 등의 한계를 치유할 가치들이 내재해 있다는 점에서 지역성은 커다란 가능성의 공간이다. 한 지역과 지역성은 그 지역에 사는 사람들의 현실적 당면 문제를 진단하면서 지역적 삶의 태도와 공생의 장으로 작용할 수 있어야 하는 것이다. 따라서 특정 지역과 문학의 지역성은 보편성과 특수성으로 발전하여 한국문학 혹은 세계 문학의 특성으로 발전할 수 있게 되어야 한다.

요컨대 문학에서의 지역성은 자연스레 그 지역의 특수성을 대변하는 문학적 특성이 되지만, 동시에 이것은 한 지역의 문학적 특성에 한정되는 것이 아니고 다른 지역의 문화적 정서적 보편성으로 확산되어야 한다. 중요한 것은 지역 문학이 단지 한 지역의 문학으로 남아서는 진정한 의미에서의 문화적 보편성을 지닐 수 없다는 사실이다. 지역 문학이 세계문학으로서의 가능성을 끊임없이 모색하고 점검할 때, 그 지역 문학은 인문학적 감성과 정서의 충족을 위해 더 나은 모습으로 발전할 수 있다는 점이다.

이런 의미에서 우리 수필 문학도 새로운 가능성을 위한 검토를 요청한다. 그동안 우리 수필 문학은 일상성과 개인성에 갇혀 인간과 세상에 대한 진정한 문학적 전망을 이루지 못해왔다는 혐의에서 자유롭지 못해왔다. 앞으로 수필 문학의 문학적 인식과 성찰도 어느 특정의 지역성에 얽매이거나 개인성에 매달려 안주하지 말고 이를 극복하여 특수성과 보편성을 구축하고 세계화로 나아가야 한다는 중요한 과제를 안고 있다. 이를 위해서는 보다 폭넓은 문학적 인식과 전망의 필요성을 생각하고 이를 진지하게 표현하여야 한다. 밖으로는 수필 문학의 관습적인 개념틀에 의문을 제기하고, 그 틀을 안으로부터 새롭게 사유할 수 있는 가능성을 모색해야 할 단계에 이른 것이다.

다시 한 번 수필 문학이 내용과 형식의 양면에서 지역성의 범주에서 벗어나야 한다는 사실은 강조되어야 할 것이다. 수필은 코로나와 같은 질병과 지구 곳곳에서의 전쟁과 자연재해의 재앙적 현실에서 인간이 끝내 추구할 만한 진정한 삶의 가치가 무엇인가를 질문하고 답해야 한다. 그리하여 수필 문학은 욕망과 이기심으로 가득한 타락한 세상에서 우리가 어떻게 살아야 하는가에 대한 인간의 근원적 삶의 윤리를 체험하게 된다. 이는 작가들의 관심을 반영하는 일련의 사태 속에서 자신의 처지와 환경에 대한 복합적이고 다성적 목소리를 전 지구적 세계적 체험으로 제시함으로써 구현될 수 있다. 특히 오늘날의 수필은 많은 경우 일상적 개인적 체험에 매몰되어 있어 많은 독자는 낯선 세계가 가져다주는 시대와 장소를 초월하는 보편적 인간 가치에 대한 체험에 목말라 하고 있다. 새로운 세상에 대한 깊고 넓은 서사적 체험 없이 이러한 독자의 갈증을 만족시키기란 쉽지 않은 일이다.

오늘날 우리 문학에서 가장 활발한 움직임을 보이는 영역은 수필 분야이다. 그러나 수필 문학이 안고 있는 내용과 형식상의 구조적 한계는 여전히 극복되지 못하고 있는 실정이다. 수필 문학 특유의 문예지 중심의 문학 생산 구조는 많은 수필 작가들이 수필 창작에 주력하고 있음에도 불구하고 우수한 작가들의 자유로운 창작 가능성을 제한하고 있다. 수필 문학에 대한 현재의 관심과 애정이 장기적 추세로 이어지려면 해결되어야 할 문제점과 과제는 한둘이 아니다. 여기서 이에 대한 구체적 논의는 이 글의 범위를 벗어나는 것이지만, 거칠게나마 우리 수필의 세계화의 가능성은 지역 작가의 창작 인식의 전망 확대, 문학 창작을 위한 지속적이고 과감한 투자, 훌륭한 수필 문학 번역자의 양성, 출판 영역에 대한 네트워크 구축과 확장 등이 무엇보다 중요하다.

어쨌든, 이 글에서는 지역 문학 혹은 지역성의 주제를 지닌 강서의「돗제 하는 날」, 박용수의「무하정無夏亭 연가」, 이치운의「어부의 유택」을 읽으면서 단편적이나마 수필 문학의 새로운 발전 가능성을 모색해 보고자 한다.

강서의「돗제 하는 날」

「돗제 하는 날」은 제주의 '돗제'를 에피소드로 한 수필이다. 제주어로 돗은 돼지를 일컫는 말이다. 제주의 동네 어른들은 가정의 번영과 평안을 위해 돼지를 잡아 무당을 불러 제를 지낸다. 돼지는 열두 부위로 나누어 쟁반에 올리고, 돌레떡도 함께 제상에 오른다. 앞뒤가 없는 이 떡은 신을 달래는 의미로 둥글납작하게 만든다. 제를 집전하는 무당은 옛날부터 화자의 어머니가 자주 부르던 단골무당이다. 조왕제를 비롯해 많은 제를 지낸 큰무당이지만 세월의 그림자와 함께 잊힌 얼굴이 되어간다. 그들조차 세상을 떠나면 제주인의 무속 의식은 어디서 찾을 것인가.

제주에는 아직도 무속에 대한 존중이 여전히 존재한다. '절오백 당오백寺五百 堂五百'이라는 말처럼 제주 사람의 삶 속에는 다양한 무속신앙이 존재하고 있다. 특히 개인과 마을공동체의 안녕과 번영에 대한 기원이 담긴 무속신앙은 제주인의 생활 깊숙이 자리 잡고 있다. 원래 돗제는 마을 사람이 모여 본향당에서 지냈지만,

4·3사건이 나고부터 각자의 집에서 지내게 되었다고 한다. 그곳의 신목神木이나 주변은 신성시하며 고개 들어 바로 보지도 못했던 곳이다. 「돗제 하는 날」의 화자처럼 어릴 때부터 주의받아 아직도 본향당을 지날 때면 자신도 모르게 몸가짐을 바로 하게 된다. 신에 대한 정성은 곧 사람들의 삶을 가능케 하는 정신적 힘이었다. 화자도 나이가 들어감에 따라 옛날 풍속은 귀하게 느껴진다. 미신행위에 늘 반감을 품던 화자에게 어머니께서 "그렇게 정성들이니까, 요만큼이라도 사는 거여." 하던 말이 갈수록 실감나게 된다.

무속이 이루어지던 당堂은 오랫동안 제주 사람들의 안녕과 마을의 평안을 살펴주던 곳이자 마을을 신앙공동체로 묶어주던 소중한 장소였다. 제주의 무속신앙에는 무당과 인간 사이를 가로막는 벽이 없었다. 「돗제 하는 날」에서 잘 나타나듯이 무당과 인간은 제사를 지내면서 하나의 존재가 되어 교감한다.

> 돗제가 끝나갈 무렵, 무당은 제물로 올린 양푼의 쌀을 손가락으로 집어 톡 뿌린다. 남은 쌀알을 손바닥에 올려놓고 앞으로의 길흉을 알려준다. 우리는 점괘를 받는 이때를 무척이나 기다렸다. 가장 중요한 순간이다. 흰 수건을 쓰고 공손히 앉아 있는 어머니 모습은 두려워하는 것도 같았고, 아부하는 것도 같았다. 하지만 내용은 별다른 게 없다. 기껏해봐야 도둑 조심하라거나 서쪽으로 움직이지 말라는 등의 얘기다. 예지력이 있는 이에게서 듣는 얘기치곤 특별한 게 아니다. '내 그럴 줄 알았지.' 생각하며 이내 실망하고 만다. 그런데도 어머니께선 무당이 잠깐 비춘 말에 벌써 현혹되었다.

'돗제'는 제주에서의 독특한 지역적 삶과 인간의 상징적 의미가 담겨있다. 어느 지역이든 향토성과 특수성은 그 지역 문학의 특성과 과제를 논의하기 위한 중요한 단서가 된다. 따라서 어느 지역 문학의 특성과 의미를 논의하기 위해서는 먼저 그 지역의 역사와 문화, 자연환경과 주민들의 의식구조 등을 총체적으로 살펴보아야 하는 것은 당연한 일이다. 궁극적으로 문학이란 삶과 자연환경에 대한 인간의 주관적 반응이다. 이런 관점에서 제주 문학은 전국의 어느 지역 문학보다 향토성과 특수성을 지니고 있으며 그에 필요한 조건을 두루 갖추고 있다. 우리나라에는 건국 신화가 있듯이, 제주는 역사의 출발점을 암시하는 독특한 신화나 전설을 지니고 있으며 '설문대 할망'이라는 창조 신앙과 미신이 있다. 그래서 제주인은 자신들의 전설과 신앙에 의존하며 살아왔다.

또한 제주의 자연환경도 육지와는 전혀 다르다. 육지는 어디로나 쉽게 이동할 수 있는 '열린 공간'인 데 비해 제주는 섬 지역 특유의 '닫힌 공간'이라 할 수 있다. 육지와 섬, 섬과 섬이라는 관계 속에서 '이쪽과 저쪽'이라는 양분법적 인식이 이루어지면서 살아왔다. 제주인들은 바다와 섬의 한가운데에서 자신들의 문학정신을 키워왔다.

바람이 인다. 청보리가 파도처럼 일렁이고 밭 둔덕의 나무조차 가지를 내어 맡기려는지 몸을 유연하게 움직이기 시작한다. '저 큰 밭의 보리가 익지 말았으면, 유채도 절대 익지 말길…' 어린 시절 철없을 때 했던 생각이다.

동네에 농사짓지 않는 집이 없었다. 날만 새면 어른들은 밭에 갔고 아이들은 하교 후 거들어야 했다. 우리 마을은 만장굴과 그 부근 곶자왈에 고사리가 좋았다. 인공조림이 끝나 몇 년 되지 않은 '청년 소낭밭'이라는 곳은 우리 조무래기들이 잘 가는 고사리밭이었다. 마을과 들판 중간쯤에서 고사리 사는 사람들이 서넛 서 있으면 무게를 잘 쳐 줄만 한 사람에게 가서 팔았다. 바다엔 해산물도 풍부했다. 바다와 들이 우리들의 놀이터였다.

―「돗제 하는 날」의 '작가 메모'에서

이렇게 제주 사람들은 현실 저쪽의 세계를 이상세계 혹은 유토피아의 세계로 동경하면서, 이쪽과 저쪽 어디로도 쉽게 이탈하거나 전입하지 못하는 삶의 구조에 대해서 자책하며 살아왔다. 이를테면 제주도 전설 가운데 흔히 등장하는 '이어도'는 육지로의 탈출이 불가능하다는 것을 깨닫고 피안의 세상을 동경하는 심성에 의해 탄생한 설화이다. 이런 환경에서 탄생한 제주 문학은 독특한 문학적 특성을 지닐 수밖에 없었다.

그렇다면 제주 문학이 한국 문학 속에서 독자성을 확보하기 위해 해결할 과제는 무엇인가. 이제 과학기술의 첨단을 달리는 인공지능 시대에 제주 문학이 안고 있는 독특한 지역성은 불리한 조건으로 작용하는 것이 아니라 제주 문학의 도약을 위한 새로운 가능성을 지닌 순기능으로 작용할 수 있을 것으로 여겨진다. 이를 위하여 무엇보다도 제주 문인들의 의식구조의 다변화는 필수적이다. 앞으로 제주 문학이 보다 활성화되기 위해서는 단순히 제주인들의 삶과 인간이 단편적으로 제시되거나 제주 방언을 단편적으로 이용하는 작품이 생산되는 단계에 그쳐서는 안 될 것이다. 예컨대 제주의 4·3 사건과 같은 소재는 제주 문학은 물론 세계문학으로서의 콘텐츠의 무게를 지니고 있으며, 앞으로 이런 소재의 개발은 제주 문학이 안고 있는 과제라고 할 수 있을 것이다.

미래를 위한 제주 문학의 구상이 현재와 같은 지역성과 낭만성에 안주하고 있을 경우, 제주 문학이 지니고 있는 서정성과 저항성이라는 강점은 자칫 석화石化 되기 쉽다. 그런 점에서 「돗제 하는 날」에서 작가는 돗제를 통하여 제주의 독특한 지역의 삶과 인간의 모습을 제시하는 단계를 넘어서 보편적 인간성과 존재의 모습을 그려주고 있다. 닫힌 공간이라는 지리적·환경적 어려움을 극복하고 이를 장점으로 작가 정신이 새롭게 확장될 때야 제주 문학은 진정한 의미에서의 지역성을 발전시킬 수 있을 것이다.

박용수의 「무하정無夏亭 연가」

「무하정無夏亭 연가」은 섬진강 지역을 배경으로 하는 작품이다. 길이 212.3km의 섬진강은 지리산 남부의 협곡을 지나 경남과 전라남북의 도계道界를 이루면서 광양만으로 흘러 들어간다. 작가는 섬진강을 이렇게 묘사하고 있다.

강은 산을 놓기 싫은 모양이다. 깊숙한 골짜기를 자궁 삼아 튼실한 몸을 박고서 좀처럼 자리를 털지 못한다. 희미한 산 그림자, 은은한 살여울, 그리고 희뿌연 안개, 지리가 흘린

땀인지, 섬진이 풀어놓은 사정의 흔적인지……. 강과 산은 서로의 몸을 꼬아 애정을 확인하듯 이른 새벽부터 부산하다. 그렇게 산은 자식을 낳아 강으로 흘려보내고, 밤마다 몰래몰래 강은 산을 찾는가 보다. 비 오는 섬진강. 산을 적시고 난 비는 주린 강을 채우더니, 이내 유연하게 몸을 비틀어 유영한다. 비 젖은 강은 수줍은 양 더욱 촉촉하고, 발기한 산은 우뚝 솟아 한층 의기양양하다. 여름 하루는 이렇게 섬진에서 늦은 기지개를 켠다.

작품에서 때로는 사실적으로 때로는 의인화의 기법을 동원해가며 이루어지는 섬진강에 대한 묘사는 예사롭지 않다. 화자는 섬진강 강물을 따라 걷고 또 걸으면서 삶과 존재에 대해서 고민하고 성찰한다. 또한 강에서 먹고 잠을 자고 걸으며 섬진강에서 전개되는 풍경은 사치이고 햇볕과 바람은 덤이라고 생각한다. 무엇보다 걷다 보면 자기 성찰과 함께 삶에 대한 인식을 새롭게 이루게 된다. 구례구를 지나 강을 따라 내려가며 피아골을 지나 화개장터에 이르게 되면 지리산에는 금세 어둠이 내려온다.

섬진강은 그곳 사람들에게 곧 삶이며 존재 그 자체이다. 섬진강은 남도 사람들의 삶의 터전이면서 동시에 그곳에서 살아온 작가들이 절실한 문학적 세계를 형성하는 정신적 고향이다. 거기에는 함께 살아온 어머니와 친구가 있고, 꿈과 이상이 있다. 기나긴 세월의 섬진강 노을 속에 서 있는 바람 같은 사람들, 그들과 함께 떠내려가는 게 삶의 강물이다. 그 강물을 따라 사람들은 가정을 일구고 들판을 일구었다. 켜켜이 쌓이는 그늘을 헤치며 강을 따라 흘러간다.

「무하정無夏亭 연가」에서 잘 표현되고 있듯이, 섬진강은 순수한 자연의 아름다움만이 아니라 그 속에서 살아가는 사람들 삶의 일생을 모두 담아낸다. 섬진강에는 곧 삶의 진지함과 순박함이 담겨있다. 그 진지함은 일상을 벗어난 찬란함이 아니라 일상에 깊이 자리한 경험적 순수함을 의미한다. 광양 순천 사람들은 백운을 언덕 삼고, 담양 곡성 사람들은 지리를 구들 삼아 의지하고 기대며 살아왔다. 여기서 작가가 주목하는 것은 이곳 사람들에게 드리워진 역사의식이다. 이곳에 사는 사람들은 산에서 토벌대와 함께 지내면서 미운 정과 고운 정이 다 들었다.

햇볕 터지는 여름 섬진은 햇살은 수면도 모자라 섬진의 속살을 하얗게 드러낸다. 지리산은 수많은 계곡을 거느렸고, 그 계곡은 수많은 마을을 품고 있다. 이념이 무엇이길래 자신의 낙원을 건설하겠다면서 타인의 꿈과 삶을 짓밟고 죽였다. 작가의 말대로 무하정無夏亭은 여름이 없는 것이 아니라 무념정無念亭이었으면 좋았을 터이다. 인간의 삶과 무관하게 역사는 무심하게 흐른다. 세월이 아무리 흘러도 미완의 역사는 산과 강은 아픈 상처를 안고 얼룩지고 가파른 계곡을 거느리며 힘에 겹도록 신음하고 있다.

그렇게 섬진이 낳고 지리가 기른 사랑. 수려한 경관 산빛인지 물빛인지, 물결인지 산결인지. 이 어찌 아름다운 강산에 소용돌이 같은 굴곡의 역사가 흐를 줄이야! 오늘도 강은 푸르도록 아픈 역사를 싣고 흐르고 울먹이는 강을 바라보고 있는 산 또한 아픈 상처처럼 얼룩지고 가파른 계곡을 거느리며 힘에 겹도록 신음하고 있다. 스치는 물결, 흐르는 바람, 떠도는 낙엽 하나에도 서럽지만, 서로를 부둥켜안고 살았던 우리들의 역사가 점안點眼을 기다리고 있는 것을.

역사를 바라보는 작가의 시각은 다분히 서정적이다. 문학작품에서의 서정성은 예술적 표현의 한 양식을 의미하며, 이런 정서는 다양한 예술적 표현의 한 양상이다. 서정성은 시나 소설 혹은 수필과 같은 다양한 문학 장르에서 작가의 주관적 체험이나 정서를 서정적으로 표현하는 경향으로 나타나고 있지만, 주로 인간과 죽음과 자연 등을 제재로 삼아 내적인 감동을 표출시키는 경우가 많다. 이러한 서정성은 자연에 대한 작가의 강한 정서의 반응으로 나타난다. "스치는 물결, 흐르는 바람, 떠도는 낙엽 하나에도 서럽지만, 서로를 부둥켜안고 살았던 우리들의 역사"가 섬진강이며, 그곳은 사람들 삶의 근거이면서 존재 이유이다. 이렇게 작가들에게서 나타나는 문학적 심성은 삶의 근거에 대한 강한 서정성으로부터 우러나온다. 작가들이 자연을 사랑하고 자연으로부터 시적 제재를 얻어오는 것은 자연에 몸담고 사는 자들이 자기가 사는 곳의 정서와 아름다움을 표현하고자 하는 심리에 본질적 원인이 있다고 할 것이다. 이들은 자연의 서정성을 이미지화하거나 비유함으로써 이 세상과 존재의 모습을 그려내고자 하는 방식을 취한다.

서정적이든 서사적이든 한편의 짧은 수필에서도 우리는 한 지역의 삶과 역사를 읽게 된다. 「무하정無夏亭 연가」에서 섬진강에 대한 작가의 사유는 존재의 역사에 대한 회상으로 이루어진다. 한 시대를 대표하는 작가의 언어는 자신에게 말 걸어오는 역사에 대한 응답이며, 동시에 작가는 은닉한 채로 숨어 있는 역사에 대해 반응할 수밖에 없을 것이다. 따라서 역사에 대한 작가의 언어는 존재에 대한 언어와 다를 수 없다. 존재의 역사를 근거로 역사적 사유는 성립하기 때문이다. 고통스러운 과거의 역사조차 기억에 의해 빛을 발하는 것은 내밀한 작가의 영혼이 긍정적으로 외부 세계와 관계했다는 것을 의미한다. 현재이든 과거이든, 객관적 현실과 관계하고 있는 한에서 과거와 현재의 시간은 미래의 비전이 된다. 이런 의미에서 「무하정無夏亭 연가」는 섬진강이라는 지역적 배경을 바탕으로 인간과 역사라는 거대 담론에 대하여 수필 문학의 새로운 가능성을 보여주고 있다.

이치운의 「어부의 유택」

「어부의 유택」은 바다의 섬에서 아버지의 유택을 찾는 과정을 그리고 있는 작품이다. 아버지는 생전에 유택을 마련하기 위해 부지런히 발품을 팔았다. 불편한 몸을 동백나무 지팡이에 의지하고 섬 곳곳을 다녔다. 바닷섬 소리도는 대부분 절벽이고 바위투성이여서 묘터를 찾기란 쉽지 않았다. 섬에서 가장이 해야 할 일은 험하고 많다. 집안의 험한 가사노동, 절벽을 끼고 있는 벼랑 밭에 거름을 주어 농사짓는 일. 섬의 박토薄土를 가꾸어 밭으로 만드는 일이 모두 예사로운 일이 아니다. 포구에 해가 떠오르기 시작하면 갯벌은 밤새 입고 있던 해무 옷을 벗고 부드러운 잔물결과 햇살에 반사된 잔잔한 수면이 천천히 모습을 드러낸다.

누구에게나 "집은 생명과 영혼의 공간이다. 살아있는 사람에게 집이 있듯 죽은 사람에게도 집이 있다." 죽음을 경험해 본 적이 없는 사람이 자기 죽음을 준비하기란 불가능하다. 자신의 장례식을 상상하며 들어가 누울 관을 직접 짜는 사람이 삶에 대한 애착을 얼마나 내려놔야 죽음을 공포가 아닌 삶의 과정으로 생각할 수 있을까. 그러한 삶과 죽음의 과정은 바로 바다에 담겨 있다. 작가에 의해 그려지는 바다의 모습은 이렇다.

해무는 밤사이 작은 배를 지키기 위해 보초 임무를 다하고 흩어지는 유령들처럼 갯벌 속으로 은밀히 사라져 간다. 갯벌 깊숙이 박혀 있는 폐선은 모진 해풍과 바닷물이 삭혀 버린 선체를 훌훌 벗어 버리고 용골과 뼈대만 남아 있다. 어선도 거친 바다를 평생 누볐고 가족의 생계를 지켜준 동반자다. 노수부는 이 어선을 한 눈에 볼 수 있는 곳을 찾은 것이다. 아버지는 자유롭지 못한 발을 절뚝이면서 가파른 비탈길을 올라 거친 땅을 다듬었다.

작중에서 노수부로 상징되고 있는 아버지는 유택의 터를 다듬으며 섬 곳곳에 눈길을 준다. 어부로 사셨던 아버지는 칠십 평생을 하루하루의 일과를 더듬어 유택을 위한 나무와 돌을 찾았을 것이다. 바다에서 아버지의 삶은 흡사 삶 이후의 주검을 누일 유택을 마련하는 것과 같았다. 바다에서의 삶이란 어차피 죽음과의 대면이다. 삶과 죽음의 투쟁을 연속하며 살아가는 것이 바다의 삶이다. 그리하여 아버지가 유택이 들어설 터를 신중히 물색했던 것처럼 언젠가 때가 오면 맞이하게 될 죽음을 준비한 것인지 모른다.

「어부의 유택」에서 바다와 섬이라는 지역성은 일차적으로는 장소와 공간이라는 의미를 지니는 곳이다. 이런 장소와 공간은 독자의 일차적 시선을 끄는 지역 이미지가 설정된 곳이다. 작가는 문학적 회화적 이미지를 표출할 수 있는 곳으로서의 장소를 다양하게 묘사하고 있으며, 이는 작품에서 등장하는 자연적 환경, 즉 섬, 바다, 바람으로 나타난다. 특히 섬의 공간은 바다와 긴밀한 공간이다. 작가는 섬과 바다를 자기 삶의 터전으로 육화(肉化)한다. 이러한 자연적 지리적 환경은 사람들의 삶의 토양이면서 동시에 죽음의 터전이다. 그래서 「어부의 유택」에서 작가는 이런 지역적 환경을 텍스트로 표현함으로써 삶과 죽음의 보편성에 대한 질문을 던진다. 이것은 닫힌 문학세계가 아니라 삶과 죽음이라는 열린 문학으로 나아가고자 하는 특성을 이루게 된다.

파도는 노수부의 이승에서 마지막 길을 배웅하려고 점잖게 하얀 상복을 입었다. 아버지를 유택에 모시는 날 꽃상여를 맨 젊은 뱃사람들과 섬은 노수부의 죽음을 슬퍼하지 않았다. 그들은 평소 아버지가 자주 찾던 호리병 포구를 돌면서 망자가 누워 있는 관을 메고 배가 파도를 타고 넘는 듯 둥실 둥실 춤을 추었다. 먼 바다에서 날아온 갈매기들이 합창하듯 노래하고, 해풍이 불어와 상여에 매달려 있는 종이 봉황을 더 높이 날게 했다. 갯벌도 감추었던 비린내를 한껏 품어냈다. 뱃사람들과 갈매기와 해풍과 갯벌은 꽃상여가 유택으로 가는 길이 엄숙할 필요가 없다고 생각했을까.

아버지의 주검을 담은 꽃상여가 유택으로 갈 때도 아들은 슬퍼하지 않았다. 유택으로 정한 아버지의 속마음을 잘 알기 때문이다. 작품에서 인간과 바다는 생존의 의미와 더불어 훌륭한 조화를 이룬다. 바다 속에서 치열하게 살아가는 노수부의 이야기는 바다와 생존의 의미를 일깨우는 역할을 한다. 이는 흡사 서양 문학에서의 「노인과 바다」와 「백경」 같은 작품을 연상시킨다. 「노인과 바다」의 노인처럼, 「어부의 유택」에서도 노수부는 삶과 죽음, 창조와 파멸을 동시에 보여준다. 몸은 만신창이가 되도록 지쳤고, 물고기는 뼈밖에 남지 않았지만, 노인은 위대한 '인간 승리'를 한 것이다. 「노인과 바다」에서 노인은 인간이 패배하도록 창조된 게 아니다. 인간은 파멸당할 수 있을지언정, 패배할 수는 없다고 말한다. 마찬가지로 「어부의 유택」에서 노수부는 바다에서 삶과 죽음의 의미를 동시에 일구어내며 바다에서 삶과 죽음은 공존한다. 노수부는 생동하는 바다에서 삶과 죽음을 함께 읽는다. 포효하고 묵언하는 바다, 물과 바람 속에서 아득한 세월의 흐름을 바다는 담고 있다.

작가들에게서 바다는 생명의 원형으로 상징되면서 깊은 의미를 지닌다. 바다는 삶의 원형적 심상을 환기한다. 그리하여 바다는 끈질긴 생명의 원천이자 생명력의 자양인 자궁의 의미를 문학적 차원의 표상으로 보여주는 이야기들이 펼쳐진다. 「어부의 유택」에서처럼, 그 깊은 바다와 섬에서 사람들은 몸을 맡길 유택을 찾기 위해 요동치는 바다 한가운데로 나아가고 있다.

개성과 작가 정신을 갖춘 훌륭한 작품을 쓴다는 것은 제한된 개인과 집단의 차원에서 벗어나고 그것을 초월한 보편성의 기초 위에 선다는 것을 의미한다. 그럼으로써 그 작품은 시간과 공간을 넘어서 초시대적으로 오랫동안 존재할 수 있게 된다. 이런 특성을 지닌 작품이야말로 바로 지역성의 한계를 넘어 세계 문학이 될 수 있는 가능성을 향해서 나아갈 수 있게 된다.

맺으며

오늘날 문학은 다른 어떤 학문이나 예술보다도 유동적이고 가변적인 성격을 지닌다. 작금의 문학 창작과 연구는 엄청난 속도로 진화하면서 문학과 문화 그리고 언어 모두를 포괄하는 거대한 학문으로 나아가고 있다. 따라서 앞으로 문학 창작과 연구의 모든 면에서 국제화 시대에 문학의 특수성과 보편성을 동시에 고려하면서 그 외연을 넓히고 깊이를 더해가야 할 것이다.

그런 의미에서 우리의 수필 문학도 제한된 지역성과 일상성을 넘어 새로운 단계로 나아가야 할 것임이 분명하다. 그러기 위해서는 우선 수필 문학이 진정한 독창적 정신이 어떤 것인가를 위한 깊은 사색이 필요하다. 이제까지 수필 문학은 지나치게 일상성과 지역성에 빠져 폐쇄적인 동어반복의 논리에 집착해 왔다. 이제 수필 문학은 더 깊고 넓은 삶의 현실에 관심을 가질 수 있는 인간과 역사의 특수성과 보편성을 총체적으로 밝힐 수 있는 문학으로 변모해야 한다. 그러기 위해서는 진정한 인간과 역사, 역사와 세계의 의미를 규명하고자 하는 노력이 필요하다.

최근 들어 문학의 지역성과 세계화를 위한 문제는 한국 문단에서 여러 모습으로 제기된 바 있다. 이 글의 기본적 의도도 바로 그러한 문제 제기의 연장선에 있다. 이제 수필 문학의 특성과 가치를 새롭게 재조명하는 일은 곧 우리 문학 속에서 수필 문학의 정체성을 새롭게 설정하는 일과도 맥락을 같이 하는 것이다. 앞서 살핀 강서의 「돗제 하는 날」, 박용수의 「무하정無夏亭 연가」, 이치운의 「어부의 유택」은 지역 문학 혹은 지역성의 한계를 넘어서 인간 존재와 삶의 보편적이고도 세계적인 주제를 구현하기 위한 노력을 하는 작품이라 할 수 있다. 이런 논의는 단순히 수필 문학의 지형학을 궁리하는 일일 뿐만 아니라 수필 문학의 미래를 새롭게 재정초하기 위한 예비적 성격을 갖는 것이라는 점을 강조한다.

▌작품론 – 『수필과비평』 249호

| 작품 |

돗제 하는 날

강서

 돗제 구경을 했다. '김녕·월정 지질 트레일' 행사를 할 때였다. 만남의 광장 넓은 마당에서 멍석을 펼쳐 돗제를 하고 있었다. 제를 집전하는 무당은 옛날부터 어머니가 자주 부르던 단골무당이다. 세월의 그림자가 깃들었지만 오랜만에 보는 얼굴이라 반갑다. 조왕제를 비롯해 많은 제를 지내준 그녀는 큰무당이 되어 매스컴에도 자주 오르내린다. 무형의 유산을 간직한 이가 대우받아야 하는 것은 당연하다. 그들조차 세상을 떠나면 제주인의 무속 의식은 어디서 찾을 것인가.
 돗은 돼지를 일컫는 말이다. 동네 어른들은 가정의 번영과 평안을 위해 돼지를 잡아 무당을 불러 제를 지냈다. 돼지는 열두 부위로 나누어 쟁반에 올린다. 이때 돌레떡도 함께 제상에 오른다. 앞뒤가 없는 이 떡은 신을 달래는 의미로 둥글납작하게 만든다.
 이날, 행사가 끝나고 나서 관객들은 온기가 남아있는 고기와 돗죽, 돌레떡도 푸짐하게 먹을 수 있었다. 돗죽은 돼지고기를 삶은 육수에 모자반과 쌀, 고기와 내장 등을 넣어 끓인 죽인데 맛이 일품이다.

우리 집도 돗제를 지낸 적이 여러 번 있다. 보통 오후에 했다. 무당은 한두 시간 전에 오는데 몇 명의 악사도 따라온다. 그러면 분위기는 사뭇 경건해진다. 말은 조용조용히 해야 하고, 걸음은 사뿐사뿐 걸어야 한다. 이울어 가는 햇빛과 어머니의 분주한 몸놀림이 주던 정서를 지금도 잊을 수 없다.

부엌에는 친척 몇 분이 장작을 때고 있다. 매캐한 연기에는 잘 익은 돼지고기 냄새가 배어 있다. '저 많은 고기도 금방 사라져버리겠지.' 아쉬운 마음이 든다.

학교에서는 '가정의례준칙'이라는 단어를 앞세워 무당 부르는 일을 하지 못하도록 교육했다. 그래서인지 어린 마음에 어른들 돗제 지내는 것이 헛일처럼 보였다. 제물로 바칠 흑돼지는 일 년 가까이 길러야 한다. 돼지 한 마리 값은 큰돈이다. 아깝다는 생각이 든다.

돗제를 앞두고는 온 가족이 부정한 것을 보지 말아야 하고, 먹지도 말아야 한다. 이것을 '정성 들인다'라고 표현했다. 삼사일 전부터는 대문에 왼새끼로 꼰 금줄을 치고 몸과 마음을 정히 가져야 한다.

돗제는 무당이 집으로 들어서며 금줄을 걷어치우는 것으로 시작된다. 그러면 마음을 동여맸던 밧줄이 시원하게 풀어지는 것 같은 해방감을 느꼈다.

무당은 마루 한쪽에 앉아 다라니를 가위로 오린다. 나중에 불에 사를 것이다. 그러는 동안 우리는 가까운 집들을 방문한다. "오늘 우리 집에 돗제 하는 날이니 오세요."라는 초대의 말을 하러 다니는 것이다. 제가 끝나고 동네 사람이 오면 고기와 돗죽을 대접한다.

오지 못한 집은 음식을 나누었다.

드디어 징소리가 났다. 큰 쟁반에 고기를 부위별로 진설하고 신을 부른다. 무당의 타령이 시작된 것이다. 중간에 '할머님 즈손'이라는 말이 나오길 기다린다. 다음에는 우리 집 주소, 식구의 이름이 불린다. 어디에 사는 누가 제를 올리는 것이라고 아뢰는 것이다.

돗제가 끝나갈 무렵, 무당은 제물로 올린 양푼의 쌀을 손가락으로 집어 톡 뿌린다. 남은 쌀알을 손바닥에 올려놓고 앞으로의 길흉을 알려준다. 우리는 점괘를 받는 이때를 무척이나 기다렸다. 가장 중요한 순간이다. 흰 수건을 쓰고 공손히 앉아 있는 어머니 모습은 두려워하는 것도 같았고, 아부하는 것도 같았다. 하지만 내용은 별다른 게 없다. 기껏 해봐야 도둑 조심하라거나 서쪽으로 움직이지 말라는 등의 얘기다. 예지력이 있는 이에게서 듣는 얘기치곤 특별한 게 아니다. '내 그럴 줄 알았지.' 생각하며 이내 실망하고 만다. 그런데도 어머니께선 무당이 잠깐 비친 말에 벌써 현혹되었다.

"세상에, 작년에 걱정거리 있었다고 하는 것 봐라. 어떻게 그런 걸 다 알지? 정말 잘 알아맞히는구나." 하며 놀라워하신다. 농사를 지으며 자식 넷을 키우는 어머니에게 걱정거리가 없는 날은 거의 없다. 하다못해 비가 많이 와도 걱정, 적게 와도 걱정이었다. 며칠 동안 점괘가 어떻게 나왔는지 궁금한 동네 아낙들의 발길이 이어질 것이다.

무당은 제에 올렸던 돈과 크게 토막을 낸 고기를 들고 돌아갔다. 동네 어른들 대접을 끝내고 나니 고기는 어느새 조금밖에 남지 않았다. 솥의 돗죽도 바닥을 드러내었다. 슬며시 심술이 났다. 들으라는 듯 투덜거렸다.

"애기 무당이라 그런지 뭔가 좀 부족하더라. 아직 타령도 다 외우지 못했던데." 그날은 그녀가 세습무가 된 후 우리 집에서는 처음으로 제를 지낸 날이었다. 어머니의 얼굴은 사색이 되었다. "아니, 이게 뭔 부정 타는 소리고." 무척 노하신 모습이다. 하지만 벼르던 일을 무사히 끝내고 나서인지 꾹 참는 표정이 역력하다. 죄송한 마음에 고개를 숙이고 자리를 뜬다. 빈 그릇이 가득한 설거지통 쪽으로 걸음을 옮긴다.

원래 돗제는 마을 사람이 모여 본향당에서 지냈다. 4·3사건이 나고부터 각자의 집에서 지내게 되었다고 한다. 그러니 그곳의 신목神木이나 주변을 얼마나 신성시했는지 모른다. 고개 들어 바로 보지도 못했던 곳이다. 어릴 때부터 여간 주의를 받지 않아서인지 아직도 본향당을 지날 때면 나도 모르게 몸가짐을 바로 하게 된다.

큰아이가 어렸을 때였다. 며칠간 열이 내리지 않았다. 해열제도 크게 도움이 되지 않았다. 나의 원초적 정서는 어머니여서 그랬을까. '제물을 차려 신당에 다녀와야 하나.' 하는 생각이 들었다. 어릴 때는 그렇게 싫어했던 것인데 나도 모르게 그런 마음이 든 것이다.

그때 알았다. 병원도 약도 흔하지 않은 시절, 천지신명께 비는 마음으로 사 형제를 키웠을 어머니의 심정을…. 그리고 당신의 신앙을 존중해드리지 못하고 얕잡아 본 것을 아프게 반성했다.

나이가 들어감에 따라 옛날 풍속이 귀하게 느껴진다. 미신행위에 늘 반감을 품던 내게 어머니께서 하시던 말씀이 있다.

"그렇게 정성 들이니까, 요만큼이라도 사는 거여."

▌작품 - 『수필과비평』 249호

| 작품 |

무하정無夏亭 연가

박용수

새벽 섬진강

강은 산을 놓기 싫은 모양이다. 깊숙한 골짜기를 자궁 삼아 튼실한 몸을 박고서 좀처럼 자리를 털지 못한다. 희미한 산 그림자, 은은한 살여울, 그리고 희뿌연 안개, 지리가 흘린 땀인지, 섬진이 풀어놓은 사정의 흔적인지……. 강과 산은 서로의 몸을 꼬아 애정을 확인하듯 이른 새벽부터 부산하다. 그렇게 산은 자식을 낳아 강으로 흘려보내고, 밤마다 몰래몰래 강은 산을 찾는가 보다.
 비 오는 섬진강.
 산을 적시고 난 비는 주린 강을 채우더니, 이내 유연하게 몸을 비틀어 유영한다. 비 젖은 강은 수줍은 양 더욱 촉촉하고, 발기한 산은 우뚝 솟아 한층 의기양양하다. 여름 하루는 이렇게 섬진에서 늦은 기지개를 켠다.
 강은 계곡을 만들고, 계곡은 또 산을 만든다. 섬진에서 강은 물과 돌로 낮게 흐르고, 지리에서 산은 달과 별로 높게 솟는다.

그렇게 각기 떨어져 그리워하다 남녘의 봄바람으로 살랑살랑 꼬리를 흔들면, 무뚝뚝하게 투정을 부렸던 지리는 거기 매화 한 잎 연서처럼 섬진의 볼 위로 띄워 보낸다.

無夏亭

구례구를 막 벗어난 물줄기가 구례로 줄달음치기 위해 힘차게 휘돌아 가는 원방 사구砂丘 팽나무 그늘에 고아한 정자 하나.

'此間景觀何處在.'

늙은 팽나무, 신나는 말매미, 휴지처럼 구겨진 몸을 기둥에 맡긴 사람들, 앞산을 보는지 흐르는 강을 보는지 분명치 않은 시선, 그윽한 눈매,

분명치 않았던 안개 같은 순간, 이쪽과 저쪽 그 어느 쪽도 선택하지 않았다는 이유로 비겁한 회색빛 옷을 입고 살아온 시간, 강도 아니고 산도 아닌, 그 어느 쪽도 선택할 수 없었던 대가로 인해, 선택한 사람들보다 더 힘겹게 살아온 목숨, 차라리 죽음보다 더 질긴 시간, 산이 강이고 강이 산이듯, 이즘보다 늘 인간을 먼저 생각했던 그들의 낮고 지혜로운 시간의 소용돌이, 부초처럼 흐르고 낙엽처럼 켜켜이 쌓아온 삶.

노인은 이리저리 나를 훑어보더니 마을 앞에 우뚝 솟은 산을 가리킨다.

"쩌 앞 동해에는 농사를 지으러, 우리 원방에서는 나무하러 왔다 갔다 했제."

배가 있었단다. 둘째가 중학교 다닐 때까지니까 20년도 넘었다는 것이다. 어찌 물이 맑았던지 그땐 이 물로 밥을 해 먹었다며 유장하게 흐르는 물로 시선을 옮겼다.

다 못생긴 탓인가. 이럴 때, 일명 촌놈처럼 생긴 내가 밉지 않다. 노인은 해묵은 친구를 대하듯 묻지도 않은 나의 질문에 연방 신이 나서 이야기를 계속한다.

밤이면 윗동네 아랫동네 남녀노소 없이 모래사장에 앉아서 놀았단다. 커다란 수박은 물론 감자와 강냉이를 집집이 가져와서 나누어 먹었단다. 그래서 누구 집 음식 맛은 물론 부엌 사정까지 손바닥 보듯 했다는 것이다.

그 해는 유독 가뭄이 심했단다. 아침이면 집집이 굶어 시체가 산을 이뤘고, 곡성이 끊이지 않았단다. 노인도 일주일째 겨우 물만 먹고 버티는데 온 세상이 누렇게 보이더란다. 이제 정말 죽는구나 싶어 온 힘을 내서 부엌에 가보니 훈기가 있더란다. 거참 이상하다 하고 솥뚜껑을 열어보니……. 노인은 말꼬리를 흐리고 눈물을 훔쳤다. 없이 살면서도 정은 마르지 않았던 시절이었단다.

"정말 나 먹기도 심든 시상이었제……."

노인은 지그시 고개를 돌리고 만다.

파란 강물, 파란 능선, 파란 하늘.

"이것이 백운白雲이고 왼쪽이 지리智異라네. 우리나라로 치자면 낭심에 해당하것제!"

광양 순천 사람들은 백운을 언덕 삼고, 담양 곡성 사람들은 지리를 구들 삼아 의지하고 기대며 살아왔다는 것이다. 미운 정인지 고운 정인지, 그래서 진흙땅엔 군화 자국이, 눈길엔 산사람의 발자국으로 수를 놓았단다. 첫째는 산으로, 둘째는 토벌대로 보냈던 세상이었단다.

햇볕 터지는 여름 섬진, 햇살은 수면도 모자라 섬진의 속살을 하얗게 내 비춘다. 지리는 수많은 계곡을 거느렸고, 그 계곡 또한 수많은 마을을 품을 만큼 넉넉했다. 토벌대에 쫓긴 진석이나 오빠를 찾아 나선 미숙이가 만난 것도 무더운 여름 탓 아니겠는가. 폭염에 짬을 내 어둠 속에 몸을 숨기고 조심조심 찾아든 개울.

"애구머니나!"

달빛에 순간 드러난 진석이의 튼실한 알몸, 어찌 이웃마을 총각을 보고 아가씨가 입조심을 하지 않았겠는가. 성숙해버린 몸 탓인가. 이미 피할 곳도 그럴 의사도 없었던 것을.

그렇게 섬진이 낳고 지리가 기른 사랑.

수려한 경관

산빛인지 물빛인지, 물결인지 산결인지.

이 어찌 아름다운 강산에 소용돌이 같은 굴곡의 역사가 흐를 줄이야!

오늘도 강은 푸르도록 아픈 역사를 싣고 흐르고 울먹이는 강을 바라보고 있는 산 또한 아픈 상처처럼 얼룩지고 가파른 계곡을 거느리며 힘에 겹도록 신음하고 있다.

스치는 물결, 흐르는 바람, 떠도는 낙엽 하나에도 서럽지만, 서로를 부둥켜안고 살았던 우리들의 역사가 점안點眼을 기다리고 있는 것을

▎작품 - 『수필과비평』249호

| 작품 |

어부의 유택

이치운

집은 생명과 영혼의 공간이다. 살아있는 사람에게 집이 있듯 죽은 사람에게도 집이 있다. 그곳은 서럽고 서늘하고 적막하지만 서로를 걱정하는 정과 배려가 있다.

한 번도 죽어본 경험이 없는 사람이 자신의 죽음을 준비하기란 불가능하다. 자신의 장례식을 상상하며 들어가 누울 관을 직접 짜는 사람들이나, 자신이 묻힐 자리를 미리 정해야 하는 담담함은 삶에 대한 애착을 얼마나 내려놔야 가능할까. 언제 올지 모르지만 죽음을 공포가 아닌, 언젠가 통과해야 할 삶의 과정으로 생각해야 가능할까.

아버지는 생전에 당신의 유택을 마련하기 위해 부지런히 발품을 팔았다. 명절에 내가 섬을 찾아가면 아버지는 불편한 몸을 동백나무 지팡이에 의지하고 섬 곳곳을 다녔다. 소리도는 대부분 절벽이고 바위투성이여서 묘 터를 찾기는 쉽지 않았다.

아버지가 유택을 선택하는 조건은 까다롭지 않았다. 땅속에 누워있어도 늙은 아내의 거동을 살필 수 있는 집 마당을 볼 수 있어야 하고, 갯벌 포구에 용골龍骨만 남아 있는 어선을 볼 수 있는 곳이어야 했다.

　섬에는 가장이 해야 할 일이 험하다. 남정네가 없는 집안은 안사람이 그 일을 대신하지 않으면 가정을 꾸려나갈 수 없다. 측간에 오물을 정리해 절벽을 끼고 있는 벼랑 밭에 거름을 져내어 농사를 짓는 일, 추수한 보릿단이나 고구마 가마를 머리에 이고 벼랑길을 오르내리는 일, 쟁기 날이 흙을 곱게 먹지 못할 만큼 박토薄土인 자갈 보리밭을 갈아 눕히는 일, 이런 일들을 저승에 있는 나를 대신하는 아내의 일거수일투족을 지켜봐야 한다는 것이었다.

　호리병 포구에 해가 떠오르기 시작하면 갯벌은 밤새 입고 있던 해무 옷을 벗고 부드러운 잔물결과 햇살에 반사된 잔잔한 수면이 천천히 모습을 드러낸다. 해무는 밤사이 작은 배를 지키기 위해 보초 임무를 다하고 흩어지는 유령들처럼 갯벌 속으로 은밀히 사라져 간다. 갯벌 깊숙이 박혀 있는 폐선은 모진 해풍과 바닷물이 삭혀 버린 선체를 훌훌 벗어 버리고 용골과 뼈대만 남아 있다. 어선도 거친 바다를 평생 누볐고 가족의 생계를 지켜준 동반자다. 노수부는 이 어선을 한눈에 볼 수 있는 곳을 찾은 것이다.

　아버지는 자유롭지 못한 발을 절뚝이면서 가파른 비탈길을 올라 거친 땅을 다듬었다. 쓰러진 돌담을 다시 쌓고, 흙속에 박혀 있는 돌을 파내고 땅가시나무와 칡넝쿨의 잔뿌리까지 걷어냈다. 시골 사람은 이 식물들이 번식력이 얼마나 대단한지를 안다. 자식들의 수고스러움을 조금이나마 덜어 주려고 유택이 들어설 터를 미리 고른 것이다. 밭 귀퉁이에 산 더덕 뿌리를 캐와 심고,

주황색 꽃이 피는 원추리 뿌리를 바위틈에서 캐어오고, 흰 꽃이 피는 어린 동백나무를 터 모퉁이에 가지런히 심었다. 자식들과 손주들이 이곳에 왔을 때 볼거리와 먹거리가 있어야 한다고 생각하셨을까. 아버지는 영전을 집안 정원처럼 다듬고 가꾸었다. 한 해가 지나면서 푸슬푸슬 뭉쳐지지 않던 흙에 생기가 돌기 시작했다.

아버지는 유택의 터를 다듬다 잠시 쉬면서 섬 곳곳에 눈길을 주었을 것이다. 절벽 바위틈에 둥지를 튼 새끼에게 먹이를 물어다 주려고 거친 파도 속으로 활강하는 물수리를 보았을까. 뱃길을 재촉하려고 당신을 깨웠던 새벽 해풍 소리를 마음 깊숙이 담고 있었을까. 어부로 사셨던 아버지는 칠십 평생을 하루하루의 일과를 더듬어 유택의 나무와 돌로 구현하려 했을 것이다.

병원에 입원한 아버지는 소장 절제 수술을 받은 후 2주가 지나자 패혈증 증세로 대장이 괴사되었다. 회생할 가망이 없다 했다. 가족이 동의하면 산소 호흡기를 뗄 수도 있다고 말했다. 하루 병원비가 수십만 원씩 들어가는 상황에, 집안 어른들은 산 사람은 살아야 하니 의사의 제안을 고려해보라고 했지만 자식들은 일언지하에 거절했다. 당신이 살아갈 숨을 가지고 태어난 것처럼 바다로 돌아갈 숨 역시 당신이 직접 거두는 엄중한 권리를 지켜드리는 것이 도리라 생각했다. 마지막 숨은 누구도 대신 거두어 갈 수 없다. 평생 숨을 붙들어온 당신만이 가능하다. 아버지는 그렇게 숨을 거두어 가셨다.

아버지는 어부의 삶을 평생 업으로 삼았다. 늘 목숨을 바다에 맡기고 살았으니 죽음을 대단한 것이라고 여기지 않았다. 노수부는 무덤으로 들어가는 일이 죽는 것이 아니라 어머니의 자궁과 같은 모태母胎로 돌아가는 일이라고 생각했을 것이다.

파도는 노수부의 이승에서 마지막 길을 배웅하려고 점잖게 하얀 상복을 입었다. 아버지를 유택에 모시는 날 꽃상여를 맨 젊은 뱃사람들과 섬은 노수부의 죽음을 슬퍼하지 않았다. 그들은 평소 아버지가 자주 찾던 호리병 포구를 돌면서 망자가 누워 있는 관을 메고 배가 파도를 타고 넘는 듯 둥실둥실 춤을 추었다. 먼 바다에서 날아온 갈매기들이 합창하듯 노래하고, 해풍이 불어와 상여에 매달려 있는 종이 봉황을 더 높이 날게 했다. 갯벌도 감추었던 비린내를 한껏 품어냈다. 뱃사람들과 갈매기와 해풍과 갯벌은 꽃상여가 유택으로 가는 길이 엄숙할 필요가 없다고 생각했을까.

아들 역시 슬퍼하지 않았다. 유택으로 정한 당신의 속마음을 알기에. 집 마당이 훤히 눈에 들어오고, 함께 바다를 누볐던 작은 어선을 볼 수 있어 좋다고 미소 짓던 모습을 보았기에. 아버지가 유택이 들어설 터를 신중히 물색했던 것처럼 그 시기가 오면 나는 어떤 터를 선택해야 할까.

▎작품 - 『수필과비평』 249호

시인은 숲으로 가야 한다
— 생명의 글쓰기를 위한 모색

들어가며

　문학적 글쓰기란 글쓰기 주체가 타자와 이루는 소통의 과정이라 할 수 있다. 따라서 작가는 더 넓은 인생과 세계와 교통을 이루면서 진정한 문학적 성취를 이루고자 하는 것은 당연한 일이다. 이를테면 오늘날 시인과 작가들이 인간과 세상, 인간과 자연이 당면하고 있는 고통과 슬픔을 함께 나누고 공감할 때 문학적 인식과 글쓰기의 지평은 더욱 넓게 열리게 될 것이다. 지금 우리는 거칠고 사나운 한 시대를 관통하고 있다.
　이 암울한 시대 앞에서 인생과 세계를 보는 기존의 방식과 가치들은 그 적실성을 상실하고 있으며, 또 다른 문학 이해와 글쓰기의 방법이 요청되고 있다. 혼돈의 시대에는 그것을 이겨낼 수 있는 전복의 문학적 사유와 인식을 이루어야 한다. 그리하여 우리는 신화로 가득 찬 지난 시대의 성전聖殿을 붕괴하고 새로운 삶과 글쓰기를 위해 경배해야 한다.

고도 정보와 자본의 원리에 의해 영위되는 삶의 양태는 갈수록 인간 영혼과 정신을 압도하는 상황이다. 우리 시대의 문학이 직면하고 있는 부정적 정황은 안개 속의 항해같이 한 치 앞을 내다볼 수 없는 현실이다. 물신화나 기술화에 의해 지배되는 상황에서 지루한 일상성과의 싸움은 더욱 미래를 예측하기 힘들게 한다. 그러나 언제나 문학은 기술과 물신의 위세에 예속한 적이 없기 때문에 그러한 삶의 상황에 비판적으로 맞서 저항할 수 있는 것도 문학적 상상력과 정서의 힘이다.

이런 상황에서 무엇보다 절실히 요구되는 것은 원초적인 자연의 운행원리를 표상하는 생태적 삶의 질서와 가치를 새로운 시각으로 바라보는 일이라고 할 것이다. 또한 이같은 문학적 상상력과 정서는 생명 가치의 구현을 통해 새로운 삶의 출구를 찾기 위한 노력에 다름아니며, 이는 곧 반생명적인 문명 질서를 극복함으로써 새로운 미적 가능성을 제시하는 것이라 할 수 있다. 이런 노력은 영국의 시인이며 평론가였던 T.S. 엘리엇 같은 사람에 의해 이미 오래전에 이루어진 바 있다.

엘리엇은 1920년에 출간된 첫 평론집 『거룩한 숲The Sacred Wood』에서 문학의 생태적 기능과 역할을 이야기 한 바 있다. 20세기 문학 비평의 '성서'(the sacred book)라고 불린 이 책의 재판 서문에서 엘리엇은 시(문학)의 본질적인 유기체론을 주장하고 있다. 엘리엇은 시는 그 자체로서 생명을 가진 것으로 보아야지 다른 어떤 실체로 보아서는 안 된다고 강조한다. 시는 다른 도구나 이용 대상이 아니라 그 자체로 존재하는 하나의 생명체이다. 이 말은 시가 도덕과 정치, 혹은 종교와 사회를 위해 봉사하는 것이 아니라 생명을 지닌 유기적 개체로 인정되어야 한다는 것이다. 말하자면 엘리엇에게 시는 식물과 같은 살아있는 유기체이다.

우주의 에너지를 받아 대지의 뿌리와 줄기를 만들어 내고, 물과 양분을 끌어 올리고 광합성 작용을 통해 모든 생명체의 먹이인 엽록소를 만들어 낸다. 이는 흡사 한 편의 시가 언어를 통해 창조되는 과정과도 유사하다는 의미에서 문학작품은 하나의 생명체라고 해도 과언이 아니다. 이렇게 하나의 생명체인 문학을 통해 사람과 자연은 서로 소통하고 교류하게 된다(T. S. Eliot, The Sacred Wood: Essays on Poetry and Criticism, 참조).

엘리엇의 주장에 기대지 않더라도 문학은 자연 속 하나의 생명체와 같이 그 책무는 생태적 상상력과 교육을 통해 인간과 세상을 구원할 수 있게 된다. 자연과 생명을 주고받으면서 상호침투적이고 소통하면서 관계의 망을 형성하는 동식물과 같이 문학은 바로 자연의 생태학적 존재 방식과 다르지 않다. 인간과 자연은 별개의 것이 아니고 언제나 하나이다. 인간은 문학을 통해 자연과 소통하고 조화를 이루면서 화합하게 되는 것이다. 이런 의미에서 진실하게 살아있는 문학은 곧 자연에 이르는 길이며, 자연은 문학을 통해서 문학은 자연을 통해서 그 본질적 모습을 드러내게 된다.

문학의 일차적인 요건은 사람의 마음을 움직이는 힘을 가져야 한다는 것이겠지만, 이런 힘은 메마른 논리적 이성적 진술로써는 결코 생겨나지 않는다. 그러므로 문학에서의 자연과의 교감의 체험이 중시되고 자연으로부터 작가의 정서적 경험이 이루어지게 되는 것은 당연한 일이다. 오래전 어느 평론가는 "눈 내리는 밤의 아름다움을 말할 수 없고 비 오는 날의 서정을 말할 수 없게 된 시대에 눈과 나무, 비와 숲의 아름다움을 노래하는 시 작품들을 쓰고 읽고 가르친다는 것이 적절한 일인가? 아니, 그것은 도대체 가능한 일이기나 한가?"(도정일,「시인은 숲으로 돌아가지 못한다」)라고 물은 바 있다.

실제 오늘과 같이 도시 문명이 황폐하게 만든 삶의 상황에서 우리가 백석의「나와 나타샤와 흰 당나귀」와 로버트 프로스트의 시「눈 오는 밤 숲에 머물러」를 읽으며 감동하거나 그러한 문학교육을 한다는 것이 얼마나 가능할 수 있을까?

> 이 시대의 시인들은 숲으로 가지 못하고 아이들은 눈을 겁내고 문학 교사는 텍스트의 부적절성 앞에 고민한다. 별빛 사라진 밤하늘은 아이들에게 가장 '흐리멍덩한 것'의 경험적 표본이다. 그러나 사람의 삶과 자연 사이에 일어난 이 모순과 괴리를 직시하게 하고 아름다움이 박탈된 세계의 궁핍을 보게 하는 일이야말로 문학교육의 과제다. 오늘날의 문학교육은 불가피하게 궁핍과 박탈, 괴리와 모순에 대한 교육이 돼야 하고, 자연의 고통이 어떻게 사람 자신의 고통이 되는가를 가슴으로 '느끼게' 하는 교육이 돼야 한다.
> ― 도정일,「시인은 숲으로 가지 못한다」에서

우리 시대의 작가와 독자는 잃어버린 세계의 아름다움을 환기시키는 글을 쓸 수도 읽지도 못한다. 우리는 시대와 세상의 상실과 아픔을 느낄 수 없는 세상에 살고 있기 때문이다. 이 상실과 아픔을 향한 작문과 독법의 전환, 이것이 우리 시대 글쓰기와 글읽기의 과제이다. 오늘의 시인과 작가는 숲으로 가지 못한다. 아니 숲이 시인과 작가를 외면하고 있고 숲도 그들을 배제하고 있는지 모른다. 그렇지만 우리 시대의 시인과 작가는 그리고 독자는 마지막 순간까지 숲으로 가야 하고 숲에서 인생과 세상을 이야기해야 한다.

이런 의미에서 려원의 「숲의 시간이 흐른다」, 박주희의 「흐르는 강물처럼」, 차하린의 「철새는 날아가고」를 읽어본다.

려원의 「숲의 시간이 흐른다」

문학의 표현 대상이란 눈앞의 현실이라기보다는 현실 너머의 보이지 않는 본질을 언어로써 그려내는 노력이라 할 수 있다. 「숲의 시간이 흐른다」는 제목대로 숲에서의 시간과 명상을 다룬 작품이다. 그러나 작품에서 작가가 이야기하고 있는 것은 숲의 현실이나 현상이 아니라 숲에 숨겨진 본질과 실재이다. 작가의 일차적 관심은 숲속에서 바라보는 대상의 움직임이나 모습들이 아니라 그들이 간직하고 있는 꿈이다. 숲속의 나무들을 통해 작가는 그들이 간직했던 그러나 사라진 꿈을 이렇게 바라본다.

멈춰있는 것처럼 보이는 나무들은 날마다 움직이는 꿈을 꾸고 있다. 숲에서 흩날리는 것들, 흔들리는 것들, 속삭이는 것들, 꿈틀거리는 것들은 모두 나무가 꾼 꿈이다. 휘어지고 등 굽은 나무들의 몸 어딘가에는 아주 오래전 이곳에 살았던 숲 사람들의 꿈, 목소리와 몸짓, 열망과 좌절의 흔적들이 남아있으리라. 숲 사람들은 나뭇가지로 은신처를 만들고 네발로 달렸으며 나무줄기를 그러안고 타올랐을 것이다. 숲의 몸짓과 언어를 유전자에 새기며 숲에 대한 감사와 두려움, 외경심을 품은 채 살아갔을 숲 사람들. 그들이 꾸던 꿈은 모두 어디로 흘러갔을까.

숲에서 살아가던 숲 사람들, 그들이 꾸던 꿈은 모두 어디로 갔을까라는 표현에서 작가는 숲과 나무의 깊은 심연을 읽어낸다. 언어라는 존재의 사슬에 얽매인 채 언어 너머의 심연을 들여다보고자 하는 이런 태도는 문학을 통하여 또 다른 세상을 바라보고자 하는 태도이다. 또한 자신이 바라보는 대상에 대한 생의 신비와 우울 사이에서 배회하는 방랑자의 그것이 아닐까. 쉽게 도달할 수도 이해할 수도 없지만, 그럼에도 끊임없이 우리의 삶 속으로 개입해 들어오는 저 매혹적인 심연의 깊이를 응시하고자 하는 것이 작가의 길이 아닌가. "숲에 대한 감사와 두려움, 외경심"의 마음은 숲의 심연을 이해할 수 있게 해준다.

그러나 도시의 삶에서는 그 같은 심연의 깊이에 도달할 수 없다. "깊은 땅속에서 뿌리로 소통하던 초록의 연대는 사라지고 회색 소음들, 끝을 알 수 없는 회색의 번짐, 회색의 무심한 표정만이 거리에 가득하다." 회색의 거리 속에서 사람들은 세상의 모든 끓어 넘치는 것들 사이에 더욱 가까이 다가서며 "태양이 녹아내린 아스팔트, 욕망의 용광로처럼 보이는 길을 걷고 있다." 반면 숲에서는 도시와는 다른 새로운 세계가 펼쳐진다.

큰 것, 작은 것, 풍성한 것 빈약한 것, 눈에 잘 띄는 것, 잘 띄지 않는 것들이 숲에서는 저마다의 질감과 색채, 향기로 존재한다. 살아있는 것들, 더 이상 살아있지 않은 것들이 꾸던 꿈들이 모여 있는 숲은 꿈들의 자궁이고 사라진 꿈들의 무덤이다. 숲은 어디로든 열려 있고 모든 것들은 숲의 속도에 맞춰 흐르고 있다. 숲의 시계에 내 몸의 시간을 맞추자 초록이 온몸으로 스며든다. 회색 한 조각을 더 움켜주기 위해 초록을 밀어낸 시간은 어설픈 변명과 자기 합리화, 기만과 위선의 시간이었다. 숲의 심박동 소리는 오직 마음으로만 들을 수 있는 태고의 북소리다.

그렇지만 사람들은 숲의 목소리를 잊어버린 채 마음은 닫혀있고, 도시의 소음에 익숙한 사람들의 귀는 숲의 소리를 들을 수 없다. 숲에 존재하는 누군가의 모든 꿈은 상실되어가고 심지어 자신의 꿈도 식어감을 느낀다. 수필은 나로부터 세상을 향한 낯선 모험을 거듭하는 문학 양식이라 할 수 있다. 관심의 대상과 표현방식은 조금씩 다르지만, 시선은 항상 자신 안에서 웅성대는 '나'로부터 동시에 타자를 이해하기 위한 곳으로 나아간다. 「숲의 시간이 흐른다」에서 잘 드러나고 있듯이, 작품에서 화자는 숲과 숲의 나무와 하나로 동화同化됨으로써 나와 외부의 목소리가 공명되어서 하나의 인식과 사고가 되는 경험을 이루게 된다.

내 안의 것들을 비우고, 일상에서 묻어온 삶의 분진들을 털어내기 위해, 오래전 언젠가 숲에서 잃어버린 꿈의 파편을 찾기 위해, 끊임없이 나를 부르는 숲의 소리에 응답하기 위해 순례자가 되어 나무와 나무가 만들어 낸 신전으로 들어간다. 앞사람의 보폭에 맞춰 천천히 걷고 뒤따라오는 이를 위해 길을 내어준다. 뒤처지지 않기 위해 서둘러야 할 이유도 조바심을 낼 필요도 없다. 숲의 침묵 속에 누군가의 들숨과 날숨이 뒤섞이고 바람과 염원이 뒤섞인다. 숲에는 여전히 숲의 시간이 흐르고 있다. 지나간 시간과 다가올 시간은 오직 '지금'에서 '지금'으로 이어져 있다.

작가는 숲을 '신전'이라고 표현하고 있거니와, 숲은 바로 사람들의 정신과 마음을 모두 품어주는 성스러운 공간임이 틀림없다. 숲에서는 굳이 누군가와 보폭을 맞추어 걸을 필요도 없이 서로를 위해 길을 내어준다. 뒤처지지 않기 위해 서둘러야 할 이유도 시기하고 질투할 필요도 없다. 작품의 화자는 타자의 삶을 나의 삶으로 전화轉化시켜 하나가 되고자 하며 우리가 쉽게 닿을 수 없는 타자의 세계와 나의 존재의 경계를 넘나들게 된다. 「숲의 시간이 흐른다」에서는 세상의 모든 경계에 서 있는 "들숨과 날숨이 뒤섞이고 바람과 염원이 뒤섞"이고 "지나간 시간과 다가올 시간은 오직 '지금'에서 '지금'으로" 이어진다.

「숲의 시간이 흐른다」에서 작가의 숲의 풍경 만들기는 단순히 관찰력에만 기대어 숲의 풍경을 그리고 있는 것은 아니다. 그의 낯선 풍경은 끊임없이 떠도는 주체가 겪는 꿈과 시간의 의미에 대한 추적에 뿌리를 두고 있다. 시인은 사라져가는 꿈과 흘러가는 시간의 의미를 동시적으로 바라보거나, 그 대립항에서 대립을 혼효시킴으로써 존재의 풍경을 새롭게 만들어 내고 있다. 숲에서 "햇살 한 조각을 등에 업고 본래의 나를 만나는 시간 초록은 어느새 가슴에 푸른 꿈을 심어놓았다. 갑옷처럼 두르고 있었던 위선과 부질없는 욕망이 각질처럼 길 위로 떨어져 내리고 있었다."는 실존적 발언은 작가의 글쓰기 전략이 바로 존재와 세상에 대한 깊은 생태적 인식이라는 사실을 보여준다.

박주희의 「흐르는 강물처럼」

동일한 질료로 이루어지지만, 물의 모습은 다양한 모습을 연출한다. 이를테면 분수와 강물이 그렇다. 분수는 위로만 치솟아 오르고, 강물은 흐르는 대로 흘러가며 자신을 내맡긴다. 분수는 끝없이 분출하는 인간의 욕망을 보여주는 듯하며, 강물의 흐름에는 어떤 욕망도 이기심도 없다. 분수와 강물은 저마다 다른 모습을 보이면서 흡사 우리의 다양한 삶과 존재의 양태를 보여주는 듯하다. 「흐르는 강물처럼」에서 화자가 바라보는 분수의 모습은 이렇다.

분수가 멈춘다. 사람들의 관심이 떠나자, 자취도 사라진다.

그것이 쏟아지던 자리는 어둡고 탁하다. 온통 누런빛의 흙탕물이다. 한 치 앞을 내려다보는 것도 힘들다. 보이지 않는 밑바닥에는 무엇이 자리하고 있는 것일까. 다가서는 것이 조심스럽기만 하다. 모든 것이 제자리를 찾아가기까지 한참의 시간이 걸린다. 고요해진 물결. 이제 그 속내가 환히 드러나 보인다. 움켜쥐고 있던 가증스러움과 탐욕스러움이 얼굴을 내민다. 자기만의 기준도 없이 특별함만을 탐내던 분수의 민낯이 떠오르는 순간이다.

분수는 외견상 크게 무언가를 욕망함이 없이 자기만의 기준도 없이 그저 남에게 보여주기 위해 자기 모습을 드러내는 듯하다. 그렇지만 그 내면에는 가증스럽고 탐욕스러운 얼굴을 감추고 있다. 그야말로 분수는 언제나 자신을 꾸며주고 돋보이게 하는 장신구처럼 물을 뿜어대면서 속으로는 특별한 무언가를 욕심내면서 그것을 감추고 살아가는 모습이다. 이는 흡사 화자에게는 어린 시절부터 자기를 위장하며 살아온 '착한 언행'의 모습과 같은 것이 아닐까 하는 의문을 갖게 한다.

반면에 분수와 대조되는 강의 모습은 어떠한가. 분수와 달리 강은 자신의 흐름과 힘을 역류시키며 흐르지 않는다. 낮은 곳으로 자신의 몸을 낮추고 자기가 옳다고 생각하는 기준에 따라 흘러갈 뿐이다. 강은 불평도 불만도 없이 높은 산을 만나면 돌아가고 "너른 평지를 만나면 자기가 가진 것을 내어주고 홀연히 사라진다." 그리하여 바다와 하나가 된다. 강의 막바지에 이르도록 우리는 강이 얼마나 깊은지, 그 속에서 무슨 일이 일어나고 있는지 모른다.

깨달음은 언제나 마지막 순간에 오는 것이다. 사막에서 "사람들은 오아시스가 지평선에 보일 때 목말라 죽는다."고 한다. 강은 바다에 이르러 마침내 소멸한다. 자신의 이름을 누군가에게 전해주고, 지나온 아픔을 어딘가에 기록하고, 영광과 오욕의 역사를 다 내려놓고 소멸한다. 인생만큼 강도 허무하다. 살아있다는 것은 한순간일 뿐, 결국에는 어딘가에 당도해서 모든 것을 버리고 사라질 뿐이다. 홀로 가는 강물을 통해 작가는 인생을 보고 우주를 바라본다.

강은 오래전부터 사람들의 생활터전이 되어왔다. 우리 몸의 칠십 퍼센트가 물이라서 끌렸을 수도 있지만, 그것은 우리 생활에서 떼려야 뗄 수 없는 존재다. 흘러가는 자체만으로도 살아있는 모두에게 이로운 존재가 된다. 누군가의 박수를 받고자 애쓰지 않는다. 특별한 무언가가 되는 것도 마다한다. 흐르는 강물은 오직 한 가지에 집중한다. 내가 뭇사람에게 무엇을 줄 수 있을까. 어떤 보탬이 될 수 있을까. 아낌없이 줄 수 있는 것에 관심을 가지며 끊임없이 끄집어낸다.

우리가 서 있는 땅 어딘가에서 강이 시작되었듯이, 그렇게 강은 끝난다. 강은 그곳에서 끝나지 않고 다시 시작되고 싶은 듯 자꾸 뒤돌아보면서도 앞으로 나아간다. 지나간 시간도 다시 되돌리고 싶고, 떠나간 사람도 다시 만나고 싶다. 언제 다시 그 시간과 사람들을 만날 수 있을까. 그러나 가버린 물에 손을 씻을 수 없듯,

지난 강을 다시 회귀시킬 수는 없다. 그러면서 강은 자신이 가는 길을 가면서 스스로 특별한 무언가가 되기보다는 누군가에게 무엇을 줄 수 있을까, 어떤 보탬이 될 수 있을까를 생각한다.

아낌없이 누군가에게 무엇을 줄 수 있을 것인가에만 관심을 가지며 끊임없이 흘러간다. 작품에서 화자는 낮은 곳으로 흐르는 강물의 모습을 가슴에 새기면서 강물처럼 메마른 가슴을 흠뻑 적실 수 있을 시간을 기다려 본다. 작품에서는 분수라는 수직과 강이라는 수평이 직조된 삶의 모습이 선명하게 드러난다.

화자는 강물을 바라보면서 마음속의 평화와 희망의 수평을 낳고자 한다. 강의 수평 속에는 자신을 새롭게 되돌아보고자 하는 성찰과 고요와 희망의 마음이 담겨 있다. 그것은 바로 세계의 흐름의 원리에 참여하는 일이기도 하다. 수직과 수평은 서로가 서로를 밀어내지만, 서로가 서로를 품고 있는 삶의 원리이기도 하다.

사람들은 분수가 되어 자신의 욕망을 드러내면서 또 강이 되어 세상과 존재의 모습을 되돌아본다. 그리하여 화자는 "비로소 나의 마음에도 강물이 흐를 수 있기를" 바란다.

물과 같이 인간도 삶의 상황에 따라 이리저리 흘러가는 것이야 어쩔 수 없는 현실이지만, 그와 함께 자연과 우주를 바라보며 삶과 존재의 모습을 동시에 읽어내려는 의도는 중요한 것이라 하지 않을 수 없다. 「흐르는 강물처럼」에서 작가는 물이라는 자연 속 생명의 흐름을 바라보면서 우리가 삶과 존재에 대하여 어떠한 깨달음을 얻어야 할 것인지를 묻고 있다.

차하린의 「철새는 날아가고」

철새 도래지에서 철새들을 바라보는 것은 정겨운 일이다. 수면 위에서 수많은 철새가 모여 큰 잔치를 벌인다. 원앙 · 청둥오리 · 물떼새 · 도요새…. 먹이를 찾기 위해 연신 물속을 드나드는 녀석이 있는가 하면, 어딘가로 떠날 채비를 하는 분주한 녀석들도 있다. 작은 생명들이 만들어 내는 날갯짓은 찬란하고 경이롭다. 「철새는 날아가고」에서 묘사되는 철새들의 모습도 이와 다르지 않다.

"연꽃처럼 앉아있는 부동의 시간들이 새들에게는 물속에 부초처럼 뿌리를 내려서 살아야 하는 제 삶의 궤적을 비추어 보는 묵상일지도 모른다."라고 표현되고 있듯이, 인간과 세상과 동식물의 세상은 저마다 다른 삶의 모습과 궤적을 지니면서 살아가고 있다. 철새를 바라보는 작가의 시선을 좀 더 면밀하게 살펴보자.

　　천변에 도착해서 그들을 보면 각양각색이다. 대부분은 떼를 이루어 물 위에서 유유자적하거나 마른수초 더미에서 낮잠을 즐긴다. 그런 와중에도 금슬이 좋은 부부는 바짝 붙어 다니면서 정분을 쌓는다, 까칠한 비오리는 남과 어울리지 못해서 지들끼리만 놀고 청둥오리 흰빰검둥오리 쇠오리 물닭은 다른 무리들과 개의치 않고 어울리는 무던한 품성을 지녔다. 가끔 청둥오리와 비오리 수컷만 서열싸움인지 암컷을 차지하려는 욕심 때문인지 부리에 거품을 물고 쫓고 쫓기면서 소용돌이를 일으키며 소란을 피운다. 멀리서 보면 평화롭기 그지없는데 실상은 인간 세상과 다를 바 없지 싶다.

　다툼과 불화의 삶 속에서도 인간은 자유를 추구한다. 인간의 자유로움의 추구는 새의 자유로움을 위한 그것과 다르지 않다. 자유로움을 추구하는 인간의 노력은 많은 경우 타인들로부터 영향받는 것이지만, 새들은 오직 자신의 자유만을 위해 생존하는 듯하다. 인간은 선과 악을 구별하는 권리와 의지의 자유를 갖고 있기 때문에 이 세상과 우주와 자연의 상관관계와 질서를 무시하기 일쑤다. 그리하여 인간이 자유스럽게 되지 못하는 것은 항상 내적인 충동과 사회적 피동성에서 연유하는 결과이기 쉽다. 그래서 인간은 새처럼 날지 못하는 것인지 모른다. 철새들처럼 가볍고 자유로운 영혼의 힘으로 날지 못한다는 것은 우리의 삶의 짐이 그만큼 가볍지 못하기 때문일 것이다. 진정한 자유란 저 철새와 같이 모든 고통과 슬픔을 이겨내며 날 수 있는 가벼움에서 나오는 것이 아닐까. 우리의 몫으로 지고 가야 하는 영혼의 무게가 너무 무겁기 때문에 우리는 날 수 없는 것이라 할 수 있다.
　누군가 철새는 그리움의 힘으로 날아간다고 했지만, 철새가 자신이 왔던 곳으로 날아가려는 의지는 맹목적이다. 날아가다 죽어도 좋다는 듯 한 번도 뒤돌아보지 않고 앞으로 앞으로만 날아간다. 인간의 눈으로 보기에 철새들의 떠남과 귀환은 신비롭기 짝이 없다. 철새들은 저마다 제 갈 길을 찾아 우르르 날아갔다 우르르 날아온다. 무한의 세계를 넘나드는 그들에게는 정처도 없고 경계도 없이 보인다. 여행의 와중에 잠시 머무는 곳이 그들의 집이다. 인간의 눈으로 보기에는 완전한 자유를 누리는 철새가 부럽기 짝이 없다.

　인간은 존재에서 부재를 만들고 부재에서 존재를 만든다. 몸과 마음속에 남아있는 부재의 공백을 무슨 수로 메울 수 있을까. 몸과 마음을 존재의 감동으로 살아있게 하려면 우리는 더욱 텅 비어야 한다. 언제나 혼자인 자, 누군가를 한없이 기다리는 자, 맺은 인연을 소중하게 부여안고자 하는 자, 그들이 바로 철새다. 그래서 작가는 "햇살에 어른거리는 물비늘 속에 꽃잎처럼 떠 있던 철새들이 생생하게 떠올랐다 사라"지는 철새를 바라보고 있다. 그들은 다시 돌아오기 위해 떠난다.

　　올해는 텃새로 살던 흰뺨검둥오리조차 따라갔는지 찾기 힘들고 그나마 늦게까지 두어 쌍 남아있던 쇠오리도 아카시아 향기가 진동할 때는 보이지 않았다. 둑길에 서서 하천을 바라본다. 겨울 철새가 떠난 천변에는 뭇 풀이 우거지고 이팝나무 꽃 이파리가 싸라기눈처럼 흩날린다. 무르익은 봄빛만 바람에 흔들릴 뿐 물길이 텅 비었다. 햇살에 어른거리는 물비늘 속에 꽃잎처럼 떠 있던 철새들이 생생하게 떠올랐다 사라진다. 그들은 다시 돌아오기 위해 떠나갔다.

　새는 날기 위하여 태어나고 인간은 행복을 위하여 태어났다는 말이 있다. 이 주장은 곧 새와 인간의 각각 다른 본질을 존재론적으로 읽고자 한 노력으로 보인다. 인간 행복이 도대체 무엇을 의미하는가에 대하여는 쉽게 답을 얻을 수 없는 일이지만, 새가 왜 나는가에 대한 궁극적인 답을 얻는 것도 쉽지 않은 일이다. 그렇지만 이 두 가지의 노력에서 궁극적으로 얻을 수 있는 답은 그들이 무한의 무언가를 성취하기 위해 노력하고 있다고 할 것이다. 그 노력은 어떤 구체적이고 실현할 수 있는 과제를 위한 것이 아니라고 하더라도, 우리의 삶과 세상에서 쉽게 성취할 수 없는 무한한 진실과 이상과 꿈을 추구하고자 하는 노력이라 할 수 있다.

이런 의미에서 「철새는 날아가고」에서 작가는 철새가 지닌 생명의 의미와 무한에의 의지를 바라보면서 철새의 운행에 동참하고 있다. 작가는 철새의 창조자이면서 동시에 동반자이다.

나오며

려원의 「숲의 시간이 흐른다」, 박주희의 「흐르는 강물처럼」, 차하린의 「철새는 날아가고」에서 작가들은 나무를 바라보며, 물을 바라보며, 철새를 바라보며 새로운 생명의 세계를 체험하고 존재의 모습을 읽어낸다. 숲속의 나무는 아무것도 하지 않으며 그냥 서 있고, 언덕 아래로 흘러가는 강물과 하늘을 나는 철새도 의미 없이 존재하고 있는 듯하지만, 그들은 저마다 깊은 생의 의미를 지니고 있다. 이러한 대상을 바라보는 시인의 관조의 힘은 이들을 정태적으로 고정시켜 내버려 두지 않는다. 세상의 움직임을 놓치지 않는 사유에 의해 시인과 작가들은 자신이 바라보는 대상과 삶의 동행자가 되고 있다. 자연이 나무와 물과 철새를 둘러싼 소우주의 운행으로 꽉 차 있다면, 문학 텍스트는 작가의 상상력과 사유에 의해 그려지는 사유의 세계이다. 이 같은 사유와 상상력은 숲속에서 자연과의 교감에 의해 생동하며 이루어지고 있다. 나무와 물과 철새 같은 자연의 생명력이 우리들 곁에 있다는 것은 눈물겹고 정겹고 소중한 일지만, 이들을 알아보고 읽어내는 작가의 눈은 더욱 중요한 것이다.

　문학의 세계에서 인간과 자연, 인간과 우주의 유대는 갈수록 파괴되어 가고 있다. 파스칼의 표현을 빌리면, 인간은 자연과 우주를 쳐다보며 그 빈 공간에서 깊은 공허와 두려움을 느껴야 하고, 그러한 외경의 마음이야말로 작가가 느끼고 인식해야 하는 마음이다. 밤하늘의 별들이 신의 축복으로, 그 축복이 대지의 꽃들로 서로 조응하고, 마침내 그것이 인간과 자연의 목소리를 담은 살아있는 문학 텍스트가 되어야 하는 것이다. 한편의 진실되고 생명 있는 글을 쓰기 위해 우리는 지금 숲으로 가야 한다.

▎작품론 - 『수필과비평』251호

| 작품 |

숲의 시간이 흐른다

려원

깊은 숨을 내쉬고 싶은 날 숲으로 간다. 이른 새벽, 나무와 나무 사이로 비쳐오는 한 줄기 햇살 아래, 사람들의 행렬이 이어지는 숲길은 성지순례자의 길처럼 보인다. 어디선가 뻐꾸기 소리 들려오고 진한 흙내음이 코끝에 스며온다. 잎사귀에 맺혀있던 물방울들이 후드득 머리 위로 떨어진다. 물을 머금은 나무의 기다란 몸통은 온통 검은색이다. 초록과 검정이 기묘한 대비를 이루는 여름 숲길은 신전으로 들어가는 입구처럼 보인다. 사람들의 발걸음을 숲으로 이끄는 것은 오래전 유전자에 각인된 숲 사람의 기억일까?
그리스 철학자 헤라클레이토스는 '판타레이panta rhei'를 이야기했다. '판타레이'는 '모든 것은 흘러간다.'라는 의미다. 그의 말처럼 같은 강물에 발을 두 번 담글 수 없듯 시간도 삶도 흘러간다. 어제 걸었던 그 숲길을 걷고 있지만 같은 숲길은 아니며, 어제의 숨결과 생각과 발자국들은 이미 초록과 뒤엉켜 숲속 어디론가 흩어졌다.
숲에서 곧게 뻗은 나무를 찾기는 어렵다. 휘고 뒤틀린 나무들이 햇빛 한줌을 더 받기 위해 두 팔 벌리고 서 있다. 지난해 태풍을 맞고 쓰러진 나무들 위로 균류의 식탁이 차려졌다. 우연히 뿌리 내린 곳에서 평생을 살아가는 나무들, 딱딱하고 거친 수피를 온몸에 두른 나무들은 견딤의 달인, 혹은 성자처럼 보인다. 멈춰있는 것처럼 보이는 나무들은 날마다 움직이는 꿈을 꾸고 있다. 숲에서 흩날리는 것들, 흔들리는 것들, 속삭이는 것들, 꿈틀거리는 것들은 모두 나무가 꾼 꿈이다.

휘어지고 등 굽은 나무들의 몸 어딘가에는 아주 오래전 이곳에 살았던 숲 사람들의 꿈, 목소리와 몸짓, 열망과 좌절의 흔적들이 남아있으리라. 숲 사람들은 나뭇가지로 은신처를 만들고 네 발로 달렸으며 나무줄기를 그러안고 타올랐을 것이다. 숲의 몸짓과 언어를 유전자에 새기며 숲에 대한 감사와 두려움, 외경심을 품은 채 살아갔을 숲 사람들. 그들이 꾸던 꿈은 모두 어디로 흘러갔을까.

숲은 사람들에게 풍요를 주었지만, 끝없이 숲 너머의 세계를 갈망하던 사람들은 번쩍이는 불빛을 따라 숲을 떠났고 숲에서의 기억을 지워버렸다. 숲을 떠난 인간의 꿈은 순정했던 그 시절 꾸던 꿈이 아니다. 본디 길이 아니었던 곳에 길이 생겨나고 길을 따라 마을이 들어섰다. 마을과 마을을 이어주는 더 넓은 길이 생겨났고 길 끝에 철옹성 같은 담을 세우고 비탈을 깎아 거대한 회색 나무들을 심었다. 회색 나무들이 우점종이 되어버린 도시, 하늘은 회색 나무들이 만들어낸 스카이라인에 찢겨있다.

깊은 땅속에서 뿌리로 소통하던 초록의 연대는 사라지고 회색 소음들, 끝을 알 수 없는 회색의 번짐, 회색의 무심한 표정만이 거리에 가득하다. 세상의 모든 끓어 넘치는 것들 사이 더 가난해진 사람들이 태양이 녹아내린 아스팔트, 욕망의 용광로처럼 보이는 길을 걷고 있다. 어디선가 바람에 실려 온 초록의 기억이 마음을 휘젓고 지나간다.

마음 가득 울음이 들어찬 날, 삶의 방향을 잃어버린 날, 생의 어느 길목에서 놓아버린 꿈을 되찾고 싶은 날은 발걸음이 저절로 숲으로 향한다. 초록 잎사귀와 가지들이 그려내는 순정한 하늘이 펼쳐지는 곳, 나무들이 꿈을 꾸고 숲의 전령인 새들이 나무와 나무 사이 바람의 길을 내는 그곳. 숲의 자궁으로 회귀한다. 숲에 가까워질수록 잃어버린 것들이 하나둘 기억의 무덤에서 되살아난다.

큰 것, 작은 것, 풍성한 것, 빈약한 것, 눈에 잘 띄는 것, 잘 띄지 않는 것들이 숲에서는 저마다의 질감과 색채, 향기로 존재한다. 살아있는 것들, 더이상 살아있지 않은 것들이 꾸던 꿈들이 모여 있는 숲은 꿈들의 자궁이고 사라진 꿈들의 무덤이다. 숲은 어디로든 열려 있고 모든 것들은 숲의 속도에 맞춰 흐르고 있다. 숲의 시계에 내 몸의 시간을 맞추자 초록이 온몸으로 스며든다. 회색 한 조각을 더 움켜주기 위해 초록을 밀어낸 시간은 어설픈 변명과 자기 합리화, 기만과 위선의 시간이었다.

숲의 심박동 소리는 오직 마음으로만 들을 수 있는 태고의 북소리다. 숲의 목소리를 잊어버린 사람들의 마음은 닫혀있고 소음에 익숙한 사람들의 귀는 숲의 소리를 들을 수 없었다. 바람에 나무들이 포효하는 소리, 열매들이 뒹구는 소리, 꽃들이 꽃잎을 펼치는 소리, 개미 걸음 소리, 거미줄 치는 소리, 쇠똥 굴리는 소리, 풀들의 속삭임, 땅 위로 드러난 뿌리의 울음소리 그리고 오직 마음으로만 들을 수 있는 숲의 모국어, 침묵…. 그 소리들을 듣기 위해 귀를 열고 숲 한가운데에 멈춰 선다.

　돌아보면 무언가를 해야 한다는 당위와 할 수 있다는 가능성의 압박 속에 떠밀리듯 살아온 시간이었다. '더' 잘하고 싶은 욕망과 '더' 나은 삶을 위한 전진, 하지만 수많은 '더'의 계단을 올라도 끝은 보이지 않았다. 삶의 길을 느릿느릿 걸었어야 했다. 고개를 한껏 뒤로 젖혀 머리 위에 펼쳐진 하늘을 좀더 오래 바라보았어야 했고 고개를 숙여 뿌리가 그려놓은 생의 지도를 세심하게 들여다보는 법을 배웠어야 했다. 흔들리는 나무 끝에 둥지를 튼 새들의 절박함을, 태풍에 쓰러지면서도 서로의 손을 붙잡아주던 따스함을, 모든 것이 쓸려 내려가도 흙 한줌을 단단히 움켜쥐던 뿌리의 강인함을 잊지 말았어야 했다. 피고 지고 떨어지고 흔적 없이 사라지는 것, 어떤 형태로든 변해가는 것, 변하지 않는 것은 없다는 사실을 기억해야 했다. 숲에 존재하는 모든 것들에는 오래전 누군가의 꿈이 스며있음을, 그 꿈들 가운데에는 이미 가슴에서 식어버린 나의 꿈도 있음을 알아차려야 했다.

　내 안의 것들을 비우고, 일상에서 묻어온 삶의 분진들을 털어내기 위해, 오래전 언젠가 숲에서 잃어버린 꿈의 파편을 찾기 위해, 끊임없이 나를 부르는 숲의 소리에 응답하기 위해 순례자가 되어 나무와 나무가 만들어 낸 신전으로 들어간다. 앞사람의 보폭에 맞춰 천천히 걷고 뒤따라오는 이를 위해 길을 내어준다. 뒤처지지 않기 위해 서둘러야 할 이유도 조바심을 낼 필요도 없다. 숲의 침묵 속에 누군가의 들숨과 날숨이 뒤섞이고 바람과 염원이 뒤섞인다.

　숲에는 여전히 숲의 시간이 흐르고 있다. 지나간 시간과 다가올 시간은 오직 '지금'에서 '지금'으로 이어져 있다. 햇살 한 조각을 등에 업고 본래의 나를 만나는 시간 초록은 어느새 가슴에 푸른 꿈을 심어놓았다. 갑옷처럼 두르고 있었던 위선과 부질없는 욕망이 각질처럼 길 위로 떨어져 내리고 있었다.

┃ 작품 – 『수필과비평』 251호

| 작품 |

흐르는 강물처럼

박주희

　솟아오른다. 낮은 곳으로 흐르는 대신 높은 곳을 향한다. 음악 소리에 맞춰 몸을 이리저리 흔든다. 감미로운 선율에는 부드럽게, 신나는 리듬에는 격렬하게. 음악이 시키는 대로 춤을 춘다. 형형색색의 빛을 더해가며 사람들의 시선을 사로잡는다. 분수다. 그것은 강물이 흐르는 수변공원의 가운데를 차지하고 있다.
　하늘 위로 솟아오르는 분수를 바라보다 초등학교 때를 떠올린다. 착하다는 말을 자주 들었다. 이름 앞에 그 수식어가 붙으면 날개를 다는 듯했다. 친구들은 쉽게 호감을 표했고, 선행상을 받을 때면 부러운 시선과 박수갈채를 보냈다. 거기 있어도 괜찮다는 소속감을 느낄 수 있어 더없이 좋았다. 무엇이 착한 것인지 정확하게 몰랐지만, 힘겹거나 어렵게 느껴지지 않았다. 음악이 시키는 대로 춤을 추었다.
　분수는 사람들이 모여드는 시간이 되면 어김없이 솟아오른다. 중력을 거스르며 화려하게 등장한다. 고대 최초의 분수는 사람들에게 식수를 제공하기 위해 만들어졌다고 한다. 수로의 끄트머리에서 물을 아래로 흘러내리는 방식이다. 기능적인 역할에 충실했던 애초의 모습은 사라진 듯하다. 그렇다면 그것이 끊임없이 솟구치는 이유는 무엇일까. 누군가의 여름밤을 시원하게 만들어 주려는 선의를 품고 있는 것일까. 아니면 낮은 곳으로 흐르는 강물이 지니지 못한 특별함을 갖고 싶은 것일까. 그것의 속내가 궁금하다.

사춘기에 들어 착하다는 말이 지긋해졌다. 그 말을 들을 때면 벌컥 화를 내고 자리를 뜨곤 했다. 몸에 맞지 않는 옷을 걸친 듯 불편했다. 나이 마흔이 넘은 지금도 어울리지 않은 듯 어색하다. 그것이 꼬리표 마냥 따라다닐 때면 부담스럽기만 하다. 왜 착하다는 말이 싫어진 걸까. 왜 화가 나는 것일까. 그것은 많은 시간 동안 나의 곁을 지켜 준 기특하고 든든한 수식어가 아니던가.

분수가 멈춘다. 사람들의 관심이 떠나자, 자취도 사라진다. 그것이 쏟아지던 자리는 어둡고 탁하다. 온통 누런빛의 흙탕물이다. 한 치 앞을 내려다보는 것도 힘들다. 보이지 않는 밑바닥에는 무엇이 자리하고 있는 것일까. 다가서는 것이 조심스럽기만 하다. 모든 것이 제자리를 찾아가기까지 한참의 시간이 걸린다. 고요해진 물결. 이제 그 속내가 환히 드러나 보인다. 움켜쥐고 있던 가증스러움과 탐욕스러움이 얼굴을 내민다. 자기만의 기준도 없이 특별함만을 탐내던 분수의 민낯이 떠오르는 순간이다.

그랬다. 착하다는 수식어는 늘 따라 다녔지만 떳떳하지 않았다. 비겁하다, 어리석다는 말처럼 들려왔다. 어쩌면 그동안의 착한 언행은 탐심 많은 분수처럼 온통 나를 위한 것이었는지 모른다. 그것은 나를 꾸며주고 돋보이게 하는 장신구에 불과했다. 이 사람은 나를 위해서 무엇을 해 줄 수 있을까. 나에게 어떤 보탬이 될까. 자로 재듯 여러모로 따져보고 헤아렸다. 마음속 깊은 곳에 숨어있어 살피려 하지 않았건만 들통나버렸다. 다른 누구도 아닌 나 자신에게 말이다.

강물은 흐른다. 낮은 곳으로 자신의 몸을 낮춘다. 분수처럼 중력을 거스르지 않는다. 자기가 옳다고 생각하는 기준에 따를 뿐이다. 높은 산을 만나면 돌아간다. 먼 길을 둘러간다. 움푹 파인 분지를 만나면 가득 채우고 지나간다. 불평도 불만도 없다. 천천히 흘러간다. 너른 평지를 만나면 자기가 가진 것을 내어주고 홀연히 사라진다. 바다와 하나가 된다.

강은 오래전부터 사람들의 생활터전이 되어왔다. 우리 몸의 칠십 퍼센트가 물이라서 끌렸을 수도 있지만, 그것은 우리 생활에서 떼려야 뗄 수 없는 존재다. 흘러가는 자체만으로도 살아있는 모두에게 이로운 존재가 된다. 누군가의 박수를 받고자 애쓰지 않는다. 특별한 무언가가 되는 것도 마다한다. 흐르는 강물은 오직 한 가지에 집중한다. 내가 뭇사람에게 무엇을 줄 수 있을까. 어떤 보탬이 될 수 있을까. 아낌없이 줄 수 있는 것에 관심을 가지며 끊임없이 끄집어낸다.

착하다. 진짜 착하다. 눈에 보이지 않는 마음씨까지 곱고 바르다. 태초부터 맑고 투명했기에, 그렇게 살아왔기에 숨기거나 거리낄 것이 없나 보다. 낮은 곳으로 흐르는 강물의 모습을 가슴에 새긴다. 솟아오르려는 한줌의 물을 흘려보낸다. 가슴을 적신다. 메마른 땅에 물이 흐르려면 많은 시간이 필요할 테다. 메마른 가슴이 물을 흠뻑 머금을 수 있도록 진심을 다해 본다. 착하다는 말이 한 점 부끄럼 없이 들리는 순간을 기다린다.
'비로소 나의 마음에도 강물이 흐를 수 있기를.'

▮ 작품 - 『수필과비평』 251호

| 작품 |

철새는 날아가고

차하린

　시간의 흐름을 계절로 실감한다. 한겨울 찬바람이 몰아치던 천변 언덕에 군락을 이룬 노란 애기똥풀꽃이 천진난만하게 하늘거린다. 물가의 버드나무 미루나무에도 봄색이 짙어 가는데 눈앞에는 부산스러웠던 겨울철새들이 또렷하게 떠오른다.
　날마다 오후가 되면 들판을 걸어서 천변으로 갔다. 물길 따라 난 둑방길을 산책하면서 철따라 변하는 풍경을 눈에 담는 게 일상이었다. 강폭만큼 큰 하천에는 사방댐 위쪽은 호수처럼 수량이 풍부하고 아래쪽은 물억새와 잡풀이 물줄기보다 넓게 차지한 곳이 많다. 수초로 덮인 작은 자갈섬과 물웅덩이까지 품고 있어서 흰뺨검둥오리·왜가리·쇠백로가 텃새로 살고 있고 가을이 되면 번식지에서 가족 수를 늘린 겨울 철새들이 찾아온다. 대부분 오리 종류다.
　가을걷이가 끝난 들판에 서늘한 바람이 불기 시작하면 호수 같은 하천에 겨울 철새가 보인다. 그럴 때마다 철새를 자세히 보려고 새로 마련한 40배 줌렌즈 디카로 염알이꾼처럼 들여다본다. 제일 먼저 온 것은 떼를 이룬 쇠오리와 드문드문 흩어진 논병아리였다.
쇠오리는 다른 오리에 비해 몸집이 작다. 수컷은 밤색 머리에 녹색 굵은 눈썹선을 가졌는데 확연하게 구분되는 두 색깔이 곡선으로 이어진 조화가 예술작품이다. 거기다 자기들 가문의 표식인지 암수 모두 익경이 청록빛이고 아래꼬리 덮깃은 세모로 된 옅은 노랑색이다. 암수 구별이 어려운 논병아리는 쇠오리보다 훨씬 작은데 시도 때도 없이 물속을 들락거린다. 이쪽으로 들어가서 저쪽으로 나오는 잠수꾼이다.
얼마 지나지 않아 수십 마리씩 무리지은 청둥오리가 왔다. 샛노란 부리를 가진 수컷들이 햇살에 비단처럼 반짝거리는 청록빛 머리를 도도하게 들고 윤기가 도는 밤색 가슴 위에 가느다란 하얀 목도리로 한껏 멋을 부려서 암컷을 거느리고 무리지어 다닌다. 마치 유라시아 대륙에서 하얀 꽁지깃으로 말쑥하게 연미복을 차려입고 내려온 외교사절단 같다.
암컷은 대부분 무덤덤한 갈빛이고 수컷이 화려한데 알락오리는 암수 모두 잿빛이다. 수컷 익경이 하얀색인 것 말고는 평범해서 둘 다 눈길을 끌지 못한다. 암컷과 수컷이 까만 오동통한 물닭은 흔들인형처럼 고개를 끄떡거리면서 소금자루같이 두루뭉술한 몸매로 뒤뚱뒤뚱 헤엄친다. 둘 다 이마에 대머리를 연상시키는 타원형 하얀 액판이 허여스름한 부리까지 연결된 게 특이한 포인트다.
어느 날 멀리 외진 곳에서 낯선 새가 보였다. 가까이서 보려고 논둑을 살금살금 걸어서 천변 기슭으로 다가갔다. 바짝 마른 들풀이 발아래 스치면서 사그락거렸다. 예민한 새들이 그 소리를 들었는지 내가 다가가기도 전에 물살을 일으키며 반대편으로 달아났다. 금을 그어놓지 않았지만 가까이 다가갈 수 없는 새와 사람 사이에 선이 있다. 새들이 사는 세상과 인간이 사는 세상의 거리다. 새뿐만 아니라 사람과 사람 사이에도 넘지 말아야 하는 선이 있다.

 인간의 침범을 허락하지 않는 그들만의 세상 밖에서 섰다. 모델을 해도 손색없을 늘씬한 새는 비오리 수컷이었다. 수컷은 암녹색 머리에다 등깃만 검고 가슴과 몸통이 눈처럼 하얘서 멀리서도 귀공자처럼 눈에 띈다. 암컷은 몸통이 연회색인데 에부수수한 적갈색 머리는 천박해 보여서 수컷보다 겉모습이 뒤처진다. 둘 다 부리 끝이 날카롭게 꼬부라진 것만 봐도 성깔이 보통 아니지 싶다. 멋을 아는 건지, 바람기인지 암컷도 수컷도 부리에다 빨간 립스틱을 간드러지게 발랐다.

 물위에서 표표히 떠 있는 철새는 하천에 핀 겨울꽃이다. 우주의 다채로운 빛을 빌려다가 온몸으로 뽑아 올린 형형색색이 깃털에 숨어들어 물 위에 꽃을 피웠다. 물 아래로 번져서 데칼코마니로 다시 피어나는 꽃. 연꽃처럼 앉아있는 부동의 시간들이 새들에게는 물속에 부초처럼 뿌리를 내려서 살아야 하는 제 삶의 궤적을 비추어 보는 묵상일지도 모른다. 해마다 이곳에서 반복되는 통과의례 같은 풍경을 보려고 아무리 추워도 집을 나선다.

 천변에 도착해서 그들을 보면 각양각색이다. 대부분은 떼를 이루어 물 위에서 유유자적하거나 마른 수초 더미에서 낮잠을 즐긴다. 그런 와중에도 금슬이 좋은 부부는 바짝 붙어다니면서 정분을 쌓는다, 까칠한 비오리는 남과 어울리지 못해서 지들끼리만 놀고 청둥오리 흰뺨검둥오리 쇠오리 물닭은 다른 무리들과 개의치 않고 어울리는 무던한 품성을 지녔다. 가끔 청둥오리와 비오리 수컷만 서열싸움인지 암컷을 차지하려는 욕심 때문인지 부리에 거품을 물고 쫓고 쫓기면서 소용돌이를 일으키며 소란을 피운다. 멀리서 보면 평화롭기 그지없는데 실상은 인간세상과 다를 바 없지 싶다.

겨울이 깊어 작은 개울이 얼면 근처 흩어져 있던 텃새와 철새들이 큰 하천으로 몰려든다. 텃새인 흰뺨검둥오리·쇠백로·왜가리·민물가마우지는 평소에도 들락날락대는데 노랑부리저어새 가족 여덟 마리와 대백로 대여섯 마리에다 붉은부리갈매기와 덩치가 큰 한국재갈매기가 나타나고 주먹만큼 작은 백할미새 여남은 마리도 합류를 했다. 흰뺨검둥오리는 텃새와 철새가 보태져서 제일 큰 무리를 이루었다.

처음에는 철새들이 한곳에 머물면서 주변을 탐색한다. 적응이 되면 활동범위를 넓히면서 장소를 자주 옮긴다. 청둥오리가 터를 지키며 놀던 자리에 며칠 지나면 비오리 떼가 판을 치고 쇠오리와 알락오리도 있다가도 없어지고 없어졌다가도 다시 나타난다. 물가를 헤집던 노랑부리저어새도 며칠마다 자리를 옮기더니 끝내 보이지 않았다. 그렇게 다른 곳으로 날아가기도 하고 다른 곳의 새들이 찾아오기도 하는 플랫폼 같은 하천에는 포식자도 없고 적자생존의 법칙이 적용되지 않는 안전한 곳이라 오고 가는 것도 쉽게 이루어진다.

그들은 뒤섞여서 지내다가 노천에서 함께 밤을 보낸다. 혹독한 추위를 피해서 내려왔지만 이곳도 겨울밤이 녹록하지는 않다. 찬

서리조차 피할 처마도 없이 물가 풀숲대궁이 으스러진 초지나 물위와 얼음장 위에서 옹기종기 모여 별빛을 온기삼아 혹한기를 견딘다. 물억새가 밤낮으로 서걱거리는 물가에 달구비가 쏟아지고 심술궂은 눈발이 휘몰아쳐도 등깃에 부리를 묻고 몸을 낮추어 때를 기다린다. 어머니 자궁 같은 곳으로 돌아가 제 새끼를 품어 키워야 할 일이 남았기 때문이다.

올 때와 갈 때를 정확히 아는 철새들의 고향은 어느 쪽일까. 새끼를 낳아 키운 번식지일까 한 해를 갈무리하면서 휴식기를 보내는 이곳일까. 고향도 아니고 타향도 아닌 곳을 번갈아 살아야 하는 필생의 운명을 거스르지 않고 순명하는 저 새들의 순종이 타향에서 이방인으로 사는 내게 많은 생각에 잠기게 한다.

매화 꽃망울이 터지고 봄내음이 아른거리면 겨울 철새들이 돌아가기 시작한다. 냉이꽃이 핀 들판에 낡은 햇살이 저문 하늘가로 큰기러기 떼와 황오리 무리도 북쪽으로 멀어졌다. 그들을 따라서 통통한 감자처럼 궁둥이를 살찌운 철새들이 벚꽃잎이 하얗게 떨어진 후 거의 날아갔다. 올해는 텃새로 살던 흰뺨검둥오리조차 따라갔는지 찾기 힘들고 그나마 늦게까지 두어 쌍 남아있던 쇠오리도 아카시아 향기가 진동할 때는 보이지 않았다.

둑길에 서서 하천을 바라본다. 겨울 철새가 떠난 천변에는 뭇풀이 우거지고 이팝나무 꽃이파리가 싸라기눈처럼 흩날린다. 무르익은 봄빛만 바람에 흔들릴 뿐 물길이 텅 비었다. 햇살에 어른거리는 물비늘 속에 꽃잎처럼 떠 있던 철새들이 생생하게 떠올랐다 사라진다.

그들은 다시 돌아오기 위해 떠나갔다.

▮ 작품 - 『수필과비평』 251호

제4부

여성의 삶, 여성의 글쓰기

들어가며

　　문학에서의 여성주의는 남성과 여성이라는 성별 위에 덧붙여진 사회적·문화적 성차별의 이데올로기를 문제 삼는 시각으로부터 출발했다. 기존의 남성중심적 삶과 문학에 대한 다양한 반론을 제기함으로써 새로운 문학적 관점으로 부각하게 된 것이다. 이를테면 작가와 비평가는 스스로가 속해 있는 성의 의식적·무의식적인 가치 기준에 따라 텍스트를 설정하고, 그에 따라 작가의 성별이라든가 작중 인물의 성별에 따라 문학작품의 성격을 규정해 온 것에 대한 문제 제기를 하게 된다. 문학에 내재하고 있는 이러한 여러 문제의식을 인식하고 이를 재해석해 내고자 하는 데에서 여성주의 문학은 출발한다(여성주의 문학은 페미니즘문학, 여성해방문학 등으로 다양하게 명명되고 있으나 이 글에서는 여성주의 문학으로 통일하여 사용한다).

 따라서 여성주의 문학은 기존의 남성 중심적 문학에 대한 보완적 혹은 역전적 인식을 이룸으로써 문화 분석의 새로운 틀을 구축하고자 노력하고, 여기서 더 나아가 이 같은 바탕 위에 수립된 성적·계급적 이데올로기의 관계를 무너뜨리고자 한다. "물론 어떤 작품이 인간적이고 따라서 혁명적이기 위해서 반드시 그 내용이 여성해방적일 필요는 없다. 혁명적인 예술은 거짓 이데올로기를 영속화시키기보다는 인간 조건의 본질을 들추어내는 것이다."(Toril Moi, Sexual/ Textual Politics:Feminist Literary Theory, London, 1985, 7쪽).

 최근 우리 수필 문단에서도 두드러진 특징의 하나는 여성 작가들이 대거 등장했다는 점일 것이다. 이 시대는 가히 여성 작가의 시대라고 불릴 정도로 그동안 문단의 주변부에 머물렀던 여성 작가들이 대거 문단의 중심에 등장하게 되었다. 이들 여성 작가들의 가장 중요한 문학적 관심은 전시대의 거대서사가 사라진 뒤 나타나는 여성의 일상성과 성과 사랑 소통의 부재에서 오는 여성의 소외와 고립 등이었다. 더 나아가 이들은 각각의 개성과 독특한 글쓰기로 가부장제하에서 억압받는 여성의 모습을 그려내고자 하였다.

 여성 작가들은 전통적인 가부장제하에서의 여성에 대한 무관심과 억압이라는 비윤리적이고 탈정치적인 면과 각각 화해할 수 없는 거리를 유지하며, 새로운 미학적 가치를 구현해 내는 가능성을 이루어 왔다. 말하자면 우리 시대의 여성 작가들은 그들의 삶과 글쓰기라는 쉽게 화해할 수 없는 거리를 특별한 사유를 통해 통합시킴으로써 나름의 문학적 정체성을 이루게 되었다. 말하자면 여성 작가들은 여성과 연관된 사회적 모순을 표출하고 자아정체성을 새로운 모습으로 보여주고자 하는 여성성의 실현 의지를 본격적으로 보여주기 시작한 것이다. 여성의 정체성을 문학적으로 표현하고 있다는 것은 어디까지나 자신들의 삶과 존재에 대한 열망을 미학화했다는 의미이며, 이 사실은 여성 작가들이 실존적·정치적 맥락에서 자신들의 위상을 새롭게 수립했다는 사실을 의미하는 것이기도 하다.

따라서 이 시대 여성 작가들의 글쓰기 미학은 전통적인 의미에서의 남성적 강박관념이거나 그 권위에서 탈피하기 위한 시도가 아니라 현재적 의미에서의 남성과 여성이라는 이분법적 현실을 통합하고 조화하는 계기로서 이해되어야 할 것이다. 여성의 글쓰기는 남성중심주의의 이데올로기에서 벗어나 새로운 세계에 대한 비전을 제시하기 위해서 '정신적 현실'에 대한 인식을 이루어야 하기 때문이다(Jean Laplanche 편, The Formation of Fantasy, New York, 1986, 8쪽). 요컨대 오늘날의 여성 작가들의 글쓰기는 다양하고 중층적인 인간적·사회적 억압으로부터 끊임없이 해방되고자 하며 여성으로 거듭나기 위한 존재론적 욕망의 추구를 지배적인 특징으로 한다.

이런 관점에서 이달의 문제작으로 고유진의 「주인공」, 배공순의 「어머님의 색종이 상자」, 강향숙의 「허물이 허물을」을 읽어본다.

고유진의 「주인공」

　현대사회가 모든 부면에서 엄청나게 발달해 있지만, 남녀 간의 평등의 문제는 여전히 해결되어야 할 중요한 과제로 남아 있다. 여성의 삶은 여전히 고달프고 자신들의 성의 정체성이 무엇인가를 의심하고 있다. 본질적으로 여성 의식은 남성과 여성이라는 성의 구분에 대해 반발하면서 성 개념을 새롭게 이해하고자 하는 태도에서 출발하며, 이는 가부장적 사회구조에 대한 부정적 인식에서 비롯되는 것이다. 여성주의자들은 '고뇌하는 의식'으로 사회질서 속의 특정한 모순을 경험하고 이런 형태의 사회적 실재를 더는 참을 수 없는 것으로 여기고 미래를 향한 변화를 요구하게 되었다(S. L. Bartky, "Toward a Phenomenology of Feminist Consciousness," in Feminism and Philosophy, New Jersey, 1977).
　말하자면 여성주의자들은 자신을 가부장제의 '희생자'로 인식하며, 희생에 대한 인식은 '외부의 낯설고 적대적인 강제력'을 인식한다는 것이다. 희생에 대한 인식은 여성으로서의 '나' 자신을 희생자로 인식함과 동시에 사회적 열패감이나 무기력과 연결되며, 내가 가진 인간으로서의 정체성에 불편해지는 경험이다. 따라서 많은 경우 오늘날에 이르기까지 부부 관계에서조차 여성은 자신들의 정체성에 대하여 명확한 인식을 이루지 못한 채 살아가고 있다. 고유진의 「주인공」에 나오는 다음과 같은 대목은 이 같은 사실을 잘 말해 준다.

　　어느 방송에서 상담을 받는 한 부부 이야기는 꽤나

충격적이었다. 그들은 수년 동안 주로 문자로 할 말을 건넸다. 그나마도 기본적인 말만 오갔고, 서로가 존재감 없이 각자 주어진 일만 수행했다. 육아 문제 정도 간신히 공유하며 불만과 불편함으로 포화 상태가 된 공간. 그 숨막히는 곳이 그들의 집이고 가족이었다. 아내는 아이들이 성인이 될 날만 기다린다. 자유를 얻을 수 있는 마지막 보루였던 거다. 부부가 힘겹게 대화의 물꼬를 튼다 해도 결국 언성이 높아지고, 아이들은 눈치를 보았다. 싸움이 아니고 대화라 우겨도 모를 리 없었다.

「주인공」에서의 진술대로 남녀 관계에서는 단순히 화법의 문제라든지 상대방 입장을 고려하지 않고 배려하지 않는 태도들이 모여서 갈등을 이룬다. 모든 것을 자기중심적으로 생각하고 생활하면서 상대방을 살필 도량이나 여유가 없어지는 것이다. 여기서 더 나아가 여성들은 사회적 실재는 믿을 수 없고 기만적인 것으로 본다. 여성들은 성차별적 사회에서 희생자로 살아가고 있고 가부장제에 완전히 노출되어 있어서 항상 상대방에 의해 공격당할 수 있다고 인식하는 것이다. 여성들은 생활 속에서 실제로 일어나는 일들이 겉으로 보이는 것과는 상당히 다르다는 것을 잘 알고 있다.

그로 인해 여성들은 '이중의 존재론적 충격'을 공통으로 경험하게 된다. 여성들은 그들의 삶의 경험과 분노가 다른 사람들에게 쉽사리 전달되거나 소통되지 않는 경우를 일상적으로 맞닥뜨린다. 따라서 '지금 일어나고 있는 일'을 어떻게 이해해야 할지 스스로조차 분명하지 않은 경우가 많다. 이로 인해 여성들은 "이렇듯 반쯤

숨겨진 성차별 체제의 무기들에 의해 매일 매일 하루에도 수십, 수백 번씩 얻어맞는 것이 어떤 것인지를 묘사하기는 더욱 힘들다."(S. L. Bartky, 같은 책, 433쪽)고 말한다. 그리하여 여성은 가정과 사회에서 관망자가 되고 방관자가 되어간다.

    내가 세상의 주인공이고 세상은 나를 중심으로 돌아간다고 여길 때가 있었다. 살아가면서 점점 나는 주인공에서 밀려나고 때론 관망자, 어쩌면 방관자, 혹은 배경처럼 자신의 입지와 위치를 받아들여 간다. 민낯의 두려움을 안고 사는 것, 그래서 이미지 관리하는 게 득이란 걸 충분히 깨닫고도 남을 나이가 되니, 눈치만 느는 것 같다.
    진심이 버거울 땐 우리 가면무도회를 열자. 어느 싱어송라이터의 노래 가사이다. 삼십 초반의 저 젊은 친구는 뭘 알아 뭘 아는 듯 저런 가사를 썼을까 싶었다. 하나 폐부를 건드리는 드라마 대사, 노래 가사는 분명 괜히 나온 말이 아닐 거다. 알면서도 외면해온 속엣말을 마주하게 만드는 그 힘, 아마도 진정성과 정서의 교감일 거라 생각된다. 중요한 건 내가 중심에 서 있는 것이 아니라, 내가 서 있는 세상과 자신을 알아가는 것이 아닐는지.

「주인공」에서 잘 설명되고 있듯이, 여성은 자신들의 존재와 정체성의 불명확성이 삶을 힘들게 만든다고 여긴다. 여성들은 일상적으로 일어나는 사회적 현실의 기만적 성격과 이를 경험하면서 겪는 차별과 배제, 소외와 억압으로 세계에 대한 갈등과 경계심을 축적한다. 흔한 노래와 드라마 대사에 나오듯 우리는 '가면무도회'를 열고 살아간다는 말이 결코 수사에 그치는 것이 아니다. 우리의 삶에서는 분명히 일정한 '진정성과 정서의 교감'이 필요하지만 우리는 이런 사실을 외면하면서 살아갈 뿐이다. 이런 갈등과 경계심은 이상적이고 냉정하며 합리적인 존재로 인식되는 남성성에 대한 반발이며 적대감이기도 하다. 그리하여 "중요한 건 내가 중심에 서 있는 것이 아니라, 내가 서 있는 세상과 자신을 알아가는" 과정에 있을 뿐이라는 사실을 알게 되면서 괴로워한다. 그러면서 이러한 믿음은 공허한 메아리가 되어 허공에 맴돈다. 여성들은 분노나 괴로움을 느껴도 자신들의 존재를 드러내거나 감수하지 못한 채 감정표현을 억제하거나 자포자기의 심정에 사로잡힌다.

「주인공」에서 작가가 우리에게 던지는 "결국 자기 인생의 주인공은 자신이 아닌가."라는 질문은 외롭지만 낯설지 않다. 존재하지만 부재하고, 잡힐 듯하지만 잡히지 않는, 주인공이면서도 주인공이지 못한 여성 정체성에 대한 회의는 지금도 계속되고 있음을 「주인공」은 잘 보여주고 있다.

배공순의 「어머님의 색종이 상자」

「어머님의 색종이 상자」는 오로지 오늘에만 충실하며 열심히 살아온 어머니들에게 삶의 의미는 무엇인가, 그리고 과거의 어려웠던 그 시절과 모습을 되돌아봄으로써 현재를 어떻게 살아야 할 것인가를 자성하게 한다. 작품 속에서 작가가 "그 신산했던 어머님의 삶은 늦가을 바람에 떠는 갈색 낙엽" 같은 것이라고 표현하고 있듯이, 우리는 현재의 삶은 과거의 시간과 어우러지며 추억을 되씹는 일이다. 예컨대 지나간 시간이라는 이름 아래 고난의 삶을 살다 간 여성들이 젊음을 제대로 꽃피워 보지도 못하고 스러져간 모습이 어떠했는지를 기억하고 있는가.

작품에서 화자가 어머니를 통하여 기억하고자 하는 것은 당대 여성들의 비인간적인 삶에 대한 뼈아픈 공감이며, 동시대에 상실된 여성 정체성의 모습이다. 「어머님의 색종이 상자」의 어머니도 꿈 많은 여성이었으며 넓은 세상과 눈부신 미래를 상상했지만 녹록지 못한 삶의 여정이 이를 가로막았다. 이 땅의 여성들은 삶에 대한 어떤 선택의 여지없이 "현실 앞에 장독대 항아리에 기대앉아 조각난 꿈을 눈물로" 적시며 고통스러운 삶을 살아야 했다. 지난한 삶의 현실을 화자는 이렇게 설명한다.

> 어머님은 열아홉 살 꽃다운 나이에 결혼했다. 훤칠한 청년의 거듭된 청혼에 백년가약을 맺었으나, 그 행복은 너무도 짧았다. 젊다 못해 어린, 이십 대에 홀로 되고 말았으니…. 장수경찰서에 근무하던 아버님은 지리산에 숨은 공비 색출 작전에 투입되어 산에서 지내는 일이 많았고, 그때 얻은 병으로 서른도 안 된 젊은 나이에 유명을 달리하셨단다. 덩그러니 남은 어린 아낙의 애가 끊어지는 슬픔, 그 막막함과 깊은 상실을 짐작이나 할 수 있으랴. 돈을 벌어야 했고 두 아들을 키워야 했다. 그것만이 어머님의 절박한 꿈이 되었다.

「어머님의 색종이 상자」에는 시간 너머의 시간 속에 존재하는 어머니에 대한 상징적 동일시의 감정이 담겨 있다. 그럼으로써 작가는 주체로서의 여성 혹은 '어머니의 흔적'이 마땅한 실체를 만나지 못하고 유령처럼 떠다니고 있는 것을 목격한다. 어머니의 흔적은 수필 전편에 스며있다. 이 수필은 어머니의 목소리로 여성으로서의 현존재의 고독을 위무하고 또 모든 차이와 이질성을 감싸 안는 모성성을 획득하고자 하고 있다. 그리하여 작가는 흩어지고 단편화된 어머니의 존재를 한곳에 다시 묶으려 한 것인지 모른다.

우리 사회가 한편으로 가부장적 삶의 질서를 탈각하거나 와해하며 상대적으로 자유롭고 개방적인 삶의 변화를 만들고 있지만, 현대의 자본주의적 삶의 구조는 여성을 더욱 경제적·정치적 삶에 의존적이고 억압받는 존재로 만들고 있다는 사실은 부인하기 힘들다. 그럼에도 불구하고 「어머님의 색종이 상자」는 현대사회의 단절된 인간관계를 통하여 희생된 여성성을 되돌아봄으로써 여성의 삶에 대한 고뇌를 새롭게 인식해야 함을 강조하고 있다. 다시 말해 가부장적인 사회와 남성 중심의 권력에 억압당하며 한 가정에서 고통스러운 삶을 살아온 여성의 모습을 보여줌으로써 여성의 자기 의지를 성공적으로 감싸 안으려 한다. 그럼으로써 이 작품은 여성의 문제를 개인적·사회적으로 어떻게 긍정적으로 극복할 수 있는가에 대한 가능성을 묻고 있다.

다른 한편, 작품에서 어머니의 손재주로 만들어지는 '색종이 접기'는 많은 의미를 지닌 상징 기제로 읽힐 수 있다. '할머니의 추억 상자'에 담긴 색종이 접기의 의미를 작가는 다음과 같이 해석한다.

접고 또 접는 어머님의 색종이…. 말로는 다 풀어낼 수 없다던 굴곡 많은 팔십여 성상을 접고 또 접으시는 걸까. 스러져 가버린 것들 위에 당신만의 새로운 꿈을 짓고 계시는가. 애면글면 두 아들을 홀로 키운 억척과 서리서리 맺힌 '청상靑孀의 한, 훌쩍 떠나버린 남편을 향한 애달픈 애증마저도, 색종이 위에서 바람처럼 짙어졌다가 엷어지다가 마침내 담담한 옛이야기로 피어나기를. 어머님의 색종이 상자가 연둣빛 새 꿈들로 물들어 가기를….

어머니의 종이접기는 여성 자신의 딜레마를 다양한 삶의 모습으로 형상화하기 위한 노력이기도 하다. 여기서 우리는 어머니가 종이접기를 통하여 여성의 삶을 읽으며 동시에 여성의 글쓰기와 여성 문학의 의미를 읽을 수 있다. 논리의 비약을 무릅쓰고, 어머니의 색종이 접기라는 행위는 바로 여성들의 글쓰기 행위에 대한 의미를 엿볼 수 있게 한다는 점에서 우리에게 중요한 시사를 준다.

그동안 여성의 글쓰기에서 그려지는 모성은 자기 몸에서 나온 대상에 대한 본능적인 집착으로서의 원초적 모성 자체를 표현하는 것으로 간주되어 왔다. 따라서 모성을 그리는 여러 텍스트 속에 숨어 있는 창조적 상상력과 전복적인 에너지의 근원을 하나하나 따지는 것은 중요한 일이라고 하지 않을 수 없다. 가령「어머님의 색종이 상자」에서 특징적인 것은 여성과 모성이 상호 모순되거나 적대하는 관계로만 그려지지 않고 한 여성의 육체 속에 병존하는 것으로 때로 갈등하지만 동시에 여성의 정체성을 형성하는 것으로 그려지고 있다는 점이 주목할 만하다. 어머니는 색종이를 접고 또 접으며 "애면글면 두 아들을 홀로 키운 억척과 서리서리 맺힌 '청상靑孀'의 한, 훌쩍 떠나버린 남편을 향한 애달픈 애증마저도" 살려내고자 한 것이다. 따라서 작품에서 어머니의 종이접기는 자신의 한 많고 굴곡진 인생을 이런 창조적 행위를 통해서나마 재현하고자 하는 의미를 지닌다.

여성주의 문학은 어떻게 여성의 삶을 반영하는가보다는 여성을 불평등의 삶에서 구원해내고 그로 인해 새로운 삶의 가치를 생산해내는 문화적 실천이 그 본질이라 할 것이다. 다시 말해 여성을 어떻게 재현하며 이것이 여성에 대한 어떤 왜곡이나 억압을 해 왔던가를 밝혀냄으로써 그동안 남성 중심으로 이루어진 삶에 관습과 태도에 대한 해체 작업을 수행하는 것이다.

그동안 남성 중심으로 이루어진 삶과 문학 텍스트에 대한 재해석은 다양한 편차에도 불구하고 많은 경우 여성의 삶에 대해 왜곡되거나 억압적이라는 결과를 나아왔다. 이런 결과는 여성의 삶과 문학이 남성 작가의 텍스트를 통하여 남성과 삶의 재현이라는 단일한 의미에서 이루어져 왔다. 언제나 남성의 삶과 텍스트는 우선하며 여성의 삶과 텍스트를 분리하고 별개로 존재하는 것으로 취급해 왔다. 이런 의미로 볼 때 「어머님의 색종이 상자」에서 "어머님의 색종이 상자가 연둣빛 새 꿈들로 물들어 가기를" 바라는 화자의 소망은 여성의 삶과 문학에 대한 작가의 희망 의지를 보여주는 것이라 할 수 있다.

강향숙의 「허물이 허물을」

　서구 여성주의의 역사는 크게 보아 세 단계로 나누어 볼 수 있다. 여성의 열등감을 수정하기 위해 남성과 여성의 위치를 동등하게 하려던 움직임, 남성과 여성 간의 차이에 주목하여 여성의 우월한 측면을 드러내 보이고자 했던 움직임, 여성들 간의 다양한 차이에 주목하여 다양성과 다름의 스펙트럼을 드러내 보이고자 하는 움직임이다. 그러나 어떠한 경우이든 남성과 여성의 차이를 극복하고 남녀가 공동의 삶을 이루어야 한다는 점에서는 견해를 같이한다. 그렇지만 여전히 남녀 사이에는 건널 수 없는 편견과 정체성의 구별이 있다는 사실을 부인하기는 힘들다. 심지어 라캉은 여성운동은 남성과 여성 사이의 편견과 고정관념을 넘어서고자 하는 역사였다고 말하고 있다.
　강향숙의 「허물이 허물을」은 남성에 대한 편견으로부터 출발한다. 작품에서 "남성은 검은색의 남자가 뱀처럼 똬리를 틀고 앉아 있는" 모습으로 표현된다.

　　징그럽다. 온몸이 작대기처럼 곤추선다. 갈라진 혀를 널름거리며 기어가는 뱀을 피해 까치발을 내딛는다. 들고 있던 주전자 주둥이에서 막걸리가 쏟아졌다. 뱀이 우글대는 갯가 논은 정말 싫다. 둑방을 쏘다니던 남자애들은 무더기로 똬리를 틀고 있는 뱀을 향해 돌팔매질을 해댔다. 모내기꾼들이 자리를 펴고 밥을 먹는 동안 나는 몸을 떨고 서 있었다. 모자와 옷, 운동화, 배낭까지 온통 검은 색인 남자가 뱀처럼 똬리를 틀고 앉아 있다.

　남성에 대한 이런 일련의 타자성에 대한 기표적 모습은 여성의 주체 형성과 타자의 형성을 긴밀하게 관련짓는 것이다. 오늘날의 여성 표상이 주체적이고 독립적으로 형성되어 있다고 보기에는 여전히 여성의 모습은 단일하고 비독립적이다. 이런 사실은 많은 문학 텍스트 속에서 여성 표상은 남성 주체의 욕망으로부터 항상 배타적이고 적대적인 모습을 보여주고 있다는 사실로도 잘 나타난다. 그리하여 문학 텍스트의 서사에서 남성의 모습은 지배적이고 여성의 모습은 억압당하고 있는 모습을 보여주고 있다. "남자와 나 사이에는 검은 배낭이 하나 놓여 있을 뿐"이지만, 그 사이의 거리는 천 길 낭떠러지와 같다. 이러한 타자로서의 남성 모습의 재현은 여성 작가들의 텍스트에서 남성 주체의 모습을 절대적인 것으로 독해하게 만든다.

　「허물이 허물을」에서와 같이 작가의 인식은 여성을 타자성으로 구축하는 과정을 밝히는 동시에 현실에 존재하지 않는 남성을 소환함으로써 특정한 남성성을 가장하는 방식으로 보여주는 것이다. 남성에 맞선 타자성을 규명하는 것과 동일한 열정으로 여성 정체성의 모습을 밝힐 때 진정한 여성 정체성도 본질적 모습을 드러낼 수 있을 것이다. 타자로서 남성이 재현되는 과정은 동시에 주체로서의 여성이 사회적·역사적으로 재현되는 과정이기도 하다. 이때 주체로서의 여성성은 여성 역할의 수행을 남성성이라는 관점에서 벗어나 올바르게 재해석될 때 가능하게 된다.

그렇지만 어느 사회에서든 보편화된 가부장제의 이데올로기는 여성이 언제 어디서나 남성들에 의해 자행되는 보편적 억압의 수동적인 희생자가 될 수밖에 없다는 신화에서 벗어날 수 없었다. 그래서 여성들은 남성에 대한 편견과 억압에 갇혀 살아가는 모습을 보여주고 있다. 심지어 「허물이 허물을」에서처럼 여성은 "편견의 허물에 갇혀 굳어 가는" 존재가 되었다.

아무런 해도 입히지 않은 그녀는 내 편견의 희생물이 되었다. 그녀는 남자라는 대상을 허물로 쓰고 싶었던 걸까. 프랑스의 시인 쥘 르나르는 뱀을 네 글자로 표현했다. 너 · 무 · 길 · 다. 생긴 모양대로 보자면 이보다 더 정확한 표현이 있을까. 인간과 뱀 사이 악연의 역사는 너무 길다. 허물을 벗지 못하는 뱀은 그 속에 갇혀 서서히 죽어간다는데 나는 내 편견의 허물에 갇혀 굳어 가는 건 아닌지. 껍질만 보고 뱀으로 오인한 나는 허물을 벗겨내듯 황급히 자리를 빠져나왔다.

「허물이 허물을」은 전통적인 수필 문법을 거부한 채 내밀한 심리묘사와 이미지 강한 문체로 여성 존재의 모습을 천착하는 특이한 기법을 이루어내고 있다. 여성으로서의 존재의 모습을 감추는 동시에 드러내기 위해 때로는 남성이 두꺼운 옷으로 무장한 틈새를 포착하는 여성의 모습을 드러내야 한다. 작가는 여성성으로서의 글쓰기, 즉 여성 작가라는 범주를 벗어남으로써 진정한 글쓰기를 하는 작가로 존재할 수 있다. 말을 바꾸면, 여성성이란 여성 작가만의 전유물도 아니고, 차별이 아닌 구별로서의 여성성이 존재할 때야 진정한 여성 의식은 가능할 수 있다.

수필은 서사적 사고에 의해 이루어지는 문학 양식이지만 동시에 서정적 사고를 이루어야 한다. 그리하여 언어와 존재의 끊임없는 갈등과 마찰, 이미지와 삶의 조화로움이 이루어질 수 있게 된다. 「허물이 허물을」에서 일어나고 있는 남성성과 여성성의 충돌은 이러한 의미에서 뜻깊은 것으로 읽힐 수 있으며, 이는 곧 가부장제적 남성성의 편견에 대한 극복과 올바른 여성주의의 정립에 기여하는 것이라고 할 것이다.

나오며

여성의 삶과 여성의 글쓰기는 객체에서 주체로 다시 태어나야 한다. 바라보여지는 대상에서 바라보는 대상으로, 어둠에서 빛으로 다시 나와야 한다. 지금 인류가 직면하고 있는 심각한 자연환경의 파괴나 생태 위기와 관련하여 남성과 여성의 문제를 새롭게 인식하는 틀로서 제기된 개념 중의 하나는 에코 페미니즘이다. 이는 오늘날의 생태 위기가 인간은 물론 지구상의 모든 생명을 위협하고 있다는 생태학적 인식과 남성 중심의 가부장적 사회체제가 여성을 착취하고 억압하고 있다는 인식에서 진일보한 관점이다. 남성과 여성 사이에 존재하는 지배와 억압의 구조는 자연과 문명의 관계에도 그대로 적용되며, 이를 진정하게 초월할 때야 여성해방과 인간해방, 더 나아가 이 세상의 모든 억압되고 소외된 생명의 해방이 가능할 수 있을 것이다.

여성들의 삶과 글쓰기에 대한 인식은 거대 담론의 위용이 흔들리고, 새로운 삶의 징후에 대한 면밀한 관찰과 다양한 탐색이 이루어지면서 본격적으로 이루어졌다. 남성은 정치적·경제적 환산법으로 자기 영역을 가속화해 나가고 있고, 여성은 주체적 인간의 삶을 타자인 남성에 의해서 억압당하고 은폐하는 존재로 살아가고 있다. 이제 여성 작가들은 자신들의 존재와 정체성을 근본적으로 회복하는 새로운 삶과 글쓰기를 위해 노력해야 할 시점에 이르렀다.

　앞서 우리가 읽은 고유진의 「주인공」, 배공순의 「어머님의 색종이 상자」, 강향숙의 「허물이 허물을」은 그동안 미시적이고 주변적이었던 여성의 자아정체성과 새로운 남녀 관계의 지형을 그리기 위해 적극적으로 고민한 여성 작가의 작품이라고 할 수 있다. 우리의 삶 곳곳에 아직도 엄존하고 있는 가부장적 이데올로기의 구속과 굴레로부터 여성의 삶과 여성적 글쓰기가 진정으로 생명력 있는 것이 되기 위해서는 여성주의적 관점에서 더 큰 파괴와 혁명이 있어야 할 것이다.

▌작품론 – 『수필과비평』 253호

| 작품 |

주인공

고유진

    그 그림 앞에서 오랫동안 머물고 서 있었다. 흔한 아파트 외관일 뿐인데, 이 전시회의 수많은 그림들 중 유독 발목을 붙잡는 이유가 뭘까.
    호기심이 들었다. 각종 옷가지가 가지런하게 널린 집, 대충 빨랫줄이 내려앉도록 이불을 걸쳐놓은 집, 집기들을 쌓아놓은 베란다, 한쪽 구석에 세워둔 자전거, 그리고 아예 비워진 베란다까지. 상상의 여지를 불러일으켰다. 큐레이터는 그림에 쓰인 오브제와 열심히 준비한 내용을 주절주절 설명해 주었다. 작가도 소개하고 싶은지 손으로 가리킨다. 정작 내가 궁금한 건 그런 게 아닌데 말이다.
    저 안의 삶이 궁금했다. 오늘 먼지를 훔치고, 그날 분량의 수치심을 이불 킥 하고, 내일의 태양에 기대를 걸어보는 그대들의 삶은 안녕한지. 별반 다를 게 없다거나 내밀해서 슬프다거나 별의별 일이 다 존재할지도 모르는 벽 안의 일상을 떠올려 보았다.
    어느 방송에서 상담을 받는 한 부부 이야기는 꽤나 충격적이었다.

그들은 수년 동안 주로 문자로 할말을 건넸다. 그나마도 기본적인 말만 오갔고, 서로가 존재감 없이 각자 주어진 일만 수행했다. 육아 문제 정도 간신히 공유하며 불만과 불편함으로 포화 상태가 된 공간. 그 숨막히는 곳이 그들의 집이고 가족이었다. 아내는 아이들이 성인이 될 날만 기다린다. 자유를 얻을 수 있는 마지막 보루였던 거다. 부부가 힘겹게 대화의 물꼬를 튼다 해도 결국 언성이 높아지고, 아이들은 눈치를 보았다. 싸움이 아니고 대화라 우겨도 모를 리 없었다.

　화법의 문제라든지 상대방 입장을 고려하지 않고 배려하지 않는 것, 그 한입 거리도 안 되는 조각들이 모여 갈등이 된다. 자기 위주로 생각하다 보면 주변을 살필 도량이나 여유가 없어지는 것이다. 관찰자 입장에선 쉽게 보이는 맥락이 그 안에선 깜깜해진다. 제작자의 의도도 그런 것이겠지. 부부 역시 화면 속 자신을 마주하는 게 힘들어 보였다. 훈수 두는 건 쉬워도 자기 일이 되면 어려운 숙제가 되는 것이다.

　유명한 연예인의 데뷔 동기엔 친구 따라 오디션 갔다 친구는 떨어지고 자기는 됐다는 일화가 마치 국룰 같다. 역시 될 사람은 되는구나 싶었는데 요즘은 엉뚱한 궁금증이 생긴다. 그러면 그 친구들은 다 어떻게 됐을까. 그들은 어떤 삶을 살고 있을까. 다른 길을 찾아 결국 자기만의 진로를 찾게 됐을까. 전혀 다른 분야에서 잘나가고 있을까. 아니면 평범하게 잘 살지만 스타가 된 친구를 부러워하며 동경하고 있을까.

　영화 속에서 추격 장면을 볼 때, 쫓고 쫓기는 장면에서 과일 장수의 과일들이 흩어져 날아가고, 운전하다 잠시 정차한 사이에 차를 뺏기고 마는, 그 애먼 피해자들에 나는 점점 더 눈길이 간다. 현실이라면 지나가다 완전 날벼락 맞은 거 아닌가. 그런데도 시청자는 그들의 고충엔 그다지 관심이 없다. 관객의 시선은 그저 주인공만 따라간다. 그러니 주인공이겠지만.

내가 세상의 주인공이고 세상은 나를 중심으로 돌아간다고 여길 때가 있었다. 살아가면서 점점 나는 주인공에서 밀려나고 때론 관망자, 어쩌면 방관자, 혹은 배경처럼 자신의 입지와 위치를 받아들여 간다. 민낯의 두려움을 안고 사는 것, 그래서 이미지 관리하는 게 득이란 걸 충분히 깨닫고도 남을 나이가 되니, 눈치만 느는 것 같다.

진심이 버거울 땐 우리 가면무도회를 열자. 어느 싱어송라이터의 노래 가사이다. 삼십 초반의 저 젊은 친구는 뭘 알아 뭘 아는 듯 저런 가사를 썼을까 싶었다. 하나 폐부를 건드리는 드라마 대사, 노래 가사는 분명 괜히 나온 말이 아닐 거다. 알면서도 외면해온 속엣말을 마주하게 만드는 그 힘, 아마도 진정성과 정서의 교감일 거라 생각된다. 중요한 건 내가 중심에 서 있는 것이 아니라, 내가 서 있는 세상과 자신을 알아가는 것이 아닐는지.

큰딸은 요즘 음원 기획 일을 한다. 탄탄한 포트폴리오와 토익 점수까지 갖추고 어마어마한 경쟁을 뚫고 들어간 건 고무적이지만, 아티스트가 아닌 음반 디렉터로 한 발 물러난 셈이다. 맡은 프로그램이 전파를 타도 크레딧에 스치듯 이름이 지나갈 뿐 화면엔 없다. 그들은 출연진 뒤에서 음원 유통을 하고 홍보를 한다. 그렇게 목표를 수정하고 우회하고, 플랜 비의 삶을 살게 되어도 이 친구들이 주연에서 조연으로 밀려난 건 아닐 테다. 어떠한 모양으로든 다들 각자의 길을 내며 열심히 살아가는 것이다.

결국 자기 인생의 주인공은 자신이 아닌가.

▌작품 – 『수필과비평』 253호

| 작품 |

어머님의 색종이 상자

배공순

 북촌 마실 중에 소박한 시니어 공방을 만났다. 굽이치며 이어지는 재색 기와집 사이에 숨어 있듯 자리한, 한 평 남짓한 가게는 아담했다. 반백의 커트 머리 디자이너가 직접 만들었다는 작품들도 작고 앙증맞은 것들이 많았다.
 반짇고리에는 예쁜 실패와 골무가 올망졸망 담겨 있었다. 수를 놓아 만든 앞치마, 꽃이나 나비 모양의 인테리어 소품들, 오방색 상보 외에도 헝겊으로 만든 탐나는 액세서리들이 조붓한 공간을 풍성하게 하고 있었다. 그중에서도 브로치 모양의 다홍색 카네이션이 눈에 띄었다. 예사롭지 않은 만듦새가 마음에 쏙 들어 얼른 집어 들었다.
 어버이날 아침, 공방에서 사 온 카네이션을 달아드렸다. 경로당에 가면 제일 예쁘다 할 거라며 좋아하셨다. 잠시 엉거주춤한 모습으로 뒷짐 지고 있던 어머님 손에서 빨간 꽃 두 송이가 들려 나왔다. 덕담을 얹어 아들 며느리 가슴에 카네이션을 달아 주시는 게 아닌가. 나는 돈 주고 쉽게 사 왔는데 어머님은 손수 만든 꽃이라니…. 참

곱게도 접으셨다.

　예전부터 손재주가 좋으셨다. 다양한 리본을 만들어 손녀딸 머리를 묶어주고 치마까지 손수 만들어 입히곤 했다. 어머님은 연세가 팔십이 넘도록 경로당에 가시기를 꺼렸다. 왠지 더 늙은이가 되어 버린 것 같아 싫다고 하시더니, 마침 '색종이 접기 강좌'가 생긴다는 소식을 듣고는 경로당으로 달음박질하셨다. 출근하듯 나가신 게 이 년째다. 이렇게 재미있는 것을 다른 이들은 배우는 게 골치 아프다고 손사래를 친다며 웃었다.

　수업이 있는 화요일 저녁마다 품평회가 열렸다. 접어 오신 작품을 탁자 위에 펼쳐놓고 가족들은 저마다 한마디씩 평을 했다. 나비를 불나방 같다고 하고, 원추리를 호박꽃이라며 짓궂게 어머님을 놀리기도 했다.

　아들은 어머님이 만들어 오신 작품을 종이상자에 모아 '할머니의 추억 상자'라며 차곡차곡 정리하고 있다. 쌓인 양이 만만치 않아 세 번째 상자가 그득해지고 있다. 가끔 꺼내 볼 때마다 꽃구름이 피어나듯 다양한 작품들이 눈맞춤한다. 강아지는 병아리 꽁무니를 쫓아다니며 마당에서 뛰놀고 고운 복주머니는 아이들 한복에서 달랑거린다. 낮은 울타리 안에는 백합과 튤립, 장미꽃이 우거지고 그 꽃밭 사이를 나비가 훨훨 날고 있다.

　"어머니, 이제 강사를 해도 되시겠어요."

　"내가 뭘, 잘하지도 못하는데…."

　근데 집에서 접은 것을 사진 찍어 보냈더니, 선생님 남편이 보고 당신 자리가 위험해지겠다고 하더라며 은근슬쩍 자랑 타이밍을 놓치지 않으신다.

어머님도 이런저런 꿈이 많았으리라. 넓은 세상, 눈부신 미래를 상상하며 부풀기도 했으련만, 녹록지 않은 삶의 여정에 꾹꾹 눌러 접어야만 했던 분이다. 어머님은 장수 산골 마을에서 자랐다. 어려운 형편에다 어머니가 병석에 누워계시는 와중에 아버지마저 갑자기 돌아가시자 읍내 중학교 진학을 포기해야만 했더란다. 총명한 제자를 아끼던 선생님이 전매청 지서에 사환으로 취직시키면서까지 도와주려 했지만, 상황이 허락지 않았던 것. 오 남매의 맏이로 집안일을 도와야 할 현실 앞에 장독대 항아리에 기대앉아 조각난 꿈을 눈물로 적실뿐이었단다.

어머님은 열아홉 살 꽃다운 나이에 결혼했다. 훤칠한 청년의 거듭된 청혼에 백년가약을 맺었으나, 그 행복은 너무도 짧았다. 젊다 못해 어린, 이십 대에 홀로 되고 말았으니…. 장수경찰서에 근무하던 아버님은 지리산에 숨은 공비 색출 작전에 투입되어 산에서 지내는 일이 많았고, 그때 얻은 병으로 서른도 안 된 젊은 나이에 유명을 달리하셨단다. 덩그러니 남은 어린 아낙의 애가 끊어지는 슬픔, 그 막막함과 깊은 상실을 짐작이나 할 수 있으랴.

돈을 벌어야 했고 두 아들을 키워야 했다. 그것만이 어머님의 절박한 꿈이 되었다. 스웨터 짜는 공장에서 일하다 미용 기술을 배워 마을 초입에 작은 미용실을 열었다. 그런대로 잘 운영되어 먹고사는 데 도움이 되었지만, 아이들 교육을 위해 장수를 떠나기로 했다. 낯선 서울, 어렵사리 출판사에 취직해 납 활자로 밤새워 조판하는 일을 했다. 살아가며 부딪치는 모든 일을 오롯이 홀로 감당해야만 했으니, 그 신산했던 어머님의 삶은 늦가을 바람에 떠는 갈색 낙엽이었으리라.

접고 또 접는 어머님의 색종이…. 말로는 다 풀어낼 수 없다던 굴곡 많은 팔십여 성상을 접고 또 접으시는 걸까. 스러져 가버린 것들 위에 당신만의 새로운 꿈을 짓고 계시는가. 애면글면 두 아들을 홀로 키운 억척과 서리서리 맺힌 '청상靑孀'의 한, 훌쩍 떠나버린 남편을 향한 애달픈 애증마저도, 색종이 위에서 바림처럼 짙어졌다가 엷어지다가 마침내 담담한 옛이야기로 피어나기를. 어머님의 색종이 상자가 연둣빛 새 꿈들로 물들어 가기를….

자리끼를 들고 방에 들어서니 어머님은 등을 굽힌 채 종이접기 삼매에 들어 계신다. 보름밤 환한 달빛이 어머님의 어깨를 비춘다.

▎작품 – 『수필과비평』 253호

| 작품 |

허물이 허물을

강향숙

 징그럽다. 온몸이 작대기처럼 곤추선다. 갈라진 혀를 널름거리며 기어가는 뱀을 피해 까치발을 내딛는다. 들고 있던 주전자 주둥이에서 막걸리가 쏟아졌다. 뱀이 우글대는 갯가 논은 정말 싫다. 둑방을 쏘다니던 남자애들은 무더기로 똬리를 틀고 있는 뱀을 향해 돌팔매질을 해댔다. 모내기꾼들이 자리를 펴고 밥을 먹는 동안 나는 몸을 떨고 서 있었다.
 모자와 옷, 운동화, 배낭까지 온통 검은색인 남자가 뱀처럼 똬리를 틀고 앉아 있다. 귀에는 이어폰을 꽂고 두 눈을 꼭 감은 채 꼼짝하지 않는다. 남아 있는 자리는 남자 옆뿐이라 그의 다리와 의자 사이 좁은 공간을 비집고 들어가느라 안간힘을 썼다. 다리가 스칠 때 오싹 소름이 돋았다.
 미사가 시작되었다. 남자는 순서를 따라 하지 않았다. 사람들이 제단을 향해 일제히 일어설 때면 부동의 자세가 더 드러났다. 신성한 성당에서 무슨 짓이람. 이어폰 좀 빼고 미사에 참예하라고 말해 볼까. 아니지. 그러다 해코지라도 하면 어쩨. 뱀에게 다가간 남자애들처럼 용기 있는 사람이 나타나 대신 말해 줄지 모르지. 나는 간간이 남자를 흘깃거렸다.

오늘따라 자신과 다름을 인정하고 상대를 받아들이라는 신부님 강론이 길게 이어졌다. 나를 두고 하는 말 같아 곤두선 마음을 내려놓으려는데 남자의 이어폰 속 여자가 악을 써댔다.

그는 이곳에 왜 왔을까. 단지 찬바람을 피해 들어온 것일까. 소리를 줄이든가 의식을 따라 하는 시늉이라도 하면 얼마나 좋아. 이어폰 밖으로 노랫소리가 크게 새어 나올수록 그가 더욱 불편해졌다. 내 상식의 잣대로 순서에 따라 남자를 일으키고 앉히기를 반복했다. 그도 모자라 못마땅한 눈빛을 쏘아 보냈다. 순간 남자가 움찔하더니 눈을 떴다 감았다. 내가 하는 짓을 다 알고 있다는 몸짓 같아 더럭 겁이 났다.

남자와 나 사이에는 검은 배낭이 하나 놓여 있을 뿐이다. 혹시 저 안에 날카로운 물건이 들어 있는 건 아니겠지. 쳐다본다는 이유 하나로 해치는 일이 더러 있지 않던가. 눈을 내리깔고 엉덩이를 슬그머니 반대쪽으로 밀어내며 최대한 그에게서 떨어졌다. 앞에 둔 가방도 소리 나지 않게 옆으로 살짝 옮겨 놓았다. 그런들 무슨 소용이랴. 물리적인 거리와 상관없이 마음은 이미 남자에게 잡아먹힌 상태다. 나는 앞사람의 뒤통수에 대고 무언의 구원을 요청했다. 가끔 그를 쳐다보던 사람들은 더이상 뒤를 돌아보지 않았다. 고개를 뒤로 젖히고 제단에 걸려 있는 십자고상만을 간절히 바라보았다.

미사는 막바지에 이르렀다.

"평화의 인사를 나누십시오."

신부님 목소리가 울려 퍼지자 신자들은 이리저리 고개를 돌려 가며 눈인사를 건넸다. 평화를 빈다는데 설마 해코지야 하겠어. 나는 심호흡을 크게 하고 남자를 향해 얼굴을 돌렸다.

"평화를 빕니다!"

그는 나를 거들떠보지 않았다. 반사된 내 목소리만 허망하게 되돌아왔다. 그의 무관심에 슬그머니 긴장이 풀렸다. 해칠 마음을 먹었다면 사건은 벌써 일어나고도 남을 시간이었다.

미사가 끝났다. 사람들은 빠르게 자리를 빠져나갔다. 나는 꼼짝 않고 앉아 있는 그에게 다가갔다. 눈을 감고서도 내 기척에 재빠르게 다리를 틀어주었다. 이어폰은 외부의 소음을 차단하기 위함이 아니었다. 위에서 내려다보니 몸집이 자그맣다. 솜털이 솟은 보송보송한 목덜미에 모자 속에서 빠져나온 긴 머리 가닥이 늘어져 있다. 남자가 아닌 여자? 놀라 무춤하는 사이 그가 고개를 들었다. 앳된 여학생이다.

갯가 풀섶에는 뱀 허물이 나뒹굴었다. 어른들은 뱀이 자라려고 허물을 벗는다 했다. 생명체가 빠져나간 꺼풀은 햇빛을 받아 꾸덕꾸덕 말라갔다. 남자애들이 그것을 막대기에 걸치고 휘두르며 다녔다. 나는 그마저도 혐오스러워 기겁을 하고 달아났다.

아무런 해도 입히지 않은 그녀는 내 편견의 희생물이 되었다. 그녀는 남자라는 대상을 허물로 쓰고 싶었던 걸까. 프랑스의 시인 쥘 르나르는 뱀을 네 글자로 표현했다. 너·무·길·다. 생긴 모양대로 보자면 이보다 더 정확한 표현이 있을까. 인간과 뱀 사이 악연의 역사는 너무 길다. 허물을 벗지 못하는 뱀은 그 속에 갇혀 서서히 죽어간다는데 나는 내 편견의 허물에 갇혀 굳어 가는 건 아닌지.

껍질만 보고 뱀으로 오인한 나는 허물을 벗겨내듯 황급히 자리를 빠져 나왔다.

▌작품 – 『수필과비평』 253호

떠나는 것들을 위한 별사別辭

들어가며

　작가란 일상적 담론의 표현 방식으로 재현할 수 없는 삶의 진실을 문학 텍스트로 표현한다. 이렇게 생성된 텍스트는 일반 담론과 변별되는 형식과 의미를 지닌다. 말하자면 작가의 문학 텍스트는 일상 문법을 매개로 하는 자율성을 가진 내재 구조를 지니지만 일상 담론의 당위성을 넘어선 삶의 새로운 가능성을 재현해야 한다. 또한 독자는 텍스트의 독서 과정에서 이루어지는 의식 체험에서 새로운 삶의 가능성을 발견한다. 이때 고유한 의미를 획득한 텍스트의 자율성은 작가가 체험한 진실을 독자에게 전달할 수 있도록 창조된 언어 구조이다. 그래서 이러한 일탈된 언어 구조는 단순한 기교의 차원이 아니라 작가와 독자가 만날 수 있는 특별한 담론을 위한 언어 위치를 구축하게 된다.

이럴 때 해석학적 비평이론에서 흔히 강조되는 대로 작가의 위치는 일상 담론과 문학 담론이 구분되는 경계의 자리에 놓이게 된다. 일상 담론은 삶에서 담론들이 부여하는 장소(세계)에 자기 자리를 확보함으로써 비로소 언어적 기능을 하게 된다. 그럼으로써 삶의 환경으로 주어진 담론들은 담론 안의 주체로서 존재를 호명하면서 그 언어적 행위를 이루어가게 된다. 이럴 경우 작가의 문학 담론은 외부에서 강요된 삶의 선택을 강요당하면서 자기 자리를 확보하지 못한다. 작가의 담론은 순수 감성과 내적 체험에서 스스로를 이해하면서 발견한 진실과 감정을 일상의 언어로부터 재해석해야 한다는 소명을 지니고 있기 때문이다. 따라서 문학의 언어는 작가가 담론 안의 주체들과 소통할 수 있는 매개가 되면서, 일상 담론과 문학 담론이 만든 세계가 균열되는 틈 사이에서 새로운 삶에 대한 체험과 감정을 드러내는 곳에 위치하게 되는 것이다.

예컨대 이별과 슬픔의 감정과 체험, 그리고 이를 표현한 문학적 텍스트는 작가의 '발화parole'이면서 동시에 다른 담론과 차별되는 텍스트의 고유한 여러 의미를 지니게 된다. 달리 표현하면 구조주의 언어학의 관점에서 발화는 특정 사회에서 약속된 문법을 매개로 하고 있지만, 그것이 수행된 시점과 장소에서 얼마든지 새로운 의미로 재구성되는 것이다. 이는 문학 텍스트가 특정 상황에 서 있는 발신자와 수신자 사이에서 수행되는 발화이면서 동시에 일상 언어의 문법에서 벗어난 자율의 구조를 가지게 되는 것을 의미한다. 이처럼 문학 텍스트는 큰 틀에서 일반 담론과 같은 소통 방식을 취하고 있으나 그 대상을 드러내기 위해 일반적 언어 규범을 넘어선 일탈 방식의 내재 구조를 가진다. 작가는 일상 담론에서의 인식과 지각을 지니고 살아가면서 동시에 일상 담론의 언어로 재현할 수 없는 감정과 정서의 체험을 문학적으로 재현해야 한다.

작가는 자신의 감정이 담긴 텍스트를 통해 독자에게 말을 건네고 독자는 그러한 담론 상황 위에서 텍스트의 내재 구조가 담고 있는 부정성의 의미를 해석하게 된다. 여기서 '부정성(unbestimmtheit)'이란 독자반응비평으로 널리 알려진 독일의 볼프강 이저가 언어 개념으로 확정되기 이전의 의식 지평에 사상事象으로 주어진 체험을 의미한다. 말하자면 이 부정성은 단순히 긍정에 대한 부정의 의미라기보다는 작가가 이룬 체험, 즉 슬픔이나 이별 혹은 기쁨이나 행복에 대한 감정을 독자가 문학 작품 읽기를 통하여 존재와 세상의 의미를 체득해 가는 과정을 뜻한다.

이저의 부정성의 개념은 폴 리쾨르가 '해석의 갈등', 즉 "해석을 통해 내가 누구인지 안다."라는 명제와 맥락을 같이한다(이에 관한 보다 구체적 이해를 위해서는 폴 리쾨르, 『해석의 갈등』 양명수 역, 한길사, 2012를 참조할 것). 다양한 문화적 환경에서 태어나서 성장한 현대인들은 특정 텍스트의 해석을 거쳐서 자기 존재의 이해에 이를 수 있다고 주장한다. 의식 현상의 해석으로 주어지는 현존재는 현실의 삶에서 겪게 된 여러 사건을 극복하면서 새롭게 열리는 의식 지평 위에 도달하게 된다. 이런 과정을 겪게 된 작가는 그 체험을 작품의 내재 구조에 잠재된 부정성으로 재현하고, 독자는 텍스트에 내재된 자율 구조를 해석해 가면서 세상과 존재의 의미를 이해하게 된다. 철학과 문학이 그렇듯이 리쾨르의 해석학은 다양한 세계관과 인간관을 하나의 해석학으로 묶으면서 새로운 인간에 도달하고자 하는 것이다. 리쾨르의 해석학이 이룩하는 새로운 인간 이해는 새로운 주체를 정립하고자 하는 노력으로, 이러한 해석학이 중요한 것은 우리들이 끊임없이 현재적 인간 존재와 인간 주체의 문제에 관심을 기울이고 있기 때문이다. 철학과 문학이 인간의 자기 이해라고 했을 때, 그 속에는 어떤 형태로든 주체를 세우려는 인간적 노력과 욕망이 담겨 있다. 따라서 우리들의 문학 이해란 바로 그런 노력과 욕망에 도달하기 위한 일이라 할 수 있다.

이런 관점에서 이달에는 김이경의 「불시개화不時開花」, 고대관의 「무자위 독백」, 박종희의 「소반小盤」을 읽어본다. 이 작품들은 세상과 인간에 대한 사랑과 이별의 체험과 감정을 다양하게 드러내고 있다. 이들은 현실에서 나름의 이별, 상실, 배반을 체험하고 그것을 문학적으로 표현하고 있다. 작품들은 상실의 아픔을 또 다른 삶의 체험으로 전환하고자 하는 의지적 노력을 보이거나 삶의 세계를 현재에서 과거와 미래로 전이하는 방향으로 나아가면서 그들을 하나의 시간적·공간적 관계로 잇고자 하는 욕망을 드러낸다. 이들의 이별과 그 슬픔에 대한 텍스트는 모두 현재적 삶에 대한 '부정성'을 드러내거나 새로운 존재론적 '해석의 갈등'으로 읽힐 수 있다는 점에서 주목에 값하는 것이다.

김이경의 「불시개화不時開花」

이 세상의 모든 것은 저마다의 시간이 있다. 꽃이 피는 시간이 있으면 꽃이 지는 시간도 있고, 사람이 태어나서 어른이 되고 늙으면 죽어야 할 시간이 있다. 작가는 산수유나무가 서 있는 언덕 아래 떨기나무들이 붉게 물들어있는 모습을 보면서 시간의 의미를 사유한다.

위태롭게 매달린 저 빨간 열매는 언제까지 저 모습을 지켜낼 수 있을까? 감나무 꼭대기에 까치밥처럼 흔들리는 시간은 언제까지일까. 바람이 좀더 차가워지면 파란 물감을 단단히 쥐고 있던 손이 조금씩 느슨해질 것이다. 잿빛으로 변해가는 하늘 아래서, 떨며 빛바래고 이지러질 열매들을 생각하니 빛깔 고운 사진까지 안쓰럽다. 몇 장의 사진을 넘기는데 사진 가장자리에 잡힌 붉은색이 눈에 들어왔다. 휘휘 둘러보니 산수유나무가 서 있는 언덕 아래 떨기나무들이 붉게 물들어있다.

서리를 맞으면 더욱 붉어진다는 낙상홍洛霜紅과 그 곁에는 가을을 붉게 태우던 화살나무가 지친 듯이 붉은 구슬을 감고 있다. 그토록 붉게 가을을 태우고도 붉은 열매를 달고 있는 것은 낙상홍에 지고 싶지 않은 때문인지, 그 가운데에는 철쭉 한 그루가 붉은 열매를 꽃 피우고 있다. 때가 되면 모두 떠나는 것은 당연한 자연 현상이고 세상의 섭리이다. 그러나 이런 자연 현상과 섭리가 계절과 시간에 어울리지 않게 역행한다는 것은 이상한 일이다. 12월이라는 시간과 계절이 거꾸로 가는 것인지 철을 잊은 것인지 알 수가 없다. 화자는 반가운 마음보다 가슴이 서늘해진다. 언제부턴지 가을 자락에 봄꽃이 피고, 마른 잔디밭에

민들레가 피어 있고, 마른 가지에서 새치름하게 노란 개나리가 떨고 있다. 모든 것이 제때가 아니게 피어나고 죽어갈 때 우리는 또 다른 상실과 이별의 슬픔을 맞게 된다. 꽃이 필 때가 아닌 때 피는 '불시개화'를 바라보는 작가의 마음은 편치가 않다. 이런 현상은 식물들의 비정상적 발육과 성장을 보여주는 것이지만 이를 바라보는 작가의 생각은 개인적 차원에 머물지 않는다. 작가의 사유는 지구의 삶의 현상에 대한 우려로 발전한다.

    지구의 자연환경은 하루가 다르게 변하고 있다. 날씨와 기온은 종잡을 수 없고, 물은 부족해지면서 전 지구적 자연 현상이 이변을 보이고 있다. 이변이라고 하지만 작가의 말대로 계속되는 이변은 이변이 아니다. 그것은 이미 새로운 질서다. 이 질서가 막다른 길로 향하고 있다는 것이 문제이다. 지구가 앓고 있다는 생각에 미치니 가을바람은 유난히 싸늘하다. 어쩌자는 것일까? 그렇지만 문학과 철학은 자연이나 세상의 모습이 아무리 이변으로 치달아도 이런 현상에 의해 휘둘려지지 않고 그 부정성에 대해 말해야 한다. 작가란 어려운 삶의 상황일수록 세상과 존재의 모습을 새로운 모습으로 이야기해야 한다. 작가는 나에 대해 말하는 것은 물론 세상과 인간의 현상에 대해 텍스트를 통하여 말해야 한다. 세상의 모든 현상을 이야기하면서 존재를 향한 마음의 문이 열린다. 이것이 바로 작가가 간직해야 할 타자에 대한 존재론의 문제이다. 작가의 세상 이해는 방법의 문제가 아니라 존재 현현의 문제이다. 세상에 대한 이해와 믿음을 이루면서 작가는 폴 리쾨르가 말하는 식의 '해석학적 순환'을 이루게 된다. 리쾨르는 삶에서 무엇보다 필요한 것은 인간의 의지, 행복, 죄악의 뜻을 올바르게 해석하고 이해함으로써 삶의 의미를 제대로 붙잡는 것이라고 했다. 마찬가지로 그럼으로써 작가는 세상에 대한 이해의 방법과 존재론적 영감을 얻게 되는 것이다. 이런 마음으로 「불시개화不時開花」에서 작가는 다시 산수유를 바라본다.

> 산수유 열매도 가까이 보면 이미 쪼글쪼글하다. 찬바람에 부대끼고 서 있는 산수유나, 까치밥으로 나뭇가지에 남아 서리맞는 붉은 감이나 철을 잊은 것은 마찬가지다. 온통 지지고 볶으며 떠들썩한 가운데 자지 않고 일어났다고 나무라는 내가 잘못이다. 문득 마른 잎과 섞인 푸른 잎이 내 머리 같았다. 부지런히 염색해도 그보다 더 부지런히도 자라나는 흰머리. 그 흰머리가 어느 날 검은 머리로 자란다면 나는 얼마나 환호할까. 철모르는 나무 한 그루가 피워낸 가을꽃은 어쩌면 철을 잊어버린 것이 아니라 철을 이겨내는 용기는 아니었을까. 그래, 용기!

불시개화를 바라보면서 작가는 가을의 끝자락에 서 있는 자신의 모습을 바라본다. 그러면서 자신도 나이를 잊고 사는 철모르는 '용기'를 가진 사람이 되고 싶어 한다. 나이는 숫자에 불과하다는 철없는 말을 하면서 백세 시대에는 아직 가을이 아니라는 억지스러운 핑계도 대고 싶다. 이 가을의 끝자락에서 쪼글쪼글해져 매달린 열매가 아닌, 저 떨기나무처럼 철없이 흐드러진 꽃을 한번 피우고 싶은 용기를 가져 본다. 실존하는 존재에게 '용기'는 언제나 있는 것이다. 그러한 의미에서 삶에 대한 용기를 가지는 것은 존재의 목소리라 불리기도 하고, 이에 따라서 세상과 사물은 달리 보이기도 한다. 현존재가 가지게 되는 용기는 언제나 있는 것이어서 발견하고 있지 못했던 것들을 다시금 깨닫게 해준다는 점에서 자기 인식의 가능성을 새로이 열게 된다. 이런 '용기'로 인해 우리는 '존재'에 대한 질문을 새롭게 던지면서 삶의 의미를 다시금 깊이 깨닫게 된다.

김이경의 「불시개화」에서 '나타난 것'과 '사라지는 것'은 생성과 소멸에 대한 명상을 가능케 한다. 이런 과정을 통하여 작가는 현상의 나타남과 사라짐에 대해 자연스럽게 그 이면에 있는 존재의 본질에 대한 관심과 의문을 가지게 한다. 그리하여 작품은 삶과 세상에서 나타나는 것과 사라지는 것의 과정은 단순한 생성과 소멸의 연쇄를 의미하는 것이 아니라 종합적 해석과 이해에 의해 이루어지는 것이라는 사실을 우리에게 일깨워 준다.

고대관의 「무자위 독백」

「무자위 독백」에서의 화소는 우리 곁에서 사라져 가는 농기구인 무자위이다. 물을 자아올린다고 하여 무자위는 물자새나 수차라고 불리며 이름에 걸맞게 그동안 역할을 해왔다. 하지만 이제는 볼품없는 농기구에 불과하게 되어 추억의 농기구 박물관에나 놓이게 되었다. 무자위를 바라보는 작가의 시선은 이렇다.

돌이켜보면 옹이 박인 농부의 발로 무수히 밟아대던 무게를 온몸으로 감내하며 돌고 또 돌았던 세월이 아니었던가. 일할 때마다 여러 개의 발판에 물 한 동이를 품고 돌아가며 퍼 올렸다. 힘들고도 지루한 몸부림이었지만 수많은 생명을 죽음의 문턱에서 살려내며 생명의 경이로움을 보고 느꼈다. 인고의 세월을 견뎠기에 이 자리에 있을 수 있나 보다. 물을 자아올린다고 하여 무자위, 물자새, 수차로도 불려왔던 이름에 걸맞게 그 역할을 톡톡히 해왔다. 하지만 이제는 볼품없는 농기구에 불과하다는 것을 안다. 추억의 농기구 박물관을 지키는 일로 만족해야 한다.

인간은 삶의 현장에서 자신들에게 편리하고 유익한 기계들을 수없이 발명해 왔다. 농업 현장에서도 예외가 아니어서 옛날의 농업 현장에서와 달리 사람들은 성능 좋은 기계를 쉴 새 없이 발명해 냈다. 농기구와 양수기와 탈곡기가 등장하면서 전통적인 영농방식도 달라지게 되었다. 그렇지만 오랜 기간 해왔던 일들이 모두 의미 없이 묻혀버리거나 지워버리기에는 미련과 아쉬움이 남는다. 여전히 물이 필요한 곳이면 어디로든 가야만 했고 가는 길은 험난했다. 혼자는 이동할 수 없는 몸이었기에 누군가가 싣고 옮겨 줘야만 했고 옮기는 기구도 다양했다. 농업에 활용할 기구들이 그런 거와 마찬가지로 시대의 흐름에 따라 모든 것들은 새로운 형태로 변화하게 되고, 기존의 것들과는 결별해야 한다. 상실되어 가는 것, 이별하는 것과의 모든 별사는 슬프다. 아끼고 사랑하던 물건과의 이치가 그러할진대 인간과 세상과의 정리가 그렇지 아니할까.

이별을 마주한 우리는 무상함에 갇힌다. 인간은 왜 운명적으로 사물과 사람을 원하고 사랑하도록 만들어지고 또한 그들과 헤어지고 사라질 수밖에 없는 것인가. 왜 우리는 살아가면서 언제나 무언가를 잃으며 살아가야 하는가. 우리는 삶의 어느 지점에서 지나가는 시간을, 아쉬운 사랑을, 소중한 기억을, 아끼는 물건을 잃을 수밖에 없다. 인간은 이런 상실을 끊임없이 보상하며 살아야 하는 운명에 놓여 있는 것처럼 보인다. 사랑이 끝나면 다른 사랑을, 아끼던 물건을 버리고 다른 물건을 찾아 그들의 의미에 대한 질문을 하게 되어 있다. 뜨겁고 강렬했던 시간의 의미에 대한 질문은 끝없이 계속된다. 인생이 이런 일의 의미 없는 반복이라면, 이 무상함을 이기고 살아가야 하는 이유를 스스로 부여하는 작업이라면, 언제나 이별은 고통스러울 수밖에 없다. 그러나 이별과 같은 사건은 불가피하게 찾아오기 때문에 우리의 삶은 더욱 고통스러워지는 것이다. 또한 무상함에 대한 자각 없이 확신으로 앞으로 내달리기만 하는 삶이란 얼마나 맹목적이고 슬픈 것인가.

「무자위 독백」에서처럼 무자위는 "죽어가던 생명체가 생기를 찾아 풍성한 결실을 맺게 되는 것을 보며 희열을 맛보는 흐뭇함은 무엇으로도 표현하기조차 어려웠"지만 아쉬움과 번민의 시간을 뒤로해야 했다. 이제 높은 곳에 물을 대야 할 때는 무용지물이 된 자신의 좌절감은 갈수록 커져 간다. 사람들은 줄기세포로 더 좋은 품종을 개발하고, 대자연의 변화와 관계없이 재배할 수 있는 식물공장도 만들어 가고 있다. 상실되어가는 자기 모습에 대한 절망과 좌절은 무자위를 깊은 수렁으로 빠져들게 한다. 무자위의 독백은 계속된다.

그 옛날 영농에 동원되었던 수많은 농기구는 전설 속에서나 보고 들을 법한 물건이 되었다. 이 자리에는 같은 시대를 함께했던 친구들이 있어서 외롭지 않다. 딱딱한 땅을 외롭게 파고 또 엎어야 했던 쇠스랑과 삽, 소가 끄는 끈에 묶힌 채 자유롭지 못한 몸으로 땅을 갈아야 했던 쟁기, 어렵게 거둬들인 곡식의 쭉정이와 먼지를 날리고 알갱이만 챙겨 주던 풍구와 키, 그리고 홀태 등……. 그간 우리를 일터로 내몰던 인간들이 한없이 야속하고 원망스러웠다. 이제는 아니다. 지난날의 힘겨웠던 일들이 오늘을 의미 있게 하고 있음을 알기에.

작가는 무자위라는 상관물을 통하여 자신의 눈앞에 펼쳐지는 현상을 '바라봄'을 통해 자기 존재를 인식하고 존재와 부재, 혹은 생성과 소멸에 대한 물음을 던지게 된다. 이 물음은 존재의 의미를 깨닫기 위해 필연적으로 제기되는 것인지 모른다. 하이데거는 삶에 대한 물음을 중단할 때 '존재 망각'의 상태에 빠진다고 했다. 그러나 「무자위 독백」에서 작가는 무자위를 통한 새로운 '물음'을 시작함으로써 현존재는 존재 망각의 상태에서 벗어나 새로운 삶의 의미를 찾게 된다. 작가로서의 현존재는 물음이라는 존재 가능성을 가지고 있는 자아이다. 작가가 사물을 통하여 세상의 의미를 묻는 행위는 자기의 현 상태를 지각하는 것에서부터 시작된다. 「무자위 독백」에서 이러한 물음은 존재론적 사유의 '태어남'과 '사라짐'에 대한 인식에서부터 출발하고 있다.

박종희의 「소반小盤」

「소반小盤」은 화자가 친정어머니 유품을 정리하다가 발견하게 된 소반이라는 사물을 형상화하고 있는 작품이다. 어머니의 유품을 정리하기 위해 형제들이 친정집에 모였다. 현관문을 여니 부유물처럼 흩어졌던 먼지들이 일제히 고개를 들고, 무릎을 가지런히 접어 양반다리를 하고 있던 소반도 번쩍 귀를 세운다. 태어나면서 오랜 세월 동안 사람들 손에서 고락을 같이하며 놀던 소반이라 사람의 인기척을 가장 먼저 알아채기 때문이다. 화자는 소반을 바라보면서 어머니의 얼굴을 떠올리고 소반으로부터 다양한 의미를 부여받는다.

> 가끔 고택을 여행하다 소반을 보면 자연스럽게 친정어머니의 얼굴이 떠올랐다. 중년의 여인상을 의미하는 소반과 어머니의 인생이 겹쳐졌기 때문이리라. 여인의 뒤태를 연상하게 하는 둥근 소반은 삼시 세끼 더운밥을 차려내야만 하는 어머니의 고된 운명마저도 꼭 닮았다. 소반은 어느 집에서나 볼 수 있는 흔한 물건이지만, 어머니의 마음처럼 어느 것 하나 건성으로 만들어지는 것이 없다. 여인들의 신체구조를 염두에 두고 만들어진 소반은 들어 옮기기 편하게 사람의 어깨너비에 맞춘다. 소반 다리에 구멍을 내 멋진 운각을 새기는 것도 상의 힘을 분산하기 위한 것이라고 한다. 아마도 부엌과 안방이 떨어져 있는 옛날 한옥 구조도 소반 제작에 한몫하지 않았을까 싶다.

작품에서 화자는 어머니의 소반을 바라보면서 시간의 '머무름'과 '흘러감'의 의미를 사유한다. 그럼으로써 그 '사이' 어딘가에 위치한 존재로서 자신의 위치를 묻고 답한다. 그 과정에서 그는 어떤 새로운 발견을 이행하게 되는데, 이는 세계 내에서 은폐된 자아가 새로운 세계 사이의 경계를 넘어서는 기회가 된다. 다시 말하면 「소반」에서 작가는 현존재에게 어떤 방식으로 제시되는 사물을 통하여 존재자와의 새로운 만남과 왕래를 이루게 되는 것이다. 그로 인해 자아는 세계 안의 존재와 새롭게 근거하게 되어 또 다른 교류를 가능하게 된다. 소반과의 교류는 계속된다.

　　돌이켜보니, 어머니의 소반은 가족을 위해 음식을 올리는 어머니의 성소이자 기도처였지 싶다. 어머니가 해준 밥을 먹으면 무탈했던 것처럼 소반에는 둥근 모양만큼 자식들이 모나지 않게 세상 길과 잘 어울리며 살라는 어머니의 바람도 깃들어 있었다. 새벽마다 곤히 잠든 부엌의 선잠을 깨우며 두리반 가득 자식들의 음식을 채우던 어머니. 밥은 만든 사람의 마음을 먹는 일이니, 인생의 고비마다 그 밥상이 얼마나 든든하고 힘이 됐던가. 어떤 방식으로든 이별을 향해 달려가는 눈바람 속에서도 어머니의 밥상은 늘 온기가 있었다.

　어머니의 소반은 가족을 위해 음식을 올리는 어머니의 성소이자 기도처였다. 혼자 먹는 밥도 꼭 상에 차려서 먹으라고 하시던 어머니의 말씀, 잘 차려진 밥상으로 밥을 먹어야 마음을 위로받고 다시 힘이 날 수 있다고 하시던 어머니의 목소리가 들리는 듯해서 유품 정리를 하면서 화자는 자꾸 목이 멘다. 진정한 존재는 자신의 '여기'에서 주변과 세계의 '저기'를 이해한다. '여기'란 단순히 눈앞의 어떤 곳을 의미하는 것이 아니라 오히려 내 곁에 거리를 없애면서 존재함의 거리 없앰을 의미한다. 올바른 존재의 의미는 작은 공간성에 유폐되어 자신의 삶을 이해하는 것이 아니라 지금 '여기'에 존재하면서도 오히려 '저기'에 존재하며, 그 저기에서부터 다시 여기로 되돌아와서 존재의 의미를 찾을 수 있어야 한다. 특히 작가의 현존재의 사색과 시선은 어딘가로 향하면서 인간과 세상에 대한 해석과 이해를 되풀이해야 한다. 이것은 내부에 갇혀있는 고유한 현상으로부터의 일탈을 의미하는 것이며 새로운 타자와 세상을 향한 열린 인식과 전망을 통해서 가능해진다.

"한동안 손길이 닿지 않았다고 툴툴거리는 소반을 한 번 쓸어내리고 일어서는데 어머니와 늘 함께하던 부엌이 자꾸 말을 걸어온다."는 언술은 소반이 걸어오는 질문에 답변해야 하는 작가의 위치를 말해주는 것이다. 결국 그 본질은 소반과 화자 사이의 거리를 없애고 존재가 사물과 세상에 한 걸음 더 다가서고자 하는 노력이다. 말을 바꾸면, 작품에서 작가의 소반과의 관계 맺음은 존재자를 그것의 있음의 사실과 그것과의 인식을 이루고자 하는 새로운 찾아 나섬이다. 작가의 새로운 존재를 인식하기 위한 찾아 나섬은 다른 존재의 모습에 다가서서 위한 존재론적 탐색이라 할 수 있다. 「소반」에서 이루어지는 떠남과 만남에 대한 인식은 이러한 맥락에서 의미 있는 것이다.

나오며

　수필은 주체를 인식하고 존재의 깊이를 탐색하는 문학 양식이다. 자기 이해를 향해서 나아가는 이 탐색의 과정에서는 당연히 인간 이해가 끼어든다. 진부한 표현이지만 거칠게 말해 수필 쓰기란 결국 인간의 자기 이해이다. 삶을 이해하고 자기를 이해하려는 힘겨운 노력의 결실이 수필의 글쓰기이다. 또한 인간의 자기 이해란 나의 내부에서 직접적으로 일어나는 것이기도 하지만 타자에 대한 이해와 해석으로부터 생겨나게 된다. 이런 의미에서 궁극적으로 수필에서 이루어지는 인간 이해란 자기 이해를 위한 노력이며, 작가의 텍스트에는 인간 이해와 존재 이해에 대한 저마다의 해석적 방식이 이루어지고 있는 셈이다.
　김이경의 「불시개화不時開花」, 고대관의 「무자위 독백」, 박종희의 「소반小盤」은 모두 떠나는 것들을 부여안고 다양한 별사를 하고 있다. 이들의 담론은 주체에게서 일어나는 이별의 양상을 통하여 존재 이해에 이르고자 하는 다른 방식이다. 이별의 담론은 작가들이 지니고 있는 내면 공간으로서의 정서의 세계라는 특성을 보이며 그들의 심리 상태와 주체의 언어의 표현 방식에 따라 다양하게 나타난다. 이는 곧 작가가 대면하고 있는 삶과 인간에 대한 진실을 공유하려는 작가의 발화 태도이다.
　작가의 삶의 진실을 표명하기 위한 다양한 발화의 가능성은 작품의 승패를 좌우한다. 작가의 텍스트는 삶에 대한 자신의 눈을 언어로 표명하며 다른 해석과 감동을 일으킨다. 따라서 작가들은 나름대로 독특한 해석 방법을 가지고 있으며 삶 전체를 꿰뚫어

볼 수 있는 시각을 지니는 것이 중요하다. 삶의 여러 국면에 대한 깊은 이해와 해석은 서로 다른 차원에서 삶을 이해하고자 하는 노력이며 수필은 그러한 노력을 위해 바쳐지게 되는 문학 양식이다.

▍작품론 - 『수필과비평』 255호

| 작품 |

불시개화 不時開花

김이경

 가을 하늘은 깊이를 알 수 없는 바다다. 서너 알 대롱거리는 산수유 열매는 파란 물속에 잠긴 새빨간 보석이다. 스마트폰이라는 마법의 기계가 하늘 속에 땅을 담는다. 빨강과 파랑의 대비가 눈이 시리도록 곱다.
 저토록 파란 하늘에 담기기 위해 빨간 열매들은 이 늦은 가을까지 나뭇가지에 남아있었던 것일까. 그런데 탱탱해 보이던 열매들이 줌인한 화면에서 쪼글쪼글해진다. 나도 모르게 줌아웃했지만, 보이지 않던 흉터 같은 주름들이 자꾸 눈에 들어온다. 위태롭게 매달린 저 빨간 열매는 언제까지 저 모습을 지켜낼 수 있을까? 감나무 꼭대기에 까치밥처럼 흔들리는 시간은 언제까지일까. 바람이 좀더 차가워지면 파란 물감을 단단히 쥐고 있던 손이 조금씩 느슨해질 것이다. 잿빛으로 변해가는 하늘 아래서, 떨며 빛바래고 이지러질 열매들을 생각하니 빛깔 고운 사진까지 안쓰럽다.
 몇 장의 사진을 넘기는데 사진 가장자리에 잡힌 붉은 색이 눈에 들어왔다. 휘휘 둘러보니 산수유나무가 서 있는 언덕 아래 떨기나무들이 붉게 물들어 있다. 가까이 가 보았다. 단풍 든 잎을 모두 떨어뜨린 헐벗은 떨기나무들이 옹기종기 모여 있었다. 그 마른 가지에 산호처럼 빛나는 낙상홍이 도드라졌다. 서리를 맞으면 더욱 붉어진다는 낙상홍落霜紅. 그 곁에는 가을을 붉게 태우던 화살나무가 조금은 지친 듯 자잘한 붉은 구슬을 휘감고 있었다. 그토록 붉게 가을을 태우고도 붉은 열매를 달고 있는 것은 낙상홍에 지고 싶지 않은 것일까. 그런데 그 가운데 철쭉 한 그루가 붉은 열매를 시샘이라도 한 듯 무더기 꽃을 피우고 있었다. 다 떨구지 못한 마른 잎 사이로 드문드문 푸른 이파리도 보였다. 낙상홍과 화살나무 열매 옆에 핀 철쭉이라니. 12월이 코앞이다. 계절이 거꾸로 가는 것인지 철을 잊은 것인지 알 수가 없다. 반가운 마음보다 가슴이 서늘해졌다.

언제부턴지 가을 끝자락에 피는 봄꽃을 더러 보았다. 마른 잔디밭에 오도카니 핀 민들레도 있었고, 마른 가지에서 새치름하게 떨고 있던 노란 개나리도 있었다. 동지 무렵 맺힌 목련 봉오리도 있었다. 그러나 이렇게 흐드러지게 핀 꽃 무더기를 보기는 처음이다. 정말 지구가 앓고 있는 것일까 생각하니 가을바람이 유난히 추웠다.

지구의 자연환경은 하루가 다르게 변한다고 한다. 날씨도 종잡을 수 없고, 기온도 종잡을 수 없고, 물은 부족해지고…. 이변이라고 하는데 계속되는 이변은 이변이 아니다. 그것은 이미 새로운 질서다. 그 질서가 막다른 길로 향하고 있다는 것이 문제일 뿐이다. 어쩌자는 것일까? 그렇지만 걱정한다고 내게 무슨 수가 있을 리 없다. 대책도 없는데 때 아닌 꽃은 아름답기만 했다.

가을 속 봄을 카메라에 담았다. 활짝 핀 철쭉을 가운데 두고 화살나무와 낙상홍의 빨간 열매, 대롱거리는 산수유 열매까지 함께 담고 보니 사진 속에서 불협화음이 요란했다. 홑잎 나물과 낙상홍, 분홍, 별꽃과 함께해야 하는 자리가 아닌가. 마른 잔디에 앉아서 철모르는 꽃을 보며 세상 근심 다 짊어진 얼굴로 하늘을 보았다. 하늘은 알함브라 궁전의 청금석을 펼쳐놓은 듯 파랗기만 했다. 이 고운 꽃을 앞에 두고 이 작은 공원에서 혼자 지구의 근심을 다 짊어진 듯한 내가 좀 우스웠다.

서로 어우러지는 붉은 빛이 곱다. 산수유와 화살나무의 붉은빛이 철쭉의 분홍을 밀어내지 않는다. 불협화음은 내 머릿속에 각인된 고정관념일 뿐, 이 가을에 철없이 꽃을 피운 나무 한 그루가 무슨 죄일까. 오히려 변해버린 환경 때문에 겨울잠에 들지 못하고 서성이는 것이나 아닐는지. 잠결에도 단장한 고운 얼굴을 내민 것이 오히려 기특하다고 해야겠다.

꼭 초록 어린순이나 연분홍 꽃이라야 할 것은 아니다. 탱탱해 보이는 산수유 열매도 가까이 보면 이미 쪼글쪼글하다. 찬바람에 부대끼고 서 있는 산수유나, 까치밥으로 나뭇가지에 남아 서리 맞는 붉은 감이나 철을 잊은 것은 마찬가지다. 온통 지지고 볶으며 떠들썩한 가운데 자지 않고 일어났다고 나무라는 내가 잘못이다.

문득 마른 잎과 섞인 푸른 잎이 내 머리 같았다. 부지런히 염색해도 그보다 더 부지런히도 자라나는 흰머리. 그 흰머리가 어느 날 검은 머리로 자란다면 나는 얼마나 환호할까. 철모르는 나무 한 그루가 피워낸 가을꽃은 어쩌면 철을 잊어버린 것이 아니라 철을 이겨내는 용기는 아니었을까. 그래, 용기!

꽃이 필 때가 아닌 때 피는 것을 불시개화라고 한다. 이상 발육 현상이다. 그런데 이 가을, 가을의 끝자락에 서 있는 나도 내 나이를 잊는 철모르는 사람이 되고 싶었다.

나이는 숫자에 불과하다는 철없는 말을 하고 싶다. 백세 시대에는 아직 가을이 아니라는 억지스러운 핑계도 대고 싶다. 이 가을의 끝자락에서 쪼글쪼글해져 매달린 열매가 아닌, 저 떨기나무처럼 철없이 흐드러진 꽃을 한번 피우고 싶다. 그 또한 장수 시대에 벌어지는 이상 발육이라고 슬그머니 눙치면서.

▎작품 - 『수필과비평』 255호

| 작품 |

무자위 독백

고대관

    흐트러짐이라곤 조금도 없다. 얽히고설킨 것같이 보이지만 질서 정연하고 균형 잡힌 모습이다. 지금 당장이라도 누군가가 올라서서 발판을 밟기라도 하면 물을 펑펑 퍼 올릴 것 같은 기세다. 몸을 지탱하는 축을 양쪽으로 곧게 세운 채 당당함과 의젓함에 친근한 시선이 머문다.
    드넓은 대지 곳곳에 깔끔하게 들어앉은 건물에는 농업용 장비와 영농시설이 있다. 농업의 과거와 현재를 볼 수 있고 다가올 미래 농업까지 상상으로 연결하는 농업과학관이다. 미래를 열어갈 디지털 첨단 기기와도 함께한다. 스스로는 낯선 자리라 여기겠지만 자부심과 자긍심마저 엿보인다.
    돌이켜보면 옹이 박인 농부의 발로 무수히 밟아대던 무게를 온몸으로 감내하며 돌고 또 돌았던 세월이 아니었던가. 일할 때마다 여러 개의 발판에 물 한 동이를 품고 돌아가며 퍼 올렸다. 힘들고도 지루한 몸부림이었지만 수많은 생명을 죽음의 문턱에서 살려내며 생명의 경이로움을 보고 느꼈다.

인고의 세월을 견뎠기에 이 자리에 있을 수 있나 보다. 물을 자아올린다고 하여 무자위, 물자새, 수차로도 불려왔던 이름에 걸맞게 그 역할을 톡톡히 해왔다. 하지만 이제는 볼품없는 농기구에 불과하다는 것을 안다. 추억의 농기구 박물관을 지키는 일로 만족해야 한다. 사람들은 성능 좋은 기계를 쉴새없이 발명해 냈다. 농기구도 예외는 아니다. 양수기도 그랬다. 그렇다고 오랜 기간 해왔던 일들이 모두 의미 없이 묻혀버리거나 지워버리기에는 미련과 아쉬움이 남는 것을 어찌하랴.

물이 필요한 곳이면 언제 어디든지 가야만 했다. 새로운 곳을 갈 때는 언제나 두려움이 함께했다. 때로는 커다란 호기심도 발동했다. 가는 길은 험난했다. 혼자는 이동할 수 없는 몸이었기에 누군가가 싣고 옮겨 줘야만 했다. 옮기는 기구도 다양했다.

때로는 농부가 힘겹게 메는 지게에 얹히기도 했다. 비틀거리며 힘겨워하는 농부의 어깨에 있을 때는 차라리 내려와 구르고 싶었다. 오래전에는 소달구지에 실려 다니기도 했다. 울퉁불퉁한 시골길을 다니는 바퀴의 덜컹거림에 온몸은 이리 쏠리고 저리 쏠렸다. 행여 어디라도 부서질까 조마조마했다. 부서질 때 오는 통증의 고통보다도 일할 수 없을 것이란 두려움이 앞섰다. 언젠가는 리어카에 실리기도 했다. 그나마 리어카는 고무바퀴여서 좋았다. 탄력이 있어서 덜커덩거림에서 오는 딱딱함보다는 출렁거림에서 느끼는 부드러움이 편안하고 안심이 됐다.

이곳저곳으로 수없이 자리를 옮겨 다녀야 했고 그때마다 사람들의 도움이 필요했다. 자리를 잡고 고정되면 누군가 발판을 밟아 줘야만 물을 뿜어 올리는 일을 할 수 있었다. 언제나 그러하듯 몸의 반쪽은 물에 잠긴 채 모든 날개를 쉬지 않고 돌려야 했다. 돌 때마다 오는 어지러움 쯤이야 숙명으로 여겼다.

그때마다 물레방아를 부러워하기도 했다. 서로가 닮았으나 하는 일과 방식은 너무도 달랐다. 시원한 계곡에서 자연스럽게 맑은 물을 머금으며 유유자적하는 것이 물레방아였다. 힘겹게 물을 퍼 올리는 일이 아니었다. 항상 흐르는 물에 발만 담그면 그만이다. 물이 많으면 많은 대로 적으면 적은 대로 돌다가 물이 없을 땐 멈춰 서기도 했다. 거기엔 정겨운 낭만마저 스며있었다.

가뭄이 있을 때는 눈코 뜰 새 없이 바빴다. 정신마저 혼미해질 정도로 일해야 했다. 뜨거운 햇빛 아래 일할 때 고단함은 삐걱거리는 소리로 달랬다. 비 오듯 쏟아지는 땀방울마저 퍼 올리는 물줄기라 여겼다.

온 대지가 목말라 할 때면 벼가 자라던 논바닥은 쩍쩍 벌어져 거북 등이 되곤 했다. 벌어진 틈 사이로 흰 뿌리 드러낸 채 비명을 지르는 듯한 벼의 모습을 도저히 잊을 수 없다. 그것을 지켜보며 한숨짓던 농부의 애절한 모습도 눈에 선하긴 마찬가지다. 절망의 어두운 터널에 물을 뿜어 넣고 나면 가을에는 누렇게 익어가는 벼의 모습을 바라볼 수 있었다.

밭작물도 예외는 아니었다. 낮게 자리 잡은 밭의 무와 배추도 생명의 끈을 놓지 않기 위해 몸서리쳤다. 이 또한 외면할 수 없었다. 생명의 물꼬를 따라 물을 듬뿍 끌어올렸다. 그 무와 배추는 한겨울 김장김치가 되어 인간들의 식탁을 지켰다. 죽어가던 생명체가 생기를 찾아 풍성한 결실을 맺게 되는 것을 보며 희열을 맛보는 흐뭇함은 무엇으로도 표현하기조차 어려웠다.

아쉬움도 있었다. 번민의 시간도 있었다. 어른들의 키보다 높은 곳까지는 아무리 몸부림을 쳐도 물을 올려 대줄 수가 없었다. 그 이상의 높은 곳에 물을 대야 할 때는 무용지물이었다. 그때의 좌절감은 너무도 컸다.

이제 사람들은 줄기세포로 더 좋은 품종을 개발·개량하고, 대자연의 변화와 관계없이 재배할 수 있는 식물공장도 만들어 가고 있다. 그 옛날 영농에 동원되었던 수많은 농기구는 전설 속에서나 보고 들을 법한 물건이 되었다.

이 자리에는 같은 시대를 함께했던 친구들이 있어서 외롭지 않다. 딱딱한 땅을 외롭게 파고 또 엎어야 했던 쇠스랑과 삽, 소가 끄는 끈에 묶힌 채 자유롭지 못한 몸으로 땅을 갈아야 했던 쟁기, 어렵게 거둬들인 곡식의 쭉정이와 먼지를 날리고 알갱이만 챙겨 주던 풍구와 키, 그리고 홀태 등…….

그간 우리를 일터로 내몰던 인간들이 한없이 야속하고 원망스러웠다. 이제는 아니다. 지난날의 힘겨웠던 일들이 오늘을 의미 있게 하고 있음을 알기에.

▎작품 – 『수필과비평』 255호

| 작품 |

소반小盤

박종희

    친정어머니 유품을 정리하러 형제들이 모였다. 가리비처럼 꽉 다문 친정집 현관문을 여니 부유물처럼 흩어졌던 먼지들이 일제히 고개를 든다. 무릎을 가지런히 접어 양반다리를 하고 있던 소반도 번쩍 귀를 세운다. 그도 그럴 것이, 태어나면서부터 사람 손에서 놀던 소반이라 사람의 인기척을 가장 먼저 알아챘으리라.
    어머니는 다시 돌아오실 거라고 믿으셨던 걸까. 급하게 병원으로 떠나던 날 흔적이 거실에 그대로 남아있다. 모든 것이 예전 그대로인데 안주인만 없다. 형제들과 분담해 부엌살림을 정리하는데 아까부터 눈에서 떨어지지 않는 것이 있다. 들어오면서부터 눈에 걸렸던 두리반이다. 명절 때 친정에 오면 큰 교자상 두 개를 펴도 자리가 부족해 아이들 밥은 두리반과 소반에 따로 차려야 했다. 아직도 몇 년은 거뜬히 쓸 수 있을 것 같은 두리반은 학창 시절에 책상으로 쓰던 상床이다. 공부를 하다 밥때가 되면 밥상으로 변신하고 교회에서 목사님이 심방을 오시면 성경책을 올려놓고 예배를 보기도 했다. 자식들 밥 먹이는 것을 최고의 즐거움으로 여기던 친정어머니는 유독 밥상에 애착했다. 철들 무렵 귀에 딱지가 앉을 만큼 많이 들은 말도 상床 없이 바닥에서 밥 먹지 말라는 거였다. 어머니는 밥상 없이 살면 평생 궁색스러움에서 벗어나지 못한다고 하셨다.
　어머니가 잔소리처럼 매번 밥상을 입에 올리는 데는 다 이유가 있었다. 어머니한테 자매처럼 가깝게 지내는 육촌 동서가 있었다. 어릴 때 아주머니라고 불렀는데 단칸방인 그녀의 집에 가면 아랫목에 널브러진 이불밖에 보이지 않았다. 장롱 하나 없는 방구석은 비키니 옷장이 독차지하고 부엌에는 밥상으로 쓸 만한 개다리소반 한 개가 없었다. 누른 국수를 잘 만드는 아주머니가 국수를 삶는 날이면 우리 식구도 같이 먹었는데 그때마다 방바닥에 솥단지를 올려놓고 먹었던 것 같다. 보다 못한 친정어머니가 육각 소반을 마련해 주었지만, 얼마 지나지 않아 매한가지로 방바닥에 구부리고 앉아 밥을 먹었다.
　변변한 직장 없이 날품 팔아서 먹고사는 삼촌 탓도 있었겠지만, 어머니는 여자가 게으르고 생활력이 없어 그렇게 사는 것이라며. 상다리를 꺾어 앉힌 듯한 바닥에 밥그릇을 놓으면 자식들 무릎이 접혀 앞날이 펴지지 않는다고 하셨다. 그래서일까. 삼촌네는 초라한 세간붙이만 남겨 둔 채 야반에 마을을 뜨고 말았다.
　가끔 고택을 여행하다 소반을 보면 자연스럽게 친정어머니의 얼굴이 떠올랐다. 중년의 여인상을 의미하는 소반과 어머니의 인생이 겹쳐졌기 때문이리라. 여인의 뒤태를 연상하게 하는 둥근 소반은 삼시 세끼 더운밥을 차려내야만 하는 어머니의 고된 운명마저도 꼭 닮았다.
　소반은 어느 집에서나 볼 수 있는 흔한 물건이지만, 어머니의 마음처럼 어느 것 하나 건성으로 만들어지는 것이 없다. 여인들의 신체 구조를 염두에 두고 만들어진 소반은 들어 옮기기 편하게 사람의 어깨너비에 맞춘다. 소반 다리에 구멍을 내 멋진 운각을 새기는 것도 상의 힘을 분산하기 위한 것이라고 한다. 아마도 부엌과 안방이 떨어져 있는 옛날 한옥 구조도 소반 제작에 한몫하지 않았을까 싶다.

소반은 음식을 놓는 물건이라 음식물이 묻어도 좀이 쏠지 않도록 옻칠을 한다. 친정아버지도 두리반 테두리가 낡고 색이 벗겨지면 수시로 옻칠을 했었다. 식구들의 건강을 염려하는 어머니의 마음을 담아 옻칠을 하고. 상의 무게를 줄여 어머니들의 고단함을 줄여주려고 가벼운 은행나무를 선택한 것만 봐도 우리 조상들이 얼마나 지혜로운가.

결혼할 때 어머니가 마련해 주신 교자상 말고도 육각 소반과 살짝 휜 상다리가 마치 개의 뒷다리처럼 앙증맞은 개다리소반 한 개를 더 준비했다. 차남이지만 장남 역할을 해야만 하는 남편의 무게감 때문이었다.

철철이 시댁의 경사를 챙겨야 하는 우리 집은 신혼 때부터 손님이 많았다. 수시로 모여 복닥거리는 시댁 식구들 때문에 세 개나 되는 상床에 물 마를 날이 없었다. 덕분에 나는 시부모님으로부터 세상에서 가장 부지런하고 장한 며느리라는 별명을 얻었다. 하나, 내 자존감을 높여주며 집안을 화기애애하게 만들던 상床이 언젠가부터 자취를 감추었다.

양가 부모님이 돌아가시면서 두리반까지 다 내다 버렸기 때문이다. 가족을 이어주던 매개체가 없으니 더는 그 큰 상에 둘러앉을 일이 없을 것 같아서였는데 요즘은 식탁이 비좁아 더러 후회하는 날도 있다.

어머니는 매일 차리는 밥상이 싫증나지는 않으셨을까. 대충 정리한 그릇들을 매동그리다가 어머니의 숨결이 느껴지는 두리반을 만져 본다. 어머니 옆에서 숱한 날들을 보내며 만들어진 손 무늬와 나이테가 잘려 생긴 목리木理까지. 세월이 매만지며 늙어가는 것들은 수더분하다. 두리반에서 멸치 넣은 된장찌개가 먹기 싫다고 성내던 남동생의 밥투정과 한 숟가락이라도 더 먹이려는 어머니의 지청구 소리가 들리는 듯하다.

돌이켜보니, 어머니의 소반은 가족을 위해 음식을 올리는 어머니의 성소이자 기도처였지 싶다. 어머니가 해준 밥을 먹으면 무탈했던 것처럼 소반에는 둥근 모양만큼 자식들이 모나지 않게 세상길과 잘 어울리며 살라는 어머니의 바람도 깃들어 있었다.

새벽마다 곤히 잠든 부엌의 선잠을 깨우며 두리반 가득 자식들의 음식을 채우던 어머니. 밥은 만든 사람의 마음을 먹는 일이니, 인생의 고비마다 그 밥상이 얼마나 든든하고 힘이 됐던가. 어떤 방식으로든 이별을 향해 달려가는 눈바람[1] 속에서도 어머니의 밥상은 늘 온기가 있었다.

감히 생각해 보건대, 30년이 넘는 결혼 생활 동안 나를 위해 격식 있게 차려 본 밥상이 기억에 없다. 혼자 먹는 밥도 꼭 상에 차려서 먹으라고 하시던 어머니의 말씀을 왜 유념하지 않았던지. 잘 차려진 밥상으로 지친 마음을 위로하면 다시 일어날 힘이

---

1) 눈바람: 인생의 심한 고난을 비유적으로 이르는 말.

생긴다고 하시던 어머니의 목소리가 들리는 듯해 유품 정리를 하면서도 또 목이 멘다.

한동안 손길이 닿지 않았다고 툴툴거리는 소반을 한 번 쓸어내리고 일어서는데 어머니와 늘 함께하던 부엌이 자꾸 말을 걸어온다. 밥상 위 밑반찬처럼 기본으로 깔리는 귀에 익은 소리 "푹푹 떠서 든든하게 먹어라."라는 어머니 목소리가 귀울음처럼 나를 울린다.

왜 아니겠는가. 한 여자의 서사가 시작되던 기막힌 자리. 평생 밥상만 차리던 어머니 인생 서사의 가장 큰 줄기를 담당하던 공간이었으니 부엌에 서면 어머니가 더 그립고 소반을 보면 목이 멘다. 평생 자식 입에 밥 들어가는 것을 낙으로 여기신 어머니가 너무 보고 싶다.

▌작품 – 『수필과비평』 255호

삶으로서의 대화, 대화로서의 수필

들어가며

　문학 텍스트란 인간이 만나는 다양한 삶의 상황과 모습을 문학적으로 그려내는 것이지만 그 이면에는 더욱 깊은 의미가 담겨 있다. 문학 텍스트는 삶의 한복판에서 인간과 세상이 맺는 관계, 즉 인간 주체가 타자와 세상과 맺는 관계로서의 대화로 구성되는 것이기도 하다. 달리 말하면 문학의 요체는 작가가 삶과 세상의 의미에 대하여 진지한 질문을 던지는 내용과 그에 답하는 깊이 있는 대화를 의미한다. 작가가 세상과 나누는 대화는 삶의 본질적 속성이며 삶 자체의 진리이자 세계관이기도 하다. 이를테면 작가가 삶이란 무엇인가라는 질문을 던지는 것은 그에 대한 답변과 동의를 요구하는 방식으로 삶과의 대화에 참여하는 것을 뜻한다. 작가의 이런 언표 행위는 다분히 대화적이며, 모든 언표는 무엇에 대하여 누군가와 나누는 '말 걸기 행위'에 다름 아니다. 그로 인해 작가의 주체적 자리는 세계 속에서 유일무이한 위치를 점하며 이는 타자에 의해 대체될 수 없는 성질을 지닌다. 주체의 행위는 '지금-여기의 나'라는 유일무이하고, 반복 불가능한 주체와 시공간 속에서 이루어지는 행위를 의미한다. 따라서 작가로서의 주체는 현실의 대체 불가능한 존재이며 그가 위치한 삶의 현실로부터 단 한순간도 도피할 수 없는 삶을 살아야 한다.

이런 의미에서 구소련 출신의 미하일 바흐친Mikhail Bakhtin의 대화주의 정신은 문학을 공부하는 사람들에게는 창작과 비평의 모든 면에서 대단히 중요한 내용이다. 바흐친은 스탈린의 독재 치하에서 끊임없이 문화와 삶의 괴리를 극복하고자 했다. 초기 글 「예술과 책임」(1919), 「행위 철학」(1920)에서 그는 문화와 삶 사이의 불연속은 곧 삶과 윤리의 분열에서 기인한다고 보았다. 그는 작가로서 주체의 책임 있는 행위를 통해 이 간극을 해결하고자 했다. 이런 사유는 「미적 활동의 관점에서 작가와 주인공」에서 더욱 확대된 작가 정신에 대한 탐색으로 이어진다.

바흐친에 의하면 작가란 일차적으로 세상의 외재성에 대해 고민하는 존재이다. 저자는 바깥에서 만나는 인물과 그의 세계를 포함하는 의식을 수여하는 자이며, 저자의 위치 바깥에서 인물들은 창조된다. 이럴 때 저자의 우월성은 먼저 그의 외재성에 기인한다. 저자의 외재성은 주체에 의해 어떤 식으로도 포착될 수 없는 외부의 타자성을 가리킨다. 주체는 자기 얼굴을 직접 보지 못하고 다만 거울 앞에서 모습의 반영을 볼뿐이지만, 타자는 내

뒷모습을 볼 수 있고, 나의 죽음을 볼 수 있는 자, 내가 누구인지 말해 주는 자이다. 따라서 바흐친에게 있어서 타자는 주체에 대해 비대칭적인 우월성을 지니며 타자의 외재성은 대화주의에 있어서 기본 전제가 된다.

그러나 작가의 사유는 여기에 머무는 것이 아니라 내재성의 문제로 이어진다. 작가의 언표 행위란 누구에게도 속하지 않는다. 모든 언표는 양면적이고 다중적인 성격을 지닌다. 다시 말해 모든 언표 행위란 다중적 상호작용인데, 이는 곧 언어란 문화와 역사의 시공간 속의 상호작용 속에서 이루어진 특정한 의미와 형태를 잠정적으로 취한 것이기 때문이다. 우리가 말하는 매 순간마다의 발화란 질문과 사고에 대해 응답하는 것이며, 그에 대한 언표 행위로 자신의 태도를 취하는 것이라 할 수 있다. 이것을 바흐친은 언표의 대화주의Dialogism라고 표현한다. 바흐친에게 있어 대화란 반복 불가능한 '삶' 자체일 뿐 아니라, 진리에 대한 작가와 주인공의 위치는 비대칭적인 것으로서 주인공의 밖에 위치하여 시야의 잉여를 갖는다. 이런 관점에서 바흐친은 「도스또예프스키 창작론: 도스또예프스키 시학의 제諸문제」에서 도스토옙스키의 소설에 나타난 저자성과 다성성 등을 중심으로 그의 사상의 정수인 대화주의 정신을 제시한다. 도스토옙스키의 소설에서 작가와 등장인물들의 위치는 역전된다. 도스토옙스키 작품과 같은 다성적 세계에서 작가는 더이상 의미론적 권위를 갖지 못하며, 그가 창조한 대화 속에서 하나의 대화자로 참여한다. 여기에서 주인공과 등장인물들은 단순히 작가 의식의 투영이나 대변이 아니라, 작가에게 쉽게 동의하지 않고 저항할 수 있는 독립된 목소리를 지니게 된다. 이들의 목소리는 타자에게 쉽게 용해되지 않는 동등한 가치와 상호 간에 거리를 갖는 다성적 세계를 이루게 되고 이로 인해 진정한 대화가 가능한 세계를 이루게 된다.

요컨대 바흐친에게 자아와 타자의 관계는 자아가 고정되고 완성되고 완결된 존재로 있는 것이 아니라 부단한 활동의 상황에 있다는 점에서 대화적이다. 그런 점에서 바흐친의 대화주의는 독백주의monologoism와도 극명하게 분리된다. 독백주의는 타자를 의식의 대상으로 인식하는 반면, 대화주의는 타자와 공존적 관계를 통해서 존재하고자 하는 열린 사고를 가능케 한다. 따라서 독백주의는 자아의 폐쇄로 인하여 내부 지향과 분리와 고립으로 이어지는 데 반해 대화주의는 폐쇄를 거부하고 외부를 지향해 타자들과 조우하고 교류하고자 한다. 그럼으로써 새로운 세상과 존재의 모습을 그려 보이게 된다. 이런 바흐친의 대화주의는 우리 수필 문학에도 많은 지침이 될 수 있는 내용이다. (이상에서 논의한 바흐친의 문학론과 대화주의는 M.M. 바흐친, 『예술과 책임』 최건영 옮김, (웅진씽크빅, 2011); 미하일 바흐찐, 『말의 미학』 박종소, 김희숙 역(도서출판 길, 2006); M.M. Bakhtin, The Dialogic Imagination : four essays (University of Texas Press, 1981)를 참조).

이런 관점에서 이달에는 김지희의「용뉴」, 윤석희의「물에 눕다」, 이철수의「방의 감옥」을 읽어 본다.

김지희의「용뉴」

「용뉴」는 용뉴와의 대화를 이루고 있는 작품이다. "용뉴는 범종梵鐘의 가장 위쪽 천판天板에 있는 종뉴鐘鈕로 용의 모습을 한 고리를 일컫는다. 종의 정상을 두 발로 딛고 머리를 숙여 종의 몸체를 물어 올리는 듯한" 모습을 하고 있다. 용뉴는 종의 무게가 깎은 듯 가파른 절벽에서 천년을 홀로 지새운 마애불의 업만큼 무거워도 기꺼이 걸어 매고 스스로를 내려놓을 수 없다. 용뉴는 자신이 감내해야 할 무게의 과업을 지니고 있으며 이를 자기 삶의 무게로 지니고 살아야 한다. 작가는 용뉴에게서 한 가족의 가장과 같은 역할을 보면서 용뉴를 가장으로 환치한다.

흔히 우리는 사물을 통하여 삶과 인간의 모습을 읽는다. 삶에 관여하는 크고 작은 사물들은 대단히 중요한 것을 결정짓는가 하면 작고 비천한 것도 있다. 따라서 사물은 사람의 일원이기도 하고, 유기체의 일부이기도 하고, 세계 현상의 일부이기도 하다. 또한 이것을 종교적으로 표현하면, 우주적 연기緣起 속에 있는 중생이고 제유諸有의 일부이기도 하다. 우리가 접하는 크고 작은 사물은 이러한 큰 테두리 속에서 그 의미를 획득한다. 그러면서 또 사람의 삶에 일시적으로나마 방향을 주는 것은 물론 사물 하나하나가 사람과 관계를 맺는 기획이고 이야기들이다. 「용뉴」에서의 용뉴의 역할도 그러하다.

우리 삶에서도 한 집안의 가장은 용뉴와 같은 역할을 한다. 한순간 가장이 자신의 책임을 다하지 못하고 구기박질러 버리면 졸지풍파에 온 가족이 순장되기도 한다. 얼마 전 안타까운 뉴스가 세상을 떠들썩하게 한 적이 있다. 가장이 아내와 열 살 된 딸과 동반하여 세상을 떠난 일이다. 아직 붉어질 틈도 없이 보풀 털같이 별이 되어버린 어린 생명은 가장이 자신의 무게를 감당하지 못하여 생긴 순장의 풍습 같은 죽음이라 많은 이들의 가슴을 애달프게 했다.

용뉴의 역할에서 놀라운 것은 그가 품고 있는 이야기가 흡사 우리의 삶을 이끌어 가는 이야기를 함유하고 있다는 사실이다. 우리가 간과하든 않든 모든 사물은 스스로의 내부에 어떠한 이야기를 내포하고 있다. 그것들은 우리가 쉽게 미치지 못하는 무한한 창조의 원천으로서의 세계를 지니고 있다. 따라서 무엇보다도 주변의 사물 자체를 친숙하게 알고 감식한다는 것은 그 자체가 삶의 보람이라고 할 수 있다. 그렇다고 삶에서 만나는 모든 사물이 광채를 띠고 있는 것은 아니다. 작가는 삶과 세상의 어둠 속에 담겨 있는 사물들과 교통해야 하고 그들과 대화해야 한다. 어두운 것들과 대화함으로써 비로소 빛의 세상에 담긴 진정한 의미와 진실을 알 수 있게 된다. 또는 반대로 빛나는 것들에 담긴 진실과 놀라움으로 인해 어둠 속의 고통과 슬픔을 인지할 수 있다. 릴케가 이야기하듯이 "찬양의 공간에서만 비탄은 움직인다." 작가란 빛과 어둠을 동시에 바라보면서 그들을 찬양할 때에야 그들의 머리 위로 밝은 별이 빛나게 된다. 이 별은 바로 사물을 진실하게 바라볼 때에야 비로소 찬란하게 빛나는 법이다.

결혼하고 얼마 되지 않아서, 남편의 갑작스러운 퇴직은 평온했던 내 삶을 하루아침에 곤두박질치게 했다. 두 아이의 밥과 옷을 위해 등골에 소금꽃이 피었고 가슴속에서는 화농의 상처가 더께로 굳어졌다. 기세 푸르던 내 열망들은 눈곱만큼도 없이 사라지고 수시로 돋아나는 뿔을 다스리며 수년 동안 가장으로서의 무게를 고스란히 견뎌야 했다. 그즈음에야 나는 잔주름 성성한 아버지 얼굴에 여기저기 자리 잡은 검버섯이 가장의 무게를 견딘 생의 악보인 걸 알았다. 등걸잠과 노루잠을 자면서 한숨 섞어 부르던 노랫가락은 식솔을 등짐으로 짊어진 아버지의 경전임을 알게 되었다. 평생 식구의 밥줄을 위해 전전긍긍하며 사느라 움츠러든 아버지의 야윈 어깨는 가족의 목숨 줄이 줄줄이 걸린 용뉴였다.

"평생 식구의 밥줄을 위해 전전긍긍하며 사느라 움츠러든 아버지의 야윈 어깨"와 "가족들을 둘러매고 용뉴처럼 그 무게를 견디던 남편의 추상같던 자존심"은 모두 용뉴와 같은 모습이었다. 용뉴와의 대화에서 작가는 가족의 고통과 슬픔을 읽어낸다. 용뉴는 자기 삶의 위치를 소실하고 있지만, 그 대신 보편적인 진리의 담지자로서 그 자리에 위치하고 있다. 자신의 고통과 슬픔을 겪으면서 그가 바라보는 시야는 눈앞의 타자와 그를 고통스럽게 만든 환경으로 가득 채워지게 된다. 그때 주체는 자신을 타자의 위치에 놓고 그의 삶을 투사하여 체험함으로써 비로소 자신의 자리로 돌아오게 된다.

오늘날 우리들의 삶은 타자와의 다름을 수용하지 않고 대화성이 봉쇄된 구조로 이루어진다. 마찬가지로 작가들의 이질적인 타자의 목소리는 주체라는 독자적인 저자의 목소리 속으로 환원되거나 배제되고 거부된다. 바흐친이 이야기하듯이, 이러한 '독백주의'

의 세계가 제시하는 진리란 하나의 고안된 이론이나 도그마에 불과하다. 이것은 보편적이며 일반화된 진리라기보다는 추상화된 진리이기 쉽다. 그러나 「용뉴」에서 "용뉴로부터 그윽이 타고 흐르는 음파가 잔잔한 맥놀이가 되어 노을 품은 강물을 따라 흐른다. 덩어어엉, 덩어어엉."이라는 표현에서 시사되듯이, 용뉴와의 진정한 대화는 사물에 대한 주체의 구체적인 삶의 시야와 이행의 과정을 통해 갱신된다.

윤석희의 「물에 눕다」

윤석희 「물에 눕다」는 물과의 대화를 이루고자 하는 수필이다. 물은 생명의 시원이고 인간의 모태이다. 물은 모든 생명체의 근원을 이루는 가장 중요한 원소이다. 동식물의 생명의 탄생과 성장, 그리고 죽음에 이르는 과정이 물의 흐름에 따라 이루어진다. 인간은 물속에서 탄생하고, 국가도 물과 함께 생성되어 발전한다. 물의 흐름이 풍요롭고 원활하면 그 생명체는 튼튼하고 건강하게 오래도록 생명을 유지하게 된다. 그래서 어디서나 물은 소중하며 많은 생명을 공유하고 있으며 그것이 있는 곳은 경외스런 장소로 여겨지게 된다.

작품에서도 화자는 물과 함께 끝없는 상상력을 펼치면서 생명의 시원인 물로 돌아가고 싶어 한다. 물위를 걷고 싶지만 "그 위를 걸을 수 없으니 대신 밤바다에 누워 본다. 바다의 숨결이 등줄기를 타고 스멀스멀 온몸으로 번진다." 화자의 옆구리에 야들한 지느러미가 옆구리에 돋아 나온다. 별들이 수런거리는 은하수를 품으며 한껏 별빛을 들이마시고, 무게를 놓아버린 가벼운 몸이 물고기처럼 살랑살랑 떠간다. 화자의 물과의 놀이는 계속되고 물과 하나가 되어가면서 상상력은 더욱 발전한다.

적막한 물속이 어머니의 양수인 양 편안하다. 하늘을 품으며 대양을 헤엄쳐 다닐 수 있다면 한 마리 고래가 될 것이다. 때론 위로 솟구쳐 오르며 수초들과 어우러져 한바탕 춤을 추고 싶다. 물을 닮고자 했다. 무엇이나 품어 안으며 무엇이고 흘려보내는 움켜쥐지 않는 성정이 경건하다. 모나지 않은 평심이며 아래로 아래로 향하는 항심도 경이롭다. 한결같은 모성이다가도 때론 질풍노도의 열정으로 흐름을 뒤엎는 격랑이지 않나. 날개 없이도 자유로운 분방함은 또 어떤가. 가지 못하는 데가 없다. 그 거친 생명력을 열망하였다.

바슐라르에 의하면 물질적 상상력이란 물이나 공기와 같이 인간 삶에 직접적으로 관여하는 물질에 대한 명상이며, 그것은 열린 상상력을 이끌어낸다. 물과 펼치는 문학적 이미지는 하나의 물질을 갖는다는 것이다. 따라서 한 작가의 작품 세계를 관통하고 있는 물질적 상상력의 세계를 밝혀내는 일은 그의 의식과 문학세계를 잇는 내밀한 대화의 고리를 풀기 위해 가장 가까이 다가가는 방법이 될 수 있다.

「물에 눕다」에서 물의 상상력은 다양한 양상으로 나타나며 작가는 물과 깊은 대화를 나누고 있다. 작가에게 물은 양면적이면서도 무겁다. 물은 "무엇이나 품어 안으며 무엇이고 흘려보내는 움켜쥐지 않는 성정이 경건하다." 또한 모나지 않은 평심이며 아래로 향하는 항심이기도 하다. 때로 한결같은 모성이다가도 때론 질풍노도의 열정으로 흐름을 뒤엎는 격랑이 되기도 한다. 작품에서 작가의 자아는 눈을 뜨고 거기에 갇혀 있는 자아와 거기를 떠나려는 자아가 각축을 벌이고 있다. 다시 바슐라르에 따르면 물은 많은 반영과 그림자를 지닌다. 「물에 눕다」의 물에서 비롯된 무거움은 존재 내부의 슬픔과 영원한 갈증을 싣고 육체 밖으로 쏟아져 내리는 무거움으로 이어지며, 종국에는 이 모든 무거움을 지고 "아래로 아래로 향하는 항심"이 되고자 한다. 「물에 눕다」에서 하강의 상상력은 곧 물을 통한 삶에 대한 슬픔의 직접성이자 내면성을 보여준다. 작품에서 물의 상상력은 무거움으로 치닫거나 가벼움으로 달아나며 끊임없는 대비를 보이지만, 침전하고 부유하는 물의 본래 흐름에 자신을 담고자 하는 것이다.

이 같은 물과의 대화적 상상력은 삶에 대한 투명성 상실과 전망 부재의 길과 시간에 대한 무상한 비극적 세계 인식을 보여주는 것이라 하겠다. 그리하여 작가는 물을 통하여 더욱 멀고도 아득한 여행을 떠나고자 한다. 바슐라르가 이야기한 대로 물은 긴 여행이며 미지의 곳을 향한 새로운 여행이다. 이것은 작가들이 취하는 일종의 자기 유폐의 나르시스이기도 하지만, 여행을 떠남으로써 성취되는 또 다른 우주적 나르시스를 꿈꾸는 자들의 태도이기도 하다. 그럼으로써 「물에 눕다」는 다양한 물의 상상력을 보여주면서 더욱 깊은 물과의 대화를 이룬다. 작가는 물과의 상상력을 넘어 별을 소환한다. 이렇게 작품에서 물의 상상력은 자연과의 합일을 이루면서 바흐친이 이야기하는 바의 대화주의의 종합을 이루게 된다.

  바이칼이다. 밤 호수가 까닭 없이 신령스럽고 오묘하다. 바다보다 깊고 짙은 동공 속으로 서서히 빨려들어 간다. 어머니의 품인 양 몸과 마음을 누인다. 바람결에 한들거리는 물살에 젖어 솜이불처럼 아늑하다. 만지고 흔들고 부서뜨리며 장난을 쳐도 무심한 듯 고요하다. 어느 미술관에서 보았던가. 고흐의 「별이 빛나는 밤에」가 펼쳐진다. 깊이를 가늠할 수 없는 심해의 정적을 깨우려나 보다. 별들이 쏟아져 내린다. 별빛에 고기들이 번쩍번쩍 칼춤을 춘다. 나는 한가로이 윤동주의 「별 헤는 밤」을 쏘아 올린다. 자신들을 노래한 청량한 소리에 별들이 화답하며 달려온다. 하늘 강도 따라 내려와 슬그머니 곁에 눕는다.

 주체는 결코 타자가 될 수 없지만, 타자의 시점을 경유하여 외부로부터 자신에게 돌아오는 떠남과 귀환의 과정을 통해 비로소 주체화되어 간다. 「물에 눕다」에서 작가가 물과 이루는 대화는 이런 이행의 과정 속에서 변화되고, 대화 속에서 주체는 변모되어 간다. 대화주의 관점에서 볼 때 「물에 눕다」에서 작가는 물과의 내적 대화의 과정을 이루면서 새로운 주체의 모습을 이룬다. 작품에서 이루어지는 작가의 생각과 풍경의 수용은 말하고자 하는 것과 그에 답하는 내적 동의로서의 훌륭한 대화라고 할 수 있다.

이철수의 「방의 감옥」

「방의 감옥」은 화자가 체험한 코로나의 기록을 재현하고 있다. 온 가족이 코로나 양성 반응이 나오게 되고 결국 화자도 감옥 같은 방에 갇히고 만다. 여느 코로나 환자들과 같이 화자는 방의 감옥에 갇혀 텔레비전을 켜놓고 아무 생각 없이 쳐다볼 뿐이다. 의식을 깨우며 무엇인가를 떠올려보지만 그럴수록 생각이 닫혀버린다. 화자는 먹고 자는 배부른 바보 돼지가 되어 버린다. 사람들에게 가슴 울리는 따뜻한 말을 전달하고 싶지만, 마땅히 떠오르는 단어도 없고 할 수 없이 화자는 옥살이의 경험을 쓴 수필집을 읽는다.

화자가 읽은 신영복 선생의 『감옥으로부터의 사색』이 처음 세상에 나온 것은 1988년이다. 선생의 고결한 사색의 깊이와 높이는 교도소 담장을 뛰어넘어 감옥 밖에서 갇혀 있던 수많은 사람의 닫힌 사고의 벽을 허물게 했다. 이후 이 책은 한 세대가 지난 지금까지도 많은 울림과 떨림으로 우리 시대의 고전으로 자리하고 있다. 이 책을 읽으면서 「방의 감옥」은 코로나 시대에서 자유의 의미와 유배의 의미를 사색한다.

아득한 벽이 떠오른다. 사방을 보아도 보이는 것은 나를 둘러싼 벽과 작은 창살이다. 작은 창살 사이로 하늘을 볼 수 있다면 그나마 다행이다. 감옥에 있으면 무거운 돌과 같다. 바람과 물처럼 흐르지 못하고 맨바닥에 박혀 옴짝달싹 못 하는 신세다. 하늘에 구름처럼 강물에 물처럼 바람 따라 흘러갈 수 있다면 얼마나 좋을까. 작은 창살 사이로 자유롭게 나는 작은 새가 부럽다. 어둡고 막막한 벽 안에서 다가오는 슬픔은 육체적 구속만이 아니다. 수시로 다가오는 공포와 절망감이 정신을 무기력하게 만들어 버린다. 자신의 의지대로 생각하고 행동할 수 없는 벽 안에서 사육되는 짐승이 된 느낌이다.

작품의 화자가 무엇보다 그리워하는 것은 자유에의 열망이다. 외부적인 구속이나 간섭에 얽매이지 아니하고 자기 마음대로 무언가를 할 수 있는 상태, 인간에게 이런 자유보다 소중한 것은 없다. 작가는 밀폐된 공간에서 서서히 깨달음의 시간을 가지게 된다. 서로 돕고 기대는 진실하고 정직한 관계가 닫힌 공간을 열고 푸른 하늘을 보고 숨쉬게 한다는 신영복 선생의 글이 울림을 준다. 또한 아프리카 남아공의 넬슨 만델라를 상기해 본다. 그는 오랜 수형생활의 고통과 시련 속에서도 복수의 칼날을 거두고 용서와 화합의 정신으로 차별을 뚫고 공존과 평화를 이루었다. 신윤복과 만델라는 자신을 가둔 감옥의 수모와 억울함을 뛰어넘어 사랑으로 승화시킨 위대한 사람들이다. 세상이 아름다워질 수 있는 것은 사랑과 용서를 통해 이루어진다는 사실을 화자는 깨닫게 된다.

문학평론가 김명인의 서평에서도 "그 세월 자체로도 우리의 가슴을 저미는 20년 징역살이 동안 땅에 묻은 살이 삭고 삭아 하얗게 빛나는 뼛섬을 꺼내놓듯이 한 젊음이 삭고 녹아내려 키워낸 반짝이는 사색의 기록이 바로 이『감옥으로부터의 사색』이다. 이것은 책의 모습을 띤 무량한 깊이를 지닌 삶의 초상이다." 라고 했듯이, 감옥에서 사색한다는 것은 자신의 삶의 초상을 새롭게 그려낸다는 것이다. 마찬가지로 「방의 감옥」에서의 화자도 코로나로 인해 방에 갇힌 채 새로운 세상과 깊은 대화를 나누게 된다. 갇힌 삶과 시대일수록 우리에게 필요한 것은 깨달음을 위한 대화이다. 작가는 대화와 소통의 필요성을 역설한다.

나는 지금 코로나의 박해로 방의 감옥에 수감되어 있다. 강인한 육체와 정신을 지니지 못한 저질 체질과 빈약한 정신을 한탄하고 있다. 이대로 주저앉고 말 것인가. 고통과 시련 속에서도 어둠의 벽을 뚫고 맑은 정신세계를 찾아갈 수 있다면 한 번쯤 감옥에 갇히는 것도 괜찮겠다. 조용히 인내하고 끈질기게 일어서라. 그대의 아픔과 절망이 사람들 속으로 스며들어 세상은 풀꽃으로 피어나리라. 역경이 오히려 나를 단련시키고 깨달음의 길로 인도한다.

진정한 자유란 고난과 상황을 이해하고 내적으로 수용하는 가운데 이루어지게 된다. 작가는 갇힘이라는 물리적 상황 속에서 내면적 대화의 과정을 거치면서 비로소 깨달음에 이르게 된다. 작품에서 자유로운 세상을 향하여 보내는 능동적인 구원의 목소리는 독자들을 대화의 상호작용에 참여하도록 초대한다. 그리하여 작가의 대화는 폐쇄의 과정에서 자유를 향한 새로운 대화의 자리로 이행하게 되는 것이다. 여기에서 화자는 대화주의에서 이루는 또 하나의 특징을 보이게 되는데, 이는 바로 주체성의 변화이다. 바흐친은 진리를 발견하려는 사람은 바깥 세계와의 끝없는 대화 가운데 내적 깨달음을 이루게 되고 주체와 공동체는 새로운 존재로 변화되어간다고 했다. 「방의 감옥」은 바로 이러한 과정의 한가운데에 서 있는 작품이라 할 수 있다.

나오며

작가라는 주체는 자신의 유일성을 책임으로 떠안고, 그 유일성을 실현해야 하는 존재이다. 따라서 외적인 규범적 존재로서의 주체는 내부로부터 책임의 당위성에 직면해야 한다. 당연히 존재한다는 것은 주체의 위치에서 유일한 행동을 통해 삶과 세계에 참여하는 것이다. 삶의 구체성이 강조되는 수필 문학의 특성상 작가들에게 존재를 위한 다양한 대화의 방식은 삶과 문학 텍스트의 의미를 더욱 확대하려는 방편이라고 하겠다. 우리가 김지희의 「용뉴」, 윤석희의 「물에 눕다」, 이철수의 「방의 감옥」을 통하여 읽었듯이, 작품에서 구현되는 주제는 삶과 세상에 대한 작가의 주체적 대화를 통해 실현되고 있다.

이러한 과정은 바흐친이 작가의 임무로 제시한 작품 속 작가와 세상이 깊은 대화적 관계를 구현함으로써 문학 언어의 창조적 작업으로 실현되고 있다. 바흐친에게 대화는 나와 타자라는 각자의 고립된 개별성의 영역에서 벗어나 상호 소통과 종합의 역동적 관계를 형성하며 이루어지게 된다. 이런 대화를 구성하는 발화들은 주체들의 공유적 세계를 전제로 이루어지는 사회적 행위이며, 상호교호성을 지닌 언어의 살아 있는 실재다. 바흐친이 말하는 대화적 관계는 단순한 사회적 상호작용에 의해 한정되는 것이 아니라 대화는 차이를 매개로 성립하며 이것을 종합하고 결합하면서 이루어진다.

　이런 의미에서 "나는 자신을 사랑하듯이 가까운 이를 사랑할 수 없으며, 더 정확하게는, 가까운 이를 사랑하듯이 나 자신을 사랑할 수 없다. 내가 할 수 있는 모든 것은 다만 내가 나 자신을 위하여 보통 행하는 모든 행위들의 총합을 그에게 전이하는 것뿐이다."(미하일 바흐친, 『말의 미학』)는 바흐친의 이야기는 경청에 값하는 것이다. 바흐친의 이런 대화주의 정신은 우리 수필의 창작과 비평에도 많은 시사를 제공하면서 수필의 미래를 위한 커다란 지침을 주고 있다.

▌작품론 – 『수필과비평』257호

| 작품 |

용뉴

김지희

    덩어어엉, 덩어어엉. 경주박물관에 성덕대왕신종이 운다. 웅장하고 기묘한 소리가 끊길 듯 이어지면서 길게 누운 저녁노을 속으로 퍼져나간다. 섬세하고 품격 있는 맥놀이는 숨을 죽이고 마음의 귀를 열게 한다. 보폭 좁은 겨울바람이 이리저리 빗질해도 흔들림 없이 생각 여문 소리를 낸다. 신라 범종은 그 형태와 소리가 아름답고 섬세하다. 일정한 소리가 주기적으로 반복되면서 사라졌는가 하면 다시 되살아나는, 이렇듯 신비한 소리를 낼 수 있는 건 잠잠히 종의 무게를 버티고 견딘 용뉴의 희생 덕분이 아닐까.

    용뉴는 범종梵鐘의 가장 위쪽 천판天板에 있는 종뉴鐘鈕로 용의 모습을 한 고리를 일컫는다. 종의 정상을 두 발로 딛고 머리를 숙여 종의 몸체를 물어 올리는 듯한 용뉴, 종의 무게가 깎은 듯 가파른 절벽에서 천년을 홀로 지새운 마애불의 업만큼 무거워도 용뉴는 기꺼이 걸어 매고 내려놓을 수 없다. 자신이 감내해야 할 무게의 과업이다.

우리 삶에서도 한 집안의 가장은 용뉴와 같은 역할을 한다. 한순간 가장이 자신의 책임을 다하지 못하고 구기박질러 버리면 졸지풍파에 온 가족이 순장되기도 한다. 얼마 전 안타까운 뉴스가 세상을 떠들썩하게 한 적이 있다. 가장이 아내와 열 살 된 딸과 동반하여 세상을 떠난 일이다. 아직 붉어질 틈도 없이 보풀 털같이 별이 되어버린 어린 생명은 가장이 자신의 무게를 감당하지 못하여 생긴 순장의 풍습 같은 죽음이라 많은 이들의 가슴을 애달프게 했다.

    결혼하고 얼마 되지 않아서, 남편의 갑작스러운 퇴직은 평온했던 내 삶을 하루아침에 곤두박질치게 했다. 두 아이의 밥과 옷을 위해 등골에 소금꽃이 피었고 가슴속에서는 화농의 상처가 더께로 굳어졌다. 기세 푸르던 내 열망들은 눈곱만큼도 없이 사라지고 수시로 돋아나는 뿔을 다스리며 수년 동안 가장으로서의 무게를 고스란히 견뎌야 했다.

    그즈음에야 나는 잔주름 성성한 아버지 얼굴에 여기저기 자리 잡은 검버섯이 가장의 무게를 견딘 생의 악보인 걸 알았다. 등걸잠과 노루잠을 자면서 한숨 섞어 부르던 노랫가락은 식솔을 등짐으로 짊어진 아버지의 경전임을 알게 되었다. 평생 식구의 밥줄을 위해 전전긍긍하며 사느라 움츠러든 아버지의 야윈 어깨는 가족의 목숨 줄이 줄줄이 걸린 용뉴였다.

    햇살 빗겨 간 옥상 빨랫줄에 나무의 단단한 뿌리 같았던 남편의 바지가 축 늘어져 걸려있다. 삶이 고단했을까. 솔기는 미어지고 무릎은 툭 불거져 이제 그 역할을 다해 간다. 가족들을 둘러메고 용뉴처럼 그 무게를 견디던 남편의 추상같던 자존심이 처연하게 매달려 있다. 오래전 아버지의 후줄근했던 그 바지처럼. 에밀레종이 다시 길게 운다. 용뉴로부터 그윽이 타고 흐르는 음파가 잔잔한 맥놀이가 되어 노을 품은 강물을 따라 흐른다. 덩어어엉, 덩어어엉.

▌작품 – 『수필과비평』 257호

| 작품 |

물에 눕다

윤석희

　물위를 걷고 싶었다. 그 위를 걸을 수 없으니 대신 밤바다에 누워 본다. 바다의 숨결이 등줄기를 타고 스멀스멀 온몸으로 번진다. 물기가 스미어선가, 굳었던 마음이 풀려 나간다. 야들한 지느러미가 옆구리에 돋아 나온다. 별들이 수런거리는 은하수를 품으며 한껏 별빛을 들이마신다. 무게를 놓아버린 가벼운 몸이 물고기처럼 살랑살랑 떠간다.

　물을 쥔다. 손안에서 슬그머니 빠져나간다. 잡히지 않는 물을 가만히 들여다본다. 생명의 시원으로 돌아가고 싶은 걸까. 적막한 물속이 어머니의 양수인 양 편안하다. 하늘을 품으며 대양을 헤엄쳐 다닐 수 있다면 한 마리 고래가 될 것이다. 때론 위로 솟구쳐 오르며 수초들과 어우러져 한바탕 춤을 추고 싶다.

　물을 닮고자 했다. 무엇이나 품어 안으며 무엇이고 흘려보내는 움켜쥐지 않는 성정이 경건하다. 모나지 않은 평심이며 아래로 아래로 향하는 항심도 경이롭다. 한결같은 모성이다가도 때론 질풍노도의 열정으로 흐름을 뒤엎는 격랑이지 않나. 날개 없이도 자유로운 분방함은 또 어떤가. 가지 못하는 데가 없다. 그 거친 생명력을 열망하였다.

　영화「펭귄 프롬」을 본다. 마음을 풀어놓게 하는 탁 트인 해안 풍광이 서호주의 어드벤처 투어를 생각나게 한다. 한 달 동안 다양한 노숙을 체험하는 별난 여행상품이다. 장엄한 호주의 대자연이 혼탁해진 마음을 순하게 쓸어준다. 자연인이 되어 광활한 자연 속을 종횡무진 헤집고 다녔다. 땅바닥의 침낭 속에서 적막한 산야의 밤하늘을 시리도록 새겨보았다. 히말라야의 별들이 아슴푸레 떠오른다. 타클라마칸 사막에서 명멸하던 별도 살포시 내려와 안긴다. 드넓은 몽골 초원의 천막 속까지 따라 들어온 외로운 별도 발소리를 죽이며 살금살금 걸어온다. 문득 하늘을 보며 물위에 누워보고 싶었다. 그때부터 간절한 소망 하나 가슴속에 심어두었다.

　나를 뺀 열한 명 대원 모두가 물을 좋아했다. 하루에 몇 번씩 강이나 바다에 첨벙 뛰어들어 땀을 씻고 헤엄을 친다. 환호하며 아이들처럼 즐기는 그들 모습이 몹시 천진해 보인다. 부러웠다. 물가에서 옷이나 지키고 있는 내가 한심하고 부끄러웠다. 여러 나라 사람들의 언어처럼 유영하는 몸동작은 자연과 동화된 또 다른 자유로 각인되었다.

　가고 싶으면 어디라도 갔다. 높은 산, 광활한 초원, 불붙는 사막도 가리지 않았는데 물에는 선뜻 뛰어들지 못한다. 물론 강이나 호수, 바다에서 숱한 종류의 배를 타며 즐기기는 했다. 그러나 끝없는 대양을 온몸으로 밀며 떠돌고 싶은 게 꿈이다. 분홍 고래를 만나러 헤엄쳐 가고 싶다.

수영을 전혀 하지 못했다. 어렸을 때 우물에 빠진 적이 있다. 라오스 쏭강에서 카약킹을 하다 뒤집혀 긴급 구조되었다. 그래선지 맑고 투명한 물을 보면 오히려 소름이 돋는다. 물가에만 가도 주뼛 머리카락이 선다.

물을 꿈꾸니 물을 극복해야 했다. 우선 물위에 떠야 하고 배영을 해야 누울 수도 있다. 작심하고 수영을 시작한 게 예순이 되던 해다. 굼벵이처럼 바짝 웅크리는 데다 운동신경까지 둔하여 강사를 난감하게 했다. 배우기엔 너무 늦었다고 그가 은근히 고만두기를 권했는데 십 년이 넘게 하고 있으니 성공한 셈이다. 간절한 일념이 이루어 낸 쾌재다. 때론 가당치 않은 환상도 꿈꾸어볼 일이다. 아직도 풀장 밖에선 잔뜩 겁을 먹지만 악어가 빤히 쳐다보는 아마존에서 분홍 고래도 만나 보고 사해의 밤하늘도 품어 보았다.

바이칼이다. 밤 호수가 까닭 없이 신령스럽고 오묘하다. 바다보다 깊고 짙은 동공 속으로 서서히 빨려들어 간다. 어머니의 품인 양 몸과 마음을 누인다. 바람결에 한들거리는 물살에 젖어 솜이불처럼 아늑하다. 만지고 흔들고 부서뜨리며 장난을 쳐도 무심한 듯 고요하다. 어느 미술관에서 보았던가. 고흐의 「별이 빛나는 밤에」가 펼쳐진다. 깊이를 가늠할 수 없는 심해의 정적을 깨우려나 보다. 별들이 쏟아져 내린다. 별빛에 고기들이 번쩍번쩍 칼춤을 춘다. 나는 한가로이 윤동주의 「별 헤는 밤」을 쏘아 올린다. 자신들을 노래한 청량한 소리에 별들이 화답하며 달려온다. 하늘 강도 따라 내려와 슬그머니 곁에 눕는다.

■ 작품 − 『수필과비평』 257호

| 작품 |

방의 감옥

이철수

　나는 지금 방안에서 격리 중이다. 코로나 확진자가 되어 일주일간 자가 격리에 들어갔다. 지금까지 조심한다고 주의를 기울여 왔는데 병원에 가서 신속항원검사를 받아보니 양성이라고 한다. 참으로 난감하다. 동료 직원이 코로나 확진으로 사무실에 출근을 못하자 그를 대신하여 업무를 대행한 적이 있다. 나로 인해 다른 직원이 고생할 것을 생각하니 미안한 마음이 스며든다. 몸은 목마르고 마른기침이 나올 뿐 심하게 아픈 구석이 없는데 마음은 나쁜 짓 하다 들킨 사람처럼 무안하고 민망하다.
　코로나 백신 3차 접종까지 한 상태라 나에게는 오지 않을 것이라고 자신하고 있었다. 같이 사는 조카가 자가진단키트를 이용해 검사해 보니 양성반응이 나왔다고 한다. 자신의 몸 상태도 좋지 않고 옆에 친구도 양성이 나와서 검사하게 됐다고 알려준다. 밀접 접촉자인 아내도 자가진단키트 검사를 하니 양성 반응이 나온다. 나는 음성이라서 나만 괜찮은 줄 알았다. 아마도 검사할 때 멸균 면봉을 코 깊숙이 들이밀지 않고 검사해서 잘못된 결과가 나왔던 것 같다. 병원에 가서 오랜 시간 기다림 끝에 전문가용 신속항원 검사를 받으니 우리 동거 가족 모두 양성이다.

  방안에만 있으려니 차라리 사무실에 가서 일하는 것이 낫겠다는 생각이 든다. 방의 감옥에 갇히고 만다. 달리 할 일이 떠오르지 않는다. 그저 텔레비전을 켜놓고 아무 생각 없이 쳐다볼 뿐이다. 의식을 곤추세워서 무엇인가를 떠올려보지만 그럴수록 생각이 닫혀버린다. 먹고 자고 배부른 바보 돼지가 되어버린 기분이 몰려온다. 세상 살아가는 사람에게 가슴 울리는 따뜻한 말을 전달하고 싶은데 떠오른 단어가 없다.

  어떤 까닭으로 감옥에 가게 되었는지 그 사연은 잘 모르겠지만 옥살이의 경험을 쓴 수필을 읽었다. 그 누구도 자신의 신체와 정신을 물리적으로 감금해 버리는 감옥에 가고 싶은 사람은 없을 것이다. 아득한 벽이 떠오른다. 사방을 보아도 보이는 것은 나를 둘러싼 벽과 작은 창살이다. 작은 창살 사이로 하늘을 볼 수 있다면 그나마 다행이다. 감옥에 있으면 무거운 돌과 같다. 바람과 물처럼 흐르지 못하고 맨바닥에 박혀 옴짝달싹 못 하는 신세다. 하늘에 구름처럼 강물에 물처럼 바람 따라 흘러갈 수 있다면 얼마나 좋을까. 작은 창살 사이로 자유롭게 나는 작은 새가 부럽다.

  어둡고 막막한 벽 안에서 다가오는 슬픔은 육체적 구속만이 아니다. 수시로 다가오는 공포와 절망감이 정신을 무기력하게 만들어 버린다. 자신의 의지대로 생각하고 행동할 수 없는 벽 안에서 사육되는 짐승이 된 느낌이다. 그 안에서 아무것도 할 수 없다는 무력감과 상실감이 인간에 대한 자존감을 바닥으로 추락시킨다. 자유가 구속되고 보니 자유의 소중함을 알겠다. 진실이 갇히고 보니 진실을 지키고 알려야 한다는 절박함이 밀려온다. 그리고 자신이 겪었던 상황을 돌아보게 되고 자신의 잘못이 무엇인지 반추하게 된다. 고통과 고뇌를 통해 인생의 의미를 곱씹어 본다. 막막한 벽 안에서 오히려 정신이 또렷하고 명료하게 밝아져 온다. 더 많은 책을 읽고 더 많은 생각을 하고 글을 쓰게 된 계기가 되었다. 살아온 날들을 되새겨보니 평범한 일상이 더없이 소중하다. 솔직한 자기반성을 하고 나니 세상을 바라보는 마음이 사랑으로 충만해져 온다. 그러니까 감옥은 인간과 세상을 탐구하는 공부방이 되었나 보다.

창문마저도 온전히 내다볼 수 없는 쇠창살이 걸려있는 공간, 세상을 향한 전망 없는 감옥에서 긍정의 힘을 키우고 20년을 지탱할 수 있었던 작가의 정신적인 원동력은 무엇일까. 가장 먼 여행은 머리에서 가슴까지이고, 가슴에서 머물지 말고 발까지의 여정을 말하며 실천의 삶을 살아온 사람이 있다. 아마도 감옥이라는 공간이 사색과 성찰이라는 특별한 경험을 가져다준 선물이었던 것 같다. 서로 돕고 기대는 진실하고 정직한 관계가 닫힌 공간을 열고 푸른 하늘을 보고 숨쉬게 한다는 신영복 선생의 글이 울림을 준다. 넬슨 만델라는 오랜 수형생활의 고통과 시련 속에서도 복수의 칼날을 거두고 용서와 화합의 정신으로 차별을 뚫고 공존과 평화를 이루었다. 자신을 가둔 감옥의 수모와 억울함을 뛰어넘어 사랑으로 승화시킨 위대한 사람을 만나게 된다. 세상이 아름다워질 수 있는 것은 용서를 통해 이루어진다는 사실을 깨닫는다.

나는 지금 코로나의 박해로 방의 감옥에 수감되어 있다. 강인한 육체와 정신을 지니지 못한 저질 체질과 빈약한 정신을 한탄하고 있다. 이대로 주저앉고 말 것인가. 고통과 시련 속에서도 어둠의 벽을 뚫고 맑은 정신세계를 찾아갈 수 있다면 한 번쯤 감옥에 갇히는 것도 괜찮겠다. 조용히 인내하고 끈질기게 일어서라. 그대의 아픔과 절망이 사람들 속으로 스며들어 세상은 풀꽃으로 피어나리라. 역경이 오히려 나를 단련시키고 깨달음의 길로 인도한다.

▌작품 – 『수필과비평』 257호

제5부

슬픔 – 또 다른 실존의 범주

들어가며

 삶의 과정에 투사되는 정서의 많은 부분은 '슬픔'으로 구성된다. 인간은 본질적으로 자기실현의 기쁨을 추구하고 있지만, 슬픔 속에서 세계와 연결된 타자와의 관계를 확인하거나 실존의 상실과 좌절로 빠져들게 된다. 어느 경우이든 슬픔은 모든 인간이 가지는 보편적 정서로서의 사람의 온전성을 저해하는 감정이다. 슬픔으로 대변되는 정서적 경향들은 삶의 애착을 상실하거나 좌절시키는 동인이 된다. 이 세상이 우리에게 주는 부당한 폭력에 대해 분노를 경험할 때, 인간이 인간에게 주는 배신에 한없이 절망할 때, 어느 날 갑자기 찾아온 죽음이 사랑하는 사람을 잃게 되어 상실의 고통에 빠지게 될 때, 이런 폭력과 배신과 상실에 대하여 우리는 말할 수 없는 깊은 슬픔을 느끼게 된다.

슬픔의 이러한 심리적 구조는 인간다움의 기본적 동정과 공감을 요구하는 감정이면서 동시에 주체의 정신을 흔들면서 일상의 언어로 표현해낼 수 없는 심리 상태를 만들기도 한다. 따라서 슬픔은 부재, 상실, 부조리와 같은 심리적 억압으로 다가와 존재의 의미와 범주를 다시금 생각하게 한다. 이런 의미에서 슬픔은 자기 존재의 의미를 새롭게 사유하게 되고, 이 세상의 타자 실존과 맞물리며 자아와 타자를 새로운 존재로 성립하게 만든다. 슬픔을 통해 인간은 자기반성적인 과거와 현재의 실존적 모습을 성찰하게 되는 것이다. 많은 예술작품에서 슬픔을 주요한 주제로 채택한 이유도 여기에 있다.

실제 그동안 많은 작가는 슬픔의 정조를 자신들의 문학 방법론적 추구의 관점으로 사용해 왔다. 문학과 철학에서 슬픔의 정서를 기본으로 삶과 세계를 이해하고 해석하는 도식으로 이용해 온 경우는 적지 않다. 이를테면 오래전 아리스토텔레스의 '카타르시스catharsis 이론'에서 우리는 그 연원을 찾을 수 있다. 비극의 정의에서 유래된 카타르시스는 현대적 의미로 쉽게 말하면, 비극을 봄으로써 마음에 쌓여 있던 우울함, 불안감, 긴장감 따위가 해소되고 마음이 정화되는 일을 말한다. 아리스토텔레스가 『시학詩學』에서 비극이 관객에 미치는 중요한 심리 작용의 하나로 예시한 카타르시스는 오늘날 널리 사용되는 개념이지만, 주인공에 대한 두려움과 연민의 감정이 격하게 자신에게 어떤 형태로 순화되어 육체적·정신적으로 일어나게 되는 정화 작용의 의미를 지니게 되었다.

카타르시스와 같이 슬픔, 애도, 멜랑콜리로 연결되는 철학적·정신분석적 관점들도 문학 작품의 이해와 해석에 다각도로 동원되어 왔다. 이를테면 프로이트 이후 멜랑콜리melancholy는 사랑하는 대상의 상실에 대한 심리적 반응을 설명하는 용어이다. 멜랑콜리 개념의 역사는 복잡하지만, 멜랑콜리는 상실과 그로 인해 해소되지 않은 슬픔을 정의하는 데서 출발한다. 프로이트는「애도와 멜랑콜리」에서 애도가 사랑하는 대상의 상실을 의식 속에 성공적으로 통합하는 과정인 반면, 멜랑콜리는 대상의 상실을 부인함으로써 상실의 슬픔이 해소되지 않은 불건강한 상태라고 이야기한다. 후에 「에고와 이드」에서 그는 멜랑콜리를 병리적 문제로 바라본 관점을 수정하여, 멜랑콜리를 상실된 대상을 자아로서 자아 속에 보존하는 심리 기제라고 이야기하기도 했다(프로이트, 박찬부 옮김, 『정신분석학의 근본개념』, 열린 책들, 2020. 참조).

이런 점에서 우리 수필에서 나타나는 슬픔의 관점에 입각한 글쓰기와 그에 대한 논의는 보다 본격적으로 정교하게 다루어질 필요가 있다. 상실된 자아와 타자에 대한 슬픔 혹은 그들에 대한 애도의 감정은 많은 수필에서 나타나는 중요한 주제이며 감정적 정서이다. 슬픔의 정서는 개인적 사회적 애도의 방식으로 작품의 형식과 내용의 관점에서 재구성된다. 현대적 삶의 상황이 야기하는 우울 또는 비관주의에 해당하는 인간의 기본적인 감정인 삶의 궁극적 의미에 대한 회의와 좌절이 문학의 중심적 내용을 이루고 있기 때문이다. 개인 혹은 집단의 이러한 좌절과 상실의 경험은 애도의 방식을 통하여 텍스트화 하는데, 이와 관련된 이야기는 수필의 중심적 내용을 형성하게 된다.

수필이 재현의 방식으로써 구성하는 에피소드가 갖는 현실을 중요시하게 될 때, 많은 경우 그 언표 과정에서 감정의 주체는 슬픔의 감정에 이끌리고 있음을 주목하게 된다. 현대적 삶의 양상이 그렇듯이 수필 작품 속 인물들의 삶의 모습이 많은 경우 슬픔의 감정으로 이루어져 있고 그들이 표현하는 심리상태는 다양하게 슬픔을 이미지화하여 보여주게 된다. 따라서 한 편의 수필이 지니는 표현과 묘사의 기법은 다분히 슬픔의 관점에 입각한 논리나 해석을 요구한다고 할 수 있다.

이런 관점에서 이달에 다루고자 하는 텍스트는 정하정의 「낡은 배 두 척」, 오금자의 「겨울나무 곁에서」, 조향미의 「노트르담의 촛불」이다. 작품들은 내용과 형식의 구조를 달리하고 있지만 모두 상실과 부재의 비극적 상황에 대한 슬픔으로 이루어져 있다.

정하정의 「낡은 배 두 척」

「낡은 배 두 척」은 일견 화자가 삼십 대 초반에 이 세상을 먼저 떠난 조카의 '신발'이라는 사물의 의미를 추적하는 작품으로 보인다. 그러나 이 작품에 담긴 알레고리는 신발에 담긴 슬픔과 존재의 의미이다. 작품은 온전치 못한 죽음을 맞게 된 조카에 대한 슬픔으로 채워져 있으며, 여기에는 슬픔이란 정서적 차원을 넘어 사물의 실존적 진실에 다가서려는 애틋함이 담겨 있다. 그런 점에서 「낡은 배 두 척」에서의 '신발'이라는 소재는 우리가 한 편의 수필에서 흔히 차용하는 일반적인 동일성의 세계로 환원되지 않는다. 작가는 우리들이 단순한 인식능력으로는 파악할 수 없는 사물의 세계를 탐사하며 사유하는 태도를 보인다. 말하자면 작가는 조카의 죽음을 단순히 슬픔의 관점에서 이해하고 그치는 것이 아니라 조카가 남긴 신발이라는 소재를 채택하여 삶과 죽음이라는 실존의 의미를 규명하고자 한다. 따라서 독자들도 신발을 남기고 떠난 조카의 죽음을 통하여 슬픔과 실존에 대한 자각으로 이어지는 사유 속에서 빠져들게 된다.

작가는 신발의 의미를 "신발은 사람의 맨 아래에서 온몸으로 주인을 지탱한다. 진흙탕에도 자갈길에도 주인이 가야 할 곳이라면 어디든지 따라갈 수밖에 없는 운명을 타고났다. 가게에서 낙점되어 팔려 온 그날부터 오직 한 사람에게 짓눌려 사는 얄궂은 운명이다. 오로지 발의 보호자로서, 하루도 혼자서는 외출할 수 없는 동반자의 신세다."라고 설명한다. 신발이라는 사물에 대한 가장 심도 있는 예술적 논의는 고흐의 그림 「신발」에 대하여 철학자 하이데거가 「예술작품의 근원」에서 밝힌 논의의 예를 들 수 있을 것이다. 하이데거는 고흐의 작품에서 허름한 농부의 신발이 드러내 주는 농촌 아낙의 본질적 삶을 거론하면서 "화가의 작품을 통해 우리는 구두라는 진리 앞에 서 있게 된다."고 설명한다. 하이데거는 신발의 주인을 농촌 여인으로 보았고, 대지 위에서 서 있는 노동의 고단함과 존재자의 진실에 대한 한 편의 시와 같은 감상을 기록했다. 따라서 우리가 농민의 신발을 보면 그들의 고단한 혹은 수고스러운 삶의 실존적 모습을 읽을 수 있게 된다. 하이데거는 "반 고흐의 회화는 농민의 신발 한 켤레라는 도구가 진실로 어떤 무엇으로서 존재한다고 할 때 그 무엇을 비로소 열어젖힌 곳"이라고 하면서, 고흐는 무한한 가능성으로 막혀 있는 진실의 세계에서 또 다른 삶의 가능성을 열었다고 설명한다.

「낡은 배 두 척」에서 조카의 신발은 곧 그의 삶을 의미하는 것이며 그것이 상실되어 떠나는 것은 곧 그의 죽음을 의미하는 상징이다. 사고로 조카가 이 세상을 떠나던 날, 급하게 달려간 병원에서 먼저 눈에 띈 것은 그의 낡은 운동화 한 켤레였다. 화자에 의해 운동화는 세상의 바다에서 힘겹게 떠돌던 배로 환치된다.

세상의 바다에서 그를 태우던 낡은 배 두 척이 조난당한 배처럼 응급실 구석에 웅크리고 앉아 바닥만 보고 있었다. 목이 긴 신발이 끈이 풀려 늘어진 모양새가 더욱 슬픔을 가중했다. 주인의 상태를 아는지 실의에 빠져 고개를 푹 숙인 듯한 배에게서 고개를 치켜들고 걸어갈 것을 마음속으로 명령했지만, 그날부터 더는 주인을 태울 수 없었다. 사람을 실어 날라야 하는 운명으로 태어나, 대개 한 주인을 섬기다 그보다 먼저 가는 것이 당연지사인데 어찌 주인이 먼저 떠난다는 말인가.

사물에 대한 진정한 사유란 지극한 마주침으로부터 시작된다고 할 수 있다. 마주침의 대상에 대하여 깊은 관계적 의미를 가질 수 없을 때 진정한 사유는 시작될 수 없는 것이다. 그런 점에서 깊은 사유의 체험은 함부로 이룰 수 있는 것이 아니다. 「낡은 배 두 척」에서 이루어지는 사유의 경험이 기존의 그것과는 일정한 거리를 두고 획득되는 것이라는 점에서 기존의 글쓰기의 재현과도 일정한 거리를 가진다. 우연히 마주친 사물에서도 우리는 그 사물이 지닌 삶과 세계의 깊은 의미에 대한 사유를 이루어야 한다. 보드리야르가

지적한 대로 현대적 삶의 상황에서 사물의 의미는 바뀌었다. 사물은 실제적 기능과 물질성에서 자신의 의미를 고갈시키는 것이 아니라 기호의 체계로서 존재하는 것이다. 사물은 세계관 전체의 반영이다. 사물은 더이상 기능이라는 고유한 가치가 아니라 기호의 보편적인 기능을 갖는다. 삶과 죽음 같은 자연의 질서는 사물의 세계 안 어디에서나 존재하는 기호적 상징체계로서 존재한다.

「낡은 배 두 척」에서 신발은 일상에서 말하는 기표와 기의의 세계를 넘어서고자 한다. 작품은 신발이라는 기의로부터의 변형을 시도한다. "조카의 배가 남긴 물결은 가슴에 남아서 지워지지 않을 영원한 물결이다."는 은유적 문장은 신발의 일반적 기의에 대해 의문을 제기하면서 새로운 의미를 제시하고자 한다. 작가는 '신발'이라는 기호체계로서의 기표 대신 '배'라는 기표를 채택한다. 작가는 신발로부터 물결에 흘러가는 배라는 존재 형식의 변이를 통하여 신발이라는 일반적 기호의 의미를 벗어나 조카의 존재의 의미를 새롭게 해석하고자 한다. 사물은 저마다의 개인적인 의미를 지닌다. 사물에는 고유의 의미가 아닌 개인마다의 삶의 추억이 담길 수 있다. 누군가에게는 그냥 아무 의미 없는 물건이나 사물일 수 있지만, 거기에 개인의 추억이 담기면 그 물건 자체에 특별한 추억과 삶의 의미가 담기게 된다.

> 그의 싸늘한 몸이 상여를 타고 산으로 올라가던 날, 그의 구두가 꽃상여보다 먼저 앵이(영여)를 타고 산소로 올라갔다. 앵이 속에는 깨끗한 구두 한 켤레와 혼백이 들어 있었다. 육체가 걷지 않고 산으로 오르는 것처럼 신도 땅을 딛지

않고 산으로 가, 주인이 땅속으로 들어가 안치된 다음 마지막 생을 불살랐다. 더 실어 나를 의무가 없어진, 그와 마지막을 함께했던 운동화도 태웠다. 끈 풀린 두 짝의 배가 옷가지와 함께 불살라지던 날, 이생의 발걸음도 함께 멈추어버렸다.

모든 사물에는 저마다의 깊이 감추어진 삶과 존재의 세계가 있다. 생명 없는 사물이 삶을 감추고 있다는 생각에 우리는 쉽게 동의할 수 없을지 모르지만, 그 물활론적 사상에서 우리는 인간과 사물의 진정한 관계의 의미를 찾을 수 있다. 「낡은 배 두 척」에서도 작가는 신발이 감추고 있는 사물의 의미를 통하여 그 배후에 숨겨진 정지된 혹은 살아있는 삶과 실존의 의미를 읽어낸다. 그리하여 우리는 한 켤레의 신발로부터 그 삶의 그림자를 읽고 실존의 의미를 살려내게 된다. '낡은 배 두 척'의 신발은 떠나고 화자에게는 길게 드리운 존재에 대한 슬픔의 그림자만이 남아 있다.

오금자의 「겨울나무 곁에서」

「겨울나무 곁에서」의 텍스트상 기본적 지표는 남편의 죽음에 대한 애도의 과정이다. 작가는 '겨울나무 곁에서' 그 삶과 죽음의 모습을 읽는다. 그러면서 삶과 죽음의 깊은 상실과 부재를 보여주는 슬픔이라는 심리적 상태에 빠져든다. '겨울나무'라는 작품의 소재는 그 원래의 모습과의 동일성의 세계로 환원되지 않는다. 사물을 보는 조화로운 인식능력으로 인해 작가는 우리가 흔히 파악할 수 없는 사물의 세계를 다독이며 새로운 존재의 모습을 사유하게 된다. 이는 바로 사물의 세계에 대하여 기존하는 기호 체계로부터의 탈출을 의미하는 것이다. 잎을 다 떨군 앙상한 겨울나무의 모습을 "세찬 비바람에 속살이 터져 가면서도 어린 가지를 지키려 많은 눈물을 흘렸을 것이다."고 표현하면서 슬픔의 서사는 시작된다.

작품의 화자는 한겨울의 삭풍을 관통하면서 상처 입고 서 있는 겨울나무의 모습을 애절한 시선으로 바라보고 있다. 텍스트에 나타나는 겨울나무를 바라보는 애절함의 강도로 나타나듯이, 화자는 남편과 헤어짐을 좀처럼 수용하지 못한다. "병원 신세를 지고부터 작별의 시간은 점점 다가온다. 약속한 백년해로도 영원히 곁을 지켜주겠다던 맹세도 다 부질없는 일이다."고 느낀다. 겨울나무로 은유 되는 화자의 심리는 깊은 우울에 빠져든다. 우울은 해소되지 못한 슬픔의 감정으로 지속되는 데, 이것은 바로 프로이트가 이야기하는 멜랑콜리의 심리적 증상이다. 「겨울나무 곁에서」는 사랑하는 남편과의 삶과 죽음이 교차하는 심리적 감정이자 작품을 지배하고 있는 근본 정조로서의 멜랑콜리에 이르는 과정이다.

누군가의 상실의 경험과 슬픔을 의식하는 이런 경험은 슬픔의 강도를 더해가면서 진행된다. 병상에서의 오랜 우울과 슬픔은 화자가 얼마나 강력하게 멜랑콜리에 사로잡혀 있는지를 여실히 보여준다. 이 같은 멜랑콜리는 대상의 상실이라는 슬픔의 경험을 처리하지 못한 채 이끌려가는 주체의 슬픔 속에서 작동된다. 화자가 느끼는 슬픔은 그것을 공유하거나 안아줄 사람이 없기에 내면적으로 내파된다. 이런 감정들은 "삶의 끝자락에 서 있는 남편 뒤로 검은 그림자가 어른대고 있다."는 자기 억압 속에 봉인되기까지 한다.

세상에는 영원한 삶도 영원한 나무도 없다. 삶과 죽음이 차이는 무엇인가. 죽음은 인생의 종착역이요, 모든 것이 끝나는 일이다. 이승에서 맺은 인연이 여기가 끝인가 보다. 감당하기 어려운 슬픔으로 마음은 텅 비어 있다. 삶을 마감하는데 한마디 작별 인사도 할 수 없다는 현실은 너무나 가혹하다. 삶의 끝자락에 서 있는 남편 뒤로 검은 그림자가 어른대고 있다. 식어가는 손을 잡고 울음만 삼켰다. 나는 어둡고 적막한 병실에 홀로 남아 절규했다. 그 순간에 삶과 죽음은 서로 갈라져 작열하고 있었다.

남편의 죽음에 대한 애도는 헤어짐과 죽음이라는 이중의 상실을 의식적으로 수용하는 과정을 거치게 되고, 마침내 "삶과 죽음은 서로 갈라져 작열하"고 있다는 것을 느끼게 된다. 멜랑콜리를 벗어나 애도 작업으로의 이행은 자신이 느끼는 슬픈 감정을 인지하고 그 원인을 의식화할 때 가능하다. 이러한 의식화 과정은 화자와 남편이 함께했던 삶을 온전히 무화하는 과정이며, 남편 없이 살아가야 할 삶을 수용하는 것으로 이어진다. 이런 과정을 거치면서 화자는 삶에 대해 품었던 자기 존재의 인정을 수반한다. 슬픔의 승화를 통한 실존에 대한 인식을 이루면서 화자가 끝까지 놓지 않는 끈은 삶에 대한 '희망'이다. 기실 희망이 없다면 절망적인 슬픔 속에서 우리가 기댈 것이 무엇이겠는가.

마지막으로 떠나는 것은 언제나 슬프다. 마지막 잎새, 마지막 열차, 마지막 사람. 나는 다시 봄을 기다리며 살기로 했다. 겨울나무는 죽은 듯이 잠자고 있다가 봄이 오면 불현듯 초록빛 생명을 준다. 나무는 초연한 것처럼 천천히 상처를 녹여내는 중이다. 이제는 이 우울한 겨울에서 벗어나고 싶다. 인생의 행복은 봄날의 새싹처럼 다시 돋아나는 것이다. 나에게도 언제 봄이 오나 할 것인지. 이제 오롯이 혼자 살아가야 하고 감당해야 할 일들만 남아 있다. 떠나는 자는 말이 없고 슬픔은 살아남은 자의 몫이다. 때로는 슬픈 노래가 위안이 될 때도 있다. 당신은 노을 속으로 사라져 가고 나는 여기 남았다. 찬바람을 머금은 채 드리워졌던 안개도 서서히 걷히기 시작했다. 회한의 시간은 물결처럼 일렁이고 그 자리를 그리움이 채운다.

"죽어가던 겨울나무에도 마침내 잎이 무성해지고 꽃이 피고 새들이 지저귈 것이다. 나에게도 어둠이 지나가고 연둣빛 봄이 올 것이다."는 작품의 결미는 우리에게 절망에 처한 삶에서 진실로 중요한 것은 희망이라는 전언을 준다. 사람들이 관계를 맺는 공간을 세계라고 본다면, 그곳에서 재현된 세계는 일차적으로 나의 일상은 누구와 함께 이루어지는가, 혹은 내가 가까이 있으려고 하는 대상은 무엇인가가 중요한 세계이다. 그럼으로써 '내가 누구인가'라는 정체성은 확인된다.

작품에서 남편의 상실로 인한 슬픔은 이제껏 공유되지 않은 새로운 관계가 있음을 통해 드러나고 그로 인해 슬픔은 확인된다. 남편과의 헤어짐과 죽음으로 인해 이루어지는 경험으로 인한 상실은 주체들이 존재했고 그들이 서로 사랑했음을 뜻한다. 그러한 사실에 대한 확인 없이 진정한 애도란 이루어질 수 없다. 남편의 죽음을 위한 화자의 애도란 서로 공감하는 마음이 이루어질 때야 가능한 것이다. 진정한 애도란 상실과 그로 인한 슬픔이 서로 공유될 때라야 가능한 것이기 때문이다. 남편의 상실을 슬퍼하려면 그것이 먼저 그의 삶과 인생에 대하여 공유하는 슬픔이 인정되어야 한다.

사람은 누구나 한 번은 사랑하고 죽는다. 그렇다면 우리가 사랑하는 사람의 죽음을 어떻게 받아들일 것인가. 그리고 삶이 죽음에, 사랑이 이별에 맞닿아 있다는 비극을 이야기하는 과정에서 '멜랑콜리'는 슬프지만 빛나는 결정체를 이룬다. 그런 의미에서 「겨울나무 곁에서」에서 우리는 작가가 보여주는 애절한 사부곡思夫曲을 통하여 "떠나는 자는 말이 없고 슬픔은 살아남은 자의 몫"일 수밖에 없다는 언명대로 싸늘한 실존의 의미를 체험하게 된다. 남편을 잃은 애도의 마음을 작가는 '겨울나무'라는 은유적 언어로 표현함으로써 상실된 실존의 설 자리를 심도있게 탐사하고 있다.

조향미의 「노트르담의 촛불」

「노트르담의 촛불」은 파리 노트르담 대성당 야경의 웅장함과 고결함, 신성함 속에서 "힘겹게 버티던 나뭇잎이 소슬바람에 맥없이 떨어지듯 스스로 생을 마감해 버린" 사촌 동생을 소환하면서 시작된다. 그는 운동을 좋아하고 음악적 재능도 뛰어났던 유망한 청년이었다. 그런 그가 갑자기 말수가 부쩍 줄어들고 자신의 울타리에서 빠져나오는 것을 거부하면서 우울과 망상의 일상생활로 빠져간다. 누구에게나 상실의 슬픔과 갑작스런 부재의 아픔은 애절한 것이다. 작품은 좋아하는 동생을 잃어버리고 그를 그리워하는 슬픈 마음의 파문을 섬세하게 그려내고 있다.

    실존주의 철학자 키르케고르는 슬픔을 인간이 체험할 수 있는 가장 깊은 감정 하나로 보았다. 그는 슬픔을 자아의 깊은 곳에서 비롯되는 것으로 보았으며, 슬픔이 인생의 본질을 고민하게 하는 가장 중요한 인식이라고 했다. 그렇듯 슬픔은 심연 깊은 근원적인 곳에서 울려 나오는 실존적인 증상이다. 인간의 삶은 이상과 구체적인 현실 사이의 괴리에서 비롯된 슬픔과 절망으로 가득 차 있다. 또 삶과 세상에 대하여 절망적인 감정에 빠져들 때 우리는 슬픔을 느낀다.

    「노트르담의 촛불」에서 화자는 타자의 슬픔을 나의 것으로 받아들이면서 상호 공감적 주체가 된다. 소리 죽인 슬픔을 주체로 수용함으로써, 그 슬픔은 자신에게도 실현되는 가시성의 상태에 이른다. 그래서 타자의 슬픔은 무차별적으로 나의 슬픔으로 동화된다. 이 같은 슬픔의 감정은 어린 시절부터 화자에게 체화된 것인지 모른다. 상실의 애도는 불가능하거나 종종 지연된다. 상실과 그로 인한 슬픔의 감정은 시간적 공간적으로 인정되고 공유될 수 있다. 화자의 어린 시절에 있었던 슬픈 기억은 심연의 덫에 갇혀 오랜 세월 동안 자신을 묶어 놓았다고 진술케 한다.

    해풍에 실려 온 갈바람이 얼굴을 간지럽혔지만, 고개를 려버렸다. 청학동 푸른 바다를 물기 없는 멍한 눈으로 내려다보고만 있었다. 다음날도 마른 눈으로 오도카니 있었고 장례식이 끝날 때까지도 울지 않았다. 깊고 슬픈 기억은 심연의 덫에 갇혀 오랜 세월 동안 나를 묶어 놓았다. 어둠에 잠들어 있던 설움이 그의 부친의 절망스러운 눈물을 보았다. 그때 아버지가 우리를 안고 비통해하며 흘리던 눈물과 오버랩되었다. 상실과 연민이 뒤엉켜 묻혀있던 내 안의 비애가 그제야 깨어났다.

'슬픔'은 견딜 수 없는 심적 괴로움이 신체적 정신적 증상으로 발현된 것이다. 슬픔의 원인은 상실이나 좌절의 체험으로부터 생겨난다. 상실은 이별이나 죽음과 같이 애착 관계가 단절되면서 이루어지고, 좌절은 목표 추구가 불가능하다는 인과적 상황을 인지하면서 야기된다. 견딜 수 없게 된 상실과 좌절의 경험은 존재감의 하락과 함께 울음이라는 신체적 형태로 드러난다. 작품에서도 화자의 상실에 대한 상처와 여운이 진하고 깊게 박힐수록 슬픔은 더욱 격렬하게 나타나고 그것은 울음으로 표현된다. 화자의 울음은 타자 연민을 전제로 하면서 타자의 슬픔에 동참하는 행위이다. "슬픔이 카타르시스로 변한 후, 격정이 눈물로 씻겨 버린 후에야" 우리는 슬픔으로부터 안정을 얻는다. 눈물을 통하여 표현되는 슬픔의 표현은 타자의 슬픔에 동참하고 연대를 이루는 기표이자 상징이다.

　작품에서 화자가 조카의 죽음에 더욱 깊게 공감하는 것은, 대상에 대한 관찰이나 거리 두기가 오히려 타자 이해와 관련하여 객관화된 시선을 유지할 수 있기 때문이다. 이는 단순한 동정이나 보편적 추상에 의해서가 아니라 상호 간의 인간적 성격을 인식함으로써 이루어질 수 있는 것이다. 이는 상실과 그 슬픔의 방식 면에서 서로의 삶과 그 목소리를 이해하기 위함이다.

마음속 깊은 곳에 묻혀있던 온갖 감정의 찌꺼기까지 다 퍼 올렸다. 그렇게 한참 울었다. 어떤 일이 일어나도 담담하게 받아들이기는 쉽지 않다. 상실에 대한 상처와 여운이 진하게 남고 깊게 박힐수록 더욱 그렇다. 슬픔이 카타르시스로 변한 후, 격정이 눈물로 씻겨 버린 후에야 비로소 담담함을 선물 받는다. 나는 그의 영생을 축원하면서 초를 올렸다. 천상에서 삶은 더 평안하고 행복하기를 진심으로 기원했다. 노트르담의 촛불은 죽은 자에 대한 추억과 남은 자의 위로가 더해져서 높이 타오르기 시작했다.

「노트르담의 촛불」에서 작가의 언어는 부재하는 타자 혹은 사라진 대상을 그리워하는 상처와 슬픔을 섬세하게 각인한다. 좋아하는 대상을 잃어버린 감정과 더는 그에게 다가갈 수 없는 감정의 단절과 그것을 표현해내고자 하는 수사적 노력은 상실의 슬픔과 부재의 아픔을 더욱 가중시킨다. 그러면서 "노트르담의 촛불은 죽은 자에 대한 추억과 남은 자의 위로가 더해져서 높이 타오르기 시작했다." 죽은 조카에 대한 화자의 그리움을 극화하고 있는 이미지는 독자를 깊은 슬픔의 감상성에 빠져들게 한다.

슬픔에는 목소리가 없다. 슬픔은 슬픔을 말하지 않는다. 슬픔을 공감하고 이해하는 사람은 자아와 타인을, 그리고 세상의 상실과 아픔을 인식하는 자이다.「노트르담의 촛불」에는 나와 타자의 관계에 대한 깊은 존재의 목소리가 담겨 있다. 작품에는 슬픔 이편에서 슬픔 저편으로 건너가려는 자의 또 다른 아픔이 존재한다. 슬픔 건너 저편에는 무엇이 기다리고 있을까. 그곳에는 촛불같이 흔들리며 타오르고 있는 실존의 모습이 서성이고 있다.

나오며

현대적 존재로서의 인간은 모두 슬픔을 삶의 한 부분으로 안고 살아가고 있다. 그래서 우리의 내부에는 크든 작든 슬픔이 담겨 있다. 누군가의 슬픔을 바라보며 슬픔에 대하여 발화한다는 것은 슬픔이 슬픔을 바라보며 이야기하는 것이 된다. 레비나스는 타자를 이해하기 위해서 타자의 '밖'에서 위치하는 "나의 외재성"을 강조한다. 그로 인해 나는 타자에게 가까이 다가가 주시하는 존재가 됨으로써 상호 동등해질 수 있다. 분리된 자아가 외재적인 타자의 시점에서 본래적 자아를 바라볼 때 자기 이해의 정당성을 확보할 수 있는 것이다. 마찬가지로 주체의 목소리를 거두고 고통을 받는 타자에 침투해서 그것을 나의 것으로 받아들일 때 슬픔은 나의 것으로 전화될 수 있다.

슬픔은 그것을 느끼는 당사자의 강도에 따라서 존재와 세계이해는 더욱 강렬하게 비례할 것이다. 슬픔에서 빚어지는 슬픔, 그것은 바로 이를 극복하고자 하는 역설적인 의지와 힘을 수반하기 때문이다. 고통스러운 슬픔과 아픔을 극복하고자 하는 의지가 충만할수록 역설적으로 이를 이겨내는 자기 존재의 가능성은 더욱 커진다고 할 수 있다. 앞서 우리가 읽은 작품들에서 슬픔이 슬픔에게 주는 사색과 언어에서 그 실존적 가능성을 찾을 수 있는 이유도 여기에 있다. 정하정의 「낡은 배 두 척」, 오금자의 「겨울나무 곁에서」, 조향미의 「노트르담의 촛불」은 모두 이런 사례에 속하는 작품이다. 깊은 슬픔을 겪을수록 슬픔의 역설적인 힘도 크게 다가올 것이고, 그것은 곧 글쓰기 주체의 실존을 위한 힘이 될 것이다.

▎작품론 - 『수필과비평』 259호

| 작품 |

낡은 배 두 척

정하정

　신발은 사람의 맨 아래에서 온몸으로 주인을 지탱한다. 진흙탕에도 자갈길에도 주인이 가야 할 곳이라면 어디든지 따라갈 수밖에 없는 운명을 타고났다. 가게에서 낙점되어 팔려 온 그날부터 오직 한 사람에게 짓눌려 사는 얄궂은 운명이다. 오로지 발의 보호자로서, 하루도 혼자서는 외출할 수 없는 동반자의 신세다.
　사고로 조카가 이 세상을 떠나던 날, 급하게 달려간 병원에서 먼저 눈에 띈 것은 그의 낡은 운동화 한 켤레였다. 세상의 바다에서 그를 태우던 낡은 배 두 척이 조난당한 배처럼 응급실 구석에 웅크리고 앉아 바닥만 보고 있었다. 목이 긴 신발이 끈이 풀려 늘어진 모양새가 더욱 슬픔을 가중했다. 주인의 상태를 아는지 실의에 빠져 고개를 푹 숙인 듯한 배에게 어서 고개를 치켜들고 걸어갈 것을 마음속으로 명령했지만, 그날부터 더는 주인을 태울 수 없었다. 사람을 실어 날라야 하는 운명으로 태어나, 대개 한 주인을 섬기다 그보다 먼저 가는 것이 당연지사인데 어찌 주인이 먼저 떠난다는 말인가.

그의 싸늘한 몸이 상여를 타고 산으로 올라가던 날, 그의 구두가 꽃상여보다 먼저 앵이(영여)를 타고 산소로 올라갔다. 앵이 속에는 깨끗한 구두 한 켤레와 혼백이 들어 있었다. 육체가 걷지 않고 산으로 오르는 것처럼 신도 땅을 딛지 않고 산으로 가, 주인이 땅속으로 들어가 안치된 다음 마지막 생을 불살랐다. 더 실어 나를 의무가 없어진, 그와 마지막을 함께했던 운동화도 태웠다. 끈 풀린 두 짝의 배가 옷가지와 함께 불살라지던 날, 이생의 발걸음도 함께 멈추어버렸다.

삼십 대 초반에 이 세상을 떠난 조카는, 100kg에 육박하는 몸무게로 발이 컸다. 한 번 외출하고 오면 발에서는 물론 신에서 땀냄새가 진동했다. 그의 몸을 지탱하기에 얼마나 버거웠을지 신의 뒤축은 쉬이 해지곤 했다. 제약회사에서 영업을 맡았던 그였다. 약을 팔기 위해 하루에도 얼마나 많은 병원과 약국을 걸어 다녔을 것인가. 직무를 위해 조아린 고개와 마음의 병은 드러나지 않았지만 땀으로 찌든 발은 신발을 벗는 순간 고생의 무게를 드러내었다. 나는 그 마음을 제대로 헤아리지 못하고 현관에서부터 욕실로 쫓아버리고 근처에도 못 오게 했던 적이 많았다. 함께 테니스를 치고 산에 오르던 많은 시간에 아무 말 없이 그를 싣고 날랐던 신발이다. 그런데 그가 죽은 후에 내 눈에는 이생의 바다에서 함께 노 저으며 탔던 작은 배로 보였다.

배가 움직이면 바다에 물결을 만든다. 지나간 길마다 자국을 만들지만 곧 사라진다.

조카의 배가 남긴 물결은 가슴에 남아서 지워지지 않을 영원한 물결이다. 그의 신발이 움직인 노선으로 마음을 돌려 보면 이

고모를 좋아해서 무척 따랐던 그가 보인다. 살아서 마지막으로 신었던 검은 때가 묻어 후줄근해진 목 긴 운동화가 지금도 눈을 감으면 선연하다. 그런 날이면 그 신발이 조카를 태우고 마치 날기라도 할 것처럼 목을 치켜든다. 아직도 그를 잊을 수 없어 몸부림치지만 어쩌면 잊지 않고 간직하며 사는 게 그의 죽음을 잊는 것이고 그를 영원히 살게 하는 것일지도 모르겠다.

조카가 이 세상을 떠나던 해, 나에게 선물했던 제화점의 상품권이 아직도 서랍에서 잠을 잔다. 자꾸 만지고 들여다보아 봉투는 이미 해졌지만, 힘없이 쭈그리고 앉아 있던 그의 낡은 배 두 척이 내 가슴속에 남아 있어 지금까지 그것을 사용하지 못했다. 오늘은 상품권 종이에서라도 그의 체취를 맡을 수 있을까 하여 코에 대 본다. 사람의 향기는 시간 속에서 사라졌지만 다행히 그리움의 향기가 남아 있다.

▍작품 - 『수필과비평』 259호

| 작품 |

겨울나무 곁에서

오금자

　어두운 그림자가 겨울나무 위에 드리워진다. 거리에 가로등이 하나둘 들어오면 가슴에 못다 한 이야기들이 그리움으로 흩날린다. 바람 속에 흔들리는 겨울나무를 위로하듯 가만히 안아 본다.
　나무는 잎을 떨군 앙상한 모습이다. 여기저기 파이고 갈라진 상처는 고통스럽게 보인다. 한세상을 살아오면서 나이테를 만들기까지 얼마나 많은 고뇌가 있었을까. 세찬 비바람에 속살이 터져 가면서도 어린 가지를 지키려 많은 눈물을 흘렸을 것이다. 혹독한 추위에도 뿌리를 땅에 딛고 서 있는 모습이 애처롭다. 진눈깨비가 날리더니 금세 함박눈으로 변한다.
　나뭇가지 위에 소복이 쌓이는 눈이 나무의 아픈 상처를 덮어주고 있다. 오랜 시간 저 자리에 서서 희로애락을 품었던 나무다. 어린 새싹이 자라서 저렇게 큰 나무가 되는 삶이 어찌 그리 쉬운 일이 었을까. 비바람이 불 때마다 가지는 부러졌고 온몸은 상처투성이다. 그렇지만 어디선가 예쁜 새들이 날아와 둥지를 틀고 행복한 보금자리를 꾸려 주길 원했다. 철없는 새끼 새들은 어미가 물어다

준 먹이를 먹고 자라면서 마냥 행복했다. 겨울나무는 속살이 터지지 않으면 큰 나무로 자랄 수 없나 보다. 풍파의 세월 속으로 파고드는 칼바람에 비틀거렸다.

병상에 누운 그이는 나를 보고 웃고 있지만, 삭풍 앞에 선 겨울나무처럼 앞날에 대한 두려움만 가득하다. 병원 신세를 지고부터 작별의 시간은 점점 다가온다. 약속한 백년해로도 영원히 곁을 지켜주겠다던 맹세도 다 부질없는 일이다. 세상에는 영원한 삶도 영원한 나무도 없다.

삶과 죽음의 차이는 무엇인가. 죽음은 인생의 종착역이요, 모든 것이 끝나는 일이다. 이승에서 맺은 인연이 여기가 끝인가 보다. 감당하기 어려운 슬픔으로 마음은 텅 비어 있다. 삶을 마감하는데 한마디 작별 인사도 할 수 없다는 현실은 너무나 가혹하다. 삶의 끝자락에 서 있는 남편 뒤로 검은 그림자가 어른대고 있다. 식어가는 손을 잡고 울음만 삼켰다. 나는 어둡고 적막한 병실에 홀로 남아 절규했다. 그 순간에 삶과 죽음은 서로 갈라져 작열하고 있었다.

겨울나무는 한겨울이 오면서 푸르던 잎새를 모두 떨구고 있지만, 한때는 당당하게 풍성한 잎을 자랑하며 뽐냈다. 너른 품을 내어주며 오가는 이들의 고단한 심신을 달래주는 안식처였다. 생명을 다하고 떠나는 사람이 어찌 세상을 원망하고 싶지 않겠는가. 자신에게 다가온 운명을 거역할 수 없어 모든 것을 체념한 듯하다. 당당하던 젊은 날이 그리워 돌아가는 길이 더 막막할 것이다.

인생을 살아가는 데 어찌 봄날만 있겠는가. 겨울나무는 한겨울 눈보라 속에서도 의연하게 자리를 지키고 있었다. 몇 년 동안 혹독한 겨울 속에서 봄이 오기를 기다린다. 서슬 퍼런 바람에 쓰러져 일어설 수 없는 일은 감내하기 힘든 고통이었다. 벌판에 서 있는 것처럼 몸과 마음은 갈가리 헝클어졌다. 눈물방울 하나하나를 구슬로 엮어서 떠나는 그에게 드리고 싶다. 눈물겨운 시간을 모두 보내고 남은 마음의 끝자락은 붉기만 하다.

신은 나의 편이 아니었다. 시간을 조금만 더 달라는 애달픈 기도를 들어 주지 않았다. 이승에서 드리는 마지막 미음米飮을 남편이 입속으로 넣으며 눈물을 삼켰다. 아이들이 애절한 울음소리가 들린다. 깜깜한 시간 속에 어디로 가야 할지 불안이 엄습해 온다. 이제는 영원히 볼 수 없는 작별의 시간이 시시각각 다가오고 있다는 생각에 모든 것이 멈추었다. 생명의 끝에서 어둠이 나에게 다가와 자꾸 무언가를 속삭였다. 이제 곧 나도 사라지고 그도 사라지고 세상도 사라지고 오직 울음소리만 존재하는 그런 순간이 올 것이다. 어디선가 붉은 황혼이 떨어지는 고요한 소리가 들리고 있었다. 모든 것이 사라지는 고요 속에서 비로소 삶과 죽음을 제대로 볼 수 있는 듯했다.

나무가 부럽다. 혼자만이 묵묵히 자리를 지키며 살아왔기에 이별의 슬픔은 없다. 너른 품을 가지고 있으니 몰아치는 비바람에도 당당하게 맞설 수 있다. 사람들의 시선이 두려워 안으로만 숨어들었던 가슴에는 시린 바람이 몰려와 서럽다. 혼자 걷는 길 위에는 찬바람만 불어온다. 되돌아보니 저만치 한 그루 나무가 떠나간 사람같이 나에게 다가온다.

남편과 함께 자주 걸었던 길에 서 있던 나무를 가만히 안아 본다. 쿵쿵대는 심장 소리는 들을 수 없지만 서로의 흐느낌을 느낀다.

나무는 언제까지 곁에 있겠다는 듯이 마음속에 들어와 있다. 소곤소곤 속삭이듯 들려주는 한마디 위로가 평온하다. 하늘이 내 마음을 알아주기라도 하는 듯 눈이 펑펑 내린다. 눈송이는 나무 위에도 내 머리 위에도 살포시 내려앉는다. 눈 위에 그의 이름을 새겨 본다. 기억해야 할 것들이 아직은 남아 있어 겨울나무 곁을 떠나지 못한다.

앙상한 겨울나무에서 마지막 남은 잎새가 툭 떨어졌다. 마지막으로 떠나는 것은 언제나 슬프다. 마지막 잎새, 마지막 열차, 마지막 사람. 나는 다시 봄을 기다리며 살기로 했다. 겨울나무는 죽은 듯이 잠자고 있다가 봄이 오면 불현듯 초록빛 생명을 준다. 나무는 초연한 것처럼 천천히 상처를 녹여내는 중이다. 이제는 이 우울한 겨울에서 벗어나고 싶다. 인생의 행복은 봄날의 새싹처럼 다시 돋아나는 것이다. 나에게도 언제 봄이 오나 할 것인지.

이제 오롯이 혼자 살아가야 하고 감당해야 할 일들만 남아 있다. 떠나는 자는 말이 없고 슬픔은 살아남은 자의 몫이다. 때로는 슬픈 노래가 위안이 될 때도 있다. 당신은 노을 속으로 사라져 가고 나는 여기 남았다. 찬바람을 머금은 채 드리워졌던 안개도 서서히 걷히기 시작했다. 회한의 시간은 물결처럼 일렁이고 그 자리를 그리움이 채운다. 죽어가던 겨울나무에도 마침내 잎이 무성해지고 꽃이 피고 새들이 지저귈 것이다. 나에게도 어둠이 지나가고 연둣빛 봄이 올 것이다.

▎작품 -『수필과비평』259호

| 작품 |

노트르담의 촛불

조향미

갈빛 물든 샹젤리제와 불빛 화려한 에펠탑이 밤의 파리를 수놓고 있다. 센강 강변에 있는 유서 깊은 성당과 건축물은 도시의 품격을 더욱 빛낸다. 문학 작품과 영화에 등장하여 예술인을 불러 모으는 다리들도 환상적인 조명을 받으며 줄지어 있다. 그중에서도 노트르담 대성당 야경은 웅장함과 고결함, 신성함의 극치다. 서유럽 문화의 절정이 보여주는 황홀경으로 감탄이 저절로 나왔다.

다음 날, 노트르담 성당 내부를 여유롭게 둘러볼 수 있게 되었다. 청정 햇살이 닿은 성스럽고 화려한 스테인드글라스는 성당의 내부를 한층 신비스럽게 감싸준다. 신의 축복이 닿을 것만 같은 곳곳에 봉헌대가 있다. 그 위에는 크고 작은 양초들이 꽃처럼 꽂혀 있고 사람들은 그 앞에서 두 손을 모으고 간절한 표정으로 고개를 숙인다. 일렁이는 촛불들이 기도하는 마음을 위로해 주는 듯했다.

거기서 문득 그가 생각났다. 허무하게 떠나버린 가련한 영혼을 위해 내가 할 수 있는 어떤 방법으로든 추모하고 싶었다. 가톨릭 신자는 아니지만, 애도하는 내 마음이 닿을 거라 생각되어서다. 묵직한 초 한 자루를 골랐다.

참 맑은 청년이었다. 운동을 좋아하고 음악적 재능도 뛰어났다. 그런 그가 말수가 부쩍 줄어들고 자신의 울타리에서 빠져나오는 것을 거부했다. 우울과 망상으로 일상생활이 힘들어지면서 점점 무기력해져 갔다. 입, 퇴원이 반복되면서 낯빛은 더욱 초췌해졌고 가족들은 그에 대해 얘기하는 것을 꺼렸다. 세월이 가면 괜찮아지리라 생각하면서 애써 그의 건강에 관해서 묻지 않았다.

그런 상황이 익숙해져 가던 무렵 꼭두새벽에 전화가 왔다. 그의 형이었다. 내 직감이 맞지 않기를 기도했다. 손이 부들부들 떨렸다. 힘겹게 버티던 나뭇잎이 소슬바람에 맥없이 떨어지듯 스스로 생을 마감해 버린 그 청년은 아장아장 걸을 때부터 가깝게 지켜봤던 내 사촌동생이었다.

갑작스러운 비보에 정신없이 달려가는 동안에도 사실이 아니기를 바랐다. 형제들은 침통한 표정으로 맞이했고 모친은 영정 앞에 앉아 허공을 보고 소리내어 울고 있었다. 고개를 숙인 채 말없이 굵은 눈물만 흘리고 있는 그의 부친을 보는 순간 아버지가 떠올랐다. 가슴 깊은 곳에서 형언할 수 없는 슬픔이 솟구쳐 올라왔다. 오열했다. 그 오열은 어릴 적부터 꾹꾹 눌러 왔던 가슴 저린 기억으로 이어졌다.

초등학교 육학년 가을이었다. 추석을 얼마 앞둔 어느 날 아침, 식구들이 갑자기 허둥대고 바빠 보였다. 할머니는 돌아앉아 눈물을 훔치고 있고 눈자위가 벌겋게 부은 언니가 흰옷으로 챙겨 입으며 서두르고 있다. 남동생과 나는 불길한 예감에 어쩔 줄 모르고 서 있었다.

　어머니는 공기 좋은 청학동 언덕배기에 집을 얻어 요양하고 있었다. 오랜 투병 생활 중에 갑작스레 돌아가신 것이다. 그 집에 들어서니 웅성웅성 모여 있던 친척들이 우리를 보자 흐느끼기 시작했고 미리 와 계셨던 아버지는 동생과 나를 껴안고 꺽꺽 우셨다. 철벽인 줄 알았던 아버지의 허물어지는 모습에 흘리던 눈물을 멈추었다. 오히려 측은했다. 눈물이 나지 않았다.

　아버지는 집안의 맏이였고 각종 대소사에서 그의 말은 곧 법이었다. 강한 카리스마는 자식들에게도 예외는 아니었다. 퇴근할 때의 아버지 표정에 따라 우리 집 분위기가 바뀌었다. 아버지는 엄격했고 여린 마음을 보듬어줄 어머니는 곁에 없었다. 스스로 꿋꿋함으로 무장되어 가야만 했다.

　한바탕 곡소리가 지나갔다. 친척들은 장례 준비에 대한 여러 일들을 각자 분담하며 바쁘기 시작하였다. 맏상제였던 초등학교 사학년 남동생은 하얀 상복을 입고 도포 자락 휘날리며 그 동네 아이들과 철없이 뛰어놀았다. 그 모습이 가엾고 애잔했다. 열세 살 소녀는 어머니의 죽음보다 동생이 받을 상심이 더 가슴 아팠다.

　나는 어머니의 무릎을 베고 누웠던 마루 한쪽 끝에 물끄러미 앉아 있었다. 해풍에 실려 온 갈바람이 얼굴을 간지럽혔지만, 고개를 돌려 버렸다. 청학동 푸른 바다를 물기 없는 멍한 눈으로 내려다보고만 있었다. 다음날도 마른 눈으로 오도카니 있었고 장례식이 끝날 때까지도 울지 않았다.

　깊고 슬픈 기억은 심연의 덫에 갇혀 오랜 세월 동안 나를 묶어

놓았다. 어둠에 잠들어 있던 설움이 그의 부친의 절망스러운 눈물을 보았다. 그때 아버지가 우리를 안고 비통해하며 흘리던 눈물과 오버랩되었다. 상실과 연민이 뒤엉켜 묻혀있던 내 안의 비애가 그제야 깨어났다. 걷잡을 수 없는 화산의 폭발처럼 그때의 기억이 한꺼번에 솟구쳐 올라왔다.

갑자기 폭포수 같은 눈물이 쏟아졌고 목구멍에서는 소 울음 같은 울음이 터졌다. 무의식 뒤에 웅크린 서글픈 내면이 통곡의 강이 되어 덮쳐왔다. 그것은 고인에 대한 애통이라기보다 어린 내가 눌러 왔던 눈물이 터진 것이다. 마음속 깊은 곳에 묻혀있던 온갖 감정의 찌꺼기까지 다 퍼 올렸다. 그렇게 한참 울었다.

어떤 일이 일어나도 담담하게 받아들이기는 쉽지 않다. 상실에 대한 상처와 여운이 진하게 남고 깊게 박힐수록 더욱 그렇다. 슬픔이 카타르시스로 변한 후, 격정이 눈물로 씻겨 버린 후에야 비로소 담담함을 선물 받는다.

나는 그의 영생을 축원하면서 초를 올렸다. 천상에서 삶은 더 평안하고 행복하기를 진심으로 기원했다. 노트르담의 촛불은 죽은 자에 대한 추억과 남은 자의 위로가 더해져서 높이 타오르기 시작했다.

▌작품 – 『수필과비평』 259호

아버지 부재 시대의 아버지 찾기

들어가며

오늘날 '아버지 상실' 혹은 '아버지 부재'라는 용어는 익숙한 것이 되었다. '아버지'라는 존재가 무엇인가에 대해서는 여러 논의가 있을 수 있지만, 전통적으로 우리나라에서 아버지는 한 가정의 정신적 지주이며 공동체나 사회의 기본을 이루는 초석적 의미를 지녀 왔다. 특히 유교적으로 강력한 가부장적 질서로 영위되는 한국 사회에서 아버지는 부권이라는 강력한 지위와 권력을 소유하였고, 가족 내에서 아버지의 권위는 제한 없는 이념으로 용인되었다.

이런 사정은 서양에서도 마찬가지다. 서구사회에서의 강력한 부권은 종교적 · 정치적 이데올로기를 바탕으로 한 가부장제의 성립에 기인한 것이었다. 이를테면 종교적 지배 관계가 강했던 중세 사회에서 '신神의 절대성'에 의한 신권의 지배는 남성을 신의 대리인으로 인식하는 경향이 지배적이었다. 종교 사제의 권위와 더불어 국가에서의 국왕의 권력 그리고 가족에서의 부권은 모두 남성 중심으로 형성된 것이라 할 수 있다. 이러한 성 이데올로기의 폐쇄성, 농업사회의 구조적 한계인 노동력과 남성 의존성은 부권의 강력한 기반이 되었다. 그러나 르네상스 이후 시작된 종교개혁에 의한 종교적 권위의 약화, 개인주의적 삶의 형태의 확산이 가족 구성원의 자율성과 분화를 이끌며 점차 부권의 약화로 나타나기 시작했다.

동서양을 막론하고 고대로부터 신화나 전설 혹은 사회적·국가적 삶에서 아버지는 권위, 규율, 힘의 상징이었다. 그리하여 오랫동안 아버지를 중심으로 한 가부장적 질서가 존속해 왔고 부권은 가정이나 가족 단위는 물론 사회와 국가를 구성하는 기본적이고 핵심적인 요소가 되었다. 오랜 세월 동안 아버지에 대한 정의는 집단의 지배자로 공동체를 이끄는 사람의 의미로 사용되었고 곧 집단을 이끄는 중심 질서를 상징하는 개념으로 이해되었다. 그로 인해 아버지라는 존재가 지닌 의미의 영역은 가족 공동체에서 출발하면서 정치적 문화적 종교적으로 광범위하게 적용되었다. 이런 과정을 거치면서 아버지는 그리스의 비극작가 소포클레스의 『오이디푸스 왕』에서 잘 드러나고 있듯이, 존재하면서 부재해야 하는 비극적 운명을 지닌 모습으로 자리하게 되었다.

원시시대 이래 아들은 모든 권력과 여자를 소유하고 있는 폭군인 아버지를 살해하고자 하고, 이들은 아버지를 죽인 죄의식에 시달리면서 자신들의 아버지를 사랑하면서 증오해야 하는 숙명을 지닌 존재라는 것을 인식하게 된다. 그러나 현대에 이르러 프로이트의 '오이디푸스 콤플렉스'라는 개념의 발견과 더불어 아버지는 인간 정신을 이해하고 분석하는 이론과 실천에서 중요한 위치를 차지하게 된다. 아버지에 맞선 아들은 자신들이 지닌 욕망은 결핍에 의한 것이며, 결핍을 통해 욕망을 움직이게 된다. 결핍으로서의 욕망, 이것이 아버지와 아들의 관계를 설명하는 프로이트 무의식 심리학의 결론이다. 프로이트는 물론 그의 자양을 받은 라캉도 인간의 욕망을 결핍으로 이해했다. 아들은 어머니를 독차지하려고 하지만 아버지라는 존재 때문에 강력한 장벽에 직면한다. 아버지라는 거대한 힘 앞에서 아들은 번번이 좌절을 겪어야 했고, 이때 아이가 할 수 있는 일은 아버지와 자신을 동일시하는 것이다. 어머니를 포기하고 아버지처럼 다른 여자를 취하는 방법을 선택하며, 이 과정에서 억압된 욕망은 결핍이 되어 무의식이 된다. 프로이트에게 욕망은 결핍의 다른 이름이었다(Sigmund Freud, The Oedipus Complex – A Selection of Classic Articles on Sigmund Freud's Psychoanalytical Theory, Read Books, 2011).

아버지 권위의 상실과 그 부재를 현대적 의미로 조명한 사람은 프랑스의 현대 철학자 질 들뢰즈와 펠릭스 가타리이다. 들뢰즈는 『안티 오이디푸스』에서 가족은 자본주의의 원동력으로 작동한다는 사실을 분석하면서, 인간 욕망의 흐름이 어떻게 자본의 축적이라는 폐쇄회로 속에 갇히게 되는지를 보여준다. 들뢰즈는 프로이트와 같이 욕망을 결핍으로 이해하는 것에 동의하지 않는다. 욕망은 존재

자체에서 흘러넘치는 것이며 실재적이다. 욕망은 무의식적이고 부정적인 힘이 아니라 삶을 가능하게 하는 긍정적인 힘이라는 것이다. 결핍에 허덕이는 욕망, 그것이 자본주의의 에너지이다. 자본주의는 끊임없이 결핍을 발굴하고 생산하는 것이어서 욕망을 가족 안에 가두려 한다. 욕망의 가족주의와 자본주의. 이 둘은 분리 불가분의 관계에 있다. 그리고 그 희생자가 바로 아버지라는 것이다. 들뢰즈는 프로이트가 주장하는 오이디푸스 콤플렉스의 존재 자체를 부정하는 것은 아니지만 그것이 가진 반동적 속성, 자본주의적 고착성을 반대한다. 그는 오이디푸스 콤플렉스가 설명하는 가부장적 권위가 사회 구조에까지 영향을 미치고 있다고 본다. 자본주의는 인간에게 돈이 중요하다는 사실을 인식시키고 순응적인 노동자로 만든다. 이 과정은 오이디푸스 콤플렉스를 극복하고 세상에 적응하는 인간의 모습인 동시에 순종하는 노동자로 영토화 되는 과정이기도 한 것이다(질 들뢰즈, 『안티 오이디푸스-자본주의와 분열증』, 김재인 역, 민음사, 2014).

들뢰즈의 분석대로 아버지의 개념과 역할은 현대 자본주의 사회에서 더욱 세분화·다원화되면서 변모하게 된다. 자본주의와 함께 출현한 근대의 핵가족은 단순히 가족 구성원의 숫자가 줄어들어 세분화되었다는 사실을 의미하는 것이 아니다. 새로운 가족 구성과 사회질서는 이전과는 완전히 새로운 작동 원리를 가지고 이루어지게 되었다. 산업화로 인한 자본주의의 발전은 가족 구성원의 중심이었던 아버지에게 깊은 상처와 절망을 남기고 무능력한 패배주의자로 만들어 버렸다. 현대 자본화의 몰가치 앞에 아버지의 존재는 무력화되고 설 자리를 잃어버린다. 이런 현상은 많은 문학 작품에서도 허다하게 나타나면서 아버지의 형상은 운명을 헤쳐 나갈 의지나 힘이 없는 무능한 존재로 표상된다. 아버지는 거대한 역사의 수레바퀴 앞에서 상처받고 절망하는 피해자로 존재하게 된다. 이처럼 아버지는 사회와 역사의 거친 흐름 속에서 의지를 잃고 그저 따라가는 존재일 뿐이다. 문학 작품에서 그려지는 아버지의 형상은 대체로 분노하고 부정하는 존재로 그려지면서 연민과 동정의 대상이 된다. 그들을 바라보는 작가들은 아버지를 분노와 경멸의 대상으로 묘사하기까지 한다.

　그러나 문학 작품 속 인물들은 꿈꾸던 세계와 현실의 세계가 다름을 인식하고 아버지 자리에 도달했을 때 비로소 타자를 이해와 포용의 눈으로 바라보게 된다. 이제 아버지는 또 다른 자아의 모습을 보여주게 된다. 질곡 된 역사와 자본주의의 비합리성과 물신화된 몰가치의 야만적 세상에서 강요와 순응으로 버텨가는 아버지를 한편으로는 분노와 부정의 눈으로 또 다른 한편으로는 긍정과 화해의 시선으로 바라본다. 다층적 의미로 나타나는 아버지의 형상은 그가 어린 시절의 원체험을 되살려 죽은 아버지를 호명하여 파편적으로 형상화하기까지 한다. 그리하여 기억이라는 이름으로 끝없이 아버지를 호명하고 형상화하여 나의 존재 의미와 위치를 파악하게 된다.

　우리 수필에서도 아버지의 부재와 그들에 대한 그리움을 통하여 아버지를 찾아가는 노력이 중요한 주제의 하나가 되고 있다. 이런 관점에서 이달에는 진해자의 「아버지의 연장통」, 류정희의 「아버지와 호랑이」, 이미경의 「여름방학이 싫다」를 읽어본다.

진해자의 「아버지의 연장통」

「아버지의 연장통」은 석공 일을 하는 아버지 삶의 모습을 '아버지의 연장통'이라는 상징적 기제를 통하여 그려내고 있는 작품이다. 아버지의 "연장통은 다솔식구의 밥줄이었다. 부서지고 무너져도 다시 일어나 연장을 들었다." 하루도 놓을 수 없는 석공 일은 아버지의 "남은 생의 소리 없는 전쟁터"였고, 젊은 시절 품었던 꿈과 용기와 패기를 담은 연장통은 자식들을 위해 참고 견디는 도구였다. 연장통을 멘 아버지를 바라보는 화자는 '삶의 일부'인 연장통을 끌어안고 살아가는 아버지의 모습을 이렇게 묘사한다.

> 아버지의 등에는 늘 연장통이 지어져 있었다. 나무로 만든 사각 연장통은 삶의 일부였다. 아무리 무거워도 내려놓을 수 없는 짐이다. 모양도 다르고 이름도 달랐지만, 어느 것 하나 없어서는 안 될 물건이다. 먹줄, 정, 비김쇠, 메 등 대부분이 쇠붙이로 되어있어 무겁고 투박했다. 무거운 짐을 지고 돌이 있는 곳을 찾아다녔을 두 다리는 성할 날이 없었다. 비틀거리면서도 결코 쓰러지지 않았다. 어떤 날은 잘못된 망치질에 손가락이 뭉개지고 어떤 날은 무너지는 돌무더기에 짓눌려 다리를 다치기도 했다.

무거운 짐을 지고 돌이 있는 곳을 찾아다녔을 두 다리는 성할 날이 없었고, 잘못된 망치질에 손가락이 뭉개지고 어떤 날은 무너지는 돌무더기에 짓눌려 다리를 다치기도 했다는 표현 속에 우리 시대 아버지의 모습은 극명하게 드러난다. 아버지의 권위는 유교적 사회에서는 제도와 관습에 의해서 존재하지만, 자본주의 사회에서는 경제력을 바탕으로 획득되는 것으로 개념이 바뀌어 버린다. 자본주의 사회에서 빈곤은 가장의 무능력을 의미하는 표상이 되고 결국 아버지는 경제력의 상실로 권위를 잃어버린다. 물질만능주의가 우리의 의식 속에 뿌리내리면서 부에서 밀린 대다수 아버지는 무능력자로 추락하고 가족의 멸시 속에 권위를 잃고 사회의 패배자가 되어 버린다. 패배자인 아버지의 모습은 문학 작품의 여러 곳에서 나타난다.

　우리 근대사에서 많은 아버지의 모습이 그렇듯이 아버지의 경제적 무능력은 가부장적인 권위의 상실로 이어지고 자기 존재의 가치마저 잃어버리는 상황까지 만든다. 전통사회의 가부장제의 권위는 정신적 지주로서의 아버지의 모습을 통해 실제적 역할과 무관하게 존재할 수 있었다. 이것은 유교 사회의 관습과 제도 속에 굳어진 관습으로 볼 수 있다. 그러나 우리 역사가 잘 보여주듯이 전통사회가 무너지고 역사적 격랑을 거치면서 남성에 대한 기대치는 매우 낮아지게 되었다. 산업화를 거치면서 아버지의 권위는 자본주의의 경제적인 힘에 예속된다. 예전의 아버지다움이란 남성으로써의 생물학적인 자연법칙에 의하여 얻어질 수 있는 것이었던 데 반해 근대에서의 남성다움이란 사회적·경제적 조건에 의해 획득되는 것을 말한다. 이때 아버지의 권위는 사회의 기준에 부합되어야 하는데, 가정을 부양하기 위해 필수적으로 요구되는 독립성, 성취, 힘, 합리성을 골고루 갖추어야 함은 물론이다. 어쨌든 상실된 아버지의 부권과 아버지의 모습을 바라보는 작가들의 시선은 비관적이다.

그럼에도 「아버지의 연장통」에서 무너진 아버지의 삶과 역할을 바라보는 작가의 시선은 연민과 사랑의 마음으로 가득 차 있다.

바닷가에 있는 자갈이 부딪치고 멍들며 조금씩 윤이 나는 것처럼, 시련을 참고 이겨낸다는 것은 훌륭한 작품을 만들기 위해 모난 곳을 수없이 쳐내는 돌 작업 같다. 모난 생각과 비뚤어진 마음이 고개를 들 때마다 정교한 작품을 위해 백 번 넘게 망치질하는 아버지를 떠올린다. 공들이지 않으면 뛰어난 작품은 만들어지지 않는다. 돌 작업을 할 때만큼은 아버지가 세상에서 가장 멋져 보였다. 매 순간 최선을 다하는 모습은 아무렇게나 툭툭 놓아도 제 있을 자리에 있으면 아름답게 보이는 오래된 돌담 같다.

부재와 부정의 아버지는 아버지다움이 없는 존재이다. 그러나 산업화 이래 아무리 아버지의 존재가 쇠락할지라도 아버지다움이란 가족을 위한 헌신과 믿음 안에서 회복될 수 있다. 다시 말해 가족과 후손들의 생존을 지켜줄 수 있는 최선의 능력을 아버지가 보여줄 때야 가족공동체는 새로운 모습으로 복원될 수 있다. 비록 나이가 들어 쇠락한 존재가 되고 사회 제도권에서 배척되면서 나약한 존재가 되었지만, 「아버지의 연장통」에서의 아버지는 "바닷가에 있는 자갈이 부딪치고 멍들며 조금씩 윤이 나는 것처럼, 시련을 참고 이겨"내는 존재이다. 비록 경제력 결핍에 처한 아버지일지라도 그는 자식에게 부재와 부정의 아버지가 아니라 자기 일과 가족의 삶을 위해 최선을 다하면서 "아무렇게나 툭툭 놓아도 제 있을 자리에 있으면 아름답게 보이는 오래된 돌담"
과 같은 존재이다.

우리 시대 아버지의 권위와 부성은 상실되고 문학 작품 속의 아버지는 비윤리성과 나약함으로 아버지다움을 상실한 존재로 그려진다. 그러나 작가는 「아버지의 연장통」에서 우리가 지켜야 할 소중한 아버지의 역사를 새롭게 인식하고 있다. 작가는 우리 문학의 많은 작품에서 부정적으로 그려지고 있는 아버지의 모습을 초월해서 새로운 아버지의 모습을 읽어내고자 한다. 아버지를 부정적인 이미지로 그리는 것은 많은 작품에서 흔히 나타나는 현상이지만, 부재하는 아버지의 자리에 새로운 아버지의 모습을 그려 넣고자 하는 노력은 흔치 않은 것이었다. 「아버지의 연장통」의 미덕도 아버지 없는 시대에 새로운 아버지의 모습을 찾아 나서고자 하는 이런 노력에 있다.

류정희의 「아버지와 호랑이」

앞서 이야기한 대로 전통적으로 우리 사회에서 아버지는 한 집안의 가장으로서 가정의 중심적 존재이며, 유교 사회에서 사회공동체나 국가의 기본을 이루는 공동체의 지주로 여겨져 왔다. 아버지는 자식에게 기존의 사회적 제도와 도덕적 규범을 가르치며 사회공동체의 성원으로 성장하도록 돕는 후견인으로서의 역할을 해왔다. 그래서 가장의 권위나 권력은 사회와 국가의 법질서를 지배하고 보장하는 상황에까지 이르게 된다. 가부장적 전통사회에서는 아버지의 권위는 곧 절대적인 것이었고, 이에

도전하는 것은 금기시되어 왔다. 따라서 아버지는 가족의 단순한 가장으로서의 권위를 넘어 절대적 권능과 존엄을 지닌 지배자로 군림해 왔으며 그의 말은 곧 법으로 여겨지기까지 했다. 이런 인식은 우리 전통사회에서 관습화되고 미덕으로 자리 잡게 되었다.

「아버지와 호랑이」에서 아버지의 권위도 '호랑이'로 상징되며 화자에게 아버지는 호랑이도 때려눕히는 존재로 인식된다.

지난밤 꿈속에서 아버지는 자신보다 두 배는 덩치가 큰 호랑이와 싸우셨다. 마을 사람 누구도 감히 호랑이 앞에 나서지 못했다. 그런데 굳이 아버지가 왜 그 호랑이와 맞서게 됐는지 알 수 없었다. 나는 한 발짝도 떼지 못하고 그 앞에 서 있기만 했다. 그저 구경꾼처럼 보고만 있었다. 아버지와 호랑이의 긴 싸움, 그리고…. 나는 그 무서웠던 장면을 입 밖에 내기라도 하면 아버지가 정말 어떻게 될까 봐 두려웠다.
"우리 아빠는 호랑이도 때려눕힌다. 너도 맞아볼래?"

아버지의 모습은 어떤 실체적 힘에 의해서가 아니라 알 수 없는 어떤 절대적인 권능의 이미지에 의해 영위되어 왔다. 「아버지와 호랑이」에서 화자가 아버지의 권위를 이해하는 것은 자기 존재에 대한 의식에서부터 출발한다. 화자가 아버지를 이해하는 계기가 되는 것은 자기 존재의 모습을 다시 발견하고자 하는 이유에서이다. 자기 존재의 의식은 자기를 성찰하는 계기가 됨은 물론 "아버지와 호랑이의 긴 싸움"을 보면서 아버지의 권위와 힘을 새롭게 인식하는 계기를 마련하게 된다.

자식들에게 아버지란 사람은 신神과 같은 권능을 행사하는 존재로 여겨진다. 생물학적으로 볼 때 아들에게 선천적 기질과 체형을 지닌 특별한 유전 인자를 고스란히 물려줌으로써 생물학적인 운명을 결정해 주는 존재가 바로 아버지이다. 또한 후천적 측면에서도 아버지는 경제적 혹은 정신적 후원을 통해 자식들 인생의 운명을 결정지어 주는 존재이다. 그래서 아버지는 언제나 강력한 힘과 세상살이의 비법을 전수해 주고 물질적 능력이 있는 존재이다. 「아버지와 호랑이」에서도 화자는 아버지의 존재를 호랑이와 같은 신의 자리에 올려놓는다. 아버지는 이런 절대적인 완전성을 소유하는 존재이어야 하며, 화자도 아버지를 현실을 초월하는 이상적 존재로 바라보고자 하는 것이다.

그러나 세월과 함께 아버지의 모습은 변해가고 있었다. "수십 번 계절이 변하고 해가 바뀌었다. 언제부터인지 아버지의 허리가 굽기 시작했다. 아버지의 팔뚝에 생명력 넘치던 힘줄도 자취를 감췄다." 나이의 중력은 아버지를 자꾸 아래로 끌어당겨서 걷는 것조차 힘에 부치게 만들어버렸다. 현대에서의 아버지의 힘은 경제력을 바탕으로 한 권위이다. 전통적 아버지의 권위는 자본주의의 권력인 금력에 의하여 상실되고 만다. 따라서 그 권위는 경제력으로 무능력하면 실종되고 만다. 평생을 호랑이 모습으로 살아온 아버지의 모습은 갈수록 쇠락하여 가고 있다. 그를 바라보는 화자의 눈길과 그와 나누는 대화도 비관적으로 되어간다.

"아버지, 살면서 어깨가 무겁지 않았어요? 집채만 한

호랑이라도 짊어지고 있는 것 같지 않았어요?" 아버지께 물었다.

"그런 날들이 있었지. 지나면 가벼워지고…. 그러다가 또 무거워지는 날이 오고, 그런 게 인생이지."

어머니가 먼저 떠나버리신 지금까지도 아버지 옆에 앉아 있는 호랑이가 아버지 평생의 짐이었는지, 아니면 아버지의 짐을 나누어지고 살아온 동반자였는지 나는 알 수 없었다.

대문을 나서며 아버지를 돌아보았다. 어서 가라고 손짓을 하시는 아버지 옆에서 호랑이가 무심히 하품을 하고 있었다.

「아버지와 호랑이」에서 우리가 눈여겨볼 사실은 화자가 아버지를 바라보는 시선이 초시간적 의미를 지니고 있다는 점이다. 아버지를 바라보는 화자의 시선은 통시적이다. 과거에 절대적 힘과 권위를 지니고 있던 아버지였지만, 지금 아버지를 바라보는 화자의 시선은 "집채만 한 호랑이"의 짐을 내리고 가벼운 삶을 살아가는 아버지를 바라본다. 화자는 현재의 시선에서 과거와의 통시성을 갖는 시선으로 이동하면서 아버지를 주목한다. 이제 화자는 어릴 때 바라보던 시선이 아니라 새로운 시선으로 "아버지의 짐"을 이해하면서 타자로서의 아버지를 이해하게 된다. 이제 화자가 어른이 되어 바라보는 세상에서 아버지는 역사성을 지닌 존재에 대한 이해이다. 화자는 과거와 현재의 시선으로 동시에 아버지를 바라보면서 그 실체를 이해하고자 한다. 말하자면 화자의 아버지를 보는 시선은 과거를 넘어 현재의 시선으로 아버지를 바라보면서 그의 실체적 모습을 이해하는 단계로 나아가고 있는 것이다.

이미경의 「여름방학이 싫다」

어린 시절, 시골 원두막에서 방학을 보내던 체험은 누구나 한두 번은 간직하고 있다. 「여름방학이 싫다」에서의 화자도 달력에 빨간 색연필로 동그라미를 해 놓고 원두막 가기를 기다렸다. 이 즐겁고 행복한 원두막에서의 체험에 개입하는 사람은 바로 아버지였다. 아버지는 원두막 지킬 사람으로 막내인 화자를 골랐다. 원두막은 지푸라기로 지붕을 만들고 대나무를 얼기설기 엮어서 만들어졌다. 방학식이 있는 날부터 원두막 지킴이는 시작되었다.

화자에게 원두막이 있는 고향은 바로 마음의 행복과 불행, 상실과 부재를 동시에 볼 수 있는 곳이다. 누구에게나 그렇듯이 고향은 우리의 마음속에 간직한 영원한 그리움의 대상이다.

고향이 있는 사람은 행복하고 시골이 고향인 사람은 행복 플러스가 된다고 한다. 나는 마음이 헛헛해지면 고향의 풍성함으로 채워보곤 한다. 도시에 있는 학교로 유학을 온 후 고향은 일 년에 한두 번 가는 곳이 되었다. 달리는 승용차 밖으로 원두막이 보이면 차를 세우고 둘러본다. 평온하게만 보인다. 나무로 지어 놓은 것이 태풍에도 잘 견딜 것 같다. 원두막에 나처럼 많은 사연을 가진 사람이 또 있을까. 원두막은 농작물을 지키는 용도에서 여행자들이 쉬었다 가는 휴게소로 변모했다. 신발을 벗고 들어가 앉아 본다. 시원한 바람이 이마를 스친다. 강산이 여러 번 바뀌었을 시간이 지났는데도 바람은 변하지 않았다.

'고향Heimat', 인간이 그 안에서 평온한 삶을 누릴 수 있는 그곳을 하이데거는 '존재의 진리'라고 보았다. 존재의 밝음인 진리의 세계로 가고자 하는 사람은 비로소 인간일 수 있으며, 존재의 밝음과 존재로의 가까움은 인간의 본래적 거주 장소로 가기 위한 욕망이다. 그러면서 인간은 현존재의 본래적 사명으로 자신을 밝히면서 동시에 은닉한 채로 인간에게 도래하는 존재의 진리를 맞이하게 된다. 그러나 인간의 본래적 거주 장소인 존재의 밝음, 다시 말해 존재로의 가까움을 고유하게 경험하거나 떠맡을 능력이 없는 자가 또한 인간 존재이다. 따라서 시인 횔덜린Holderlin 은 존재 망각의 경험에 입각해서 존재에 대한 그리움을 가지게 하는 것이 바로 잃어버린 '고향'이라고 했다.

「여름방학이 싫다」에서 고향에 대한 그리움 속에는 아버지가 있다. 작품에서 화자는 어른이 된 시점에서도 기억을 되살려 아버지를 현실로 호명한다. 작가는 두 아버지를 그리워한다. 하나는 어린 시절 고향 원두막에서 본 아버지이다. 그것은 부정과 부재, 소외와 분노가 담긴 채로 아버지를 바라보는 시선이며 다른 하나는 어른이 되어서 바라보는 아버지이다. 작가가 어른이 되어 아버지를 바라보는 시선은 연민, 동정, 그리고 자기 동일성이다. 작가는 두 가지 시선으로 아버지를 바라보면서 다중적 의미를 읽어낸다. 화자의 시선은 미숙한 아이에서 성숙한 어른으로 변이되면서 세계가 자기 존재의 의미와 희망을 낯설게 하는 고통의 삶이라는 사실을 아버지를 통해 발견한다. 화자의 다중적 시선은 아버지의 의미망 속에 함축되어 여러 가지로 형상화된다.

'아버지의 이름'은 아이에게 정체성과 상징적 세계에서의 자리를 제공하여 새로운 주체로 탄생하게 한다. 아버지 부재로 이러한 과정을 원활하게 겪지 못한 아이는 결핍에 대한 욕망을 갖게 된다. 주체가 형성되기 이전의 아이는 기표와 기의를 동일시한다. 그러나 아버지의 법이 개입하면서 언어의 세계로 진입하게 되고 인간이 언어 속에 사는 한, 주체는 기표의 지배를 받게 되고 언어로 구조화된다. 그리고 기표와 기의의 합일은 불가능하다는 사실을 깨닫게 되고, 이러한 결여 때문에 욕망이 발생하고 어떠한 욕망도 완벽하게 충족될 수 없다는 것을 인식하게 된다. 상징계는 언제나 결여를 주체의 삶에 남기며 그 결여의 자리가 무의식의 자리이기도 하다. 따라서 주체는 결여를 메우기 위해 타자를 통해 욕망을 이루고자 한다. 그 자리에 「여름방학이 싫다」에서처럼 아버지가 나타난다.

"시간이 가져다주는 선물일까? 아버지를 원망했던 마음이 그리움으로 다가온다. 사람이 살아가는 길에는 착한 바람만 있는 것이 아니고 때로는 나쁜 바람도 있단다 하는 아버지의 음성이 들린다."라는 진술에서처럼, 아버지는 언제나 이상적인 존재로서 '나'의 삶의 방향에 질서를 부여하거나 도움이 된다. 고향에 대한 긍정적인 이미지와 부정적인 이미지가 공존하듯 화자는 아버지에 대해서도 양가적 인식을 갖는다. 아버지는 욕망을 채울 수 없는 결핍의 존재였지만 다른 한편 그에 대한 그리움을 간직하면서 화자는 그가 있는 과거의 현실로 돌아가고 싶어 한다. 이렇게 모든 자식에게 아버지는 부재하면서도 존재하고 미워하면서도 그리워해야 하는 숙명적 존재로 남는다는 사실을 「여름방학이 싫다」는 우리에게 일깨워 준다.

나오며

우리 문학에서 '아버지'는 역사적 맥락을 지닌 문학적 소재로 꾸준하게 등장하고 있다. 많은 작품에서 아버지가 부재하거나 그 존재 여부를 알 수 없는 상태로 서사가 진행되는 경우가 많다. 아버지 부재는 실존적 부재뿐만 아니라 존재하되 아버지로 상징되는 질서나 가치의 전수자가 되지 못하고 환멸의 대상으로 전락해 버린 경우가 허다하다. 아버지는 아들 세대가 편입될 미래의 사회질서를 상징한다. 그러므로 아버지가 등장하는 문학 텍스트라 할지라도 아버지로 상징되는 삶의 질서나 지표의 역할을 하지 못할 경우 아버지가 부재하는 것으로 간주된다.

삶의 고통 속에 희생당한 아버지는 연민의 대상이며 현재의 인식론적 존재가 아닌, 과거부터 있었던 근원적 존재로서 역사적 실존이다. 아무리 현대화의 물결 속에 초라해져 가는 아버지의 초상이지만 그것은 마지막까지 우리가 지켜야 할 역사다. 아버지의 자존심은 자본화된 인간의 비극인 동시에 세상에 부딪히고 찢기면서도 지켜야 할 인간의 모습이기 때문이다. 아버지는 역사의 지평에 서서 그것을 지키고 헤쳐가야 하는 삶의 역사이며 인간의 존재이다. 아버지의 부재는 사회적으로 적절한 가치와 존엄이 상실된 규범의 부재를 암시한다. 사회적 규범 상실로서의 아버지 부재는 다른 주체들과의 원만한 관계를 맺을 수 없게 한다. 이런 의미에서 아버지 부재의 시대에 아버지의 의미와 역할을 새롭게 조명하고자 하는 문학적 의도는 뜻깊은 것이 아닐 수 없다.

앞서 우리가 읽은 진해자의 「아버지의 연장통」, 류정희의 「아버지와 호랑이」, 이미경의「여름방학이 싫다」에서 아버지의 의미를 찾기 위하여 기억을 호명하고 자기의식을 일깨워 아버지의 존재를 새롭게 탐구한 의의도 여기에 있다. 아버지 부재의 시대에 아버지를 찾기 위한 노력은 아직도 끝나지 않은 아버지 삶의 의미를 찾고자 하는 노력에 다름아니며, 이는 아버지 상실의 시대를 살아가는 우리들이 감당해야 할 문학적 과제이다.

▌작품론 -「수필과비평」261호

| 작품 |

아버지의 연장통

진해자

　석공의 손에 들린 메가 허공을 향하여 솟구친다. 순간 석공의 눈이 번쩍이며 치켜든 팔과 다리에 잔뜩 힘이 들어간다. 석공은 조금의 망설임도 없이 커다란 바위를 향하여 거침없이 내리친다. 집채만 한 바위가 금이 가고 반으로 쪼개질 때까지 메질은 계속되었다.
　어릴 적 아버지를 따라 야산에 자주 갔다. 아버지의 일터는 곧 나의 놀이터였다. 돌을 깨고 다듬어서 원하는 물건을 만들어 내는 것을 보며 자랐다. 커다란 돌에 정으로 홈을 파고, 그 홈에 비김쇠를 끼워 수없이 메질한다. 꿈쩍하지 않을 것 같던 돌덩이가 신기하게 두 동강으로 갈라진다. 두 동강 난 돌을 다시 깨고 정교하게 다듬는다. 주위가 어둑해지도록 돌 깨는 소리는 귓전에 맴돌았다.
　돌을 다루는 일에 지식이 없는 아버지가 누구에게 배웠을 리 없다. 낙차落差의 힘을 이용하여 부수고 다듬으며 본능적으로 작업을 하지 않았을까. 커다란 바위를 깨트리고 큰 돌을 기술적으로 옮기는 모습을 보면 어린 마음에도 작은 체구의 아버지가 천하장사처럼 보였다. 돌 일을 하는데 많은 시간을 공들였지만, 물건이 마음에 들지 않으면 좌절도 많이 했을 것이다. 하지만 아버지는 손에서 연장을 놓은 적이 없다. '쩡쩡' 돌 깨는 소리는 어둠을 밀어내는 새하얀 시간이 되었다.

시간이 흐를수록 정을 잡은 손이 돌처럼 딱딱해져 갔다. 젊은 사람도 들기 힘든 무게를 매일 감당하다 보니 굳은살이 박여 점점 거칠어졌다. 어쩌면 살아오는 동안 아버지의 마음에도 굳은살이 박였을지 모른다. 짓무르고 터지고 다시 아물기를 반복하며 견뎌온 시간이 낡은 연장통처럼 예스럽고 묵직하다.

아버지의 등에는 늘 연장통이 지어져 있었다. 나무로 만든 사각 연장통은 삶의 일부였다. 아무리 무거워도 내려놓을 수 없는 짐이다. 모양도 다르고 이름도 달랐지만, 어느 것 하나 없어서는 안 될 물건이다. 먹줄, 정, 비김쇠, 메 등 대부분이 쇠붙이로 되어있어 무겁고 투박했다. 무거운 짐을 지고 돌이 있는 곳을 찾아다녔을 두 다리는 성할 날이 없었다. 비틀거리면서도 결코 쓰러지지 않았다. 어떤 날은 잘못된 망치질에 손가락이 뭉개지고 어떤 날은 무너지는 돌무더기에 짓눌려 다리를 다치기도 했다.

연장통은 다솔식구의 밥줄이었다. 부서지고 무너져도 다시 일어나 연장을 들었다. 무거운 쇳덩이가 하늘로 치솟을 때마다 어린 자식의 눈동자도 따라 올라갔다. 하루도 놓을 수 없는 석공 일은 남은 생의 소리 없는 전쟁터였다. 젊은 시절 품었던 꿈과 용기와 패기를 낡은 연장통 속에 꼭꼭 담아두고 자식을 위해 참고 견디는 고통의 나날을 보냈다.

하루는 학교에서 돌아와 보니 아버지가 마루에 대자로 누워계셨다. 약주를 과하게 했는지 많이 취해 있다. 인기척을 느끼고 일어나서는 어린 나를 끌어안고 소리 없이 눈물을 흘린다. 내심 무서웠지만, 조그만 손으로 아버지의 등을 토닥였다. 어린 마음에도 괴로움에 아파하는 마음을 읽을 수 있었다. 저녁이 되자 어머니가 밭에서 돌아왔다. 부모님의 대화에서 낮에 나를 끌어안고 흐느꼈던 이유를 알았다.

아버지는 이웃 마을 지인의 소개로 일을 도거리로 맡고 몇 달을 쉬지 않고 일했다. 공사가 거의 마무리되어 가는 시점에 그 집 사정으로 공사대금을 거의 못 받게 되었다. 재료비와 인부들 인건비도 계산해야 하는데 고지식한 아버지는 얼마나 막막했을까. 아버지의 속앓이는 좀처럼 가라앉질 않았다. 매일 반복되는 '하루'라는 술잔에 삶의 고통과 우울과 불안을 따르고 단숨에 들이켜곤 했다. 돌 일이 얼마나 힘들었을지 짐작이 간다. 집을 짓고, 울타리를 쌓고, 산소 주위에 담을 놓는 일까지 아버지의 손길이 닿지 않은 곳이 없었다. 돌을 한참 쌓다가도 본인 마음에 들지 않으면 허물고 다시 쌓는다. 그런 분이 일한 대가를 받지 못했으니 그 고통은 몇 배로 컸으리라. 발부리에 차이고 뒹구는 돌멩이처럼 아버지의 삶도 고달팠다. 무너지면 쌓고, 쌓으면 또 무너지고 그렇게 아버지의 시간이 지저깨비처럼 켜켜이 쌓여 갔다.

돌을 다듬을 때 떨어져 나오는 부스러기나 잔 조각을 지저깨비라 한다. 쓸모없다고 버리는 사람도 있지만, 아버지는 어느 것 하나 쓸모없는 건 없다며 허투루 버리지 않았다. 돌을 쌓을 때 생긴 공간을 막고 균형을 맞추기 위해 꼭 필요하다고 했다. 버리면 쓸모없는 것이지만, 잘 쓰면 훌륭한 재료가 되었다. 아버지의 젊은 시절 야망과 꿈이 가족의 생계를 위하여 닳아지고 깨지며 지저깨비가 되었지만, 결코 헛된 시간이 아니었음을 힘주어 말하는 것 같다.

 한 번 쪼개져 나가면 다시 붙일 수 없는 게 돌 작업이다. 조금만 실수해도 그 돌은 쓸 수 없게 된다. 힘들게 공들였지만 버려야 할 때면 아버지의 속도 산산이 부서졌다. 그런 연유로 돌을 깎고 다듬는 순간은 여느 때보다 신중했다. 온 정신을 가다듬고 서두르지 않았다. 마음에 들지 않으면 식사하는 것도 잊은 채 열 번이고 백 번이고 두드리고 또 두드렸다.

 바닷가에 있는 자갈이 부딪치고 멍들며 조금씩 윤이 나는 것처럼, 시련을 참고 이겨낸다는 것은 훌륭한 작품을 만들기 위해 모난 곳을 수없이 쳐내는 돌 작업 같다. 모난 생각과 비뚤어진 마음이 고개를 들 때마다 정교한 작품을 위해 백 번 넘게 망치질하는 아버지를 떠올린다. 공들이지 않으면 뛰어난 작품은 만들어지지 않는다. 돌 작업을 할 때만큼은 아버지가 세상에서 가장 멋져 보였다. 매 순간 최선을 다하는 모습은 아무렇게나 툭툭 놓아도 제 있을 자리에 있으면 아름답게 보이는 오래된 돌담 같다.

 고개 들어 멀리 있는 야산을 바라본다. 젊은 시절 무거운 메를 들고 큰 바위를 향해 힘차게 내리치던 아버지의 모습이 눈앞에 아른거린다. 아버지는 닳아버린 연장통을 저무는 해를 등지고야 겨우 내려놓았다. 주인을 잃은 연장통 위로 세월의 더께가 자꾸만 쌓여 간다. 아버지가 옆에 계셨으면 굳은살 박인 손에 가만히 입을 맞춰 드리련만….

▎작품 - 『수필과비평』 261호

| 작품 |

아버지의 호랑이

류정희

눈을 뜨고도 바로 일어나지 못했다. 고개를 돌려 주위를 살폈다. 부모님의 이부자리가 정돈되어 있는 것으로 보아 간밤에 별일은 없었던 것 같았다. 방문을 열었다. 갓 세수를 마친 듯 싱그러운 아침 공기가 나를 맞았다. 지난밤 쏟아진 빗줄기에 열기도 가신 것 같았다. 지독히도 나쁜 꿈에서 완전하게 빠져나오지 못한 나는 평화로운 아침이 낯설게만 느껴졌다.

이른 아침 여느 때처럼 아버지는 지게를 메고 대문을 나섰다. 아버지의 구릿빛 팔뚝에 생명력 넘치는 힘줄이 불거져 나온 것을 보고 나서야 나도 안도의 숨을 내쉬며 책가방을 멨다. 간밤의 꿈은 그저 악몽일 뿐, 변한 것은 아무것도 없었다. 여름을 향해 달려가던 녹음은 수심 가득한 어린 발걸음 앞에 초록 물을 뚝뚝 떨어뜨리며 말을 걸었다. 하지만 아이의 마음은 온통 지난 밤 꿈속에 있었다.

"야, 니네 아빠 권투선수지?"

아버지의 이름이 당시의 유명한 복싱선수와 같다는 것을 재미 삼아 놀리던 남자아이였다. 나는 그것이 왜 그렇게 싫었는지 그 남자아이를 보면 죄지은 것도 없건만 피해 다녔다. 그날은 꿈 생각에 그 아이가 내 옆에 오는 것도 모르고 있었다.

"니네 아빠도 주먹 세냐?"

나는 아버지의 주먹맛을 본 적이 없었다. 하지만 아버지의 주먹이 그 아이 정도는 거뜬히 제압할 수 있으리라 믿어 의심치 않았다. '너 정도야 때려눕힐 만큼 세지.' 그렇게 말하고 싶었던 적이 한두 번이 아니었지만 나는 말싸움이 싫어서 늘 참았다.

지난밤 꿈속에서 아버지는 자신보다 두 배는 덩치가 큰 호랑이와 싸우셨다. 마을 사람 누구도 감히 호랑이 앞에 나서지 못했다. 그런데 굳이 아버지가 왜 그 호랑이와 맞서게 됐는지 알 수 없었다. 나는 한 발짝도 떼지 못하고 그 앞에 서 있기만 했다. 그저 구경꾼처럼 보고만 있었다. 아버지와 호랑이의 긴 싸움, 그리고…. 나는 그 무서웠던 장면을 입 밖에 내기라도 하면 아버지가 정말 어떻게 될까 봐 두려웠다.

"우리 아빠는 호랑이도 때려눕힌다. 너도 맞아볼래?"

마치 그 아이가 꿈속의 호랑이라도 되는 양 나는 악을 썼다. 예상 밖의 반응이었는지 그 아이는 흠칫 놀랐다. 그러더니 이내 호랑이가 어디 있느냐며 동물원에라도 가서 싸운 거냐고 웃어대는 것이었다.

"…!"

그렇지! 호랑이가 어디 있어? 우리 마을에 호랑이가 나타날 리 없지! 나는 마음이 가벼워졌다. 나만 잊으면 호랑이가 아버지와 싸울 일은 일어나지 않을 것 같았다.

수십 번 계절이 변하고 해가 바뀌었다. 언제부터인지 아버지의 허리가 굽기 시작했다. 아버지의 팔뚝에 생명력 넘치던 힘줄도 자취를 감췄다. 나이의 중력은 아버지를 자꾸만 아래로 끌어당겨서 걷는 것조차 힘에 부치게 만들어버렸다.

어느 햇살 좋은 날, 아버지를 뵈러 갔다. 대문을 들어서는데 아버지가 현관 앞 의자에 앉아 계셨다. 잠깐 걷기 운동을 하고 쉬는 중이라고 하셨다. 어서 오라며 웃으시는 아버지 옆에 늙은 호랑이가 앉아 있었다. 적어도 내 눈에는 그렇게 보였다. 아버지만큼이나 나이 든 호랑이는 더이상 집채만 한 크기도 아니었고 위협적인 존재도 아니었다. 그저 아버지의 오랜 벗이라도 되는 양 아버지와 나란히 앉아 있었다.

"너였구나! 오랫동안 잊고 있었어." 더는 두려움의 대상이 아닌 호랑이에게 말을 걸었다.

"어디 있다가 이제 왔니?" 감히 쳐다보기도 무서웠던 그 기운은 어디 가고 순하디순한 눈망울을 굴리고 있는 호랑이는 대답하기도 귀찮은 듯 내게 말했다.

"어디 가긴? 나는 늘 여기 있었는데…."

떠올리기라도 하면 진짜 나타날까 봐 애써 기억에서 지운 호랑이건만, 그 호랑이가 늘 아버지 옆에 있었다니…. 평생을 호랑이와 함께 살아왔다는 것을 아버지는 아실까.

"아버지, 살면서 어깨가 무겁지 않았어요? 집채만 한 호랑이라도 짊어지고 있는 것 같지 않았어요?" 아버지께 물었다.

"그런 날들이 있었지. 지나면 가벼워지고…. 그러다가 또 무거워지는 날이 오고, 그런 게 인생이지."

어머니가 먼저 떠나버리신 지금까지도 아버지 옆에 앉아

있는 호랑이가 아버지 평생의 짐이었는지, 아니면 아버지의 짐을 나누어지고 살아온 동반자였는지 나는 알 수 없었다.

    대문을 나서며 아버지를 돌아보았다. 어서 가라고 손짓을 하시는 아버지 옆에서 호랑이가 무심히 하품을 하고 있었다.

▌ 작품 – 「수필과비평」 261호

| 작품 |

여름방학이 싫다

이미경

마트에 왔다. 줄무늬가 선명한 수박을 골라 손등으로 톡톡 두들겨 본다. 맑은소리가 들린다. 합격이다. 수박은 나에게 특별한 과일이다. 체질적으로 열이 많은 내게 잘 맞기도 하지만, 초등학교 시절 여름방학을 수박이 있는 원두막에서 보냈기 때문이다. 맛있는 수박을 잘 고르는 실력이 남다른 것도 이 때문이다. 이 원두막 때문에 여름방학이 싫었다.

원두막이 있기 전 여름방학은 생각만으로도 설렘을 줬다. 벽에 있는 달력에 빨간 색연필로 동그라미를 해 놓고 기다렸다. 가장 신나는 일은 할머니를 따라 고모 집에 가는 것이었다. 엄마가 준 보따리를 머리에 이고 길을 잃어버릴까 봐 할머니 손을 꼭 잡고 갔다. 이래저래 두근거리는 길이었다. 고모 집은 예쁜 사촌언니가 있어서 좋았고, 할머니 왔다고 고모가 해주는 맛있는 음식이 있어 마른 내가 살찌는 시간이었다.

몸이 불편한 아버지는 원두막 지킬 사람으로 막내인 나를 골랐다. 원두막은 지푸라기로 지붕을 만들고 대나무를 얼기설기 엮어서 만들었다. 방학식이 있는 날부터 원두막 지킴이 시작되었다. 수박밭을 한눈에 담으려고 지대가 높은 곳에 지었다. 원두막은 쉬지 않고 바람이 불어서 시원했다. 들에서 일하던 어른들이 더위를 식히려고 쉬었다 가기도 했다.

　신이 사람에게 좋은 날만을 허락하지 않듯, 원두막이라고 날마다 산들거리는 바람만 있는 것은 아니었다. 어느 날 태풍이 불어왔다. 천둥 번개랑 같이 왔다. 세찬 비바람 때문에 원두막이 흔들거렸다. 비에 젖은 대나무가 미끈거렸다. 넘어지지 않으려고 발가락에 힘을 주고 서 있었다. 우르릉 쾅쾅 울리는 천둥소리에 귀를 막았고 번쩍거리는 번개에 눈을 감았다. 이대로라면 벼락을 맞아 죽을 것만 같았다. 허허벌판에 의지할 수 있는 것도, 숨을 곳도, 도망갈 곳은 없었다. 큰 소리로 우는 것밖에 할 수 있는 것은 없었다.

　사납기만 하던 비가 그치자 원두막도 평온을 되찾았다. 방학 숙제로 해놓은 식물채집이 없어진 것을 알게 되었다. '아이고 이 일을 어쩌나 한 달 동안 해 놓은 숙제가 날아가다니.' 억울해서 눈물이 또 나왔다. 들판 여기저기에 하얀 종이가 뒹굴고 있었다. 흙이 묻은 것도 있었다. 잃어버렸던 귀중품을 찾은 듯 주워서 도랑물에 씻어 말렸다. 어떤 것은 색이 바래서 말랐고, 어떤 것은 쭈글쭈글했다. 억울한 마음에 다시 하기 싫었고, 개학일이 얼마 남지 않아서 그대로 제출했다. 아무것도 묻지 않고 과제물을 받아준 선생님이 고맙기만 하다. 내가 교사였다면 받아주지 않았을 것 같다. 창피한 마음에 나를 원두막에 보낸 아버지를 원망했다.

　이듬해 여름방학에도 낮에는 원두막에서 살았다. 이슬도

가시지 않은 이른 아침부터 왔다. 해가 산으로 넘어갈 때쯤이면 오빠가 와서 교대를 해줬다. 오빠는 친구들을 데려와서 술을 마시며 놀 때도 있었다. 아버지에게 고자질하고 싶었지만 꾹 참았다. 어린 나이에 간질거리는 입을 어떻게 참아냈는지 지금 생각해도 대견하다. 지금쯤은 얘기할 수 있을 텐데 아버지가 안 계시니 묻히는 일이 되었다.

한 달이 넘는 방학은 나에게 감옥 같았다. 친구들과 놀지 못한 것이 가장 싫었다. 한번은 친구를 만나 원두막에 오면 수박을 실컷 먹게 해 주겠다고 소문을 내게 했다. 몇몇 친구들이 와서 공기놀이를 해줬다. 엄마가 문방구를 하는 친구는 고무 과자를 가져와서 수박하고 바꿔 먹자고 했다. 고무처럼 말랑거리며 씹히는 맛이 특별했다. 지금도 생각나면 사서 먹는다. 이러는 내가 우스운지 딸이 초등생 엄마라고 놀린다. '네가 이 맛을 어찌 알아.'

원두막은 난간이 없다. 기둥이 있기는 하지만 튼튼하지 않아서 살짝만 등을 기대야 한다. 앉아 있으면 불편해서 배를 깔고 엎드려서 숙제도 하고 책을 봤다. 그러다가 어느 날 잠이 들었다. 몸을 뒤척이면서 땅으로 쿵 떨어지고 말았다. 그렇게 큰 엉덩방아는 처음이었다. 자다가 홍두깨가 따로 없었다. 먹먹해진 뒤통수를 만지며 일어나서야 무슨 상황인지 알았다. 원두막 아래가 흙이어서 크게 다치지는 않았다. 사방을 둘러보았다. 다행히 보는 사람이 아무도 없었다. 이곳저곳이 아팠지만 창피해서 엄마에게 말하지 못했다.

고향이 있는 사람은 행복하고 시골이 고향인 사람은 행복 플러스가 된다고 한다. 나는 마음이 헛헛해지면 고향의 풍성함으로 채워보곤 한다. 도시에 있는 학교로 유학을 온 후 고향은 일 년에 한두 번 가는 곳이 되었다. 달리는 승용차 밖으로 원두막이 보이면 차를 세우고 둘러본다. 평온하게만 보인다. 나무로 지어 놓은 것이 태풍에도 잘 견딜 것 같다. 원두막에 나처럼 많은 사연을 가진 사람이 또 있을까. 원두막은 농작물을 지키는 용도에서 여행자들이 쉬었다 가는 휴게소로 변모했다. 신발을 벗고 들어가 앉아 본다. 시원한 바람이 이마를 스친다. 강산이 여러 번 바뀌었을 시간이 지났는데도 바람은 변하지 않았다.

시간이 가져다 주는 선물일까? 아버지를 원망했던 마음이 그리움으로 다가온다. 사람이 살아가는 길에는 착한 바람만 있는 것이 아니고 때로는 나쁜 바람도 있단다 하는 아버지의 음성이 들린다.

▎작품 - 『수필과비평』 261호

거미학hyphologie — 해석의 여백

들어가며

문학이란 인생과 세상에 대한 지적인 행위인 이해와 해석을 중심으로 하는 사유의 예술이다. 해석학을 뜻하는 '헤르메노이틱 Hermeneutik'이라는 용어는 그리스어 '헤르메뉴'(해석하다)에서 기원했다. 이 단어는 그리스 신화에 나오는 신의 사자인 헤르메스에서 파생되었다. 헤르메스가 "인간의 이해 능력을 초월해 있는 것을 인간의 지성이 파악할 수 있도록 전환시켜 주는 기능과 관련되어 있다."는 점에 착안한 때문이다. 인간이 어떤 대상이나 사건을 이해하고 그 의미를 파악해서 다른 사람에게 전달할 수 있게 하는 도구인 언어는 날개 달린 헤르메스의 모습으로 환유될 수 있다고 본 것이다(리차드 팔머, 『해석학이란 무엇인가』, 이한우 역, 문예출판사 2011).

전통적으로 해석학은 쓰여진 텍스트의 의미에 관심을 두는 해석이론을 주로 다루었다. 그런 이론들은 저자와 독자 그리고 텍스트 사이에 발견된 관계들에 초점을 둔다. 말하자면 한 텍스트의 의미와 이해는 저자의 의도에 의해서만 결정된다고 보았다. 반면 한스 게오르그 가다머Hans-Georg Gadamer는 텍스트의 의미는 저자를 넘어서, 저자의 지평과 독자의 지평이 만나서 융합하는 지점에 의해 결정된다고 보았으며, 폴 리쾨르Paul Ricœur는 텍스트는 저자의 의도와 독자들에게만 의존하지 않고 오히려 독자가 텍스트의 의미를 결정한다고 주장한다.

이렇게 의미 인식으로서의 해석은 관념적이고 가치 평가적이며, 텍스트에 내재한 의미 인식은 그것을 새롭게 인식하고 창조해 내는 것을 뜻한다. 의미를 인식하는 인식자의 힘에 의지해 텍스트의 의미가 새롭게 구성된다는 것은 곧 해석이 되면서, 이런 인식은 주관적이고 상대적인 성격을 띠게 된다. 말하자면 의미는 해석자가 만들어내는 것이지, 기존의 의미를 답습하거나 발견하는 것은 아니다. 해석자는 자신이 창조한 의미를 텍스트에 부여하여 새로운 의미 세계를 구성해 낸다.

따라서 현대의 해석학은 기록된 문학적 텍스트와 관련된 문제는 물론이고 해석하는 과정에 있는 여러 요소들, 이를테면 독자의 반응과 이해의 능력들은 모두 포함한다. 이것은 의사소통의 언어적 혹은 비언어적 형식들을 포함할 뿐만 아니라 언어와 의미를 다루는 문학에 내포된 기호학과 같은 의사소통에 영향을 주는 여러 가지 관점이 포함한다. 당연히 현대의 해석학은 이 세계를 자연과학의 방법으로 완벽하게 해명해 내고자 하는 시도를 거부하며, 문학이 지닌 고유하고 독자적인 '진리'가 존재한다는 사실을 드러내고자 한다. 이런 해석학적 태도는 하이데거의 존재론적 해석학, 그리고 지평의 융합을 강조한 가다머에서 꽃을 피운다. 철학적 해석학에 대해 가다머는 『진리와 방법』에서 "과학적 방법론의 지배 영역을 넘어서는 진리 경험을 도처에서 찾아내어 그 고유한 정당성에 관해 물으려는 것이다."라고 했다.

가다머에 있어서 언어는 비도구적 성격이며, 이해와 더불어 규명되어야 할 포괄적인 현상이다. 즉 그는 언어를 도구가 아니라 하나의 매개로 파악한다. 따라서 가다머는 언어의 본질을 사유와 언어, 그리고 이해와 해석의 통일 속에서 찾는다. 즉 "모든 이해는 해석이며, 해석은 대상이 단어에서 나오며, 언어의 매체에서 전개된다." 달리 말하면 언어는 대화를 통해 "대화 속에서 언어는 모든 것을 이해하고, 사유의 과정에서 진행된다. 언어는 해석을 통해 나타날 수 있기 때문에 우리가 언어를 내용으로 전승하는 것을 외면하고 형식적으로 사유한다면 언어의 의미가 아주 빈약하게 되어 버릴 수 있다. 언어는 진정으로 언어가 존재하려는 방식의 길로 나아가야 한다." 이렇듯 가다머는 언어를 해석학의 중요한 요소로서 간주한다. 언어는 단지 도구가 아니라 세계와의 관계에서 파악되어야 한다. 하지만 언어는 세계와 매개하는 단순한 수단은 아니다. 언어는 단순히 도구가 아니며, 우리 자신과 세계에 대한 지식을 얻고자 하는 데 있다고 주장한다(한스게오르크 가다머, 『진리와 방법: 철학적 해석학의 기본 특징들 1, 2』, 이길우 외 역, 문학동네 2012).

이런 의미에서 문학 텍스트는 다양한 해석의 가능성을 위한 여백을 남기고 있는 공간이다. 텍스트는 비결정의 여백으로 남아 있으며 텍스트에는 하나의 중심이 없고 중심은 독자들의 시선 어디에나 존재한다. 구조주의자 롤랑 바르트의 표현을 빌리면 텍스트는 하나의 기의signified로 닫히지만, 텍스트는 기의의 무한한 후퇴이고 지연이기 때문에 닫힘이 아니라 열림이며 탈중심적이다. 기표signifier의 영역에 해당하는 텍스트는 환유적 연상과 인접, 상징적인 속성으로 인한 의미의 통과이자 분산의 양태를 지닌다. 독서 체험을 즐기는 독자에게 텍스트는 곧 의미론적 언술 행위를 위한 체계를 말한다. 따라서 독서를 즐기는 독자에게 즐거움과 즐김을 위한 '미결정의 여백'이 항상 존재하며 그 여백은 곧 새로운 텍스트 생성의 길을 의미한다.

    롤랑 바르트는 『텍스트의 즐거움』에서 자신의 텍스트론을 '거미학hyphologie'이라 칭한다. 텍스트를 흡사 짜여지는 직물에 비유하면서, 의미(진리)가 감추어져 있는 하나의 산물 혹은 완결된 직물에 감추어진 짜임을 통해 텍스트의 의미를 생성해 내고, 이때 직물 텍스트의 짜임새 안으로 사라진 주체는 흡사 거미줄을 만드는 한 마리의 거미와 같이 자신을 해체하면서 사유의 여백으로서 인도된다는 것이다. 바르트에게 텍스트는 하나의 완결된 의미가 아니라 텍스트에 담긴 하나의 기의를 꿰뚫으며 끝없이 의미를 상정하는 공간이다. 결정론적 사유가 아닌 미결정적 사유를 통하여 새로운 의미의 해석을 위한 다양한 글쓰기들이 서로 결합하고 반박함으로써 '해석의 여백'은 열리게 된다. 요컨대 바르트를 위시한 구조주의자들에게 텍스트 혹은 텍스트성은 끝없이 다른 곳을 향하여 이동하는 '언어의 불가능한 모험'이다(롤랑 바르트, 『텍스트의 즐거움』, 김희영 역, 동문선, 2022).

여기서 해석학적 철학과 해체주의 문학의 흐름이 대립하지 않고 새로운 전환과 발전을 이루어 간다는 주장은 '새로운 사유'로 향하는 구체적 조화와 종합의 모습을 가늠해 볼 수 있다는 의미를 지닌다. 이 양자 사이에 선험적으로 주어진 본질과 실체주의를 벗어날 수 있을 때 해석은 감춤과 드러냄의 이중적 행위를 수행해 갈 수 있으며 이런 행위에서 진리가 드러날 수 있다. 또한 이런 텍스트 해석의 즐거움을 통하여 인생과 세상에 대한 다양한 해석의 가능성을 찾을 수 있다는 사실이 중요하다. 특히 고정된 표현과 해석을 넘어서 인생과 세상에 대한 다양한 해석을 통하여 문학적 성취를 이루고자 하는 수필 문학에서 올바른 해석과 인식의 태도는 더욱 필요한 것이라 할 수 있다. 이런 관점에서 이달에는 이형숙의 「대숲을 거닐며」, 황진숙의 「소금」, 제은숙의 「석종 소리 깨어나다」를 읽어 본다.

이형숙의 「대숲을 거닐며」

문학적 해석에 관여하는 일차적인 가치는 그것을 수용하는 수신자와 수용자, 즉 독자에 의한 것이다. 텍스트를 읽는 주체들은 자신의 인생관과 세계관 속에서 약호code를 해독하여 의미작용을 일으킨다. 주체가 자신의 취향과 입장, 인식과 태도에 따라 어디에 더 중요한 가치를 부여할 것인가를 결정하게 된다. 그에 따라 텍스트는 원래의 표현적 가치에서 더 나아가 존재론적 가치를 갖는다.

「대숲을 거닐며」는 대숲을 거닐면서 대나무의 생을 통하여 인생과 세상에 대한 존재론적 의미와 가치를 읽는 수필이다. "마디 굵은 나무에 가만히 기대어본다. 수척한 초록이 차갑게 다가온다. 그 체온이 가까이할 수 없는 서늘함이다. 현실과 타협하며 살아갈 수밖에 없는 인간을 거부하는 몸짓인가."라는 언술에서도 드러나듯이, 이 작품은 일차적으로 화자와 대나무와의 관계를 통하여 문맥적 가치와 표현적 가치가 두드러진다. 그러나 작품의 가치는 여기에 그치는 것이 아니라 "지난날 선인들의 처절했던 역사 속 이야기가 머리를 스친다. 오래전 이곳은 생과 사가 뒤엉키며 나라의 운명을 재단해내던 전장이었다. 소용돌이치던 시대 나라를 지키려 했던 선인들의 삶은 부러질지언정 휘어지지 않는 대쪽 같은 절개와 충절이었음을 되새겨 본다."와 같이 대나무가 함유한 사회 역사적 의미를 드러낸다. 더 나아가 "대나무가 하늘을 향해 오를 수 있음은 오로지 성장과 멈춤을 반복하면서 내딛는 마디의 힘이다. 뼈가 맞닿는 아픔을 견뎌낸 후 그 상처를 딛고 일어서며 조금씩 성장한다. 돌아보면 크고 작은 내 인생의 마디는 나를 둘러싼 사람들과의 관계 속에서 만들어진 상처였음을 깨닫는다."는 존재론적 가치를 표현한다. 그러면서 작가는 대나무의 생존방식과 그 의미를 더 높은 단계로 해석하고자 한다.

    나무의 생이 그랬던 것처럼 하고 싶은 말은 언제나 빈 가슴에 욱여넣는다. 어떤 이는 나무라 말하고 어떤 이는 풀이라 말하는 대나무, 풀과 나무의 경계에 서서 두 개의 생존방식으로 살아간다. 등나무나 칡처럼 기댈 곳을 찾지 않는다. 가느다란 몸으로 홀로 서서 사색할 뿐, 마디를 딛고 올라서며 자랄수록 단단해지지만 거대한 몸집으로 살기를 포기한 풀이다. 나무라고 이름 지어 부르지만, 턱밑에 쌓아놓은 나이테도 없다. 그 자리는 늘 비워두었다.

　그것이 나무든 풀이든 모든 존재는 나름대로의 생존방식을 갖는다. 「대숲을 거닐며」에서 작가는 대나무에 대한 다양한 사유와 인식을 보이고 있거니와, 인간이 사물을 인식한다는 것은 감각에 의한 외부 세계의 경험이며 이를 실재와 다른 모습으로 해석하여 독자들에게 보여주고자 하는 내부적 구성이라고 할 수 있다. 그러한 해석 과정을 통해 의식의 세계에 내부적으로 재구성되는 삶과 세계의 모습은 새롭게 보이게 된다. 이런 인식은 작가가 사물이나 대상과의 친화와 교감을 통해 이루어지는 것이라 할 수 있다.
　사물과의 친화적 공감을 이루는 사람은 그런 의식을 통해 대상과 존재의 의미를 새롭게 해석한다. 이런 의미에서 작가가 바라보는 대상과 사건들은 그의 의식 속에서 존재할 뿐 아니라 그의 의식을 벗어나서 어디에서도 존재한다. 인간의 의식 밖에도 객관적으로 존재하고 인간의 의식 속에서도 존재할 수 있는 인식의 영역이 바로 문학적 상상력의 세계이며, 이 상상적 세계를 대상으로 현상의 이면까지도 인식하고 이해하고자 하는 영역이 바로 문학적 해석의 공간이라 할 수 있다. 그러한 인식과 해석 때문에 작가는 오늘 하루 대숲이 내게 건네주던 소중한 말들을 마음속 깊이 심어 놓으려 한다. 그래서 그것이 삶의 길잡이가 되고 언제나 어느 곳에서나 말없이 자신을 지켜주기를 바란다. 이렇게 사물에 대한 인식과 해석의 영역은 혼합을 이루면서 새로운 단계로 독자들을 이끌어가게 된다.

　　대나무는 생의 긴 여정이 다할 즈음 단 한 번 꽃을 피운다. 빈 몸으로 소멸의 순간을 맞는 대나무의 살아온 날들이 아름다운 꽃으로 피어나는 순간이다. 주어진 모든 순간을 마지막인 듯 살다가 자신의 지나온 날을 돌아볼 수 있게 몸소 일러주는 듯하다. 영원한 이별은 상상만으로도 가슴이 먹먹해진다. 생의 마지막 꽃을 피워 이별식을 치를 수 있다면 보내는 사람도 떠나는 사람도 슬프지 않을 것 같다. 나의 죽음도 이별과 소멸이 아니라 애틋한 추억으로 남는 이별식이었으면 좋겠다. 여행을 떠나듯 슬프지 않게 사랑하는 이들의 곁을 떠날 수 있기를 기도해 본다.

　　작가는 나무와의 교감과 상호 침투 과정을 통해 "광대한 우주에 먼지보다 못한 존재임을 일깨우며 차분한 스승처럼 조용히 토닥여 주기"를 기대한다. 또한 이 세상에서 내려놓지 못한 욕망으로 판단이 흐려질 때 호된 죽비로 어깨를 내려쳐 주기를 바란다. 화자는 대나무와의 이별을 이루기 전에 자신의 "죽음도 이별과 소멸이 아니라 애틋한 추억으로 남는 이별식"이기를 바란다. 대나무를 통하여 존재에 대한 자의식을 새롭게 갖게 되고자 꿈꾸는 것이다.

　　나무에 대한 꿈이란 자신의 존재를 다시 실현하려는 꿈이다. 그 꿈은 푸르름과 서늘함을 통해 자신의 생명을 구현하는 것이다. 나아가 나무는 대지에 뿌리를 내리면서, 자연과의 관계 속에서 생장할 수 있는 존재이다. 이런 측면에서 볼 때, 나무는 삶과 우주의 생태적 질서의 한 중심이다. 다시 말해 우주적인 존재로서의 나무를 통해 자연스럽게 나무의 꿈은 시인의 꿈으로 환치될 수 있다. 이렇듯 이 작품은 객관적 상관물로서의 대나무를 통해 삶의 공동체 안에서 자기실현의 가능성을 꿈꾸는 작가의 열망을 드러내고 있다.

작품의 결미에서 "대나무가 건네주던 말들을 가슴에 담고 되새겨 보는 시간, 오늘 하루만이라도 내 마음에 흐르는 강이 조금이나마 넓어지고 깊어졌기를 바라본다."라는 언명이 잘 보여주듯이, 작가는 사물에 대한 이해와 존재의 의미 천착을 결합하는 독특한 해석의 방식을 이루게 된다. 그는 인간과 사물, 주체와 객체 사이의 의미망을 새롭게 제시함으로써 훼손된 사물성 회복의 가능성을 열어준다. 이는 곧 세계를 구성하고 있는 온갖 사물들이 자기의 기능과 직분을 다하면서 인간과 세상과의 다채롭고 조화로운 화해의 세계를 만들기를 소망하는 태도이기도 하다.

황진숙의 「소금」

인간은 자기 앞의 사물과 대상을 보며 존재와 세계의 의미를 생각하고 그 의미를 지향하며 실천하고자 하는 존재다. 특히 상상력과 정서를 통하여 창작활동을 하는 예술가들에게 가장 중요한 활동의 의미는 대상을 통하여 새로운 의미를 부여하고 해석하는 일이다. 마찬가지로 글쓰기를 하는 작가들의 창조

활동에서 가장 빛나는 부분은 글을 통하여 인생과 세상의 의미를 창조하고 해석하여 그것을 누군가에게 전달하는 능력이다. 흔히 작가들은 어떤 사물의 의미나 특징을 살피면서 상징적 혹은 은유적 기법을 통하여 사물의 의미를 표현해 내고자 한다. 사물의 의미가 존재하는 것은 저마다 이 세계라는 의미의 장에서 진동하는 존재이기 때문이다.

「소금」의 작가는 '소금'의 다양한 의미를 문학적으로 재해석하고자 한다. 우선 작가는 태초부터 존재해 온 소금의 의미와 역할을 이렇게 설명한다.

> 태초부터 내려왔으니 먹지 않은 자가 없고 취하지 않은 자가 없다. 그러니까 시대를 내려온 가장 오래된 맛이다. 너른 바다를 응축한 한 알로 짠맛을 보시하며 무미건조한 세상에 간을 쳐왔다.
>
> 조미란 호락호락하지 않다. 미각을 주름잡기 위해선 어두컴컴한 구석에 내박치는 일쯤은 각오해야 한다. 주둥이가 묶인 자루 속에 갇혀 쓴맛이 빠질 때까지 지루한 시간을 견뎌낸다. 뙤약볕에 몸을 데우고 오가는 바람의 담금질로 맺힌 알갱이의 자긍심을 잊지 않기 위해, 똑똑 떨어지는 간수 소리를 경전 삼아 '나는 소금이다. 나는 소금이다'를 외친다.

옛날부터 소금은 단순한 음식이 아니었다. 소금은 다른 어떤 음식보다도 중요한 음식이었다. 지상에서 먹을 수 있는 거의 유일한 암석인 소금은 과거에는 무기로도 사용되었는데, 적진을

점령한 군대가 적군들이 농작물을 수확하지 못하도록 만들기 위해 경작지에 소금을 뿌렸다고 한다. 그뿐 아니라 소금은 많은 문화권에서 신성시되기도 했다. 소금이 생산되는 곳은 지역적으로 한정되어 있었고, 멀리 떨어진 곳에서 생산되는 소금을 얻는 것은 몹시 어려운 일이었다. 그렇기에 고대부터 동서양을 막론하고 소금을 가진 자는 돈과 권력을 차지할 수 있으면서 그만큼 소금은 인간의 삶에 중요한 역할을 하게 되었다.

소금은 음식의 맛을 위한 용도로는 물론 화폐 대용으로 사용되었다. 고대 그리스에서는 노예를 사고파는 값을 소금으로 치렀다. 만약 노예가 힘이 없거나 가치가 없으면 "소금 값어치가 없다."고 했다. 영어의 '소금salt'은 라틴어 'sal'에서 유래하였다. 샐러리salary라는 단어는 '소금 지불'이라는 뜻의 라틴어 살라리움salarium에서 나온 말이다. 그러나 작가의 표현대로 소금에 대한 세상의 천대는 숙명적이다. 단맛에 밀리고 담백한 맛에 떠밀려 찬장의 구석진 곳에 유배될지도 모른다. 소금이 몸값을 올리는 일은 스스로를 낮추는 일뿐이다. 양념이 아닌 허드렛일도 기꺼이 감수해야한다. 할복한 고등어와 삼치 뱃속에 뛰어들어 부패를 막고 비린내를 잡아내어야 한다. 이렇게 소금이라는 존재의 운명은 기구하다.

어찌 보면 소금에 끌리는 게 당연하다. 소금물에서 태어나 일생 몸안에 소금을 쟁여놓아야 하는 게 인간의 숙명이기 때문이다. 소금에 절인 오이지로 무서운 여름을 견뎠다는 소설가 김훈처럼 소금이 있어 우리네 생은 드라마틱하다. 생의 염천을 건너고 비린 시간을 가라앉히기 위해선 종종 소금을 쳐야 한다. 거친 세파의 소금기로 대책 없이 쪼그라들기도 하고 머금은 염기를 뱉어내기 위해 하염없이 물에 떠다니기도 하지만 절여지고 내뱉으며 삶의 농도를 맞추는 게 한살이일 터이다.

소금으로 인해 우리의 삶은 때로는 저급하게 때로는 극적으로 이루어진다. 작가에게 소금은 자연의 숨결이면서 삶의 숨결로 읽힌다. 작품에서 소금에 대한 작가의 관심은 소금이라는 사물과의 친화력에 의해 이루어진다. 그 자신이 사물과 하나라는 공감이 바로 그것이다. "거친 세파의 소금기로 대책 없이 쪼그라들기도 하고 머금은 염기를 뱉어내기 위해 하염없이 물에 떠다니기도 하지만 절여지고 내뱉으며 삶의 농도"를 맞추며 살아가야 하는 것이 소금의 운명이듯이, 소금을 바라보는 작가의 시선에는 슬픔을 녹이며 세파를 헤쳐 나가야 하는 의지가 담겨 있다.

작가는 소금이 될 수 없고 그것은 불가능하다. 자신이 묘사하는 대상이 될 수 없다는 사실이 슬픈 일이지만 실은 이런 인식의 지점에서 한 편의 문학작품이 탄생한다. 그 자신이 노래하는 대상이 될 수 없다는 슬픔을 비극적으로 인식하게 됨으로써 그곳에서 문학이 생겨나는 자리임을 깨닫는다.

문자로 이루어진 문학작품은 즉자적으로 세계를 보여주지는 않지만, 언어가 가진 다양한 비유와 묘사를 통하여 텍스트에 인생과 세상의 진리를 드러낼 수 있다. 미술이 눈을 통하여 우리의 시선에 깊이 침투해 들어오는 사물들을 이해하는 데 반해, 문학작품은 문자를 통하여 단순한 사물 너머의 세계를 해석함으로써 새로운 삶의 세계를 보여준다. 문학 작품, 특히 수필에서 삶과 세상의 모습은 다양하고 쉽게 그려지지만, 그로 인해 수필이라는 텍스트가 가지는 본질적 의미와 해석의 영역이 간과되는 경우가 허다하다. 수필은 무엇보다 인생과 세상에 부유하는 대상을 보다 예민한 눈으로 포착하여 새로운 해석을 시도함으로써 텍스트의 본질에 다가설 수 있다. 「소금」은 그러한 노력에 바쳐지고 있는 작품이라 할 수 있다.

제은숙의 「석종 소리 깨어나다」

인간은 몸과 정신을 통하여 사물과 교감하면서 사물과의 상관관계를 이룬다. 몸을 이용하여 걷고 달리고 일을 하며 도구를 만들고 집을 지으면서 도구적 인간이 되었다. 그러나 인간에게 더욱 중요한 것은 인간일 수 있게 하는 정신과 사고의 역할이다. 정신에 있는 감정과 상상을 통해 자연을 인지하고, 어떤 사물을 통해 다른 사물을 이해하고 경험하면서 또 다른 인식과 해석을 이루게 된다. 따라서 세계와 존재에 대한 우리의 이해는 사고와 인식에 의해 형성된 개념들의 총화라 할 수 있다.

이를테면 어느 한적한 사찰에서 종소리를 들을 때, 종소리가 가져오는 은유를 통해 정신과 몸을 움직여 자기 앞의 세계를 인지한다. 듣는다는 것은 소리를 통하여 무언가를 알거나 이해하는 것이다. 청각을 통해 듣고 받아들이는 소리에 의해 우리는 지고한 깨달음을 얻기도 하고 혼돈과 무질서를 보기도 한다. 소리란 세상을 그저 거울처럼 비추어 준다기보다 대상과 사물을 통하여 새로운 세상 속으로 확장하고 반향하는 것이라 할 수 있다. 우리가 무언가를 인식하고 이해한다는 것은 본질적으로 어떤 것을 새로운 모습으로 보거나 듣는 과정을 의미하며 이를 통해 존재와 세상에 대한 또 다른 모습을 보게 된다. 흡사「석종소리 깨어나다」에서처럼 "석심石心에서 퍼지는 종소리"를 들으며 "만어滿魚의 이야기"를 기억하게 된다.

두드린다고 열리는 문이 아니다. 수천 년 세월 동안 고고히 흘러온 돌강은 쉽사리 속을 내보이지 않는다. 전설의 비밀을 푸는 열쇠. 그 뜻을 알아내는 사람에게만 출렁이는 형상을 드러내고 물살을 거슬러 오르는 어신魚身의 실체를 보여줄 터였다. 눈을 가늘게 뜨고 미세한 움직임을 찾으며 물고기의 출현을 기다린다. 세상에서 가장 거대하다는 고래나 전설 속 물고기로 불리는 돗돔, 포세이돈의 마차를 끌었다는 해마와 슬픈 설화에 나오는 인어까지 떠올렸으나 헛수고이다. 돌고기는 나를 비웃듯 변신할 기미가 전혀 없다. 사람들이 낸 희끄무레한 길을 따라가며 애꿎은 돌덩이만 내려치다 되돌아온다. 텅텅 둔탁한 소리만 울릴 뿐 듣고자 했던 음은 아니다.

진정한 작가는 자기 앞의 세계를 새롭게 해석하여 존재의 의미를 캐어내고 이를 실천적 지향으로 이끈다. 단독자로서, 세계내존재로서 세계를 다시 해석하여 의미를 재구성하게 되는 것이다. 세계의 무질서와 부조리에 맞서기도 하고 적응하기도 하며 세상의 의미를 해석하고자 하는 노력, 그것은 "거대한 자연과 용신에 대한 경외심. 돌에 생명을 불어넣었던 것은 증명할 수 없는 이야기를 진실이라고 여겼던 믿음"과 같은 것이다. 그러한 신념들이 모여 천지간에 물고기를 불러내고, "눈앞에 보이는 검은 돌무덤은 육체요, 생명의 너울로 꿈틀거리게 하는 믿음은 영혼"이 되게 한다.

화자가 듣고 싶은 것은 육신의 소리가 아니라 영혼의 소리다. 인간의 육신은 물질적이며 현상적인 것이다. 흔히 인간은 육신을 통하여 자신의 마음을 드러내고, 상대방의 영혼을 느끼며 교감코자 한다. 그러나 육신은 그것이 인간의 육신인 이상 단순히 살과 뼈, 피는 모두 물질적인 것일 뿐이다. 마음과 영혼을 담지 않은 육신은 찌꺼기로 가득 채워진 창고와 같다. 그리하여 우리는 "채워지지도 비워지지도 않는 욕심들과 싸웠다. 마음에는 날이 섰고 육신은 닳아서 움츠러들었다." 가슴에는 상처가 가득 쌓이게 되고 일상을 좀먹는 욕망은 썩어서 고약한 냄새를 피운다. 작품에서 화자는 "영혼은 나날이 탁해지고 내 안에는 무겁고 시끄러운 소음만 가득"해지고, "증오로 각인된 기억들을 비워내고 묻혀 있던 맑은 옥소리를 듣고 싶었다."고 소망한다.

영혼의 눈이 밝아져 믿음의 눈으로 세상을 보게 되면 이 세상이 더욱 아름답고 생명 있는 것으로 보이게 되리라는 믿음은 사실이다. 그래서 어디선가 들려오는 진실의 소리를 듣게 되면 "보이는 것이 모두 진실은 아니라고 부르짖는 돌의 북소리. 이곳에 와서 세상 너머의 소리를 들으면 내 삶을 위로받을 수 있을 것 같았다."고 화자는 생각한다.

여기에 어리석었던 과거를 버리고 돌탑을 쌓는다. 위로 올라갈수록 가벼운 돌을 얹어야 중심이 바로 서듯 나이를 먹을수록 안을 더 비워야 본심의 목소리를 받아들일 수 있다는 이치를 배운다. 내가 듣는 모든 소리는 내 안에서 나왔다. 고대인들이 믿음 하나로 석신石神을 깨웠듯 내 속에서 튀어 오르는 소리들로 넘어진 현생을 일으켜 세워야 한다. 오랜 후에 돌의 계곡이 풍화되어 자취 없이 사라져도 굳은 마음만은 오롯이 남아 백골석白骨石을 받들 것이다. 사람 또한 소멸될 몸으로 태어났지만 누군가에게 기억될 존재이다. 아무도 지지해 주지 않는 생인들 어떠리.

플라톤 이래 서양 철학자들에게 삶이란 범박하게 규정하여 "이데아를 향한 끊임없는, 고단한 날갯짓"이었다 해도 지나치지 않다. 많은 철학자와 작가들은 이데아, 본질, 진실을 규명하기 위하여 고통스러운 사색을 거듭하였다. '돌'은 돌탑으로 존재하고 있기에 '돌'인 것이고, 스스로 '돌다움'을 지니고 있기에 그에게 가까이 다가가야 내부의 깊은 소리를 들을 수 있었다. 고대인들이 믿음 하나로 석신石神을 깨웠듯 내 속에서 튀어 오르는 소리들로 넘어진 현생을 일으켜 세워야 하고, 오랜 후에 돌의 계곡이 풍화되어 자취 없이 사라져도 굳은 마음만은 오롯이 남아 백골석白骨石으로 남을 것이라고 작품의 화자는 다짐한다.

말의 올바른 의미에서 진정한 문학적 사고는 기존해 온 실체론적 사유를 뒤엎고 새로운 사유와 해석의 지평을 열어야 한다. 돌 안에 돌은 없다. '돌'은 스스로 아무런 의미도, 본질도 갖지 못한다. 돌은 다른 사물과의 차이를 통하여 이 세상에서 의미를 드러낸다. "물고기의 일신은 바람과 비에 깎여 푸석해졌지만 신앙만은 선명하게 살아남아 넋의 소리로 울려 퍼진다. 그 울림을 읽을 수 있는 감각이 신어神魚의 영역을 열고 경돌의 쇳소리를 듣게 하리라." 세상이 없었다면 돌 또한 아무런 의미가 없다. 이 세상의 모든 사물의 의미는 기호 안에 내재하지 않는다. 의미는 모습과 현상에 의해서가 아니라 해석과 인식의 차이에 따라 드러나서 공유되는 의미 작용의 새로운 산물이다. 그러한 해석과 인식이 가능할 때, 우리에게는 어디선가 진실한 '석종 소리'가 들려오게 된다.

나오며

문학은 무엇보다 인생과 세상을 해석하는 사람의 존재론적 의미에 바탕을 둔다. 인생과 세상을 해석한다는 것은 '존재한다'는 것의 의미를 중심에 두고, 존재하는 사물과 사건을 이해하는 것을 의미한다. 결국 인간이 이해하며 해석한다는 것은 다양한 삶에 대한 관점으로 귀결된다. 이런 의미에서 해석학은 본질적으로 존재론적이다.

독일의 철학자 F. 슐라이어마허는 문학작품에서 해석학이란 본문으로부터 의미를 끌어내는 이해의 학 또는 이해의 예술로 정의한다. 여기서 이해는 이해되고 있는 과정이 중요하며, 예술이란 하나의 기술이며 작가의 주관성이 담기게 된다. 따라서 해석학은 이해 자체에 관심을 두고 이해가 일어나는 조건을 분석하고, 그것이

성취될 수 있는 방법을 제시한다. 이해란 작가의 정신적 과정의 추체험으로 규정된다. 객관화된 고정된 표현을 통해 그것이 어떻게 나타나고 진실된 삶에 도달하는 과정인가를 추적한다. 자연과학의 기준에서 보았을 때 그 가치가 정당하게 평가될 수 없는 예술과 문학과 종교 등의 영역은 해석학을 통해 그 자신의 독특한 '진리'를 이야기할 수 있는 이유도 여기에 있다.

오늘날의 수필 문학 작품들이 세계와 인생을 해석하는 도구로서의 지위를 잃어버리고 일상적이고 개인적인 삶의 이야기를 위한 도구쯤으로 치부된다. 인간과 인간을 둘러싼 세계를 온전히 사유하는 문학 본연의 기능을 회복하려면 인간의 지성적 행위가 무엇인지 규명되어야 한다. 인간이 인간일 수 있는 까닭은 인간으로서의 존재와 인생이 무언가를 이해하고 해석하는 행위에 있다. 이해와 해석은 인간의 지성적 행위의 출발점이며, 문학을 이루는 근본 원리이기 때문이다. 따라서 문학 본래의 특성을 위한 사유의 출발점도 인생과 세상에 대한 올바르고 진실된 해석을 위한 행위에서 찾아져야 마땅할 것이다.

앞서 우리가 읽은 이형숙의 「대숲을 거닐며」, 황진숙의 「소금」, 제은숙의 「석종 소리 깨어나다」은 이해와 해석이라는 문학 본연의 특성을 잘 구현한 작품들이다. 이들은 좋은 문학작품일수록 작가와 독자를 위한 해석의 여백은 깊고 넓게 열려야 한다는 사실을 잘 보여준다.

▍작품론 – 『수필과비평』 263호

| 작품 |

대숲을 거닐며

이형숙

　겨울과 봄이 뒤섞이는 2월, 대숲에는 진초록 향기만 고여 있는 게 아니었다. 바람이 데려온 봄 향기와 우듬지에 모인 댓잎들이 볼을 비벼대는 소리로 가득하다. 투명한 바람조차 초록빛이다. 바깥은 봄을 부르는 햇볕이 따뜻한데, 초겨울 같은 싸늘함이 온몸을 감싼다. 이 푸르고 맑은 숲에서 어깨를 누르던 상념들을 내려놓지 못할 이유가 없을 듯하다.
　높이 솟은 푸른 대나무들이 이방인을 무심히 내려다본다. 나무의 생이 그랬던 것처럼 하고 싶은 말은 언제나 빈 가슴에 욱여넣는다. 어떤 이는 나무라 말하고 어떤 이는 풀이라 말하는 대나무. 풀과 나무의 경계에 서서 두 개의 생존방식으로 살아간다. 등나무나 칡처럼 기댈 곳을 찾지 않는다. 가느다란 몸으로 홀로 서서 사색할 뿐, 마디를 딛고 올라서며 자랄수록 단단해지지만 거대한 몸집으로 살기를 포기한 풀이다. 나무라고 이름 지어 부르지만, 턱밑에 쌓아놓은 나이테도 없다. 그 자리는 늘 비워두었다.
　마디 굵은 나무에 가만히 기대어 본다. 수척한 초록이 차갑게 다가온다. 그 체온이 가까이할 수 없는 서늘함이다. 현실과 타협하며 살아갈 수밖에 없는 인간을 거부하는 몸짓인가, 내 존재는 자꾸만 작아진다. 지난날 선인들의 처절했던 역사 속 이야기가 머리를 스친다. 오래전 이곳은 생과 사가 뒤엉키며 나라의 운명을 재단해내던 전장이었다. 소용돌이치던 시대에 나라를 지키려 했던 선인들의 삶은 부러질지언정 휘어지지 않는 대쪽 같은 절개와 충절이었음을 되새겨 본다.

대나무가 하늘을 향해 오를 수 있음은 오로지 성장과 멈춤을 반복하면서 내딛는 마디의 힘이다. 뼈가 맞닿는 아픔을 견뎌낸 후 그 상처를 딛고 일어서며 조금씩 성장한다. 돌아보면 크고 작은 내 인생의 마디는 나를 둘러싼 사람들과의 관계 속에서 만들어진 상처였음을 깨닫는다. 지나간 날 머리를 맞대고 꿈을 향해 함께 달렸던 친구는 믿음과 신뢰로 맺어진 기둥과도 같은 존재였다.

목적지를 눈앞에 두고, 감당해 낼 수 없는 폭풍이 불었다. 친구의 배신은 성공을 눈앞에 두고 설레던 나를 뿌리째 흔들어 버렸다. 온몸으로 맞서도 버텨낼 수 없는 폭풍이었다. 차곡차곡 준비해 둔 것 다 잃어버리고 좌절감에 주저앉을 수밖에 없었다. 오뉴월 땡볕보다 더한 분노와 원망에 가슴은 들끓었다. 용서할 수 없는 배신감에 수많은 밤을 지새웠고 출구 없는 감옥에 갇힌 듯 숨이 막혔다.

거센 폭풍이 휩쓸고 간 자리에 다행히 삶의 본능처럼 뿌리가 더 깊이 박혀 있었다. 뿌리의 힘으로 다시 일어설 수 있었고, 새 가지도 돋아났다. 원망보다는 내 부족함을 탓하며 마음속 집을 고치고 또 고쳐 지었다. 울컥대던 마음도 조금씩 잦아들었다. 내 안의 찌꺼기를 퍼내 버린 후에야 달라진 눈으로 세상을 바라볼 수 있었다. 상처는 가끔 가슴을 아프게 후비곤 하지만 불에 단련된 쇠가 강해지듯 통증을 잠재우고 파도가 가라앉기를 차분히 기다릴 줄 알게 되었다. 돌아보면 내게 시련은 삶의 마디였다. 대나무가 마디를 딛고 자라듯 아픔을 딛고 성장했던 값진 시간이었다고 믿는다. 지금은 낯선 길 위에 서 있어도 지나간 시간을 반추해보며 두려움 없이 걸어갈 수 있을 것 같다.

마른 땅 위로 드러난 뿌리가 밟힌다. 건강한 남자의 팔뚝에 드러난 힘줄 같기도 하고 낭만과 현실 사이를 잇는 밧줄 같기도 하다. 어쩌면 사는 동안 움켜쥐고 놓지 못한 한 가닥 동아줄 같기도 하다. 뿌리는 땅속 깊은 곳으로 또 옆으로 힘차게 뻗어나가 나무가 흔들림 없이 서 있을 수 있게 힘을 더한다. 가장 낮은 곳에서 저 높은 곳에 가 닿기를 뿌리는 간절히 기원했을 터이다. 반듯하게 자라 언제까지나 푸르게 푸르게 서 있기를 기원하는 뿌리의 염원이 담겨 있다.

대나무는 생의 긴 여정이 다할 즈음 단 한 번 꽃을 피운다. 빈 몸으로 소멸의 순간을 맞는 대나무의 살아온 날들이 아름다운 꽃으로 피어나는 순간이다. 주어진 모든 순간을 마지막인 듯 살다가 자신의 지나온 날을 돌아볼 수 있게 몸소 일러주는 듯하다. 영원한 이별은 상상만으로도 가슴이 먹먹해진다. 생의 마지막 꽃을 피워 이별식을 치를 수 있다면 보내는 사람도 떠나는 사람도 슬프지 않을 것 같다. 나의 죽음도 이별과 소멸이 아니라 애틋한 추억으로 남는 이별식이었으면 좋겠다. 여행을 떠나듯 슬프지 않게 사랑하는 이들의 곁을 떠날 수 있기를 기도해 본다.

오늘 하루 대숲이 내게 건네주던 소중한 말들을 마음속 깊이 뿌리내릴 수 있게 심어 놓으려 한다. 내 마음 머무는 곳마다 손잡아 이끌어 줄 길잡이가 되기를 바라며. 언제나 어느 곳에서나 말없이 나를 지켜줄 것이다. 욕망과 이기심으로 비틀거릴 때 대나무의 푸르름과 그 서늘함으로 나를 흔들어 깨울 것이다. 광대한 우주에 먼지보다 못한 존재임을 일깨우며 차분한 스승처럼 조용히 토닥여 주기도 하리라. 내려놓지 못한 욕망으로 판단이 흐려질 때면 호된 죽비로 어깨를 내려치기도 할 것이다. 작은 일에 마음을 다치고, 누군가를 미워하거나 용서하지 못하는 나의 어리석음을 서릿발 같은 위엄으로 나무라기도 하리라.

  산 아래 줄지어 선 대나무숲이 파란 하늘과 구름과 길을 배경 삼아 커다랗게 수채화를 그려놓았다. 걷고 쉬고 사색하며 또다시 걷던 대숲의 배웅을 받으며 돌아선다. 대나무가 건네주던 말들을 가슴에 담고 되새겨 보는 시간, 오늘 하루만이라도 내 마음에 흐르는 강이 조금이나마 넓어지고 깊어졌기를 바라 본다.

▌ 작품 – 『수필과비평』 263호

| 작품 |

소금

황진숙

한 톨이라고 우습게 보지 마시라. 등금장수의 등에 업혀 대동여지도에도 없는 소금 길을 냈다. 사하라사막을 가로지르고 차마고도를 건너 처처를 누볐다. 산이라고 못 이룰까. 고무래로 밀고 당겨지며 첩첩이 산을 쌓았다.

태초부터 내려왔으니 먹지 않은 자가 없고 취하지 않은 자가 없다. 그러니까 시대를 내려온 가장 오래된 맛이다. 너른 바다를 응축한 한 알로 짠맛을 보시하며 무미건조한 세상에 간을 쳐왔다.

조미란 호락호락하지 않다. 미각을 주름잡기 위해선 어두컴컴한 구석에 내박치는 일쯤은 각오해야 한다. 주둥이가 묶인 자루 속에 갇혀 쓴맛이 빠질 때까지 지루한 시간을 견뎌낸다. 뙤약볕에 몸을 데우고 오가는 바람의 담금질로 맺힌 알갱이의 자긍심을 잊지 않기 위해, 똑똑 떨어지는 간수 소리를 경전 삼아 '나는 소금이다. 나는 소금이다.'를 외친다.

막막한 시간을 돌아 보송해졌건만 짜다는 세상의 천대는 숙명이다. 단맛에 밀리고 담백한 맛에 떠밀려 찬장의 구석진 곳에 유배될지도 모른다. 하나 지탄에 기죽지 않아야 진정한 맛으로 거듭날 수 있다. 몸값을 올리는 일은 스스로를 낮추는 일뿐이다. 양념이 아닌 허드렛일도 기꺼이 감수한다. 할복한 고등어와 삼치 뱃속에 뛰어들어 부패를 막고 비린내를 잡는다. 새우젓을 삭히기 위해 토굴 속에서 속절없이 세월을 보낸다. 갯벌의 구멍에 투하되어 맛조개를 유인하는 일도 마다치 않는다. 장롱이나 구석진 곳에 뿌려져 출몰하는 개미들을 살생한다. 뜨거운 프라이팬에 올라 기름기를 제거하기도 한다. 소듐이온 배터리로 전자 문명과 상생하기도 한다.

이도 저도 아닌 어깃장이 놓고 싶어질 땐, 짠 기로 승부수를 띄운다. 제아무리 억센 푸성귀인들 한 움큼의 소금 앞에서는 맥을 못 춘다. 배어든 간기로 물기를 잃고 축 늘어진다. 땅심을 믿고 뻗대던 성깔이 숨이 죽는다. 이때쯤 저들을 통째로 뒤집어 기세를 꺾어버린다. 완력 한 번 쓰지 않고 막후에서 전세를 역전시킨다.

더러는 역경을 이겨내는 이들의 고난을 하얀 꽃으로 피운다. 이마에 목덜미에 등줄기에 몸 곳곳에 소금꽃을 피우며 근면 성실의 표상으로 불렸다. 응당 갖춰야 할 향기는 없지만, 단맛 신맛 쓴맛 등 어떤 맛도 피우지 못하는 꽃이니 자부심을 품어도 좋으리.

억척의 맛이라고 감칠맛을 모를까. 소금은 제각각의 맛이 깊이를 더하고 우러날 수 있도록 든든히 받쳐주는 들무새다. 쓴맛을 절제하고 단맛의 균형을 잡아 풍미를 보탠다. 제맛 하나 내기에도 바쁜 세상, 식자재에서 각각의 맛을 끌어내 버무려내는 조력자다. 맛의 궁합을 조율하는 수모로, 요리의 동지로 종횡무진 누빈다.

소금의 참맛은 찬밥을 물에 말아 소금장을 곁들여 먹을 때이다. 며칠간 야근으로 입맛이 천리만리 달아난 이즈음이었다. 몇 가지 찬을 눈앞에 두고도 젓가락은 소금 종지를 오갔다. 팍팍한 일상으로 방전된 피로감은 야들한 육질과 담백한 살점, 신선한 푸성귀를 거부했다. 수많은 맛으로 도배된 미각은 헛헛해진 속을 달랠 무언가를 찾고 있었다. 젓가락으로 집어든 몇 알의 소금이 열기가 식어 언제고 퇴출당할 찬밥의 위기를 궁굴렸다. 찰기가 사라진 밥알에 따라붙은 간기로 찬밥은 씹어 삼킬 만했다. 소금의 짭짜름한 맛이 부대끼는 속내를 가라앉혔다. 끌탕으로 무기력해진 속에 흘러드는 짠맛이 지친 기운을 일깨웠다.

어찌 보면 소금에 끌리는 게 당연하다. 소금물에서 태어나 일생 몸 안에 소금을 쟁여놓아야 하는 게 인간의 숙명이기 때문이다. 소금에 절인 오이지로 무서운 여름을 견뎠다는 소설가 김훈처럼 소금이 있어 우리네 생은 드라마틱하다. 생의 염천을 건너고 비린 시간을 가라앉히기 위해선 종종 소금을 쳐야 한다. 거친 세파의 소금기로 대책 없이 쪼그라들기도 하고 머금은 염기를 뱉어내기 위해 하염없이 물에 떠다니기도 하지만 절여지고 내뱉으며 삶의 농도를 맞추는 게 한살이일 터이다.

이제껏 소금에 기대온 시간을 생각한다. 맹탕 같은 국물에 뛰어든 반 스푼의 소금 덕분에 어수룩하게나마 부엌데기 노릇을 해왔다. 마음의 깊이가 얕아 수시로 요동치던 속내는 한 꼬집의 소금이 부려놓는 감칠맛에 잦아들곤 했다. 복병처럼 마주치는 쓴맛, 무작정 현혹시키는 단맛, 눈을 질끈 감게 만드는 신맛같이 들썩거리는 세상일을 잠재우는 데 소금만 한 게 있을까.

각지고 뭉툭한 소금을 바라본다. 무색무취로 존재를 드러내지 않으면서 비루한 세상에 간을 맞춰온 알알의 경전을 새긴다. 산그림자가 눕는 저물녘, 소금과 독대하며 얻은 귀한 말씀 몸안에 모신다. 녹아드는 맛을 천천히 음미한다.

▌ 작품론 – 『수필과비평』 263호

| 작품 |

석종 소리 깨어나다

제은숙

이곳에 오고 싶었다. 목숨이 다한 용왕의 아들과 그를 따라나선 수만의 물고기들이 돌로 변했다는 곳. 왕자는 미륵돌이 되어 석괴로 잠든 신하들을 내려다보고 있다. 비가 내리면 석심石心에서 퍼지는 종소리를 듣게 된다는 신비한 전설이 깃든 장소이다. 어느 영화에서 쏟아지는 비를 맞으며 오열하던 남자를 생각한다. 끝끝내 찾지 못한 인연 대신 그의 귓전에 울리던 경석 소리를 나도 듣고 싶었다.

만어滿魚의 이야기가 없었다면 쉬이 찾지 않았을 작은 사찰이다. 무더기로 쏟아져 내린 돌덩이들이 일제히 미륵전을 향해 엎드렸다. 계곡을 가득 메운 시커먼 돌 무리 앞에서 아무리 애를 써도 물고기의 모습은 찾기 힘들다. 억지로 보고자 하는 욕심이 신들의 물길이 열리는 순간을 가로막는가. 너덜겅 사이로 길게 뻗은 길이 보인다. 신묘한 소리를 확인하고자 사람들이 두드린 곳마다 돌면이 번질거리고 바래져 선명한 띠를 이루고 있다.

두드린다고 열리는 문이 아니다. 수천 년 세월 동안 고고히 흘러온 돌강은 쉽사리 속을 내보이지 않는다. 전설의 비밀을 푸는 열쇠. 그 뜻을 알아내는 사람에게만 출렁이는 형상을 드러내고 물살을 거슬러 오르는 어신魚身의 실체를 보여줄 터였다. 눈을 가늘게 뜨고 미세한 움직임을 찾으며 물고기의 출현을 기다린다. 세상에서 가장 거대하다는 고래나 전설 속 물고기로 불리는 돗돔, 포세이돈의 마차를 끌었다는 해마와 슬픈 설화에 나오는 인어까지 떠올렸으나 헛수고이다. 돌 고기는 나를 비웃듯 변신할 기미가 전혀 없다. 사람들이 낸 희끄무레한 길을 따라가며 애꿎은 돌덩이만 내려치다 되돌아온다. 텅텅 둔탁한 소리만 울릴 뿐 듣고자 했던 음은 아니다. 내가 다녀온 길을 미륵전 바위가 가만히 굽어본다.

    이곳으로 이어져 온 발길들을 떠올린다. 주변에서 찾을 수 있는 단서로는 까닭을 알 수 없다. 시대를 초월하여 지금까지 사람들의 의식 속에서 혼을 부르는 이름이라면 형체가 없을 터. 너덜지대를 걷다가 처음 절을 지은 가야인의 마음으로 정신을 모으면 해답을 찾을 수 있겠다는 생각이 든다. 거대한 자연과 용신에 대한 경외심. 돌에 생명을 불어넣었던 것은 증명할 수 없는 이야기를 진실이라고 여겼던 믿음이었다. 그 신념들이 모여 천지간에 물고기를 불러낸다. 눈앞에 보이는 검은 돌무덤은 육체요, 생명의 너울로 꿈틀거리게 하는 믿음은 영혼이 된 셈이다. 물고기의 일신은 바람과 비에 깎여 푸석해졌지만 신앙만은 선명하게 살아남아 넋의 소리로 울려 퍼진다. 그 울림을 읽을 수 있는 감각이 신어神魚의 영역을 열고 경돌의 쇳소리를 듣게 하리라.

    첫눈에 반한 여자가 만어의 전설을 들려주었을 때 영화 속 남자는 믿지 않았다. 여자의 아버지는 월북한 지식인이었고 둘의 사랑이 이루어지기 힘든 시대였는데도 남자는 이별을 애써 부정했다. 그는 숨어 버린 연인을 찾아 헤매다 만어들의 땅에 다다른다. 안개 자욱한 돌 골짜기에서 목 놓아 울며 마침내 이별을 받아들인다. 세찬 빗줄기가 쏟아지고 종소리 또렷하게 들려온다. 연인에 대한 그리움과 믿음이 결계의 장막을 걷고 여자의 진심을 전하는 석종을 쳤을 테다. 시대가 만들어낸 거짓을 꾸짖는 경종이었는지도 모른다. 보이는 것이 모두 진실은 아니라고 부르
짖는 돌의 북소리.

이곳에 와서 세상 너머의 소리를 들으면 내 삶을 위로받을 수 있을 것 같았다. 언제부터인가 잃어버리기 시작한 소리들을 찾을 수 있을 듯도 했다. 채워지지도 비워지지도 않는 욕심들과 싸웠다. 마음에는 날이 섰고 육신은 닳아서 움츠러들었다. 상처가 쌓여 일상을 좀먹었고 어떤 욕망은 썩어서 고약한 냄새를 피웠다. 영혼은 나날이 탁해지고 내 안에는 무겁고 시끄러운 소음만 가득하였다. 이 자리에서 증오로 각인된 기억들을 비워내고 묻혀 있던 맑은 옥 소리를 듣고 싶었다.

삶의 본질을 여는 방법도 알고자 했다. 순리대로 살면 편안해진다는 평범한 기대를 품었다. 폭풍우를 뚫고 나는 어린 새의 날갯짓과 꿈을 향한 청춘의 순수한 열기와 밤을 꼬박 새우는 어미의 비손으로 세상이 가득 차기를 바랐다. 그래야 깎아지를 듯한 인생의 협곡에서 돌종의 메아리를 들을 수 있지 않을까. 그렇지 않다면 아직도 수많은 걸음걸음이 암괴에서 물고기가 깨어난다고 믿으며 이 땅으로 모일 리 없다. 사람살이의 끝이 허방일 리만은 없다.

무엇을 버리고 무엇으로 메워야 하는지 아직 모른다. 미미하여 보이지 않는 것을 발견하는 일은 더욱 막막하다. 다만 살아내려 애쓴 흔적과 누군가를 살리고자 했던 손길에 온전히 그 존재를 믿어 주는 기운이 서려 있었다는 사실을 깨닫는다. 내 몫을 챙이느라 사소하게 지나쳤던 애틋한 음성을 기억하며 내면의 소리를 찾으러 왔다. 여기에 어리석었던 과거를 버리고 돌탑을 쌓는다. 위로 올라갈수록 가벼운 돌을 얹어야 중심이 바로 서듯 나이를 먹을수록 안을 더 비워야 본심의 목소리를 받아들일 수 있다는 이치를 배운다. 내가 듣는 모든 소리는 내 안에서 나왔다. 고대인들이 믿음 하나로 석신石神을 깨웠듯 내 속에서 튀어 오르는 소리들로 넘어진 현생을 일으켜 세워야 한다.

오랜 후에 돌의 계곡이 풍화되어 자취 없이 사라져도 굳은 마음만은 오롯이 남아 백골석白骨石을 받들 것이다. 사람 또한 소멸될 몸으로 태어났지만 누군가에게 기억될 존재이다. 아무도 지지해 주지 않는 생인들 어떠리. 아직 끝나지 않은 삶에서 곡진한 흔적들이 세월의 골짜기를 채울 때 물가 모래 언덕 위에 나직한 흙성 하나 지으면 그뿐. 파도가 밀려오면 끝날 운명이지만 내가 살았다고 믿으면 내 생은 분명 거기에 있다. 스스로를 믿는 순간, 눈앞에 놓인 돌강과 선계를 흐르는 신화의 경계가 허물어진다. 돌 껍질이 터지고 만어들이 서서히 되살아난다. 안개가 자욱이 밀려온다. 어디선가 석종 소리 깨어나는가.

■ 작품 – 『수필과비평』 263호

허상문 수필평론집

영도零度의 글쓰기

인쇄 2023년 12월 15일
발행 2023년 12월 20일

지은이 허상문
발행인 서정환
펴낸곳 인간과문학사
주소 서울시 종로구 삼일대로 32길 36(익선동 30-6 운현신화타워) 305호
전화 (02) 3675-3885 (063) 275-4000
팩스 (063) 274-3131
이메일 sina321@hanmail.net   easay321@hanmail.net
출판등록 제300-2013-10호
인쇄·제본 신아출판사

저작권자 ⓒ 2023, 허상문
이 책의 저작권은 저자에게 있습니다. 서면에 의한 저자의 허락없이 내용의 일부를 인용하거나 발췌하는 것을 금합니다.
COPYRIGHT ⓒ 2023, by Heo Sangmun
All right reserved including the rights of reproduction in whole or in part in any form.
저자와 협의, 인지는 생략합니다.
잘못된 책은 바꿔 드립니다.

ISBN 979-11-6084-226-5 03810
값 16,000원

Printed in KOREA